왜 내가 쓴
보도자료는
게재되지
않을까?

왜 내가 쓴 보도자료는 게재되지 않을까?

조광현 지음

가연

책을 쓴다고 하니 많은 사람들이 언제부터 쓰기 시작했는지를 가장 궁금해했다. 짧게는 2년, 길게는 5년이 걸렸다.

책이라는 형태의 작업을 시작한 건 2년 전이다. 글로 밥 먹고 사니 금방 쓸 줄 알았다. 하지만 생각보다 속도는 더뎠다. 남의 글은 잘 써주면서 정작 내 글은 쓰지 못하는 상황이 아이러니했다. 포기하고 싶다가도 '보도자료 수정을 자제해 주시기 바랍니다'라든가, '기사 내는데 얼마예요?' '그대로 올려주세요', '기자에게 보도자료 보냈는데 1건도 게재되지 않는 이유가 무엇인가요?' 등의 말을 계속해서 듣다 보니집필을 반드시 완료해야겠다는 사명감 비슷한 것이 생겨났다. 하지만침대보다 편한 공유오피스 소파의 유혹을 참지 못하고 소파에 몸을구겨 넣는 날이 많았다. 책상보다 소파와 더 친해질수록 집필 작업은더디게 진행됐다.

《왜 내가 쓴 보도자료는 게재되지 않을까?》는 2019년부터 5년간 진행되었던 스타트업 대상 강의의 제목이자 이 책의 제목이기도 하다.

이 책은 그 5년간의 강의를 토대로 하고 있다. 첫 강의 때 30페이지에 불과했던 강의 자료가 500페이지나 늘어났다. 아울러 언론홍보에 대한 다양한 질문에 답을 찾고, 상상도 못했던 여러 일들을 경험하면서 분량도 늘고 시간도 흘렀다.

이 책을 한마디로 요약하자면 '언론홍보는 중요하고 어렵다.'이다. 사실 대부분의 스타트업, 중소중견기업은 언론홍보를 중요하게 생각하지 않는다. 홍보 담당자가 구조조정의 1순위인 것만 봐도 알 수 있다. 대부분의 스타트업은 투자와 개발이라는 지상과제를 향해 앞으로만 내달린다. 반면 언론홍보는 사업에 있어 선택과목, 또는 사치품 정도로 여기는 경향이 있다. 하지만 세상은 언론이 소개하는 만큼만 기업을 인식하며 언론에 소개됨으로써 기업은 존재한다. 독서와 운동이 우리 삶에서 매우 중요한 일부분이긴 하지만 그 효과가 언제 어떻게 나타날지는 아무도 모른다. 홍보도 마찬가지다. 지금 당장 도움이 되지 않고, 결과가 보이지 않더라도 홍보는 기업에 꼭 필요한 일이다. 훗날 기업이 잘 성장하게 된다면 그것은 홍보가 쌓이고 쌓여서 나타난 결과다. 하지만 안타깝게도 스타트업은 보이지 않는 것은 믿지 않으며 기다려 주지도 않는다.

언론홍보를 쉽게 생각하는 것도 문제다. 보도자료 작성은 아무나 할 수 있는 일이라고 생각한다. 그리고 기자에게 보내면 알아서 그들이 써주는 것쯤으로 이해한다. 스타트업이 작성한 보도자료를 보고 놀라움을 금치 못한 적이 한두 번이 아니다. '어떻게 이렇게 글을 써 보낼 수 있을까?' 한숨이 절로 나왔다. 어설픈 AI의 솜씨일 거라고 짐작하기도 했다. 전화를 걸어 따져 묻기도 했다. '이게 도대체 무슨 말이죠?'

'대체 누가 했다는 거예요? 할 거라는 거예요, 안 할 거라는 거예요?' 기업의 장대한 연대기, 혹은 무협소설 속 주인공처럼 묘사된 대표의 위대한(?) 스토리를 읽다 보면 말문이 막히곤 한다. 더욱 놀라운 점은, 해석 불가능했던 보도자료를 상상력을 동원해 꼼꼼히 수정하여 기사화했는데도 감감무소식이다. 길을 가다 모르는 이에게 길을 묻더라도 간단한 감사 인사는 오고 가는 것이 인지상정인데, 기업의 운명이 달린 보도자료가 게재되었음에도 왜 아무 일도 일어나지 않는 걸까? 언론홍보가 무엇인지, 어떻게 해야 하는지 몰라서 벌어진 일이라 생각했다. 그리고 이제부터라도 스타트업에게 언론홍보에 대해 제대로 알려줘야겠다고 생각해 강의를 시작하게 되었고, 출판도 결심한 것이다.

이 책은 두 가지 목적으로 작성됐다. 첫 번째 목적은 모든 강의와 책이 그렇듯 해당 분야를 알고 싶은 사람에게 가장 빠르게 정보를 전달하는 지침서가 되는 것이다. 보도자료 작성뿐만 아니라 언론홍보 활동을 하면서 궁금한 점이 있을 때마다 옆에 두고 바이블처럼 사용할 수 있도록 구성했다. 두 번째 목적은 언론홍보를 오랫동안 했고 그래서 언론홍보를 잘 아는 베테랑을 위한 책이기도 하다. 기업에서 언론홍보는 외로운 싸움의 과정이다. 언론홍보 담당자 이외에는 아무도 언론홍보가 무엇인지 제대로 알지 못한다. 홍보 담당자들은 언론홍보 일보다 의사 결정권자를 설득하는 게 더 힘들다고 하소연한다. 이 책은 바로 홍보담당자가 기업의 의사 결정자에게 언론홍보란 무엇인지를 교육하고 설득하는 데 참고가 되는 자료이기도 하다. 이제는 답답해하지 말고 책에 있는 내용을 발췌해 의사결정자의 미디어 이해를 위해 사용하기를 바란다.

나는 언론홍보가 우리 기업을 있는 그대로 알리는 것이라고 생각한다. 어떤 기업은 알려진 것보다 훌륭한데, 어떤 기업은 알려진 것에 비해 기대 이하인 경우도 있다. 가치에 비해 시장에서 고전하는 기업을 바라보는 일은 매우 안타깝다. 반면, 자신의 가치에 비해 더 알려진 기업은 결국 실력이 금방 들통나고 시장의 냉정한 평가를 받기 마련이다. 기업이나 사람 모두 가지고 있는 것을 뛰어넘을 수 없다. 이 책에 수록된 언론홍보에 필요한 실전적인 팁이 자신의 가치보다 더 '팬시'하게 보이도록 하는 기술은 아니다. 오히려 자신이 가지고 있는 가치만큼 정직하게 알리는 도구에 가깝고 그렇게 활용되기를 바라는 마음이다.

이 책을 준비하면서 내 자신이 몇 개의 자아로 분열되는 모습을 자주 경험했다. 나의 주된 자아는 언론홍보를 모르는 스타트업을 옆에 앉혀 놓고 멘토링하듯이, 첨삭 지도하면서 친절하게 설명해주는 '일타강사'이다. 또 하나의 자아는 까칠한 기자다. '왜 이런 것도 못하냐'고 지적한 부분도 있다. 어떤 때는 냉철하고 합리적이며 이성적인 투자자 입장이 되어 설명하기도 했다. 어느 부분에서는 저널리즘을 걱정하는 언론사 입장에 서기도 했다. 물론 이 책의 주된 자아는 친절한 일타강사이다. 혹시 다른 자아가 불현듯 나타나더라도 방대한 분량을 기술하다 보니 잠시 길을 잃은 것으로 이해해주기 바란다.

이 책을 읽는 방법은 다음과 같다. 1장 〈언론을 향한 첫 번째 발자국〉과 2장 〈보도자료를 둘러싼 환경 이해하기〉는 언론홍보가 무엇인지 기본적인 내용을 담고 있다. 우선 1장과 2장을 정독하기를 추천한다. 특히 기업의 의사결정자라면 이 정도만이라도 읽어주기를 추천한다. 3장 〈보도자료 직접 써보기〉, 4장 〈보도자료를 위한 문장력 강화

기술〉, 5장 〈인터뷰·기획 기사·칼럼〉은 보도자료 작성, 인터뷰, 기획 기사 작성 배포, 칼럼 기고 등 언론홍보의 실전을 담았다. 그렇기 때문에 업무 관련해서 문제가 발생했을 때 해당 부분을 찾아서 천천히 읽기를 추천한다. 6장 〈브랜딩·조직·위기관리〉는 특수한 상황에 처했을 때 문제를 해결하거나 힌트를 얻기 위해 도움을 받을 수 있다. 해당하는 문제가 발생할 때 읽기를 추천한다.

이 책이 나오기까지 많은 사람들이 기여했다. 그동안 깜짝 놀랄만한 질문을 하고 이 책의 소재가 되어준 수많은 스타트업과 2년간 책쓰기 과정을 지켜봐주면서 압박과 응원을 해준 홍보담당자, 그리고 강의 자료만 보고 믿고 출판을 결정해줬으며 12월 20일 북콘서트 일정에 맞춰 책 출간을 준비해준 출판사, 매일 밤늦게 들어오고 주말마다 집을 비운 것을 묵묵히 참아준 가족이 있었기에 책을 쓸 수 있었다. 무엇보다 2015년부터 사내벤처와 미라클랩에서 스타트업 투자와 취재를 함께 한 손재권, 안정훈, 신현규, 이상덕, 이덕주, 원호섭 후배와 매일경제신문사의 동료가 없었다면 이 책이 세상에 나오는 건 불가능한 일이었을 것이다. 이들 모두에게 고마움을 전한다. 마지막으로 지치지 않고 버티게 해준 비틀즈, 뉴진스, 제주 애월, 레이먼드 카버, 나의 직장인 밴드 '소심한 물고기'에게 고마움을 전한다.

홍보 담당자처럼 고생하고 인정받지 못하는 직무도 없다. 이 책을 통해 홍보가 전문적인 직무라는 사실을 많은 이들이 알게 되기를 바란다. 더불어 홍보인들이 자부심을 가졌으면 좋겠다. 충분히 그럴만한 자격이 있음을 이 책이 증명하고 있다.

차 례

2장 보도자료를 둘러싼 환경 이해하기

3장 보도자료 직접 써보기

4장 보도자료 문장력 강화 기술

5장 **인터뷰 · 기획 기사 · 칼럼**

6장 브랜딩·조직·위기관리

1장

언론을 향한
첫 번째
발자국

스티브가 상기된 표정으로 들어와 전체 회의를 소집했다. 회의 없는 조직 만들기를 표방한 스티브가 이렇게 전체 회의를 소집한 것은 이례적인 일이다. 한동안 말을 잇지 못한 스티브는 비장한 표정으로 회사의 운명이 걸린 이번 IR 분위기를 전달하기 시작했다.

스티브 : 오늘 중요한 투자 IR이 있다는 건 여러분도 잘 알고 계실 겁니다. 투자자에게 우리 회사의 서비스에 대해 설명하고 로드맵을 보여줬습니다. 투자 심사역 한 분이 우리 회사가 경쟁사에 비해 잘하는 게 뭔지 묻더군요. 우리 기업에 대해 잘 모르는 것 같아 회사 소개와 서비스의 차별점에 대해 자세히 설명했습니다. 심사역은 여전히 이해하기 어려워하는 눈치였습니다. "서비스를 직접 사용해 봤는데 두 회사의 차이점이 별로 없던데요. 오히려 가격적인 면에선 경쟁사가 더 메리트 있어 보입니다."라고 얘기하는 순간 눈앞이 아득해지더군요. 어떻게 그런 회사랑 비교할 수 있나요? 그 회사는 우리 회사 서비스를 카피한 후발주자 아닙니까? 여러 이유가 있겠지만 아무래도 언론홍보가 부족하다는 생각이 드네요. 오늘부터 언론홍보를 본격적으로 해보려고 합니다. 수지님 생각은 어떤가요?

수지(기획부 인사팀장) : 좋다고 생각합니다. 그렇지 않아도 직원 채용하기가 힘들었습니다. 아무리 채용 공고를 해도 지원서가 잘 들어오지 않네요.

제니(마케팅 팀장) : 저도 같은 생각입니다. 아무래도 언론홍보를 하면 서비스 사용자도 늘고 브랜딩에도 도움이 될 것 같아요.

스티브 : 회사 자금 사정상 담당자 채용보다는 내부 직원 중 한 명이 맡아줘야 할 거 같습니다. 보도자료 써서 배포하면 된다고 들었는데 누가 맡는 게 좋을까요? 콘텐츠팀이 맡는 게 좋을 거 같은데요. 이번에 콘텐츠

마케터로 새로 들어온 엠마가 맡는 게 어떨까요?

엠마 : 제가요? 전 언론홍보 해본 적 없는데요.

스티브 : 우리가 잘해서 했습니까? 하다 보니 잘하게 된 거죠. 그럼 여기서 회의 마치도록 하겠습니다. 마침 이번에 A사와 MOU를 체결했는데 이것부터 보도자료로 작성해서 언론사에 뿌려보죠.

엠마 : 어떻게 쓰는 건데요?

스티브 : 비슷한 기사 보고 쓰면 되지 않을까요?

엠마 : 컨퍼런스 준비는 어떻게 하고요.

스티브 : 행사 준비하면서 쓰면 되죠. 한두 페이지 정도만 쓰면 되는 것 같던데요. 엠마, 국문과 출신 아니에요?

엠마 : 네. 그럼 뭐부터 하면 되나요?

국문과 누구더라?

아무래도 언론홍보가 부족하다는 생각이 들어요.
이제부터 언론홍보를 본격적으로 해보려고 합니다.
여러분 생각은 어떠신가?

WOW!
아주 좋은 생각이십니다!
참고로 전 이과출신입니다!

아무래도 사용자도 늘고 브랜딩에도
도움이 되지 않을까요?

보도자료만 써서 배포하면
된다고 들었는데...
새로 들어온 엠마가
맡는 게 어떨까요?

그대가 국문과?

저는
컴공전공자

전
3대 독자!

전
귀공자

제가요??
전 언론홍보 해본 적 없는데요..

(어제 첫 출근인데...)

처음부터 누가 잘하나!
하다보면 잘 하게 되는 거지!

나 때는 말이야!

헉!

언론홍보를 시작하는
기업이 알아야 할 것

우리도 언론홍보 해볼까? ──

　의욕과 에너지가 흘러넘치던 신생 기업이 언론홍보*에 처음 관심을 가지는 결정적 계기가 있다. 그 기업이 최근 시도했던 투자 유치 실패의 원인이 기업 인지도 부족에 있음을 통감하며, 낮은 인지도를 올려보고자 언론홍보에 눈을 돌리기 시작하는 것이다. 신생기업은 사업 초반 신제품이나 새로운 서비스를 각고의 노력을 통해 마무리하여 런칭하고 나면, 앞으로 마케팅만 잘하면 얼마든지 판매할 수 있을 거라는 확신을 가진다. 그러나 어느 순간 그 확신이 기다림에서 의문으로 바뀔 때 비로소 언론홍보의 필요성을 느낀다.

* 언론홍보와 홍보, PR은 다른 개념이지만 이 책에서는 모두 언론사 특히 신문사를 통해 대중에게 자사와 자사의 서비스를 알리는 것으로 한정해서 사용하겠다.

창업 학교에서 만난 타 회사 대표가 언론에 소개되는 모습을 보고 부러움과 시기심을 느끼면서 홍보를 시작하는 경우도 있다. 경쟁 기업이 시장에서 훨씬 더 많이 회자될 때, 기업과 기관에게 회사 소개를 충분히 했음에도 시큰둥한 표정으로 몇 번씩 '뭐하는 회사냐?'고 자꾸 되물을 때, 채용 후보자에게 기업 비전을 숙지시켰음에도 '다단계 회사 아냐?'라는 표정을 읽었을 때 언론홍보를 시작해야겠다는 생각을 갖는다.

필자는 그동안 기업의 IR 피치덱Pitch Deck(투자자 유치와 자본 조달을 위한 설득·홍보용 기업 설명 자료)을 수없이 검토하고 봐왔다. 문제와 솔루션, 타깃 시장과 고객, 프로덕트 개발 방법, 자금 유치와 인재 채용 계획, 마케팅 계획 등을 지켜보면서 기업의 철학, 고민, 방향을 이해할 수 있었다. 하지만 아쉽게도, 단 한 번도 언론홍보를 제대로 해보겠다고 결심하는 기업을 만나본 적이 없다. 언론홍보를 기업 성장 로드맵에 포함하지 않고 스티브의 기업처럼 어느 날 갑자기 시작하는 경우가 대부분이다. 준비하지 않고 시작하다 보니 언제, 어떻게, 왜 해야 하는지 모른 채 시행착오만 반복해서 겪는다.

기업이 언론홍보를 계획하지 않는 이유 ──

이처럼 기업이 언론홍보를 준비하지 않는 데는 세 가지 이유가 있다고 생각한다. 첫째, 언론홍보를 쉽다고 생각해서다. 그래서 언제든 시작할 수 있다고 믿는다. 둘째, 언론홍보를 목적이 아닌 '수단'으로 생각해서다. 기업의 다른 활동을 지원해주는 업무 정도로 생각하기에 하면 좋고 안 해도 그만인 것으로 이해한다. 셋째, 숫자로 보이지 않는 업무이기 때문에 시급하지 않다고 생각한다. 기업 입장에서는 숫자로 파악할 수 있는 다른 업무, 즉 제품 개선, 성장, 인력 채용은 당장 시급하게 해결해야 할 문제로 인식하지만 숫자로 확인할 수 없는 업무는 필요성이나 문제 자체를 인식하지 못한다.

언론홍보는 쉽다?

결론부터 얘기하자면 언론홍보는 결코 쉽지 않다. 언론홍보가 쉽다고 생각하는 이유는 '쉬운' 언론홍보 방법만 알고 있기 때문이다. 쉬운 언론홍보란 대략 이러하다. 보도자료를 작성하고, 아는 기자 몇 명을 포함해 언론사 몇 군데에 배포하면, 일부 매체에 게재되고 홍보는 끝이 난다. 이를 언론홍보라고 생각하는 기업이 많다. 물론 이 정도의 활동도 언론홍보 활동이라고 말할 수는 있다. 하지만 제대로 하는 언론홍보는 생각보다 어렵고 힘들다. 미디어 리스트를 만들고 기자와 관계를 맺고 보도자료를 배포하고 기자에게 '피칭'을 해야 겨우 몇 군데 게재될까 말까 하다.

IR과 비교해서 얘기해보자. 투자를 받기 위해서는 IR 피치덱을 정성 들여 만들고 피칭(듣는 사람에게 자세히 설명해서 어떤 행동을 유발하게 하는 것)을 준비한다. 그리고 투자자를 만나 기업의 성장성과 가치를 설명한다. 그래야 몇 군데로부터 투자를 받을 수 있다. IR 피치덱을 콜드메일(수신자와 사전에 어떠한 연락도 없이 보내는 메일)로 보내 투자를 유치했다는 이야기는 한 번도 들어보지 못했다. 기업 가치가 특출 나게 뛰어나지 않고서는 불가능한 일이다. PR도 마찬가지다. 보도자료는 '뿌리는' 게 아니라 '피칭'해야 한다. 한눈에 독자들의 주목을 받을만한 엄청난 뉴스가 아니라면 게재되기 힘들다. 그렇기 때문에 기업에 대해, 보도자료의 내용에 대해 기자에게 설명해야 한다. 또한 IR과 마찬가지로 PRPublic Relation은 전적으로 사람을 통해 일이 이루어진다. 아는 기업, 믿을 수 있는 기업에 투자하는 것처럼 아는 기업, 믿을 수 있는 기업을 기사화한다. 그래서 관계를 쌓는 것인데 여기에는 많은 시간과 노력이 든다. IR과 PR 중에 어떤 것이 더 어렵다고 말할 수 없지만 PR을 IR처럼 해야 목적을 달성할 수 있다.

언론홍보는 수단이다?

언론홍보를 수단이라고 생각한다. 특히 마케팅의 수단으로 본다. 그래서 이런 질문을 종종 한다. "기사가 나갔는데 왜 앱 다운로드 수치가 올라가지 않으요?" PR은 앱 다운로드 수치를 올리기 위해서 하는 게 아니다. 물론 앱 다운로드 수치를 올리는 데 도움이 된다. 하지만 이게 목적이 아니다. PR의 궁극적인 목적은 기업의 인지도와 신뢰도를 높여주는 데 있다.

"인지도와 신뢰도가 그렇게 중요한가요?"라고 묻는 사람도 있다. 인지도란 '어떤 사람이나 물건을 알아보는 정도'이며, 신뢰도는 '굳게 믿고 의지할 수 있는 정도'를 말한다. 인지도와 신뢰도는 기업에게 필수적이다. 아는 것과 모르는 것은 엄청난 차이가 있다. A는 알고 B는 모른다면 당연히 A를 선택한다. B가 A보다 월등히 뛰어나도 알려지지 않으면 B는 존재하지 않은 것과 같아서 선택받을 기회조차 없다. A와

B가 똑같이 알려졌다면 더 믿을만한 기업을 선택한다. 실제 가지고 있는 역량과 상관없이 말이다. 혁신적인 기술을 가지고 있는 수많은 기술 기업이 시장에서 선택받지 못해 고전하는 이유가 여기에 있다. 알려지지 않았고 믿을 수가 없는데 우리가 그것을 어떻게 먹고 마실 수 있겠는가. 더구나 대체재가 많아 경쟁이 심한 오늘날의 시장에서 말이다.

따라서 기업에게 있어 인지도와 신뢰도는 매우 중요하다. 그렇다면 어떻게 인지도와 신뢰도를 쌓을 것인가. PR을 해야 쌓을 수 있다. 하지만 이렇게 중요함에도 불구하고 이에 대한 노력은 잘 하지 않는다. 눈에 보이지 않기 때문이다. 마케팅과 광고는 그 효과를 눈으로 확인할 수 있다. 만약 효과가 없다면 방법을 바꾸거나 중단하면 그만이다. 하지만 PR은 그렇지 않다. 기사 한 건이 나갔다고 당장 인지도와 신뢰도가 높아지는 것도 아니고 이것을 측정할 방법도 없다. 보이지 않음에도 불구하고 지속적으로 해야 하기 때문에 어려운 것이다. 영업이 어렵다고 포기하지는 않는다. 계속해서 시도하고 노력이 누적되어야 성과가 나타나는데 PR도 마찬가지다.

언론홍보는 차선책이다?

기업 외부에서 기업을 어떻게 바라보고 있는지는 대단히 중요한 문제다. 기업의 존재 유무, 그리고 그 기업이 믿을만한가 아닌가는 무엇과도 바꿀 수 없는 기업의 자산이다. 하지만 이러한 인지도와 신뢰도는 무형의 자산이다 보니 중요성을 잘 느끼지 못한다. 그 중요성을 자각하는 특별한 시기가 찾아와야 비로소 중요성을 알게 된다. 기업이 성장하게 되면 내부 관리나 통제가 불가능한 변수가 찾아오게 되는데, 그게 바로 위기(리스크)다. 위기가 닥쳐서야 비로소 언론홍보가 보이는 업무로 전환되고 그제야 그 중요성을 깨닫게 된다. 그러나 스타트업이 위기를 경험하면 이미 늦다.

지금부터라도 PR이 쉽다는 생각, 마케팅의 수단이라는 생각, 보이지 않는다고 중요한 업무가 아니라는 생각을 버려야 언론홍보를 제대로 할 수 있다. 지금까지의 얘기가 추상적으로 들렸다면 조금 더 피부로 체감할 수 있는 이야기를 해보겠다.

언론홍보를 꼭 해야만 하는 이유 ──

기업의 상황을 하소연하려고 필자를 찾아오는 사람이 많다. 과거에 자신이 최초로 개발해서 내놓은 서비스였는데 어찌어찌해서 지금은 누가 하고 있고 그때 본인이 잘 알렸으면 지금과는 결과가 달랐을 거란 얘기다. 안타깝다. 하지만 그가 실제로 그러한 일을 했는지 확인할 수도 없고 언론이 도와줄 타이밍도 놓쳤다. 기사라도 몇 줄 남아 있다면 최초로 시도한 사람 정도만이라도 인정해줄 텐데 그의 이야기는 그저 실패자의 넋두리 정도에 지나지 않는다.

한때 언론사들도 '콘텐츠가 좋으면 사람들이 알아서 봐줄 거야'라고 맹신했던 적이 있었다. 하지만 콘텐츠가 좋은 것과 사람들이 봐주는 건 전혀 다른 문제다. 지금은 개인의 관심사에 맞춰 콘텐츠를 보여주는 세상이다. 콘텐츠가 좋다고 소비자가 알아서 찾지 않는다. 이 이야기는 개인에게도 해당한다. '내가 잘하면 사람들이 알아줄 거야', 내가 잘하는 것과 타인이 나를 알아주는 건 다른 문제다. 제품도 마찬가지다. '제품이 좋으면 사람들이 알아서 찾아줄 거야', 절대 그렇지 않다. 언론홍보를 하지 않으면 그 누구도 알아주지 않는다. 우리는 언론에 소개된 것만큼만 인식한다.

언론홍보는 기업에게 선명한 햇살이다

"언론홍보를 하지 않으면 세상에 존재하지 않은 것과 같다."

소비자는 더 좋은 제품과 서비스를 찾기보다는 더 알려져 있고 신뢰할만한 제품과 서비스를 찾는다. 그렇기 때문에 언론홍보는 작은 기업이 더 큰 기업과 대적해서 시장에서 싸울 때 훌륭한 무기가 돼준다. VC Venture Capital(잠재력이 있는 벤처 기업에 자금을 대고 경영과 기술 지도 등을 종합적으로 지원하여 높은 자본이득을 추구하는 금융자본), AC Accelerator(스타트업에게 사무 공간 등의 창업자금을 투자하고 멘토링해주는 전문기관)가 PR 조직을 두거나 홍보 대행사를 활용해 포트폴리오 PR를 돕는 이유가 여기에 있다. PR이 기업 가치를 높여준다는 걸 VC, AC는 누구보다도 잘 알고 있다.

필자는 언론홍보의 필요성에 대해 한마디로 이렇게 이야기하고 싶다. 언론홍보를 하지 않으면 세상에 존재하지 않는 것과 같다고. 언론홍보는 생존과 직결된 문제다. B사도 언론홍보 때문에 생존할 수 있었다.

"회사를 닫을 생각이었다. B2C 고객을 어느 정도 확보하지 않으면 버티기 힘들다고 생각했다. 디데이를 정해놓은 상태였다. 그때 ○○과 인터뷰를 하게 됐다. 기사가 나갈 거라는 생각은 하지 않고 답답한 마음을 얘기할 기회로만 생각했다. 얼마 후 인터뷰 기사가 나갔다. 그 후 B2C 고객이 늘었고 거래액이 270% 늘면서 급성장하게 됐다. 예상하지 못한 S사, H사 등 대기업에서도 연락이 오면서 새로운 B2B 사업의 가능성을 열게 됐다. 그 이후 H, C 언론사에서도 기사가 나갔고 타깃이었던 월간지에도 기사가 실릴 수 있었다. 문의 전화가 많이 왔고 협업하자는 기업, 영향력 있는 곳에서 많은 연락이 왔다. 우리를 필요로 하는 사람이 많다는 걸 알았고 새로운 비즈니스의 가능성도 알게 됐다. 사업이 많이 정리될 수 있었다. 무엇보다 팀원들에게 희망을 줘서 좋았다. 스타트업에게 PR은 상관없는 일이라고 생각했다. 스타트업에게 홍보가 얼마나 의미 있을까 하는 생각이 지배적이었고 관심도 없었다. 이제는 PR이 중요하다는 걸 알게 됐다."

B사가 어려움에 직면했을 때 언론 기사가 나가지 않았다면 B사의 운명은 달라졌을 것이다. B사가 비즈니스를 계속 이어 갈 수 있었던 데는 언론의 역할이 컸다. B사는 최근 투자를 유치했으며 팁스TIPS, TechIncubator Program Startup Korea(민간투자주도형 기술창업 지원)에 선정됐다.

언론홍보는 아웃바운드를 인바운드 하게 해준다

인지도와 신뢰도를 쌓으면 기업에 어떤 변화가 생길까? 이를 쉽게 한마디로 표현하자면 위의 얘기와 같다. 아웃바운드Outbound란 기업이 먼저 잠재 고객을 발굴하고 구매 가능성이 있는 잠재 고객과 소통을 시작하는 것을 의미한다. 인바운드Inbound란 잠재 고객이 먼저 연락해서 관계가 시작되는 걸 말한다. 인지도와 신뢰도가 생기면 아웃바운드 할 일이 인바운드화 된다. 그렇게 되면 기업이 애서 상대방에게 기업에 대해 설명할 필요가 없다. 의사결정의 주도권이 우리 기업에게 생긴다. 이렇게 되면 영업과 마케팅에 큰 도움이 된다.

① 영업과 마케팅에 도움

언론홍보는 영업에 큰 도움을 준다. 특히 기업과 공공기관은 의사결정을 할 때 언론 기사를 많이 참고한다.

"지난 G사 계약 기사 배포 이후로 S, L을 포함한 대기업들에게서 러브콜을 받고 있습니다. 진심으로 감사드립니다."

관련 보도자료 게재 후 홍보 담당자가 한 말이다. 기사 게재 후 계약이 성사되었다는 얘기를 많이 듣는다. 인지도와 신뢰도가 높아지면 영업에 들어가는 시간과 비용도 절약할 수 있다.

"기사를 첨부해서 콜드메일을 보내면 회신율이 5%나 됩니다. 콜드메일만 보낼 때와 비교가 되지 않습니다."

어느 대표의 말이다. 콜드메일 회신율을 높여주는 데도 언론 기사가 큰 역할을 한다.

기사 게재 후 기업이 타깃 고객 외에 전혀 생각지도 못한 고객에게서 연락이 오기도 한다. 이를 계기로 신규 사업이나 새로운 시장 확장도 시도해볼 수 있다.

마케팅에도 도움이 된다. 인지도와 신뢰도는 소비자에게 긍정적 이미지를 심어줘 소비자의 행동을 유도한다. 소비자의 선택을 받을 확률이 그만큼 높아진다.

"언론홍보 후 고객 유입이 확대됐습니다. 저희가 마케팅 비용을 쓰는 것보다 기사가 더 영향을 주는 것 같아요. 바이럴도 계속 올라가긴 하지만, 기사가 한 번 나가면 더 빨리 올라가는 동력을 만들어줘요. 마케팅 비용이 많지 않은 기업이라면 기사를 적절하게 내보내는 것도 좋은 것 같아요."

기사가 게재된 G사 대표는 고객 유입 지표를 보여주면서 이렇게 말했다.

● **G사 고객 유입 지표**

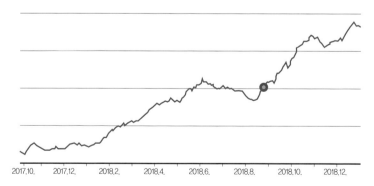

마케팅은 LTVLifetime Value(고객생애가치, 고객 한 명이 생애 동안 구매할 것으로 예상되는 이익 흐름에 대한 현재가치)가 CACCustomer Acquisition Cost(고객획득비용, 고객 1명을 획득하기 위해서 기업이 지불하는 비용)보다 높을 때 실행하고 LTV가 CAC보다 낮아지면 중단한다. 신규 고객을 획득하는 것이 목표인 시기에는 CAC의 중요성이 더욱 커진다. 잠재 고객은 제품에 대한 이해, 제품이 문제를 해결해주는 방식, 다른 제품과의 차별점에 주목하는데 기업은 바로 이러한 메시지를 언론홍보를 통해 전달하고 이들 중 메시지를 접한 잠재 고객이 유저로 유입되며 해당 제품을 사용한 유저가 다른 잠재 고객을 추천한다. 언론홍보는 비용이 거의 들지 않기 때문에 CAC를 낮춰주는 효과가 있다. 그렇기 때문에 언론홍보를 통해 지속적인 신규 고객 확보가 가능하다. LTV와 CAC를 계산해서 마케팅과 언론홍보를 병행한다면 신규 고객을 계속해서 확보할 수 있다.

PR은 마케팅과 광고에도 영향을 준다. 마케팅과 광고는 소비자에게 자사 제품의 호감도와 관여도를 높여 구입하도록 유도하는 활동인데, 호감도와 관여도라는 감성적인 설득은 인지도와 신뢰도라는 이성적인 설득을 전제로 한다. 그래서 마케팅과 광고를 실행하기 전에 PR부터 하라고 말한다.

"대부분의 회사는 언론 보도와 홍보를 통해서 인지도와 신뢰감을 확보하기 전까지는 광고에 돈을 낭비해서는 안 된다."

세계적인 마케팅 및 브랜딩 전문가 잭 트라우트와 앨 리스는《포지셔닝》에서 언론 보도와 홍보를 먼저 실행하여 신뢰도를 확보한 후에 마케팅, 광고에 집중하라고 말했다. 대량의 마케팅 광고비를 투입하다가 큰 효과를 보지 못하고 언론홍보부터 다시 시작하는 기업이 적지 않다.

결국 기업의 판매 성과는 PR에 의한 효과와 PR과 마케팅이 결합된 효과로 나타난다고 말할 수 있다. 하지만 대부분의 기업은 판매 성과를 전적으로 마케팅 효과라고만 생각한다. PR은 눈에 보이지도 않을 뿐더러 단기적으로 효과가 나타나지 않기 때문이다. 그러나 효과가 없는 것이 아니다. 기업에서 제대로 파악하지 못할 뿐이다.

② 투자 유치에 도움

언론홍보는 소비자뿐만 아니라 이해관계자에게도 큰 영향을 미친다. 특히 투자 유치가 그렇다. 기사는 기업 딜소싱의 중요한 채널이다. 《VC가 알려주는 스타트업 투자 유치 전략》(이택경, 한국벤처투자, 스타트업얼라이언스 공저)에서, VC의 다섯 가지 딜소싱Deal Sourcing(투자할 스타트업 발굴) 채널로 지인 소개, 콜드메일, 행사, 현장 미팅, 기사를 제시했다. 특히 기사는 트렌드를 이해하는 데 있어 훌륭한 자료다. 잘 알려지지 않은 기업은 투자받기가 매우 어렵지만, 기사로 소개된 기업은 인지도와 신뢰도가 있다고 인정된 것이기에 투자자는 다른 딜소싱 채널에 비해 안전하다고 느낀다.

기업 성장 단계가 높아질수록 지인 중심의 투자에서 점차 멀어진다. 대표만 보고 투자를 결정하는 시기를 지나 기업의 비즈니스, 스케일업, 엑싯Exit(스타트업에 투자한 투자자들이 투자금을 회수하고 이익을 얻는 것)

전략 등을 보고 투자를 결정하며 전략적 투자Strategic Investment(경영을 지속적, 장기적으로 책임지는 투자)에서 점차 재무적 투자Financial Investor(경영에 참여하지 않고 수익만 목적으로 자금을 지원하는 투자)로 투자의 성격이 변한다. 지인 중심에서 점차 벗어날수록 언론홍보를 통해 더 많은 사람에게 기업을 알려야 멀리 있는 투자자를 만날 수 있다. 또한 기사화가 되면 기업 가치에 대한 협상력도 생긴다.

> "기사로 소개되고 나서 투자자들이 많은 연락을 해오고 있습니다. 이번에 목표로 한 투자액을 모두 달성했어요. 물론 좋은 밸류로요."

투자 유치중인 M사 대표가 기사 게재 후에 한 말이다. 투자 이후에도 기사에 대한 관심은 크다. 기사가 기업 가치 상승에 도움이 되기 때문이다. 자본시장의 발달로 PR이 투자 유치에 긍정적인 영향을 미치기 시작하면서 투자 유치를 위한 PR인 '파이낸셜 커뮤니케이션Financial Communication'이 현재 기업 PR의 한 영역으로 연구되고 있다.

③ 채용과 HR에 도움

우수한 인재를 채용하는 것은 기업의 사활이 걸린 문제다. 특히 스타트업의 경우 사람이 전부라고 할 수 있다. 최근 채용 브랜드가 주목받기 시작한 것도 이와 같은 배경 때문이다. 채용 브랜드를 만드는 것도 중요하지만 더욱 중요한 건 후보자에게 기업을 알리고 믿게 하는 것이다. 채용 공고를 확인한 후보자가 가장 먼저 하는 일은 무엇일까? 자사 블로그를 참고하겠지만 기사만큼 신뢰성을 주지는 않는다. 실재하는 기업인지 시장에서 어떤 평가를 받고 있는지를 확인하기 위해 채용 후보자들은 기사 검색부터 한다.

"신규 채용 시, 기사는 절대적입니다. 신규 직원에게 물어보니 기사를 보고 입사를 결심했다고 합니다. 특히 메이저 신문에 난 기사에 많은 영향을 받았다고 합니다."

M사 대표의 말이다. 그만큼 채용에 기사는 절대적인 영향력을 발휘한다. 인지도가 높은 기업도 예외는 아니다. 인지도가 높은 기업이라고 해도 채용 후보자들의 마음을 움직이는 건 기사다.

"저희는 워낙 인지도가 높아서 여태까지 홍보의 필요성을 느끼지 못했습니다. 하지만 직원 채용 시에는 기업 홍보가 꼭 필요하더라고요."

2020년 말에 이브로드캐스팅* 대표가 한 이야기이다. 이렇게 인지도가 높은 기업도 우수한 인재를 확보하기 위해서 언론홍보를 한다.

채용 시, 메시지를 분명히 해야 한다. 신입사원의 경우, 기업의 분위기와 문화, 근무 환경에 강점을 두고, 경력자는 기업에서 자신이 얼마나 성장할 수 있을지 여부가 중요하기 때문에 기업의 성장성을 강조

---

* 2019년 1월 채널을 개설한 삼프로TV는 2020년 투자 열풍에 힘입어 큰 관심을 받았으며 2021년 초 구독자 100만 명을 넘었고 2022년 6월 200만 명을 돌파했다. 2023년 7월 한국거래소에 상장 예비심사 청구서를 제출하면서 상장을 준비하고 있다. 상장에 성공할 경우 국내 유튜브 채널 최초의 상장사가 된다.

하는 게 좋다. 개발 직군이라면 기업의 테크 전문성과 일하는 방식을 체크할 것이고 C레벨이라면 기업의 성장 가능성과 상장 여부를 따질 것이기 때문에 이러한 부분을 PR에서 강조해야 한다. '채용 PR'이라는 분야가 따로 있지는 않지만 기업은 우수한 인재를 채용하기 위해 각 채용 후보자별로 그들의 니즈를 반영해 이렇게 언론홍보를 한다.

언론홍보는 내부 직원에게도 필요하다. 조용한 퇴사_{Quiet Quitting}를 포기하게 하는 건 자사의 홍보 기사다. 자사의 기사는 내부 직원과 비전을 공유하는 데도 도움이 된다.

> "기사를 읽은 팀원들 반응이 아주 좋네요. 어려운 얘기인데 전달이 잘된다고. 오늘 전체 회식에서 플랜 얘기를 더 하려고 했는데 큰 도움이 되었습니다. 제 와이프도 이해를 했으니 말 다한 거죠. 장표로 얘기하거나, 혼자 웅얼거리는 비전은 공유될 수 없으니까요."

인터뷰 기사가 게재된 직후 C사 대표가 한 말이다. 기사 하나가 수백 장이 넘는 IR 자료나 사업 계획서보다 훨씬 명확할 때가 있다. 직원과 함께 명확한 비전을 공유하는 데 기사는 큰 도움이 된다.

④ 브랜딩에 도움

29CM에서 브랜딩 총괄을 담당한 전우성은 《그래서 브랜딩이 필요합니다》에서 브랜딩을 이렇게 정의했다.

"브랜드란 우리는 누구이고 어떻게 사람들에게 보여야 하는지, 우리를 어떤 모습으로 그들에게 기억시킬 것이고, 또 어떤 방식으로 사람들이 우리를 좋아하게 할 것인지에 대한 무엇. 자신을 대변하는 징표이자, 남들에게 자신의 존재를 알리고 남들과 자신을 구분 짓게 하는 이름표이자 상징. 브랜딩이란 이름이자 심벌과도 같은 브랜드를 그 브랜드답게 만들어가는 모든 과정이다."

브랜딩 컨설팅 회사 '인터브랜드'의 컨설턴트 우승우, 차상우는《창업가의 브랜딩》에서 이렇게 브랜딩을 정의했다.

"브랜드의 존재 이유, 즉 '자기다움'을 찾는 것이다. 브랜딩은 내가 왜 이 사업을 하는지, 그리고 왜 나여야만 하는지, 'Why me'를 찾는 과정에서 드러나는 자기다움과 이를 통한 차별화다. 이것이 스타트업 브랜드의 시작이자 끝이다."

전문가들의 설명을 종합해보면 브랜딩이란, '소비자가 브랜드에 대해 좋은 이미지를 갖고 신뢰하도록 소개하는 과정'이라고 정의할 수 있다. 기업은 브랜딩 작업을 통해 고객에게 자신이 어떤 기업인지 인식시키고 차별화를 위한 다양한 활동을 한다. 언론홍보의 가장 큰 역할이 인지도를 높이고 다른 기업과의 차별점을 보여주는 것이라면 언론홍보가 곧 브랜딩하는 것이다. 기업은 언론홍보를 통해 대중에게 기업의 성과나 앞으로의 로드맵을 공유하며 다른 기업과의 차별점을 제시해 기업의 존재를 부각시킨다. 기업의 활동에 대해 의미를 부여하고 기업이 어떤 방향으로 성장해 나갈 것인지, 다른 기업과 어떤 차별점이 있는지를 지속적으로 설명하고 설득하면서 기업의 브랜드 이미지를 쌓는다.

⑤ 대관對官 업무에 도움

정부는 중요한 파트너 중 하나다. 특히 혁신적인 비즈니스 모델로 시장에 진입한 기업의 경우 합법과 불법 사이를 줄타기하면서 사업을 할 수밖에 없기 때문에 정부와의 관계는 특히 중요하다.

E사는 콩팥병 환자 대상의 맛있고 건강한 식사를 개발한 메디푸드 (환자식) 전문 기업이다. 오랜 연구 끝에 콩팥병 환자 맞춤 식단을 개발 했지만 진행하는 도중 문제가 생겼다. 제품에 '콩팥병 환자용 식단'이라고 표시할 수 없었던 것이다. 그런 와중에 2022년 식품의약품안전처가 특수의료용도식품 기준 및 규격을 연구하기 시작했고 첫 번째로 당뇨환자용 식단형 식품의 기준과 규격을 만들게 되자 제품에 '콩팥병 환자용 식단'이라고 표시하는 게 가능해졌다. 환자도 제품을 편하게 구입할 수 있게 됐고 병원에서도 환자에게 메디푸드를 추천하는 게 가능해졌다. 식약처는 2024년까지 암환자식, 고혈압, 간, 폐질환, 장질환 등으로 확대하는 메디푸드 로드맵 계획을 세웠다.

E사가 제도에서 혜택을 받았다면 반대로 경영의 어려움을 겪은 기업도 있다. 기획재정부가 2017년 2월 외국환거래법 시행령을 개정하면서 당시 새롭게 등장한 해외 송금 전문 스타트업을 금융업체로 지정한 일이 있었다. 벤처 특례법 중 금융업체 투자 금지 조항을 몰랐던 것이다. 시행령에 따라 VC가 해외 송금 앱 스타트업에 투자할 수 없게 되자 비난 여론이 들끓기 시작했고, 언론을 통해 이와 같은 사실이 알

려졌다.* 다행히 중소기업벤처부 주도로 시행령을 개정한 덕분에 해외 송금 전문 스타트업은 VC로부터 투자 유치를 받을 수 있었다.

스타트업은 하루아침에 혁신 기업으로 각광받다가도 어느 날 갑자기 불법 기업이 되기도 한다. 불법 기업이 되지 않으려면 대관 업무를 통해 비즈니스에 필요한 제도를 도입하거나 불필요한 규제를 철폐해야 한다. 이를 위해서는 여론을 움직여야 하는데 정부와 국회는 여론을 움직이는 언론을 가장 많이 신경 쓴다. 언론홍보의 최종 목표가 정부를 움직이는 것이라고 말하는 사람도 있다.

⑥ 또 다른 기사에 도움

기사는 기사를 낳는다. 기자가 기사를 작성할 때 참고하는 것 중 하나가 기사다. 취재 기사나 기획 기사에 해당 기업 사례를 포함시키는 경우가 많은데, 특히 기획 기사에 포함될 경우 기업 브랜딩에 큰 도움이 된다. 인터뷰 기사는 주목도가 크다. 이렇게 한번 주목을 받고 나면 해당 기업에 관심 갖는 기자가 많아지고 그렇게 되면 기사화될 확률은 그만큼 커진다. 그래서 되도록이면 언론홍보를 중단하지 않는 게 좋다. 기업이 사정이 있어 언론홍보를 중단하게 되면 단순히 자사 기사만 중단되는 게 아니라 앞서 얘기한 취재 기사와 기획 기사의 사례로도 다뤄지지 않는 문제가 발생한다. 검색 시 가장 상단에 검색되는 기사가 검색되지 않으면 대중의 기억 속에서 사라지고 이해관계자는 불안해한다. 그렇기 때문에 되도록 언론홍보를 꾸준히 하는 게 좋다.

---

* 〈황당 규제… 송금 스타트업에 투자 술술〉 (조선일보, 2019년 1월 22일)

IR, HR, PR 모두 중요하다

흔히 대표는 3R만 잘하면 된다고 한다. 3R은 IR, HRHuman Resource, PR을 말한다. 대부분 IR과 HR은 잘하지만 PR을 잘하거나 이해하는 대표는 없다. IR, HR, PR 모두 중요하다는 걸 이해시키기 위해 이야기를 하나 소개한다.

한 사람이 있다. 그는 꿈에 그리던 곳으로 가고 싶었다. 그곳으로 가려면 돛단배를 타고 가야 한다. 그는 돛단배 한 척을 만들어 강에 띄웠다. 돛단배에 올라탄 그는 꿈에 그리던 그곳을 향해 방향키를 잡았다. 하지만 돛단배는 움직이지 않았다. 이때 친한 친구를 발견한 그는 친구에게 돛단배에 함께 타자고 제안했다. 친구는 그의 말을 듣고 돛단배에 올라탔다. 그리고 노를 젓기 시작했다. 돛단배는 조금씩 움직이기 시작했다. 하지만 목적지까지 가기에는 너무 더뎠다. 그때 친구의 친구가 강가를 지나가고 있었고 그 친구에게 함께 돛단배에 타자고 제안했다. 그 친구도 흔쾌히 돛단배에 올라 노를 젓기 시작했다. 배는 두 배로 빠르게 움직였다. 하지만 얼마 안 가 양식이 바닥났고 노를 저을 힘도 떨어져 갔다. 이때 돛단배를 지켜본 어떤 사람이 지분 10%를 주면 엔진을 대주겠다고 제안했다. 그는 너무나 기뻐하며 그 사람에게 10%의 지분을 주고 엔진을 달았다. 배는 두 배로 빨리 움직였다. 하지만 엔진의 사용기한은 정해져 있고 엔진을 움직이기 위해서는 기름도 필요했다. 배는 곧 멈춰야 할 운명에 처했다. 그때 또 다른 사람이 엔진을 대주겠다고 제안했다. 이번에는 20%의 지분을 요구했다. 이번에도 그의 제안을 들어주고 엔진을 달았다. 배는 더 빨리 달렸다. 하지만 거기까지였다. 노를 젓던 친구는 힘에 부쳐 했고 엔진은 더 이상 움직이지 않았다. 배가 완전히 서려고 할 때 마침 바람이 불기 시작했다. 그는 바람이 부는 대로 돛을 펼쳤다. 그러자 앞으로 달려 나가기 시작했다. 이 모습을 본 강가에 서 있는 사람 몇몇이 노를 젓겠다고 배에 올라탔다. 엔진을 달아주겠다는 사람도 나타났다. 그렇게 한참을 달렸다. 그러나 얼마 되지 않아 위기가 찾아왔다. 노를 열심히 젓던 한 친구가 그만 탈이 나서 배에서 내리기로 한 것이다. 그리고 엔진 하나는 더 큰 배로 옮겨 갔다. 그래도 다행히 바람이 계속 불어줘 앞으로 나아갈 수 있었다. 꿈에 그리던 목적지가 눈앞에 보이기 시작했다.

이 이야기에서 노 젓는 사람은 직원이고 엔진은 투자자이며 바람은 언론홍보다. 기업이라는 돛단배는 이 세 가지 힘으로 목적지를 향해 간다. 하지만 대부분의 기업은 사람과 돈의 힘으로 나아가려 하고 눈에 보이지 않는 바람은 무시한다. 사람과 엔진은 언제든 떠날 수 있지만 바람은 늘 곁에 있다는 걸 모른다. 사람과 엔진은 돈으로 사야 하지만 바람은 돈으로 살 필요도 없다. 바람이 부는 데로 돛을 펼치면 그만이다. 하지만 그 누구도 이 사실을 깨닫지 못해 사람과 엔진만 열심히 바꿔 달 뿐이다.

홍보, 마케팅을 하나도 하지 않고 바이럴만으로 성과를 냈다고 말하는 기업을 IR 등에서 종종 본다. 이는 자랑할 것이 아니다. 기업은 홍보, 마케팅을 하지 않아도 성장할 수 있지만 앞서 말한 '돛단배'처럼 홍보를 더하면 폭발적으로 성장할 수 있는 기회를 놓치는 것이다. 기업 성장에 있어 자본과 인력, 그리고 홍보 모두 중요하다는 점을 기억해야 한다.

언론홍보 제대로, 완벽히,
100퍼센트 이해하기

앞에서는 언론홍보에 대한 잘못된 생각과 언론홍보의 필요성에 대해 알아봤다. 이번에는 언론홍보가 무엇인지 조금 더 깊이 있게 알아보자.

언론에 어필하기 전에 알아야 할 3가지 ──

아래 다섯 가지 질문들은 언론홍보를 시작하려는 기업, 언론홍보에 관심을 가진 기업을 만날 때 가장 많이 듣는 얘기다.

1. 얼마에 가능한가요?
2. 왜 보도자료 내용 그대로 나가지 않았나요?

(왜 이 부분이 빠졌나요? /왜 OO에 안 나갔나요? /기사 수정(삭제)해주세요.)

3. PR이 마케팅 아닌가요?

4. 보도자료 어떻게 작성하나요?

5. 뭐부터 하면 되나요?

언론과 기자에 대한 오해들을 하나씩 풀어보자.

첫째, 기자는 배달원이 아니다

"얼마면 돼요?" 이런 질문은 가장 당황스러운 질문이다. 스타트업 창업 학교에서 배웠다며 구체적인 금액까지 제시한다. 돈만 지불하면 언제나 기사 게재가 가능한 물건쯤으로 생각하는 기업이 많다. 기사를 그렇게 생각하니 기자는 돈만 지불하면 언제든 게재해주는 배달원으로 생각하는 것도 무리는 아니다. 이는 돈을 지불하면 자사 콘텐츠를 게재해주는 페이드 미디어Paid Media와 구분하지 못해서 생긴 일이다. 시장경제에서는 모든 재화와 서비스를 돈으로 사고팔 수 있으며 돈으로 산 물건의 소유권은 구매자에게 있다. 구입 과정에서 서비스가 마음에 들지 않으면 컴플레인을 제기하고 물건에 하자가 있으면 환불을 요청하기도 한다. 하지만 기사는 이렇게 할 수 없다.

보도자료를 보내면서 이렇게 요구하는 기업도 있다. "과도한 원고 수정 자제." 심지어 한참 후에 삭제해줄 수 없느냐는 문의도 받는다. 왜 특정 언론사에 게재되지 않느냐며 항의하는 기업도 있다. 언론홍보에 대해 이런 태도를 갖는 것은 기업이 언제든지 원할 때마다 콘텐츠를 마음대로 쓰고 수정하고 삭제할 수 있는 온드 미디어Owned Media와 구분하지 못해서 생긴 일이다. 언드 미디어Earned Media인 기사는 기업이 마음 대로 쓰고 수정하고 삭제할 수 없다. 보도자료는 기사가 아니다. 보도자료는 기업이 마음껏 작성할 수 있지만 보도자료를 배포하는 순간부터 기업의 통제에서 벗어난다. 기자는 언론(뉴스를 취재해 대중에게 보도)을 수행하는 사람이지 기업의 홍보를 대행하는 사람이 아니다. 그렇기 때문에 보도자료를 기반으로 작성된 기사는 전적으로 언론사의 것이다. 그래서 기사에 대한 저작권이 기업에 있지 않고 언론사에 있는 것이다.

둘째, 언론홍보는 마케팅이 아니다

"일주일에 하나씩 보도자료를 배포하겠다"고 선언하는 기업도 있다. 보도자료에 URL과 전화번호를 포함하는 기업도 있다. 대부분의 기업이 언론홍보와 마케팅을 구분하지 못해서 생기는 일이다. 언론홍보를 마케팅과 같은 것으로, 또는 마케팅 수단 중 하나로 오해하고 마케팅 방법론을 언론 홍보에 적용하려 한다. 마케팅은 투입 대비 산출이 명확한 방법론을 가지고 있다. 보도자료만 배포하면 고객 획득이라는 산출이 따라올 것이라고 생각하는 것은 전형적인 마케팅 방법론적 사고다. 그래서 투입(보도자료의 양)을 늘리면 산출(고객 유입)도 늘거라 생각한다. 기자 미팅이라는 투입을 하면 기사 게재라는 산출이 이루어질 것이라는 생각 역시 전형적인 마케팅식 사고다.

기사의 효용성도 마찬가지다. 기사는 간접적이고 긴 시간에 걸쳐 효과가 나타나기 때문에 측정하기 어렵다. 하지만 기업은 홍보를 마케팅이라 인식하면서 기사의 효과를 바로 측정하려고 한다. 마케팅과 언론홍보의 목적도 전혀 다르다. 마케팅이 고객을 유입시켜 수익을 창출하는 것이라면 언론홍보는 기업의 존재와 존재 이유를 대중에게 알리는 것이다.

셋째, 보도자료는 에세이가 아니다, 기사의 유형을 파악하라

"네 생각, 네 느낌, 네 주장 다 필요 없어. 알았어?"

영화 〈열정 같은 소리하고 있네〉에 등장하는 대사. 언론홍보 방법은 크게 네 가지가 있다. 보도자료 배포, 기획 기사 배포, 인터뷰, 칼럼 기고가 그것이다. 이 중 보도자료는 스트레이트 기사Straight Articles(정보 제공이 목적인 짧은 길이의 기사)처럼 작성해야 하며, 기획 기사, 인터뷰 기사, 칼럼 같은 피처 기사Feature Articles(사건에 대한 심층 탐구를 목적으로 사건의 발단부터 시간적 혹은 논리적 순서에 따라 기술해 결론을 제시하는 방식의 기사)와는 다르다. 많은 기업이 스트레이트 기사와 피처 기사를 구분하지 못해 스트레이트 기사처럼 작성해야 할 보도자료를 피처 기사처럼 작성한다. 스트레이트 기사는 육하원칙으로 짧고 간결하게 작성하는 글이다. 피처 기사처럼 생각과 느낌과 주장을 담아서는 안 된다. 오로지 기업이 특정 행위에 대해 육하원칙으로 '팩트만 기술'하는 게 보도자료다.

기사는 온드 미디어나 페이드 미디어와 달리 돈을 주고 사거나 마음대로 작성 또는 수정할 수가 없다. 이를 이해하기 위해 트리플 미디어에 대해 상세하게 살펴볼 것이다. 그리고 언론홍보와 마케팅의 다른 점과 보도자료를 작성하기 위한 전제조건에 대해서도 상세하게 살펴보겠다.

언드 미디어의 속성 : 평가 매체 ——

　페이드 미디어, 온드 미디어, 언드 미디어. 이를 통틀어 트리플 미디어Triple Media라고 한다. 소비자와 기업(브랜드)이 접점이 되는 미디어들이다. 페이드 미디어는 성장한 매체에 비용을 지불하고 사용하는 미디어로 TV · 신문 광고, 검색 광고, 유튜브 광고, 페이스북 광고 등 쉽게 말해서 '광고 매체'라고 생각하면 된다. 온드 미디어란 기업이 보유하고 있는 매체다. 자사 홈페이지, 앱, 뉴스레터, SNS 계정이 여기에 해당한다. 언드 미디어는 '평가 매체'로서 제3자에 의해 창작되고 소유되어 소비자로부터 객관적 신뢰와 평판을 획득할 수 있는 모든 종류의 퍼블리시티Publicity를 말한다. 신문, 잡지 등 PR 활동과 소비자의 리뷰, 게시 글이 여기에 포함된다. 이 책에서 언드 미디어는 신문 매체로 한정하겠다.

　언드 미디어는 페이드 미디어와 다르다. 페이드 미디어는 말 그대로 미디어를 사서 광고로 활용하는 미디어다. 반면에 언드 미디어는 구입할 수 없다. 왜 구입할 수 없는 걸까? 그것은 바로 언드 미디어가 평가 매체이기 때문이다. 언드 미디어의 가장 중요한 기능 중 하나가 견제와 감시 기능인데 돈을 받고서는 이를 할 수 없다.*

　언드 미디어는 온드 미디어와도 다르다. 온드 미디어는 자사가 소유한 미디어다. 그렇기 때문에 콘텐츠를 마음대로 만들 수 있다. 평판 매

---

* 또 다른 언드 미디어인 '소비자 리뷰'는 기업에서 비용을 지불하고 관리하기도 하는데 이를 바이럴 마케팅, 제휴 마케팅이라고 한다.

체인 언드 미디어에 기업이 콘텐츠를 마음대로 게재할 수 있다면 언드 미디어의 생명인 신뢰도가 하락하고 그렇게 되면 더 이상 평판 매체로서 기능할 수 없게 된다.

다만, 언드 미디어에도 비용을 지불하는 경우가 있다. 광고다. 이때는 언드 미디어가 페이드 미디어로서 지면 일부를 제공한 것이다. 기사형 광고도 있다. 이 역시 언드 미디어가 비용을 받고 '기사형 광고'를 게재하는 경우인데 기사와 혼동되지 않도록 기사형 광고라고 표시한다. 그리고 브랜디드 콘텐츠Branded Contents가 있다. 언드 미디어와 기업이 함께 콘텐츠를 만들어 게재하는 경우다. 이 역시 언드 미디어가 비용을 받고 지면 일부를 페이드 미디어로 제공한 것이다. 물론 브랜디드 콘텐츠임을 밝혀야 한다. 이를 제외한 공간, 즉 기사 면은 언드 미디어로서의 평판 기능을 담당하는 곳으로서 거래가 불가능하며 기업의 개입도 불가능하다.

비용이 없다

언드 미디어에 비용을 지불할 수 없다는 얘기는 매체사와 계약할 수 없다는 의미다. 비용이 들지 않는다는 의미는 자금 사정이 어려운 초기 기업에는 다행스러운 일이다. 하지만 반대로 돈을 들여서라도 할 수 없다는 점은 기업에게는 부담스러운 일이다.

기업이 원하는 콘텐츠를 만들 수 없다

언드 미디어는 자사가 관여할 수 없다. 기사의 내용, 형식, 방법, 톤을 자사가 원하는 방향으로 만들 수 없다. 보도자료를 배포했는데 왜 게재되지 않는지 질문하는 기업은 여전히 언드 미디어를 온드 미디어와 혼동하고 있는 것이다. 한 번 게재된 기사는 마음대로 수정, 삭제할 수 없다. 마음대로 기사를 삭제할 수 있다면 이 세상에 남을 기사는 하나도 없을 것이다. 콘텐츠를 자유롭게 게재하고 수정, 삭제할 수 없는 이유는 언드 미디어가 가지고 있는 신뢰와 평판이라는 가치 때문이다. 언론사는 신뢰와 평판이라는 가치를 지키기 위해 게재, 수정, 특히 삭제에 대해 엄격한 프로세스를 적용하고 있다. 이렇게 엄격하게 게재, 수정, 삭제되기 때문에 싫든 좋든 기사는 기업의 역사가 되는 것이다.

그렇기 때문에 기업은 자사가 원하는 방향으로 콘텐츠가 게재되도록 언드 미디어에 자사를 지속적으로 설명하고 설득하는 것이다.

PR과 마케팅을 구별하는 방법 ─

앞서 언급한 것처럼 언론홍보는 마케팅이 아니다. 언론홍보와 마케팅을 구분할 줄 알아야 언론홍보를 시작할 수 있다. 인터넷에서도 많이 회자되고 있는 언론홍보와 마케팅을 구분하는 흥미로운 은유가 있다.

한 남자(또는 한 여자)가 한 여자(또는 한 남자)를 좋아하고 있다. 마케팅은 한 남자가 한 여자에게 "난 널 좋아해."라고 직접적으로 마음을 표시해 여자의 마음을 얻는 방법이다. 언론홍보는 여자에게 직접 말하지 않고 제3자가 "나도 들어서 아는데 그 남자 인성이 참 좋다고 하더

여성의 친구가 "그 남자 나도 들어서 아는데 인성이 참 좋다고 하더라"

한 남자가 여성에게 "난 널 좋아해"라고 표현

라."라는 말이 여자에게 들릴 수 있도록 주변 사람들에게 잘 보여서 여자의 마음을 얻는 방법이다. 광고란, 남자가 여자에게 "난 널 좋아해, 난 널 좋아해."라고 계속해서 반복해서 말하는 걸 말하고, 브랜딩은 여자가 "나도 그 남자가 멋진 것 같다."라고 마음속에 자리 잡도록 환경을 조성하는 것이다. 그밖에 언론홍보와 마케팅 간의 뚜렷한 차이점 몇 가지를 알아보자.

대중과 고객

언론홍보와 마케팅은 타깃이 다르다. 마케팅의 타깃은 고객Customer이다. 고객은 제품과 서비스에 비용을 지불하고 이용하는 소비자, 또는 그럴 가능성이 있는 잠재 고객이다. 반면 언론홍보의 타깃은 불특정 다수인 대중Public이다. 여기에는 고객도, 이해관계자도 포함된다. 앞의 예처럼 마케팅은 남자(기업)가 여자(소비자)에게 직접 고백하는 방법으로 마음을 얻는다. 정교한 타깃팅을 통해 오로지 여자에게만 메시지가 가도록 하는 게 중요하다. 반면 언론홍보는 남자가 제3의 인물을 통해 여자의 마음을 얻는다. 제3의 인물(언론)은 여자의 주변 사람인 친구뿐만 아니라 부모, 선생님도 포함되며 학교 앞 분식집 아줌마,

학교 경비 아저씨도 포함된다. 남자는 제3의 인물이 여자를 포함해 주변 모든 사람(대중)에게 말하고 다니는 걸 바란다.

메시지와 메신저

마케팅과 언론홍보 모두 메시지가 중요하다. 남자는 여자의 마음을 얻기 위해 여러 가지 이벤트를 통해 마음을 표현한다. 마케팅은 타깃에게 직접 메시지를 전달하기 때문에 기업 자신이 메신저다. 하지만 제3자를 통해 메시지를 전달하는 언론홍보는 메시지만큼이나 메신저도 중요하다. 메신저에 따라 메시지의 신뢰도가 달라지기 때문이다. 남자는 자신의 마음을 잘 전달해줄 수 있는 신뢰할 수 있는 사람을 통해 여자에게 메시지를 보낸다. 신뢰할 수 있는 사람이 바로 영향력 있는 매체다.

주요 메시지

마케팅은 남자가 여자에게 맞는 사람임을 강조한다. 이를 마케팅에서는 PMF Product Market Fit(제품시장적합성)라고 한다. 남자는 마켓에 맞는, 즉 여자의 니즈에 맞는 프로덕트임을 증명하는 메시지를 여자에게 전달한다. 제품과 서비스의 장점, 이를 이용했을 때 얻을 수 있는 효능 등이 주요 메시지다. 언론홍보는 남자의 가치가 더 중요하다. 남자의 비전과 잠재력, 성장 가능성, 앞으로의 계획(로드맵) 등을 강조한다. 마케팅이 제품에 집중하는 거라면, 언론홍보는 제품과 기업, 특히 기업에 집중한다.

검색 최적화와 신뢰도

마케팅은 검색 최적화가 중요하다. 남자의 메시지가 여자의 귀에 직접 들어가야 하기 때문이다. 그래서 남자는 여자 가까이에 있어야 하고 그녀의 기호를 파악하고 있어야 한다. 그래야 선택될 가능성이 높다. 언론홍보는 신뢰가 중요하다. 지금 당장 마음을 얻는 게 아니라 시간을 두고 천천히 여자의 마음을 얻는 게 중요하다. 그러기 위해서는 우선 제3의 인물의 마음부터 얻어야 한다.

과정과 결과

마케팅은 결과 확인이 바로 가능하다. 남자는 여자의 마음을 얻기 위해 실행했던 것을 분석해 전략을 짤 수 있다. 다양한 콘텐츠 중에 더 반응을 얻어냈던 것(A/B 테스트)이 무엇인지, 투입 대비 효과(ROAS)를 계산하고 전략을 수정한다. 고객획득비용에 따라 자원 투입을 결정한다. 즉 여자의 마음을 얻지 못한 방법은 중단하고 새로운 전략을 짠다. 마케팅이란 목표와 결과중심적인 활동이다. 언론홍보는 다르다. 남자는 제3의 인물을 통해 메시지를 전달했기 때문에 여자의 마음을 확인할 수 없다. 잘했는지 못했는지 알 수도 없고 측정할 방법도 없다. 그렇기 때문에 여자의 마음을 얻기 위해 시작한 활동이지만 여자의 마음을 얻는 것과 상관없이 계속해서 자신의 가치를 향상시키고 알리는 과정에 집중한다.

목표

마케팅은 여자의 마음을 얻었다면 더 이상 무언가를 하지 않는다.

목표를 달성했기 때문에 더 이상 비용을 들일 필요가 없다. 물론 리텐션Retention(기존에 보유하고 있는 고객의 이탈률을 최대한 낮추면서 고객 유지율을 증가시키는 마케팅 방식)을 위해 신경을 쓰지만 마음을 얻기 위한 노력에 비해서는 덜 신경 쓴다. 그리고 새로운 여자에 집중한다. 언론홍보는 여자의 마음을 얻었더라도 더 큰 목표를 위해 계속해서 성장하려는 노력을 멈추지 않는다. 보도자료가 게재되었다면 마케팅은 목표를 달성했기 때문에 투입을 멈추는 게 좋다. 하지만 언론홍보는 그때부터가 시작이다. 자신의 존재를 제3의 인물에게 각인시켜야 하기 때문이다.

기대효과

활동으로 얻어지는 것도 다르다. 마케팅의 결과는 둘 중 하나다. 여자의 마음을 얻든지, 얻지 못하든지. 여자의 마음을 얻었다면 목표를 달성한 것이고 여자의 마음을 얻지 못했다면 새로운 여자를 찾거나 자신의 PMF를 새로 찾아야 한다. 그러면서 점차 자기 영역을 넓혀 나간다. 반면 언론홍보는 여자의 마음을 얻기 위해 자신의 장점과 비전, 가치 등을 계속해서 키워 나간다. 그러다 보면 여자뿐만 아니라 다양한 사람들을 내 편으로 만들어 나가게 된다.

	언론홍보	마케팅	남자와 여자
타깃 대상	Public 불특정 다수 이해관계자 등 타깃이 넓음	Customer 소비자 비용을 지불하고 제품과 서비스를 구입하는 고객 또는 잠재 고객으로 타깃이 좁음	언론홍보 : 여자를 포함한 많은 사람 마케팅 : 여자
메시지와 메신저	메신저, 메시지 모두 중요	메시지 중요	언론홍보 : 신뢰할 수 있는 메신저 선택이 중요 마케팅 : 자신이 메신저
주요 메시지	기업의 가치와 잠재력을 신뢰성 있게	제품과 서비스의 장점, 효과를 차별적으로	언론홍보 : 가치를 올릴 수 있는 모든 것 마케팅 : 여자가 바라는 나
중요한 요소	신뢰	검색최적화	언론홍보 : 제3자의 말이기 때문에 믿을만해야 함 마케팅 : 남자의 말이 여자의 귀에 들어가는 게 중요
과정과 결과	결과를 바로 확인할 수 없기 때문에 지속적으로 활동	투입한 자원이 얼마만큼 효과가 있는지 즉각적으로 결과 확인, 이에 따라 투입 자원 변경	언론홍보 : 여자의 마음을 확인할 수 없기 때문에 나의 가치를 향상하고 이를 제3자에게 꾸준히 전달 마케팅 : 여자의 마음을 바로 확인하고 전략 수정
목표	보도자료 게재가 일의 시작	보도자료 게재가 일의 끝	언론홍보 : 여자의 마음을 얻은 이후가 중요. 마케팅 : 여자의 마음을 얻는 것이 목표
기대 효과	기대하지 않은 결과(기업 가치, 돈, 사람, 마켓, 고객, 제품과 서비스 등)를 얻음	제품과 서비스 판매 증가	언론홍보 : 다른 여자, 다른 사람과 관계 기대 마케팅 : 오직 그 여자

언론홍보 방법과 보도자료의 성립 요건 ──

언론홍보 방법에는 네 가지가 있다고 설명했다. 넓게 보면 기자의 취재를 유도하고 협조하는 것도 포함된다. 기업은 보도자료 배포, 인터뷰, 기획 기사 배포, 칼럼 기고 각각의 특징을 알고 기업 상황에 맞는 언론홍보 방법을 선택하면 된다.

● 언론홍보 방법과 특징

	작성 주체	내용, 목적	브랜딩	소재, 주제	책 비유	중요 요소
보도 자료 배포	기업 → 기자	기업, 브랜드의 특정 시기 구체적인 활동으로 팩트 기반. 의견, 생각을 넣어서는 안 됨	기업 브랜딩 제품 브랜딩	소재 : 기업의 특정 시점의 특정 활동	one Page	소재, 내용, 형식, 관계
인터뷰	기자	최근의 기업 현황 분명하고 명확한 메시지. 기자에 따라 기사 방향 좌우	기업 브랜딩	기업의 롱텀의 다양한 활동을 정리, 메시지 중요	one chapter	기업, 관계
기획 기사 배포	기업 → 기자	이슈, 트렌드 선점, 특정 주제로 기업의 장점 부각	기업 브랜딩	주제를 정하고 이에 맞는 데이터를 찾아 넣음	큐레이션 북	기획력
칼럼 기고	기업 (대표)	산업, 업종 전반에 관한 의견과 제언	대표, 기업 브랜딩	해당 산업, 업종, 직무에 관한 인사이트	별책부록	기업, 관계
취재 기사	기자	기업의 의지와 무관하게 기자가 취재해서 쓴 기사	긍정적, 부정적 기업 브랜딩		인용	통제 불가 모니터링

보도자료란, 기자의 취재가 닿지 않아 소식을 전할 수 없는 기업이 먼저 취재에 도움이 되는 자료를 기자에게 전달해서 기사화를 유도하는 기사체 형식의 글이다. 인터뷰 기사는 기업과의 질의응답을 통해 작성한다. 기업은 최대한 원하는 방향으로 기사가 나가도록 인터뷰에 응하고 자료를 준비한다. 기획 기사는 특정 주제로 작성된 기사를 말한다. 기업이 기획 기사에 포함될 내용을 선제적으로 작성해 기자에게 배포하기도 하고 기자가 기획 기사에 필요한 자료를 기업에 요청해서 작성하기도 한다. 칼럼 기고는 전체 산업이나 업종, 또는 특정 주제에 대해 방향이나 의견을 담는 글이다. 따라서 통찰력이나 필력이 필요하다. 전체 시장의 방향이나 제도 개선 등의 의견을 담음으로써 어떤 현상을 계속해서 이슈화해 나갈 때 필요하다.

언론홍보 방법 선택하기

보도자료는 기업의 특정 활동을 팩트 위주로 짧게 설명할 때 배포하면 좋다. 특히 시간과 비용이 적게 든다는 장점이 있다. 기획 기사는 기업의 데이터를 현재 트렌드나 이슈와 결합해 언론에 노출하고 싶을 때 작성하면 좋다. 시간이 많이 드는 단점이 있지만 기업의 브랜드를 높여주는 데 유리하다. 인터뷰 기사는 기업의 성장 모멘텀이 있을 때, 예를 들어 투자나 글로벌 진출 등의 이슈가 있을 때 하면 좋다. 인터뷰 기사는 기업의 스토리나 메시지를 기자에게 전달해 보도자료에서 다루지 못한 내용을 기자의 입을 통해 풍부하게 전달할 수 있다는 장점이 있다. 칼럼 기고는 업종의 시장성, 기술성, 혁신성 등을 알리고 싶을 때 하면 좋다. 다만 기회를 얻기가 힘들다는 단점이 있다.

보도자료의 성립 조건

보도자료를 작성하고 배포하기 위해서는 보도자료의 몇 가지 특성을 알아야 한다. 보도자료는 스트레이트 기사처럼 작성해야 하는데 스트레이트 기사는 세 가지 특성이 있다.

첫째, 보도자료가 스트레이트 기사 형식으로 작성된다는 의미는, 보도자료가 특정 기업이 특정 시간에 달성한 특정한 행위를 팩트 기반으로 작성해야 한다는 것을 말한다. 특정한 행위란 투자 유치처럼 기업 활동을 특정할 수 있는 것을 말한다. '주목', '성장', '인기'와 같이 장기적인 기업 활동 등 특정할 수 없는 사안은 보도자료로 작성하기 힘들다. 또한 심층적 분석이나 칼럼처럼 작성자의 의견이나 생각이 들어가면 안 된다. 보도자료를 배포하는 많은 기업이 이 부분을 이해하지 못하고 생각과 의견, 분석이 포함된 자료를 배포한다.

둘째, 보도자료가 스트레이트 기사 형식으로 작성된다는 얘기는 간결하고 짧아야 한다는 것을 의미한다. 보도자료는 책에 비유하면 '한 페이지'이고, 인터뷰는 '한 챕터'다. 예를 들어 시리즈 A 투자를 완료했다면 시리즈 A 시기에서 생산한 제품과 서비스에 대한 이야기와 그다음 투자 유치 전에 달성해야 할 로드맵 정도가 기사에 포함될 것이다. 기획 기사는 여러 책에서 한 페이지씩 골라서 쓴 '큐레이션 북'에 가깝다. 칼럼 기고는 짧은 에세이와 비슷하다. 보도자료는 특정 행위 한 가지만 짧게 다뤄야 하는데, 대부분의 기업이 보도자료를 한 권의 책으로 작성하려고 한다. 여러 명의 손을 거치면 거칠수록 분량이 점점 늘어나 이해할 수 없는 책이 만들어진다. A4 한 장을 넘었다면 보도자료가 아니라 '소설'을 쓴 것으로 생각하면 된다.

셋째, 보도자료가 스트레이트 기사 형식인 이유는 여러 매체에 동시에 배포할 수 있다는 걸 의미한다. 반면에 생각과 의견이 담긴 기획 기사, 칼럼, 인터뷰 기사는 여러 매체에 동시에 배포할 수 없다. 기자들의 생각과 의견은 각자 다르기 때문이다. 종종 기획 기사, 칼럼을 보도자료와 구분하지 못하고 여러 매체에 동시에 배포하는 기업도 있다.

위의 세 가지 조건을 다시 정리하면 다음과 같다. 보도자료 작성 전에 한 번 더 읽어보고 작성하기를 바란다.

"보도자료란 특정 기업이 특정 시간에 특정한 행위를 한 것에 대해 의견과 생각을 배제하고 팩트 기반으로, 한 페이지 이내로 짧고 간결하게 작성해, 여러 매체에 배포한 기사체 형식의 글이다."

언론홍보에 대한 낮은 인식의 원인 ──

이처럼 기업이 언론홍보에 대해 인식이 낮은 이유는 무엇일까? 필자는 기업과 언론사의 문제가 있기 때문이라고 생각한다.

기업의 문제

첫째, 기업 경영 활동에서 언론홍보를 가장 후순위로 생각하기 때문이다. 제품과 서비스를 만들어 이를 팔아 수익을 내서 성장하는 일이 기업으로서는 가장 시급한 일이다. 특히 스타트업은 투자와 생산에 역량을 집중하다 보니 언론홍보처럼 긴 호흡이 필요한 일에 대해서는 상대적으로 취약하다. 인력과 자본이 한정적인 스타트업의 경우, 언론홍보는 여유가 있을 때 하면 된다고 생각한다. 하지만 언론홍보는 여유가 있을 때 하는 게 아니라 여유를 만들기 위해서 하는 것이다.

둘째, 다른 분야에 비해 교육 프로그램이 전무하다. 최근 들어 스타트업 육성 프로그램이 많이 생겼다. 계약서 작성에 필요한 법률, 투자를 받기 위한 IR자료의 구성과 발표, 투자자와의 관계, 재무 회계, 기업 가치 산정, 제품 및 서비스 기획, 특허, HR, OKR 방법론 등 스타트업 운영에 필요한 프로그램이 많다. 공간을 지원하는 곳, 네트워킹 프로그램, 해외 진출 프로그램 등 스타트업을 육성하고 지원하는 프로그램도 많다. 하지만 언론홍보에 대한 교육은 거의 없다. 관련 서적이나 자료도 희귀하다. 그나마 몇몇 스타트업 육성 기관에서 스타트업 대상의 PR 멘토링 프로그램을 운영하는 건 다행스러운 일이다. 하지만 1시간 내외의 멘토링으로 언론홍보를 이해하기엔 턱없이 부족하다.

셋째, 스타트업의 문화 때문이다. 린스타트업Lean Startup은 시간과 비용을 아끼기 위해서 시장조사나 완전한 제품을 만드는 데 시간을 쓰는 것이 아니라 최소기능제품Minimum Viable Product, MVP(고객의 피드백을 받아 최소한의 기능을 구현한 제품)을 만들어서 고객의 반응을 조사하고 가설에 따라 수정해 다음 제품을 빠르게 출시하는 방법론을 말한다. '스타트업 문화 = 린스타트업'은 하나의 공식이 됐다. 문제는 이를 적용할 수 없는 유일한 곳이 바로 언론홍보라는 것이다. 언론홍보에는 MVP가 없다. A/B 테스트(두 가지 이상의 시안 중 최적안을 선정하기 위해 시험하는 방법)도 할 수 없다. 린스타트업 방법론에 익숙한 스타트업으로서는 언론홍보가 답답하게 보일 수 있지만 언론홍보만큼은 '린'하게 할 수 없다.

넷째, 스타트업에게 언론홍보는 보안과 비슷하다. 보안에 대한 필요성은 사고가 터지고 난 후에야 비로소 알게 되는 것처럼 기업의 위기가 발생했을 때 언론홍보의 중요성을 깨닫게 된다. 하지만 스타트업에게 위기가 발생하면 이미 늦다.

다섯째, 디지털 발전도 한몫했다. 예전에는 고객을 만나는 채널이 몇 개 되지 않았다. 그중 하나가 언론사였다. 하지만 최근 모든 게 디지털화되면서 고객을 쉽고 편하게 만나 직접 커뮤니케이션하는 게 가능해졌다. 고객을 만날 수 있는 대안이 많아지면서 상대적으로 언론홍보의 필요성이 낮아지게 된 것이다.

언론사와 포털의 문제

언론홍보의 낮은 인식이 전적으로 기업에게만 있다고 볼 수는 없다. 그 원인 제공은 어쩌면 언론사에도 있다고 생각한다. 조회수 장사, 광고와 기사 거래, 어뷰징 기사, '복붙(복사해 붙이기)'한 베껴 쓰기 기사가 넘쳐나다 보니 기업에서 언론홍보를 가볍게 생각하는 것도 어쩌면 당연한 일인지도 모른다. 언론사 종사자로서 할 말이 없지는 않다. 뉴스를 공짜라고 생각하는 소비자와 포털 주도의 뉴스 생태계 때문이라고 말하고 싶다.

언론사와 포털이 건강한 뉴스 생태계를 만들어야 이를 이용하는 기업에서도 언론홍보에 대한 인식이 높아질 것이다. 언론 생태계 전반에 대한 이야기는 이 책에서 다룰 주제를 넘어서기 때문에 이것으로 갈음하고자 한다.

미디어
이해하기

언론홍보를 하기 위해서는 먼저 미디어에 대한 이해가 필요하다. 언론 산업, 언론사, 언론이 가지고 있는 몇 가지 특징에 대해 알아보자.

언론 산업을 들여다보자 ──

인터넷 매체는 늘어나는 반면, 종이 신문 매체는 감소하고 있다. 2021년 기준으로 언론 사업체 수는 5,474개, 매체 수는 6,836개다. 이중 인터넷 신문 매체 수는 5,178개로 2005년 286개와 비교했을 때 급증했다.* 반면 종이 신문 사업체 수는 1,313개로 전년 대비 11.5%

---

* 한국언론진흥재단, 〈2022 한국 언론 연감〉

감소했다.*

언론 산업의 매출액은 2021년 기준 10조 564억 원으로 전년 대비 8.5% 증가했다. 종이 신문 3,384,354만 원, 인터넷 신문 672,907만 원, 방송 5,690,918만 원, 뉴스통신 308,219만 원의 매출을 기록했다. 언론 산업 전체 종사자 수는 61,489명이며 이 중 기자는 33,971명이다. 종이 신문 14,461명, 인터넷 신문 14,225명, 방송 3,368명, 뉴스통신 1,917명이 종사하고 있다.**

신문 산업 매출액은 2021년 기준 4조 573억 원으로 전년 3조 9,538억 원 대비 2.6% 증가했다. 신문 산업 매출액 중 일간신문이 73.6%, 주간신문이 9.9%, 인터넷 신문이 16.6%를 차지하고 있다. 신문 산업 매출 중 광고가 60.6%, 구독이 16.8%, 콘텐츠 판매가 3.9%, 기타 사업이 17.4%를 차지하고 있다.*** 신문사의 수익 구조가 광고와 구독에서 콘텐츠 판매와 기타 사업(교육, 컨퍼런스, 전시, 행사 등)으로 바뀌고 있는 추세다.****

종이 신문 열독률(지난 1주일간 종이 신문을 통해 뉴스나 시사 정보를 이용했다고 응답한 비율)은 2021년 8.9%로, 2002년 82.1%, 2020년 10.2%에 비해 꾸준히 하락하고 있다. 종이 신문 결합 열독률(종이 신문, 컴퓨터, 스마트폰 등을 통한 뉴스 소비량)은 89.6%로 나타났다. 종이 신문, PC를 통한 신문 기사 이용률은 하락했지만 모바일을 통한 이용률은 증

---

* 한국언론진흥재단, 〈2022 신문 산업 실태조사〉
** 한국언론진흥재단, 〈2022 한국 언론 연감〉
*** 한국언론진흥재단, 〈2022 신문 산업 실태조사〉
**** 한국언론진흥재단, 〈2022 한국 언론 연감〉

가하고 있다.

종이 신문 매체는 줄고 인터넷 매체는 늘어나고 있다. 종이 신문을 보는 사람은 점차 줄고 있지만 모바일 이용률이 늘면서 뉴스 소비는 여전히 많다는 것을 알 수 있다. 신문 산업의 전통적인 비즈니스인 광고와 구독이 줄고 대신 콘텐츠 판매와 기타 사업이 늘고 있다는 점도 주목해야 한다.

기사 생산 프로세스 이해하기 ──

기사는 지면 기사와 온라인 기사가 있으며 각각 제작 프로세스가 다르다. 윤전기로 인쇄해서 나오는 지면 기사 제작 프로세스는 복잡하다. 반면 온라인 기사 제작 프로세스는 간단하다. 지면 기사와 온라인 기사가 어떤 과정으로 제작되는지 살펴보자.

지면 기사 생산 과정

기사 하나를 제작하는 데는 많은 사람이 관여한다. 기사를 작성하고 송출하는 취재 기자(우리가 흔히 부르는 기자다)와 기사를 기획하고 데스킹하는 부서장, 지면을 배치하고 제목을 정하고 교정교열하는 편집 기자, 편집의 책임을 지는 편집국장의 손을 거쳐 세상에 지면 기사가 나온다.

지면 기사가 만들어지는 프로세스는 다음과 같다. 먼저 취재 기자가 취재를 통해서 알게 된 사실 중에 기사가 될 만한 것을 매일 아침 부서장에게 보고한다. 이를 '정보 보고' 또는 '일보'라고 한다. 기사를 작성하지 못하는 기자는 용서해도 정보 보고를 하지 못하는 기자는 용서할 수 없다는 말이 있을 정도로 매우 중요한 업무다. 취재 기자의 정보 보고를 받은 부서장은 기사화 여부를 판단한다. 기사화를 결정했다면 기사 작성 방향, 기사 형식(스트레이트, 피처 등), 보완해야 할 점, 지면 위치와 분량 등을 정한다. 부서장은 이렇게 정한 내용으로 부서의 지면 계획을 매일 오전 편집국장에게 보고하고 편집국장은 각 부서의 지면 계획을 놓고 신문 전체에 대한 기획과 편집을 한다. 중요하게 생각하는 이슈는 1면 등 전면에 배치하고 기사의 형식, 내용, 방향, 위치, 분량과 톤 등을 정한다. 이렇게 전체 신문의 편집 방향이 정해지면 취재 기자는 추가 취재를 해서 관련 기사를 작성한다. 부서장은 각각의 취재 기자가 작성한 기사의 데스킹을 본 후 이를 편집부로 넘기며, 편집부는 신문의 편집 방향에 맞게 함축적인 기사 제목을 정하고 오탈자를 확인하며 문법적으로 잘못된 부분은 없는지를 확인한다. 이 모든 업무가 끝나면 지면으로 인쇄하기 전에 대장을 출력해 담당 부서에서 최종적으로 확인하며 확인이 끝나면 5판(초판이라고도 한다. 서울 도심 가판대에 먼저 배달되기 때문에 가판이라고 불린다)을 인쇄한다. 5판으로 편집국장 주관하에 편집국 전체 회의를 열어 전체 기사를 최종 검토한다. 검토가 끝나면 이어서 15판, 40판, 45판을 인쇄(신문의 인쇄 판수는 윤전기에 필름을 거는 횟수를 말한다. 중앙 일간지의 경우 초판 판수는 5~10판으로 표시되고 배달판 판수는 40~50판으로 불린다)해 전국에 배포한다.

　기사 하나가 지면으로 나오는 데는 이렇게 상당히 복잡한 프로세스를 거친다. 속도가 생명인 스타트업 입장에서 보면 느리고 답답해 보일 것이다. 내용에 따라 분량을 정하는 게 아니라 분량에 맞게 내용을 작성하는 것도, 이슈가 터지면 몇 분 만에 전 세계로 소식이 전달되는 시대에 하루 넘게 기다려야 하는 것도 이해하기 힘들 것이다. 이러한 올드 미디어를 혁신하고자 많은 뉴 미디어가 등장했다. 하지만 올드 미디어는 올드 미디어만의 장점을 가지고 여전히 많은 사람들에게 영향을 끼치고 있다. 느린 만큼 신중하고, 신중한 만큼 신뢰도를 유지하고 있기 때문에 가능한 일이다.

온라인 기사 생산과 디지털 퍼스트

반면 온라인 기사는 간단한 프로세스로 제작된다. 온라인 매체를 책임지는 데스크, 편집인, 발행인이 있지만 취재, 기사 작성, 편집은 기자 한 명이 담당한다. 기사 송출도 쉽다. 한 번 인쇄된 종이 신문 기사는 수정하거나 삭제할 방법이 없지만, 온라인 기사는 이론적으로는 수정과 삭제가 가능하다. 물론 수정과 삭제를 하기 위해서는 엄격한 프로세스에 따라야 한다.

온라인 기사는 크게 세 군데에서 발행한다. 종이 신문을 생산하는 신문사의 편집국과 닷컴, 그리고 인터넷 전문 매체다. 편집국과 닷컴, 인터넷 전문 매체 모두 온라인 기사를 제작하는 프로세스는 동일하지만 관심 있는 주제와 기사 내용, 취재 방식이 다르니 기업은 이 점에 유의해 언론홍보 전략을 세워야 한다.

최근 뉴스 소비가 온라인으로 빠르게 옮겨 가고 있다. 이러한 분위기 속에서 편집국도 실시간으로 뉴스에 대응하고 독자 친화적인 언어를 사용함으로써 지면 기사를 외면하는 젊은 세대를 붙잡기 위해 노력하고 있다. 한국언론진흥재단이 발표한 〈2022 언론 수용자 조사〉에 따르면 연령이 낮을수록 종이 신문을 보지 않는 것으로 나타났다. 특히 20대의 경우 종이 신문을 본다고 한 응답자가 3.5%에 불과하다. 뉴스 이용이 종이 신문에서 웹과 모바일로 바뀌기 시작한 것이다. 각 신문사마다 하락하는 구독률과 열독률을 높이기 위해 다양한 디지털 실험을 시작한 게 2015년경이다. 디지털 퍼스트는 종이 신문보다 온라인상에 기사를 먼저 게재하는 방식을 말한다. 디지털 퍼스트가 시작된 후부터 온라인, 모바일 세대를 위해 종이 신문 기사체가 아닌 가독성 높은 기사체로 기사를 작성하기 시작했다. 기사가 연성화되고 있다는 비판도 있지만 그동안 지면에서 소외되었던 스타트업과 관련한 뉴스를 많이 다루게 된 긍정적인 면도 있다.

지면 기사와 온라인 기사의 차이

지면 기사는 최소 하루가 걸리는 데 반해 온라인 기사는 단 몇 분 만에 게재가 가능하다. 지면 기사는 7매, 10매 등 분량이 미리 주어지고 분량에 맞게 기사를 작성한다. 분량에 맞춰 작성하다 보면 내용을 충분하게 작성하기에는 미흡할 때가 많다. 반면 온라인 기사는 분량을 정하지 않고 비교적 상세하게 내용을 작성한다. 개인적인 경험에 비추어 볼 때 같은 내용의 기사라도 온라인 기사가 종이 신문 기사에 비해 2~3배 정도 내용을 더 담을 수 있다. 지면 기사에서 내용을 충분히 담을 수 없는 경우 상세한 내용을 온라인 기사로 따로 작성하기도 한다. 형식에 있어서도 차이가 있다. 지면 기사는 기사체 형식을 지켜서 써야 한다. 짧은 글로 많은 정보를 정확하게 전달하는 방법이기 때문이다. 반면 온라인 기사는 전통적인 의미의 기사체 형식에서 벗어나 다

● 지면 기사와 온라인 기사 비교

	지면 기사	온라인 기사
제작 프로세스	복잡	간단
편집 회의	여러 번	최소화
게재 후 편집	불가능	이론적으로는 수정 가능
시간	최소 하루 (한 달 전 컨택)	몇 분 이내
분량	7매, 10매 등 분량 정함	제한 없음(보통 종이 신문의 2~3배)
내용	핵심 내용만 소개	기술, 서비스에 대한 상세한 설명 가능
형식	기사의 일반적인 형식	다양한 형식 가능
사진	프로필 사진 위주	종류, 크기, 장수, 형식 제한 없음
문체	문어체	약간의 구어체
장점	의사결정자에게 영향	커버리지, 검색

양하게 콘텐츠를 작성할 수 있다. 예를 들어 인터뷰 기사를 Q&A 형식으로 서술한다거나 이모티콘을 활용하는 게 대표적이다. 지면 기사의 사진은 프로필 사진 위주로 쓰인다. 반면 온라인 기사에서는 대표, 직원, 사무실 전경, 서비스 구현 사진 등 다양한 사진을 사용할 수 있다. 크기도 지면 기사는 제한적이지만 온라인 기사에서는 크기나 사진 장수에 제한이 없다. 이렇게 지면 기사는 온라인 기사에 비해 형식과 내용, 분량에 있어 제한적이다. 하지만 지면 기사는 온라인 기사가 가지지 못한 장점이 있다. 바로 의사결정자에게 영향을 준다는 점이다. 지면 기사와 온라인 기사의 장단점을 이해하고 이에 따라 언론홍보를 전략적으로 실행하는 게 필요하다.

스타트업의 성장과 전문 미디어의 등장 ──

언론은 전통적으로 규모가 큰 기업, 중요한 인물에 대해 다뤄왔다. 규모가 큰 기업, 중요한 인물이 뉴스 가치가 클 뿐만 아니라 그러한 기업과 다양한 비즈니스를 만들어 나갈 수 있기 때문이다. 2010년대 들어 스타트업이 성장하면서 언론사도 스타트업에 관심을 갖기 시작했다. 마침 이 시기부터 디지털 퍼스트에 대한 관심이 높아지면서 온라인에 대응하기 시작했고 지면 기사에서 소화하기 힘든 스타트업 관련 뉴스를 본격적으로 다루기 시작했다.

스타트업의 성장

언론사가 스타트업에 관심을 갖기 시작한 것은 스타트업이 그만큼 성장했기 때문이다. 유니콘 기업(기업 가치가 10억 달러 = 1조 원 이상이고 창업한 지 10년 이하인 비상장 스타트업)이 등장하면서 우리나라 경제에 많은 영향을 미치기 시작했다. 중소벤처기업부에 등록된 창업투자회사의 활동을 기록하는 중소기업창업투자회사전자공시(DIVA)와 언론에 공개된 자료를 분석하는 더브이씨, 스타트업얼라이언스의 2020년 · 2021년 투자금, 투자기업 분석 자료에 의하면, 2022년 기준으로 적게는 7조(DIVA), 많게는 15조(더브이씨) 규모로 스타트업 투자가 이루어졌다. 2020년 4조(DIVA), 5조(더브이씨)에 비하면 크게 성장한 것이다. 신규 투자를 받은 스타트업만 2021년 한 해 동안 2,000개 기업(DIVA 기준)이 넘는다. 한국 경제에서 차지하는 비중도 높을 뿐만 아니라 혁신적인 기술을 개발해 우리 삶에 큰 영향을 미치고 있다.

스타트업을 다루는 소관 부서인 중소벤처기업부는 2017년 부로 승격했다. 중소벤처기업부는 중소기업청을 모태로 하여 산업통상자원부의 산업인력 양성, 지역산업 육성, 기업협력 촉진 기능을 흡수했고 미래창조과학부의 창조경제 진흥을 창업과 벤처 혁신이라는 기능으로 바꾸어 흡수했다. 금융위원회의 기술보증기금 관리 기능도 이관받아 출범했다.

액셀러레이터Accelerator도 꾸준히 늘고 있다. 액셀러레이터는 분야별 전문가들이 스타트업을 선발, 보육, 투자해 기업의 성장을 돕는 전문 회사다. 액셀러레이터는 2005년 미국 실리콘밸리에서 설립한 와이콤비네이터Y-combinator로부터 시작했다. 와이콤비네이터가 창업 팀을 육성하고 이후 시드 투자를 결합한 형태의 액셀러레이션 프로그램을 선보인 것이 시작이다. 이후 배치batch 기반으로 스타트업을 육성하는 프로그램으로 발전했으며, 2010년 국내 첫 액셀러레이터인 프라이머가 설립되었다. 2017년 액셀러레이터 등록 제도가 도입되어 벤처투자 촉진에 관한 법률을 근거로 중소벤처기업부에 요건을 갖추면 액셀러레이터에 등록할 수가 있다. 2023년 5월 기준 444개의 액셀러레이터가 활동하고 있으며, 2022년 5월 기준 375개, 2021년 6월 기준 322개, 2020년 5월 기준 249개, 2019년 8월 기준 192개로 점차 성장하고 있다.*

---

* 창업진흥원 홈페이지

스타트업 전문 미디어의 등장

스타트업을 전문적으로 소개하는 매체가 등장한 것은 2010년부터이다. 벤처스퀘어, 플래텀, 아웃스탠딩 등이 대표적이다. 언론사에서도 IT 부서를 중심으로 스타트업을 다루기 시작했다. 2016년 매일경제에서 미디어 최초 스타트업 액셀러레이터인 미라클랩을 설립하면서 스타트업의 투자 육성을 도왔고 이듬해인 2017년, 스타트업 전문 버티컬 미디어인 '미라클어헤드'를 창간하면서 스타트업을 전문적으로 다루기 시작했다. 미라클어헤드는 2023년 '미라클아이'로 개편됐다. 이후 머니투데이의 '유니콘팩토리', 한국경제의 '긱스'가 스타트업 전문 버티컬 미디어를 표방하며 스타트업 뉴스뿐만 아니라 스타트업 관련 DB도 구축하면서 스타트업 생태계에 많은 역할을 담당하기 시작했다. 미라클랩은 2019년에 실리콘밸리와 IT를 전문으로 소개하는 뉴스레터인 '미라클레터'를 발행하기 시작했으며 조선일보는 스타트업 전문 뉴스레터 '쫌아는기자들'을 서비스하고 있다.

미디어 리스트
만들기

미디어 리스트의 필요성 ——

스타트업으로부터 가장 많이 듣는 질문 중 하나가 '뭐부터 하면 되나요?'다. 언론홍보를 시작하려고 한다면 제일 먼저 무엇부터 해야 할까?

언론홍보를 시작하려는 기업이 가장 먼저 할 일은 미디어 리스트 만들기다. 미디어 리스트는 우리 회사가 작성한 보도자료를 기사화해줄 가능성이 있는 기자의 이메일 주소다. 언론홍보 활동의 성패는 바로 미디어 리스트에 달려 있다. 우편물을 정확하게 보내려면 우편 주소가 정확해야 하는 것과 같다.

미디어 리스트는 언론홍보를 시작하겠다고 생각한 순간부터 준비해야 한다. 그리고 언론홍보 활동을 하는 동안 계속 해야 하는 일이다. 새로운 미디어를 알게 됐다면 즉각 포함시켜야 한다. 신문사의 경우

6개월에 한 번씩 정기 인사이동이 있으며 기자는 한 부서에 보통 2년 이상 근무하지 않는다. 인사이동을 반영해 현시점의 기자 상황을 업데이트해야 한다. 미디어 리스트 업데이트를 게을리하면 간혹 엉뚱한 곳으로 보도자료를 배포하는 일이 발생한다. 민간기업으로 이직한 전직 기자에게 계속 보도자료를 배포하는 것은 경쟁 회사에 기업 정보를 제공하는 것과 같은 위험한 일이다.

미디어 리스트는 언론홍보 활동의 가장 기본이다. 미디어 리스트만 봐도 그 기업의 홍보 역량을 짐작할 수 있다. 홍보 대행사를 선택하는 기준 중 하나가 바로 미디어 리스트다. 아무리 잘 쓴 보도자료라도 전달되지 못하면 아무런 의미가 없다.

미디어 리스트를 만드는 방법 ──

방법 1_우리 기업의 기사를 작성해준 기자 찾기

언론홍보를 하지도 않았는데 우리 기업의 기사를 작성해준 기자를 찾는다고 하니 의아해 할지도 모르겠다. 기업이 언론홍보 활동을 하지 않아도 취재나 기획 기사의 사례로 포함되는 경우가 있다. '최근에 대규모 투자를 유치한 AI 기업'에 대한 기획 기사의 사례로 다뤄지기도 하며, 컨퍼런스나 데모 데이, 전시 등의 행사에 참여했다면 취재 기사로 다뤄지기도 한다.

우리 기업의 기사를 작성해준 기자부터 찾아야 하는 이유는 한 번 우리 기업을 다뤄준 기자는 우리 기업이나 업종에 대한 관심이 있을 확률이 높기 때문이다. 그렇기 때문에 계속해서 우리 기업을 다뤄줄 확률이 높다. 그리고 우리 기업을 다뤄준 기자와는 관계 형성이 조금 더 쉽다는 현실적인 이유 때문이다.

찾는 방법은 간단하다. 우리 기업명을 검색에 입력하고 뉴스를 찾으면 된다. 너무 많은 뉴스가 검색되면 기업명과 대표 이름을 넣고 검색하면 된다. 사실 우리 기업을 언론에서 어떻게 다루고 있었는지 몰랐다면 경영의 가장 기본적인 일을 소홀히 한 셈이다. 누군가 우리 기업을 칭찬하거나 비판하고, 우리도 모르게 우리를 정의 내리고 있는데 정작 자신들만 모르고 있었다면 기업 활동에 문제가 있다. 뉴스 모니터링은 필수적으로 해야 한다. 뉴스 모니터링에 대해서는 6장에서 상세하게 다루겠다.

방법 2_우리 기업에 관심 있을 것 같은 기자 찾기

기자는 취재처를 배정받아 해당 기업의 소식을 놓치지 않고 취재한다. 삼성 취재 기자는 삼성만 취재하고 국회 출입기자는 국회만 취재한다. 하지만 스타트업은 취재처가 따로 없다. 이 이야기는 모든 스타트업이 취재 대상이 된다는 걸 의미한다. 그동안 스타트업을 다뤄왔던 기자를 대상으로 이 중 우리 기업에 관심이 있을 것 같은 기자를 찾아내면 된다.

우리 기업에 관심 있을 것 같은 기자를 검색하기 위해서는 해당 업종 또는 서비스, 기업 규모, 비즈니스 형태를 구분해서 검색하면 된다. 예를 들어 글쓰기 플랫폼을 운영하는 스타트업이라면 '글쓰기', '플랫폼', '시리즈 A', 'AI', 'B2B' 같은 검색어를 넣으면 된다. 검색어는 기업의 비전과 목표, 비즈니스에 따라 다르다.

방법 3_경쟁 기업을 다뤄준 기자 찾기

경쟁 기업을 다뤄준 기자를 찾는 방법은 가장 빠르게 미디어 리스트를 만드는 방법 가운데 하나다. 해당 기자가 경쟁 기업을 다뤘다면 우리 기업도 관심을 가질 확률이 높다는 것을 의미한다. 만약 우리 기업에 관심이 없다고 해도 경쟁 기업을 다룬 기사를 언급하면서 우리 기업에도 관심을 가져달라고 요청할 수 있다. 대체로 기자는 특정 기업보다는 업종에 더 관심을 갖는다. 특히 경쟁 관계가 치열한 시장은 더흥미롭게 본다. A사에 관한 기사를 송출하자마자 경쟁 기업인 B사에서 바로 연락해오는 경우가 많다. 이들 기업은 실시간으로 뉴스 모니터링을 하면서 자사, 경쟁사, 업계 전반에 대한 동향을 파악하고 이에 즉각적으로 대응하고 있다.

경쟁 기업을 누구로 볼 것인가는 기업의 포지셔닝과 관련이 있다. 예를 들어 글쓰기 플랫폼을 운영하는 기업이라면 AI 테크기업인 뤼튼 테크놀로지, 독서 모임을 비즈니스 모델로 가지고 있다면 트레바리, 기업 교육을 하고 있다면 패스트캠퍼스, 독서 모임을 기반으로 한 커뮤니티를 운영하고 있다면 넷플연가가 경쟁 기업이다.

검색 방법은 쉽다. 경쟁 기업을 키워드로 해서 검색하면 된다. 경쟁 기업 하나로 너무 검색이 많이 된다면 2, 3개 기업을 동시에 넣어 검색 대상을 좁히면 원하는 기자를 찾을 수 있다.

방법 4_언론사 홈페이지에서 담당 기자 찾기

언론사 홈페이지에서 직접 찾는 방법도 있다. 언론사 홈페이지에는 언론사가 작성한 기사가 잘 정리되어 있다. 시간이 많이 소요되는 일이기 때문에 주요 언론사를 우선적으로 하는 게 좋다.

스타트업 뉴스는 주로 '스타트업'이나 '신산업', '신성장' 카테고리에서 다룬다. 매일경제의 경우에는 스타트업 관련 기사를 '기업'과 'IT·과학' 카테고리에 넣는다. 카테고리 내에서 스타트업 관련 기사를 다뤄준 기자를 찾아 기자별로 스타트업의 취재량, 인터뷰 기사와 기획 기사 작성 여부, 최근 관심사항을 체크하면서 미디어 리스트에 포함시키면 된다. 지면 기사도 이런 방식으로 검토하면 좋다.

방법 5_AC, VC 등 지인에게 요청

AC와 VC는 스타트업을 전문적으로 액셀러레이팅하고 투자를 통해 기업의 성장을 도와 재무적 성과를 내는 기관이다. 따라서 기업 성장에 필요한 언론홍보도 지원해주고 있다. 투자를 받았거나 배치 프로그램 출신이면 해당 AC, VC에게 언론홍보 지원과 함께 미디어 리스트를 요청해볼 수 있다.

- 전문적인 PR팀이 있는 AC, VC : 블루포인트, 퓨처플레이, 알토스벤처스, 메쉬업엔젤스, 디캠프, 소프트뱅크벤처스, 소풍벤처스, 패스트트랙아시아, 카카오벤처스, 에이티넘인베스트먼트

- 홍보 대행사를 활용하고 있는 AC, VC : 빅뱅엔젤스, 스파크랩, TBT, 캡스톤파트너스, 뉴패러다임인베스트먼트, DSC인베스트먼트
- PR팀이 있는 크라우드 펀딩 기업 : 와디즈
- PR팀이 있거나 PR 업무를 하는 협회 : 코리아스타트업포럼, 스타트업얼라이언스

인사이동이 잦기 때문에 가급적 최신 기사로 미디어 리스트를 작성해야 한다. 사실 기자는 거의 매일 기사를 작성하기 때문에 최근 한 달에서 석 달치 기사로도 충분히 정리가 가능하다. 미디어 리스트는 기업의 자산이다. 그렇기 때문에 홍보 대행사는 절대 리스트를 공유하지 않는다. AC, VC가 미디어 리스트를 공유해준다고 해도 그것은 리스트일 뿐이다. 시간과 노력까지 리스트에 담아줄 수는 없다.

미디어 리스트 정리하는 방법 ──

이렇게 확보한 미디어 리스트를 기자의 소속 매체와 부서별로 정리해야 한다. 기업 상황, 업종, 성장 단계에 따라 매체별(종합지, 경제지, 전문지) 부서별(일반 부서, IT 부서, 스타트업 전문 부서) 관심이 다르다. 초기 기업이라면 일반 부서에서는 거의 다루지 않고 스타트업이나 IT 부서에서 주로 다룬다. 어느 정도 성장한 기업이고 사회적 이슈가 있다면 일반 부서(금융부, 유통부, 경제부, 문화부 등)에서도 관심을 가지기 시작

● 미디어 리스트 표

	매체	부서	기자	이메일	매체 특성	연락처
1	매일경제	벤처지원부	조기자	hyunc@mk.co.kr	경제지, 스타트업	
2	한국경제	유통부	고기자	@	경제지, 일반	
3	조선일보	사회부	이기자	@	종합지, 일반	
4	전자신문	소재부품부	박기자	@	전문지, IT	
5	머니투데이	산업부	홍기자	@	종합지, 스타트업	
6	중앙일보	경제부	주기자	@	종합지, 스타트업	

한다. 보도자료의 소재에 따라서도 다르다. IT 부서와 스타트업 부서
에서는 기업과 기술적 요소를 많이 다룬다. 반면 일반 부서는 제품과
콘텐츠에 관심이 많다. 따라서 상황에 맞게 매체별, 부서별로 접근해
야 하기 때문에 최대한 많은 미디어 리스트를 확보하고 있어야 한다.

TIP 한 매체에 몇 명의 기자를 확보하는 게 좋을까?

한 매체 소속의 많은 기자에게 동시에 보도자료를 배포하다가는 한 매
체에 같은 보도자료가 두 번 이상 게재되는 일이 발생할 수도 있다. 이
런 일이 여러 번 발생하면 그다음부터는 중복을 우려해 서로 보도자료
를 미루는 일이 생긴다. 그래서 한 매체 소속의 여러 기자에게 보도자료
를 배포할 경우에는 '해당 보도자료는 IT 및 유통 담당 기자에게 함께
배포되었습니다.' 라고 표시하는 것이 좋다. 특별한 기준은 없지만 한
매체당 3명에서 5명 정도의 기자 리스트를 가지고 있는 것이 적당하다.
모두 잡기보다는 소수에 집중하는 전략이다.

2장

보도자료를 둘러싼
환경 이해하기

엠마는 스티브의 지시에 따라 A사와의 MOU 체결 건에 대한 보도자료를 작성하기로 한다. A사와의 MOU 체결 건은 처음부터 순탄치 않았다. 업무협약 내용을 조정하는 데도 수십 번씩 서류가 오갔다. 업무협약이 깨질 뻔하다가 다시 일이 추진되기를 반복하면서 업무협약 세부 문안 작성부터 업무협약 체결식 준비까지 몇 달이나 걸렸다. 우여곡절 끝에 드디어 업무협약을 체결하게 됐고 이제 보도자료를 작성하는 일만 남았다. 엠마는 무슨 얘기부터 써야 할지 막막했다. 얘기를 다 하자면 소설 한 권을 써도 모자랄 내용 중에서 어떤 내용을 세상에 알릴지 고민이 됐다. MOU 관련 기사도 참조하고 A사의 홍보 담당자와 협의하면서 하나씩 작성해 나갔다. 여러 번 수정한 끝에 드디어 보도자료를 완성해서 최종 검토를 받게 됐다.

엠마 : 스티브, 지난번 얘기한 A사와의 MOU 관련한 보도자료예요.
스티브 : (한참을 읽다가) 엠마, 좋은데요. 이번에 우리 서비스 새로 업데이트됐잖아요. 왜 그 내용은 없죠? 제품기획 PO에게 자료 받아서 내용 넣어주세요. 그리고 뭔가 있어 보이게 작성할 수는 없을까요? 너무 간단하잖아요. 밋밋하게 말고 미사여구도 넣고요.
엠마 : 네, 알겠습니다.

그렇게 여러 사람의 손을 거친 보도자료는 '최최종본'에서 다시 '최최최종본'으로 수정을 거듭해 완성되었다.

엠마 : 여러 사람의 의견을 받아 수정했습니다.
스티브 : 좋네요. 배포하시죠.
엠마 : 그런데 이거 어떻게 배포해요?

스티브 : 신문사에 배포하면 되겠죠.

엠마 : 어떻게요?

스티브 : 기자에게 보내면 되지 않을까요?

엠마 : 어떤 기자요?

스티브 : 글쎄요.

  엠마는 A사 홍보 담당자와 지인을 통해 확보한 몇 명의 기자에게 이메일을 작성하기로 한다. 엠마는 콜드메일을 어떻게 보내야 할지 막막했다. '저희들이 이번에 대단한 일을 해서 보도자료를 보내니 보도해주시면 감사하겠습니다'라고 살짝 자랑을 섞어 본다. 너무 자랑하는 것 같아 삭제하고 나서 다시 써본다. '제발 꼭 게재될 수 있도록 부탁드립니다'라고 썼지만 이 역시 감정에 너무 호소하는 것 같아서 지웠다. '지난번 ○○ 기사 잘 봤습니다. 이번에 A사와의 MOU 건으로 연락드리게 됐으니 검토 부탁합니다'와 '평소 기사님이 보여주신 스타트업에 대한 관심에 감사드리며, 매일 기자님의 기사를 챙겨보고 있습니다' 중 어떤 게 좋을지 고민하다가 결국 '이번에 A사와 MOU를 체결했습니다. 관련 자료를 보냅니다'라고 담담하게 써서 보냈다.

  엠마는 기도하는 심정으로 포털에 검색해 기사를 확인해본다. 메일을 발송한 지 반나절이 지났지만 한 군데서도 기사화되지 못했다. 엠마는 스티브에게 보도자료 0건 상황을 보고하고, 왜 내가 쓴 보도자료는 게재되지 않았을까 고민하며 힘없이 퇴근길에 나선다. 엠마가 힘들게 작성한 보도자료는 세상의 빛을 보지 못한 채 ○○ 기자의 메일함에 그대로 남아 있다가 어느 날 메일함 용량이 부족할 때 조용히 비워지고 말 것이다.

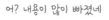
보도자료 보냈습니다!

어? 내용이 많이 빠졌네

모두 담아 정리했습니다

좋아! 배포해!

그런데.. 어떻게 배포해요?

신문사에…?

어떻게?
기자한테!

어떤 기자요?

유명한 기자?

(ㅆ 퇴사할까…?)

좋아! 진행시켜!

보도자료 게재 요소와
게재율 높이기

기업은 자신이 이뤄낸 세계 최초, 세계 최고, 세계 최대, 세계 유일의 일을 보도자료로 작성해 미디어에 배포한다. 하지만 생각보다 기사화되기가 어렵다. 그 이유를 확인하기 전에 보도자료 게재율에 대해 알아보겠다.

보도자료 게재율은 얼마나 될까?

안타깝게도 보도자료 게재율에 관한 자료는 없다. 보도자료 게재율을 알기 위해서는 기사화된 보도자료를 기업에서 배포한 보도자료로 나누어 산출하거나 기자별로 받은 보도자료 가운데 기사화한 보도자료의 비율 자료가 있어야 가능하다. 하지만 각 기업별, 기자별로 게재율을 받아 합산하는 것은 거의 불가능하다. 한 가지 시도해볼 만한 데이터가 있다. 보도자료 배포 전문 서비스의 자료를 분석하는 방법이다.

● **매체별 보도자료 게재**

기간 : 2022년 4~12월
대상 : 뉴스럴에서 배포한 보도자료 1,263건
각 매체별 게재율 : 0~20%(뉴스럴의 1, 2, 3티어 매체 기준)
평균 게재율 : 4.09%

● **매체별 보도자료 게재율**

매체	게재 건수	게재율
경향신문	1	0.08
국민일보	2	0.16
동아일보	29	2.30
매일경제	87	6.89
연합뉴스	17	1.35
조선일보	4	0.32
중앙일보	5	0.40
한국경제	120	9.50
뉴스1	44	3.48
뉴시스	144	11.40
머니투데이	254	20.11
문화일보	5	0.40
서울경제	40	3.17
서울신문	3	0.24
세계일보	5	0.40
아시아경제	57	4.51
이데일리	80	6.33
조선비즈	24	1.90
파이낸셜뉴스	94	7.44
한국일보	8	0.63

* 뉴스럴 자료

뉴스럴의 자료를 분석한 결과 탑 티어 매체의 보도자료 게재율은 4%로 나타났다.* 단신(여러 기업의 보도자료를 하나의 기사로 묶어 간단하게 소식을 전하는 기사)을 포함한 수치로, 단신을 제외하면 4% 이하로 추정된다. 경제지와 스타트업 팀이 있는 매일경제, 머니투데이, 한국경제의 게재율이 높게 나타난 반면, 종합지의 게재율은 상당히 낮은 것으로 나타났다. 1, 2, 3티어 언론사 40군데에 보도자료를 배포하면 1.2~1.6개 매체에 게재된다고 볼 수 있다. 몇 군데 홍보 대행사와 전문 홍보팀이 있는 기업에 문의해본 결과 모든 매체 기준 5%에서 10% 정도 보도자료가 게재되며 뉴스 소재가 좋은 경우 15%까지 게재된다는 답변을 들었다.

정리하자면, 보도자료 배포 전문 서비스를 이용할 경우 게재율은 4% 정도이며, 홍보 대행사나 전문 홍보팀이 있는 기업의 경우에는 5~10% 내외 정도다. 홍보팀이 없는 기업의 경우 1% 이하로 추정된다. 왜 이러한 차이가 나타나는 것일까? 보도자료 게재 요인을 알고 접근하느냐 모르고 하느냐의 차이 때문이다.

기사화에 성공하는 보도자료의 요건 ──

기업 대부분이 보도자료 배포에 초점을 맞춰서 언론홍보 활동을 한다. 반면 기자가 기사를 작성하는 데 있어 보도자료가 차지하는 비중

---

* 인터넷 신문사의 게재율은 너무 높아서 분석에서 제외시켰다.

은 일부에 불과하다. 다시 말해 기업의 보도자료 의존도는 높은 반면 기자의 보도자료 의존도는 낮다. 특히 스타트업의 경우 기업 입장에서는 대단한 이슈지만 언론 입장에서는 그렇지 못한 경우가 많아 게재율이 낮을 수밖에 없다.

기자별로 차이가 있겠지만 하루에 100여 개, 많게는 2,300개의 보도자료를 받는다. 보도자료는 애초에 기자가 취재하려고 했던 내용이 아니기 때문에 특별히 눈에 띄지 않는 한 기사로 다루지 않는다. 짧은 시간에 많은 보도자료를 훑어보고 이 가운데 몇 건의 보도자료를 선택해 기사화한다. 어떤 보도자료는 선택받고, 또 어떤 보도자료는 선택받지 못하는 걸까?

상품과 서비스를 구매, 이용할 때 가장 먼저 고려하는 것은 상품과 서비스에 담긴 효용가치다. 소비자의 선택을 받기 위해서는 포장도 중요하다. 그리고 상품의 핵심 가치가 잘 설명되어야 선택받는다. 관계도 중요하다. 동네 구멍가게가 더 비싸도 단골이 되는 것처럼 말이다. 이외에도 소비자의 개인적인 선호도도 상품과 서비스를 구매하는 데 영향을 미친다. 이를 간단한 수식으로 나타내면 다음과 같다.

> 상품, 서비스 구매 및 이용 = 내재 가치(소재) + 전달(내용, 형식) + 관계

보도자료 게재에 영향을 주는 요인은 네 가지다. 보도자료가 얼마나 중요한 사항을 다루고 있는가(소재), 그러한 사항을 잘 표현해 전달했는가(내용), 전달하는 방법이 적절했는가(형식), 보도자료를 게재해주기를 바라는 기자와의 관계(관계)는 어떠한가에 따라 좌우된다.

보도자료의 소재

기업은 투자 유치, 업무협약 체결, 수상, 선정, 실적, 인사 영입, 프로모션 행사, 사회적 활동, 서비스 개편, 기술 개발 등 다양한 활동을 수행하고 이와 같은 사실을 대중에게 전달하고자 한다. 기업은 자사의 활동이 모두 중요하다고 생각하면서 보도자료를 배포한다. 이를 대중에게 전달하는 기자 입장에서는 '뉴스 가치'를 판단해서 기사화한다. 뉴스 소비자인 독자 입장에서는 기업의 소식, 즉 뉴스 가치가 높은 기사만 선택해서 기사를 읽는 것은 아니다. 자신에게 도움이 되는 정보와 재미가 있는 기사를 선택해서 읽는다. 보도자료를 통해 뉴스를 생산하려는 기업과 이를 전달하는 기자, 이를 소비하는 독자 모두 인식의 차이가 존재하고 있다. 이러한 인식 차이 때문에 기업 입장에서 중요하다고 생각하는 보도자료가 그만큼 게재되지 않는 것이다.

미디어와의 관계

보도자료를 배포하고 이를 게재하는 건 사람이 하는 일이다. 사람이 하는 일에서는 관계가 중요하다. 비슷한 뉴스 가치의 보도자료라면 모르는 기업보다는 아는 기업의 보도자료를 선택하게 마련이다. 기자는 매체사와 자신의 이름을 걸고 기사를 작성한다. 그렇기 때문에 기사화하려는 기업에 대해 알고 있어야 한다. 해당 기업을 알기 위해서는 기업의 홍보 담당자를 통해 기업의 이야기를 들어야 한다. 기업의 홍보 담당자는 평소 기자와의 관계를 통해 기업을 소개하고 설명해야 한다. 필자는 언론홍보 활동에서 보도자료 쓰기는 1%도 안 된다고 말한다. 극단적인 표현이지만 '관계'가 그만큼 중요하다는 의미다.

보도자료 배포 방법과 형식

어떻게 보도자료를 전달하느냐에 따라 게재율이 달라진다. 아무리 좋은 상품이라도 포장이 제대로 되어 있지 않다면 관심이 덜 가는 것처럼 성의 없이 작성된 메일이나 배포에만 치중한 단체 메일은 관심을 끌지 못한다. 다짜고짜 보도자료만 덩그러니 보내는 경우보다는 보도자료에 대해 친절하게 설명하고, 보도자료를 보낸 기업이 어떤 곳인지 성의 있게 밝혀야 관심을 끈다. 담당자 이름과 무선전화 연락처는 필수다. 이름 대신 팀명으로 메일을 보내거나 연락처가 없는 경우 혹은 연락처가 유선전화인 경우 '보도자료를 게재해주면 고맙지만 연락은 하지 마세요.'라는 태도로 보여 가장 먼저 제외한다.

보도자료의 내용

"말도 안 되는 말을 늘어놔." 국내 유명 인디밴드 브로콜리너마저의 〈커뮤니케이션의 이해〉라는 노래의 가사다. 최소한 이해가 되도록 작성해야 기사화가 된다. 기업이 보도하고자 하는 내용을 제대로 글로 담아내지 못하면 기사화될 수 없다. 비문, 복문 등으로 문장이 꼬여 있거나 장문이어서 독해가 어려운 글, 무슨 말인지 모를 내용으로 가득한 글, 보도자료와 상관없는 대표와 기업 자랑만 늘어놓은 글, 보도자료에 담아야 할 내용과 무관한 기업의 다른 활동이 포함된 글은 읽어서 이해하지 못하는 대표적인 글이다. 소설이나 에세이처럼 작성된 글은 무조건 제외한다.

관심과 선호도

기자도 사람이다. 개인적으로 특별히 더 관심 가는 분야가 있고 선호하는 분야가 있다. 노련한 PR 담당자라면 기자의 관심사를 파악해 이에 맞는 자료를 제공한다. 해당 기자가 작성한 기사를 보면 관심도와 선호도를 알 수 있다. 하지만 기자는 기본적으로 호기심이 많은 직종이다. 기자의 호기심과 관심을 분석해 이를 PR 업무에 적용하는 것은 좋지만 스타트업이 이렇게까지 할 필요는 없다. 어차피 기자의 호기심과 관심은 해당 스타트업이 만드는 것이다.

보도자료 게재 프로세스 ——

보도자료를 기사화하는 프로세스는 기자마다 다르기 때문에 일반화할 수는 없지만 대체로 소재, 형식, 내용, 관계라는 보도자료 게재 요소를 고려해 기사화한다.

가장 먼저 보는 건 보도자료의 제목이다. 이를 보고 뉴스 가치를 판단한다. 업무에 여유가 있을 때는 뉴스 가치를 넓게 보고, 여유가 없을 때는 뉴스 가치를 타이트하게 본다. 그리고 아는 기업의 보도자료를 우선적으로 선택한다. 몇 차례 보도자료를 게재했지만 아무런 피드백이 없었던 기업은 제외한다. 또한 보도자료를 게재해도 피드백이 없을 것 같은 기업도 제외한다. 이러한 기준에 따라 선정됐다면 이번에는 메일의 내용을 살펴본다. 부실하거나 성의 없는 기업은 제외시킨다. 그리고 보도자료의 내용을 읽어본다. 이해가 안 되는 보도자료는 특별

소재	• 제목으로 뉴스 가치가 높은 보도자료 선택
관계	• 평소 관계가 좋은 홍보 담당자가 보낸 보도자료 선택 • 모르는 기업, 몇 차례 보도자료를 게재했지만 연락 없는 기업 제외
형식	• 기업, 담당자 소개가 충실한 보도자료 선정 • 홍보 담당자 이름, 연락처가 없는 곳 제외
내용	• 리드문, 본문을 읽고 이해되지 않는 보도자료 제외 • 제목과 상관 없는 기업의 자랑만 늘어놓은 보도자료 제외
관계	• 보도자료 게재를 요청해달라고 연락 오는 곳 다시 검토해 게재

한 경우가 아니라면 제외한다. 이를 기사화하기 위해 일일이 수정하기에는 시간과 노력이 많이 들기 때문이다. 그리고 보도자료 게재를 기자에게 요청해 오는 기업에 대해서는 다시 한번 검토한다.

보도자료 게재율 높이기 ──

보도자료 게재 요인과 보도자료 게재 프로세스에 대해서 살펴봤다. 그렇다면 보도자료 게재율을 높이는 방법도 어느 정도 눈치챘을 것이다. 대부분의 스타트업이 보도자료 배포와 게재를 최종 목표로 두고 언론홍보를 한다. 하지만 보도자료 배포 이후가 더 중요하다. 보도자료의 소재가 이번 시점에서 얼마나 뉴스 가치가 있었는지, 보도자료를 기자에게 잘 전달했는지, 보도자료를 알기 쉽게 작성했는지, 기자와의 관계는 어떠했는가를 분석해야 다음 보도자료를 준비할 때 대비할 수 있다.

● **보도자료 배포 후 평가**

	상	중	하
소재			
형식			
내용			
관계			

기업 자체적으로 평가가 어려우면 기자에게 직접 물어보는 것도 방법이다.

모두가 염원하는 보도자료 게재율을 높이기 위해 필자가 보도자료 게재율의 함수식을 만들어보았다.

$$y = 4x_1 + 3x_2 + 2x_3 + 1x_4$$

(y = 보도자료 게재율, x_1=관계, x_2=소재, x_3=내용, x_4=형식)

(*4, 3, 2, 1의 가중치는 관계가 형식보다 4배 중요하고 내용보다 2배 중요하다는 의미가 아니라 상대적 크기를 나타낸 것이다. 6, 2, 1, 1로 해도 상관없다.)

4가지 요소의 중요도 순으로 얘기하면 관계 〉소재 〉내용 〉형식이다. 소재는 보도자료 게재율에 큰 영향을 주는 중요한 변수지만, 이미 주어진 것이기 때문에 홍보 담당자가 변경할 수 없다. 보도자료의 전달 형식도 초기에 세팅을 잘해두면 큰 문제가 없다. 매번 노력해야 하고 보도자료를 작성할 때마다 고민해야 하는 것은 내용 작성과 기자와의 관계다.

기자와의 관계를 쌓는 일에는 한계가 없다. 새로운 매체가 등장하면 소속 기자와의 관계를 만들어야 하고 인사이동 등 변화가 있을 때마다 새로운 기자와의 관계를 구축해 나가야 한다. 기존에 알고 있던 기자와도 계속해서 관계를 쌓아 나가야 한다. 보도자료 작성도 중요하다. 소재가 다소 미흡하더라도 글쓰기에 따라 얼마든지 매력적으로 보이게 할 수 있고 뉴스 가치를 높일 수도 있다. 간결하고 알기 쉽게 쓸 수 있도록 노력해야 한다.

보도자료의
소재와 소재 발굴

소재란 글을 쓰는 데 바탕이 되는 모든 재료를 말한다. 음식을 만들 때 요리 재료가 필요한 것처럼 글을 쓸 때도 글감이 필요하다. 주제란 글의 중심 생각을 말한다. 글쓴이가 하고 싶은 말이 주제다. 소재로부터 주제를 도출해 글을 시작하기도 하고 주제를 먼저 고르고 그에 맞는 소재를 찾아 글을 쓰기도 한다. 주어진 재료에 따라 다른 음식이 만들어지는 것처럼 소재로부터 주제를 도출하는 글쓰기 방식이 있고 음식을 정해놓고 그 요리에 필요한 재료를 찾는 것처럼 글의 주제를 정해놓고 글감을 찾는 글쓰기도 있다. 보도자료는 전자에 해당하는 글쓰기로 써야 할 소재가 이미 주어진 글이다.

주어진 재료를 레시피에 따라 만들기만 하면 음식을 만들 수 있기 때문에 재료가 주어진 요리가 쉽다고 느껴질 수 있다. 하지만 재료를 다룰 줄 모르고 레시피를 찾지 못하면 엉망인 음식이 만들어진다. 같은 요리 재료라도 다양한 음식이 나오는 것처럼 같은 소재라도 소재를 어떻게 보느냐에 따라 다양한 글이 나온다.

보도자료 소재는 어디에서 찾을까? ──

우선 보도자료로 작성 가능한 소재인지부터 확인해야 한다. 기업에서 벌어진 일, 활동 모두가 소재가 되는 것은 아니다. 혼자 먹는 음식과 손님에게 대접할 음식이 다른 것처럼 보도자료의 소재가 되는 게 있고 되지 못하는 게 있다. 다시 말해 보도자료로 만들어 기사화할 수 있는 소재는 한정되어 있다는 얘기다. 보도자료는 기업이 특정 시기에 특정한 활동을 한 것을 대외에 알리는 글이다. '특정한 활동', '대외에 알릴만한 것, 또는 알리면 좋은 것.' 이 두 가지가 보도자료의 소재가 되느냐 마느냐를 구분하는 기준이 된다.

특정한 활동

기업은 노동 및 자본 장비와 같은 생산자원(투입요소Inputs 또는 생산요소Factors of Production)을 투입해 재화 및 용역을 생산(생산물Output)한다. 경영이란 생산성을 높이기 위한 활동, 즉 적은 생산자원으로 많은 생산물을 만들기 위한 활동이다. 스타트업은 빠른 성장을 위해 생산물을 통해 얻은 이익을 생산자원에 투입할 시간이 없어 외부로부터 생산자원을 빠르게 확보해 생산물을 생산한다. 생산자원을 투입하고 생산물을 만들면서 기업이 성장하고 빠른 성장을 위해 생산자원을 대규모로 유치하는데 이러한 사이클을 '시리즈'로 구분해서 부른다.

기업은 생산성을 높이기 위한 다양한 경영활동을 펼친다. 자금과 인력을 투입하고 기술을 개발하고 이를 통해 제품과 서비스를 생산하고 제품과 서비스 판매, 구매 촉진을 위한 이벤트, 프로모션, 행사를 한다. 그러면서 매출과 이익이라는 기업의 실적을 기대한다. 기업은 생산성을 높이기 위해 타 기업과 협력 제휴하고 수요 기업에 프로덕트를 공급하고 특정 기관으로부터 선정되기도 하고 상을 받기도 한다. 사회적 활동도 하고 생산성을 높이기 위한 조직문화도 구축한다. 이러한 모든 활동이 보도자료의 소재다.

특정한 행위라고 정의한 것은 특정한 행위가 아닌 것은 보도자료의 소재가 될 수 없다는 의미다. 우리가 반복해서 하는 활동을 일기로 쓰기 어려운 것처럼 반복적으로 일어나는 활동은 보도자료의 소재가 아니다. 예를 들어 임직원에게 매달 월급을 주는 행위는 반복적이고 일상적으로 일어나는 행위일 뿐만 아니라 다른 모든 기업이 하는 행위다. 하지만 임직원에게 스톡옵션을 부여한 것은 '특정한' 행위다. 그리고 특정한 행위라고 했을 때는 시간과 장소를 특정할 수 있어야 한다. 시간과 장소 없이 롱텀한 시기 전반을 다루는 것, 이를 테면 '인기 상승 중', '성장 중' 같은 것은 특정한 행위라 할 수 없고 이러한 것은 보도자료의 소재가 되지 못한다.

기업의 구체적인 '행위'여야 한다. 기업이 가지고 있는 생각이나 의견은 행위가 아니기 때문에 보도자료로 작성할 수 없다. 생각이나 의견이 어떤 활동으로 구체화된다면, 예를 들어 세미나에서 그에 관한 내용을 발표하거나 성명서를 발표했다면 이는 특정한 '행위'가 되기 때문에 보도자료의 소재가 된다.

● 보도자료의 소재

투입	경영	생산
생산자원	생산성(생산/투입)을 높이기 위한 활동	재화와 용역 (제품, 서비스)
투자 유치, 인재 채용, 기술 개발	이벤트, 프로모션, 제품 판매, 선정, 수상, 수주, MOU, 기부, 사회적 활동, 조직문화	제품 서비스 출시, 서비스 이용, 실적

대외에 알릴만한 것

단순히 내가 먹을 음식을 만들고자 한다면 주어진 재료로 만든 간단한 요리에 만족할 수 있지만, 손님에게 대접할 음식이 필요하다면 얘기가 달라진다. 주어진 요리 재료로 과연 손님에게 대접할 만한 음식을 만들 수 있는지 고민해야 한다. 손님에게 대접할 만한 것. 즉 기사는 뉴스 가치가 있어야만 보도가 된다. 마케팅과 광고는 기업이 일정한 비용을 지불하고 타깃 고객에게 자신이 하고 싶은 이야기를 마음껏 전달할 수 있지만 언론홍보는 이야기를 전달하는 메신저인 언론사가 기업의 이야기 중에 대중에게 도움이 되는 것을 골라서 전달한다. 언론사의 판단 기준이 바로 뉴스 가치News Value다. 뉴스 가치에 따라 어떤 사건이나 쟁점을 기사화할 만한지를 판단하고 이에 따라 기사 크기, 비중 등을 결정한다.

그렇다면 기업의 어떤 소재가 뉴스 가치가 있는 것일까? 우선은 이해관계자에게 경제적 이득이 되는가이다. 기업의 가치, 성장에 관한 기사는 투자자와 이해관계가 있는 기업 등에 경제적 이득을 준다. 제품과 서비스에 관한 기사는 고객과 잠재 고객에게 필요하다. 당장의 경제적 이득이 없어도 경제, 산업, 기술, 제도, 트렌드를 이해하는 데 도움이 되는 정보라면 좋은 기사다. 그리고 경제적 이득이나 정보가 되지 않더라도 흥미를 주는 이야기도 뉴스로서 가치가 있다.

기업에서 뉴스 가치를 확인할 수 있는 방법이 몇 가지 있다. 첫째, 기사 검색이다. 기존에 유사한 이벤트가 얼마나 보도됐는지를 검색해보면 안다. 만약 기업 대표가 ○○○에서 강의를 했거나 멘토가 되었다면 이와 관련한 기사가 얼마나 보도됐는지 찾아보면 뉴스 가치를 추정할 수 있다. 둘째, 기자에게 물어보면 안다. 친한 기자가 없다면 스스로에게 물어보는 것도 좋은 방법이다. 지금 보도자료로 작성한 내용을 우리 회사가 아니라 다른 회사에서 작성했다고 가정해서 독자 입장에서 읽어보자. 괜찮다면 뉴스 가치가 있는 좋은 소재고 그렇지 않다면 보도자료의 소재로 적합하지 않은 것이다.

파트너사와 조율

파트너사가 있는 사업의 경우에는 파트너사와 보도자료 배포에 대해 사전 조율이 되어야 한다. 파트너사가 보도자료를 배포하고 싶지 않거나 파트너사만 보도하기를 원하는지 확인하고 조율해야 한다. 이를 확인하지 않고 보도자료를 배포할 경우 파트너사로부터 문제 제기를 받는다.

소재별 뉴스 가치와 게재율 ——

모든 소재가 모두 기사화되는 것은 아니다. 소재에 따라 뉴스 가치가 다르며 뉴스 가치에 따라 보도자료의 게재율도 다르다.

● **보도자료 소재별 게재 확률**

	보도자료 소재	상	중	하
투자 활동	투자 유치	○		
	인수합병(인수 계약 체결, 지주회사 출범)	○		
	C레벨 인재 영입	○		
	인재 채용(전문가 모집, 직원 스톡옵션, 기업 문화)		○	
경영 활동	기술 개발		○	
	선정		○	○
	수상		○	○
	수주, 공급		○	○
	MOU		○	○
	행사 개최			○
	프로모션			○
	설립, 이전, 지점 오픈		○	
	보고서 발간			○
	사회공헌 활동			○
	CEO 활동(수상, 방문, 발표, 선정, 사회활동, 인터뷰, 강의, 책출간)			○
	공모전, 전시회 참가			○
	공모전, 전시회 개최			○
	사업계획 수립			○
	성명			○
생산 활동	제품 서비스 출시	○	○	
	제품서비스 리뉴얼	○	○	
	성과(매출, 이익, 성장률)	○	○	

투자 유치 기사는 가장 중요한 소재다. 인수 합병이나 C레벨 영입처럼 기업 경영에 큰 변화가 있는 소재도 뉴스로서 가치가 높다. 제품 서비스 출시나 리뉴얼, 성과에 관한 소재는 중간 정도의 뉴스 가치가 있다. 수주, 선정, 계약, MOU 체결 등 파트너사가 있는 기업 활동은 파트너사에 따라 중간이나 중간 이하의 가치를 가진다. 그 이외의 기업경영 활동은 뉴스로서의 가치가 낮다. 소재별 뉴스 가치에 대한 판단은 기자마다 다르다. MOU 기사에 대해 호의적인 태도를 가진 기자도 있지만 절대 쓰지 않는 기자도 있다.

2022년 1년 동안 406개 기업이 1,426건의 보도자료를 뉴스럴을 통해 배포했다. 이 중에 매체 기준으로 8,950건이 게재되었다. 한 건

● **뉴스럴의 소재별 게재율**

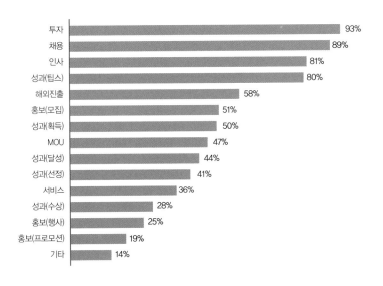

의 보도자료가 평균 6.2군데 매체에 게재된 셈이다. 6개 이상* 매체 기준 투자, 채용, 인사, 성과, 해외 진출 순으로 많이 게재되었다. 필자의 기준과 큰 차이가 없다.

> OO에서 강의와 멘토 진행
> 홈페이지 수정 완료
> 전시회에서 우리 기업에 대한 뜨거운 관심을 보임

실제 필자가 받은 보도자료다. 기업 입장에서는 중요한 활동이겠지만 독자 입장에서 생각하면 뉴스 가치가 낮아 보일 뿐만 아니라 정보나 흥미를 끌만한 요소도 없다. 다음의 사례는 필자가 받은 보도자료로 거의 기사화되지 않은 보도자료다.

수상, 선정, 업무 협력, 수주, 계약은 주관사, 파트너에 따라 결정

주관사에 따라 뉴스 가치가 결정된다. 주관사의 권위가 높으면 높을수록 뉴스 가치는 높고 이름 없는 기관으로부터 선정됐거나 상을 받았다면 뉴스 가치는 낮다. 보도를 위해서는 되도록 이름 있는 기관으로부터 선정되거나 상을 받는 게 좋다. 잘 알려지지 않은 스타트업과의 업무 협력 체결은 보도되기 힘들다.

---

* 6개를 기준으로 한 것은 인터넷 매체의 게재율이 높기 때문이다. 통계로서 분석하기 위해 6개를 기준으로 했다.

규모가 작은 행사 개최는 뉴스 가치가 낮다

세미나, 사업 설명회, 모임은 행사의 규모에 따라 뉴스 가치가 결정된다.

예)

- OOO, 부동산 투자 세미나 매주 진행
- OOO, 비즈니스 사업설명회 개최
- OOO, OOO 작가와의 만남 개최
- OOO, 여성 리더들과 토크 개최
- OOO, 유튜버 OO과 함께 원데이 세미나 성료

작은 행사에 참여하는 것은 뉴스 가치가 낮다

규모가 작은 행사에 참여하는 것도 뉴스 가치가 낮다. 행사 자체의 존재를 모른다고 한다면 게재되기 힘들다.

예)

- OO, 자사 인력 중 반 이상 OO 컨퍼런스 참석
- OOO, OOOO 축제 참여
- OOO, OO 프로그램 멘토로 참여
- OOOOO, 'OOO 엑스포' 참가
- OOO, 'OOO Startup Pitch Day' 행사 참여

대기업이나 저명한 사람이 아니면 사회적 활동에 관심이 낮다

기업이 사회적 활동을 하는 것은 필요한 일이고 중요한 일이다. '사랑의 연탄 배달'은 필요한 일이지만 기사화할 정도로 뉴스 가치가 있는 건 아니다. 스타트업의 사회적 활동에 주목하는 독자는 거의 없다.

예)
- ○○○, ○○지역아동센터에 300만원 상당 문화체험활동비 지원
- ○○○, ○○종합사회복지관에 집중호우 피해 어르신들 지원 위한 후원금 기탁
- ○○○, ○○푸른작은도서관에 신간 도서 기증
- ○○○, 취약계층에 생리대 300장 기부

기업 대표의 강의, 멘토 활동은 기업 활동과 무관하기 때문에 뉴스 가치가 낮다

언론사는 인물 동정에 관심이 많다. 하지만 이는 중요 인물에 한해서다. 그들이 정치계, 재계를 움직이기 때문에 중요하게 다루는 것이다. 작은 기업이나 잘 알려지지 않은 인물의 활동은 독자의 관심을 끌기 어렵다. 기업의 본질적인 활동과는 상관없는 개인 활동은 잘 보도되지 않는다.

예)
- ○○○, 청년들을 위한 실패하지 않는 창업 전략 강의 진행
- ○○○ 대표, ○○○ 자기계발 강연자로 나서

사내 자료는 모수 추정이 어렵다

사내 자료를 활용할 때는 그 기업에만 의미 있는 데이터거나 모수 추정이 어려울 정도로 모집단이 작으면 뉴스로서의 가치가 떨어진다. '자사 몰 이용자의 여성이 80%'인지를 궁금해하는 독자는 없다.

예)
- OO, 종합 만족도 92% 달성

이미 벌어진 일이나 먼 미래의 일은 현재의 일보다 관심이 낮다

제품과 서비스의 출시 예정 소식보다는 제품과 서비스 출시 소식이 더 뉴스 가치가 높다. 과거에 일어난 일이나 미래에 일어날 일보다는 지금 일어난 일이 더 중요하고 시급하다. 스타트업의 경우 계획 변경이 잦다는 현실적인 문제도 있다.

예)
- OOO, 라스트마일 지도 서비스 예정
- OOO, "시장 검증 완료, 내년 직영 매장 연다"

뉴스의 가치를 업그레이드하는 방법 ──

위에서 확인한 것처럼 컨퍼런스에서 기업의 대표가 발표한 사실은 뉴스 가치가 낮다. 그렇다면 보도자료를 배포할 수 없는 것일까? 기업 입장에서 필요하다고 하면 뉴스 가치를 최대한 높여 이를 보도할 수 있도록 해야 한다. 컨퍼런스에서 기업 대표가 발표를 맡았다는 사실은 독자에게 큰 가치를 주지는 않지만 컨퍼런스에서 신제품을 런칭했다면 이는 독자에게 의미 있는 뉴스가 된다. 뉴스 가치를 올릴 수 있는 구체적인 방법을 소개하겠다.

제목과 구성만 바꿔도 뉴스 가치가 올라간다

A사는 신규 서비스 거래액이 급증하면서 빠르게 성장하기 시작했다. 그리고 최근에는 투자를 유치하게 됐다. 이 두 가지 사실에 대해 A사 입장에서 작성 가능한 모든 형태의 보도자료는 네 가지다.

첫째, 투자 유치에 관한 보도자료, 성과 달성에 관한 보도자료 각각 작성

둘째, 투자 유치에 관한 사실을 메인 메시지로 하고, 성과 달성을 부가적인 메시지로 하는 방법

셋째, 성과 달성에 관한 사실을 메인 메시지로 하고, 투자 유치에 관한 사실을 부가적인 메시지로 하는 방법

넷째, 두 가지 사실 모두 중요하기 때문에 반반 비중으로 다루는 방법

가장 최악은 네 번째다. 이것도 했고 저것도 했다는 식은 보도자료뿐만 아니라 일반적인 글쓰기에도 좋지 않다. 실제 A사는 성과 달성을 의미 있게 보고 세 번째 방식으로 보도자료를 작성했다. '신규 서비스 거래가 증가하며 성장에 가속도가 붙어 이를 바탕으로 투자를 유치했

다.'라는 메시지를 준비해 보도자료를 배포했다.

제목 : A, 거래액 100% 증가

구성 : 거래액을 리드문, 투자를 본문에서 언급

리드문 : 베타 서비스 출시 이후 월평균 거래액이 지속적으로 증가하며 가파른 성장세를 이어가고 있다.

본문 : 이 같은 성장세를 바탕으로 OOO 등으로부터 OO억 원 규모의 투자를 유치했다.

안타깝게도 A사의 보도자료는 단 한 곳에서만 게재되었다. 게재된 매체에서도 성과보다는 투자 유치를 강조한 제목과 구성으로 수정되어 게재됐다. 세 번째 방식의 보도자료가 전혀 기사화되지 않자 A사는 두 번째 방식으로 보도자료를 작성해 다시 배포했다.

제목 : A, OO억 원으로 시드 투자 최종 마무리

구성 : 투자 유치를 리드문, 거래액 증가를 본문에서 언급

리드문 : A사가 OO억 원으로 시드 투자를 최종 마무리했다.

본문 : 투자 유치를 하게 된 이유는 A사의 새로운 서비스로 새로운 서비스의 거래액이 지속적으로 성장하고 있기 때문이다.

제목과 구성을 바꾸자 많은 매체에서 기사를 작성했다. 이렇게 앵글만 바꿔도 게재율이 높아진다. 그렇다면 왜 A사는 투자보다는 성과를 강조한 보도자료를 작성했을까? 기업의 입장에서는 투자보다는 성과

가 중요했던 것이다. 하지만 뉴스 가치는 기업에서 중요하게 생각하는 것과는 다르다. 언론사와 독자가 궁금해한 것은 기업의 성과보다는 투자 소식이다.

의미를 부각하면 뉴스 가치가 올라간다

북미 앱스토어 차트 50위권에 진입했다면 기업으로서는 대단한 성과를 달성한 것이고 이를 알리고 싶어 할 것이다. 하지만 일반 독자가 보기에는 이것이 무슨 의미인지 잘 모른다. 사실 1위를 달성했다고 해도 뉴스 가치가 있는지 의문이다. 이럴 때는 앵글을 바꾸는 것이 좋다. 북미 앱스토어 차트 50위권에 진입했다는 것은 북미 시장에서 고객 반응이 있었다는 얘기고, 그렇다면 본격적으로 북미 시장에 진입한 것으로 해석할 수 있다. 제목을 북미 시장 본격 진출로 수정하고, 내용에서 북미 앱스토어 차트 50위권에 진입한 사실을 팩트로 다루면 뉴스 가치가 보완된다.

MOU 체결은 업무 협력 대상에 따라 뉴스 가치가 좌우된다고 설명했다. 그렇다면 MOU를 체결한 사실보다는 MOU 체결의 의미, 예를 들어 '해외 시장 본격 진출'과 같이 앵글을 바꾸면 뉴스 가치를 올릴 수 있다.

이용자 증가, 매출이나 수익이 상승한 실적에 관한 데이터도 데이터의 양 자체보다는 그것이 왜 증가하고 상승했는지, 어떻게 해서 이런 결과가 만들어졌는지, 이런 실적을 바탕으로 어떤 계획이 있는지 앵글을 바꾸면 뉴스의 가치를 올릴 수 있다.

차별성 있게 작성해야 뉴스 가치가 올라간다

CES 2023에 350개 한국 기업이 참가했다. CES 2023 혁신상에는 111개 기업이 수상했다. CES에 참여와 혁신상 수상은 중요한 일이다. 하지만 너무나 많은 기업이 참여하고 많은 기업이 수상했다면 차별성이 없다. 뉴스도 일종의 경쟁 상품이다. CES에 참가했다는 사실보다는 참가해서 했던 일로 앵글을 바꾸면 뉴스 가치를 높일 수 있다.

'CES 참가… 신제품 런칭' → '신제품 런칭… CES에서 소개'

이처럼 보도자료의 소재를 찾았다면 보도자료의 뉴스 가치를 판단하고 뉴스 가치가 낮다면 보도자료를 작성하지 않거나 뉴스 가치를 높여 작성하면 된다.

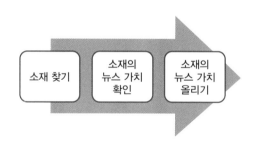

소재 찾기 또는 발굴하기 ──

글을 잘 쓰는 사람은 작은 글감이라도 놓치지 않는다. 반면 글을 못 쓰는 사람은 훌륭한 소재가 바로 앞에 있어도 놓치고 만다. 기업도 마찬가지다. 기업에서 수많은 일들이 벌어지고 있다. 훌륭한 홍보 담당자라면 수많은 일들 가운데 대중에게 알릴만한 소재를 발견할 것이고 그렇지 못한 홍보 담당자라면 좋은 소재도 놓치고 말 것이다.

그렇다면 사내에서 벌어지는 그 많은 일들에서 언론홍보의 소재가 될 만한 것을 어떻게 찾을 수 있을까? 기업의 각종 업무를 담당하고 있는 내부 직원은 보도자료 소재의 보고寶庫다. 이들로부터 기업과 관련한 이야기를 들으면 많은 소재를 얻을 수 있다. 그러기 위해서는 내부 직원들과도 신뢰 관계가 형성되어 있어야 한다. 기업의 활동은 데이터로 나타나기 마련이다. 그렇기 때문에 기업 데이터도 유심히 들여다봐야 한다. DAUDaily Active User(하루 동안 해당 서비스를 이용한 순수 이용자 수), MAUMonthly Active User(한 달 동안 해당 서비스를 이용한 순수 이용자 수) 이용자, 서비스 이용 시간, 기업 매출, 이익 등 각종 실적 데이터는 기업의 성과를 알릴 수 있는 좋은 소재다. 특히 업계 1위를 한 수치라든가 전 동기 대비 눈에 띄게 수치가 변했다면 이를 놓치지 말아야 한다. 경쟁사, 업계, 유사 비즈니스를 수행하는 기업으로부터도 아이디어를 얻을 수 있다. 그러기 위해서는 모니터링을 지속적으로 해야 한다.

주변 사람들로부터 소재를 찾는 것도 방법이다. 특히 우리 기업을 취재하는 기자로부터 업계 소식을 듣는 것도 좋다. 기자는 업계 소식을 가장 빠르게 알고 있고, 많이 알고 있을 뿐만 아니라 제3자의 시선으로 보기 때문에 신선한 아이디어를 얻을 수 있다.

● 소재 찾는 방법

	내부	외부
사람	내부 직원. 이들로부터 기업의 이야기 듣기. 그러기 위해서는 업무 담당자와 친해져야 하고 신뢰가 기본이 되어야 함	기자 등 주변 사람들로부터 소재 발굴. 특히 우리 기업을 취재하는 기자로부터 업계 소식을 들음.
데이터 문서	기업 데이터, 업무 보고 - 기업의 데이터를 유심히 보고 분석하고 업계 1등 수치를 찾아보기 - 제품, 서비스 데이터 : DAU, MAU, 이용자, 서비스 이용 시간 - 기업 데이터 : 매출, 이익	경쟁사 - 경쟁사, 업계, 유사 비즈니스를 수행하는 기업 등의 기사 모니터링 - 이들 기업이 어떤 관점으로 기사를 냈는지 보면서 비슷한 소재 발굴

글을 쓰는 사람이 가장 힘들어하는 게 글감 찾기다. 안톤 체호프의 〈갈매기〉에 등장하는 인물 꼬스차는 새로운 예술을 만드는 작가 지망생이다. 꼬스차가 소재에 대해서 얼마나 고민하는지를 볼 수 있는 대목이 있다.

"피아노를 닮은 구름이 보이네요. 그러면 난 생각합니다. 피아노를 닮은 구름이 떠 있었다. 이걸 기억해 두었다가 소설 어딘가에서 써먹어야 될 텐데, 헬리오트로프 향기가 나네요. 바로 기억해야 돼. 들큼한 향기, 과부의 꽃, 여름날 저녁을 묘사할 때 잊지 말고 써먹어야지, 당신이나 내가 말하는 한 구절, 한 구절, 한마디, 한마디를 낚아채고, 이 모든 구절과 단어들을 나의 문학 창고 안에 서둘러 가둬놓는 겁니다. 언젠가 써먹을 일이 있을 테니까! 일을 끝내면 극장으로 달려가거나 낚시를 하러 갑니다. 거기서는 숨을 좀 돌리고 일에 대해 잊어버렸으면 하지요. 그러나 웬걸,

머릿속에선 벌써 육중한 무쇠 포탄이 굴러다니고 있어요. 새로운 주제 말입니다. (중략) 아, 정말 얼마나 끔찍한지! 이런 고통이 어디 있겠습니까!"

보도자료 소재 나누기와 묶기 ──

적정한 보도자료 작성 횟수를 궁금해하는 기업이 많다. 적정한 보도자료 작성 횟수 같은 건 없다. 왜냐하면 보도자료는 기업의 활동에 달려 있기 때문이다. 기업이 활동을 많이 하면 더 많이 보도하고 기업이 특별한 활동을 하지 않으면 보도하지 못한다. 다만 보도하지 못하는 기간이 너무 길면 바람직하지 못하다. 기자와 대중의 기억 속에서 멀어지기 때문이다. 특히 이해관계자들이 불안해한다. 주주의 경우 정기적인 기업 경영 보고와 상관없이 언론 보도를 통해서 투자 기업의 소식을 듣고 싶어 한다. 최근 몇 달간 기사가 없다면 해당 기업에 어떤 문제가 있는 것 아닐까라고 의심한다. 그렇기 때문에 언론홍보를 자주 하는 것보다는 쉬지 않고 하는 것이 더 중요하다.

쉬지 않고 언론홍보를 하기 위해서는 기업 활동은 기본이다. 하지만 투자 유치처럼 큰 이슈가 자주 일어나기는 힘들다. 소재가 제한적일 수밖에 없지만, 정해져 있는 소재 안에서 보도자료 작성 횟수를 늘리는 방법이 있다.

투자라운드 분리 보도

투자라운드는 스타트업이 필요로 하는 투자를 기업 성장 단계, 투자 회차 및 규모에 따라 구분해놓은 것을 말한다. 즉 비슷한 투자시점에 동일한 밸류로 투자한 것으로 이해하면 된다. 멀티클로징(첫 투자자가 먼저 투자를 진행한 뒤에 다른 투자자가 비슷한 조건으로 추가로 공동 투자를 진행하는 방식)이나 클럽딜(공동 투자를 진행하는 여러 투자자가 한 번에 동일한 계약서로 계약을 진행하는 방식)로 투자를 진행하다 보면 투자 시차가 발생한다. 이럴 때 이를 나눠서 보도할 수 있다. 또한 투자라운드가 마감 됐더라도 예상했던 것보다 투자금 모집이 덜 됐거나 이후 기업 사정으로 투자금이 더 필요할 경우 바로 동일한 조건으로 투자금을 모집하기도 한다. 이렇게 되면 동일 밸류의 투자라운드를 한 번이 아니라 여러 번 나눠서 하게 된 셈이고 보도 역시 나눠서 하는 게 가능하다.

투자 유치를 나눠서 보도할 경우의 장단점이 있다. 언론홍보를 한 번 한 것보다는 두 번 한 것이 효과가 있다. 보도가 나가면 추가 투자 유치에 도움이 된다. 반면 투자 유치를 분리할 경우 투자 규모가 작아지는 문제가 있다. 하지만 단점보다는 장점이 커 최근 기업에서 투자 유치를 구분해서 보도하는 사례가 늘고 있다.

행사 전, 행사 중, 행사 후 보도

행사와 관련한 보도자료라면 행사 개최 전, 행사 개최 중, 행사 개최 후로 각각 보도자료를 배포하는 게 가능하다. 행사 개최 전에 언론홍보를 한다면 모객과 기업 협찬에 도움을 받을 수 있다. 행사 당일에는 현장을 스케치한 내용을 보도자료로 담아 배포한다. 행사 프로그램과 참석자, 그리고 행사장에서 일어난 일을 사진을 첨부해 상세하게 보도한다. 행사 후에는 참석자 수 등 행사의 성과 위주로 보도한다. 하지만 행사를 세분해서 보도할 때 주의해야 할 게 있다. 행사의 규모다. '컴업' 행사처럼 큰 행사의 경우에는 행사 전에 여러 번 보도해서 행사의 전반적인 내용, 일정, 참석자, 프로그램 등을 상세하게 소개하고 행사 중에도 일정별로 행사를 보도하며, 행사 후에 성과를 공유하는 게 가능하다. 하지만 작은 행사라면 행사 전, 행사 중, 행사 후에 보도할 내용이 거의 비슷한 문제가 있다. 이럴 때는 모객이 중요하면 행사 전에, 행사의 내용이 중요하면 행사 당일에, 행사의 성과가 중요하다면 행사 후 한 번만 보도하는 것이 좋다.

성과 보도를 세분화해서 보도

성과 보도도 세분화해서 보도가 가능하다. 매출 지표가 좋을 경우 이를 반기, 분기, 월간으로 작성해 보도하는 경우도 많다. 매출뿐만 아니라 수익도 시기별로 구분해서 보도하는 것이 가능하다. 하지만 이렇게 상세하게 성과를 보도하는 게 바람직한지 생각해봐야 한다. 성과 지표를 상세하게 보도하는 것은 마치 기업의 재무제표를 모두에게 공개하는 것과 같다. 또 한 가지 문제는 재무적 성과가 추세를 탈 경우 몇 달 연속, 또는 분기 연속 흑자 기록, 매출 성장을 보도하는 게 가능하지만 잠깐 성과가 좋아졌다 나빠질 경우 보도하는 데 문제가 생긴다. 따라서 홍보 담당자는 기업의 성과 지표를 유심히 보고 한 번의 성과인지 추세인지를 판단해야 한다. 만약 한 달만 반짝한 거라면 분기까지 기다려야 하고, 이것도 자신이 없다면 반기나 연간까지 기다려야 한다.

사용자 수, MAU 등은 기업의 중요한 성과 지표다. 사용자 수와 MAU가 꾸준히 늘고 있다면 어느 시점에서 보도하는 것이 좋은지를 판단해야 한다. 사용자 수가 얼마일 때 보도하는 게 적정할까? 정답은 없다. 하지만 두 가지 조건을 생각해야 한다. 통상적으로 10단위를 유의미한 수치로 본다. '7만 사용자 돌파'보다는 '10만 사용자 돌파'가 조금 더 유의미해 보인다. 두 번째는 이러한 성과를 달성하게 된 이유에 대한 설명이 얼마나 타당한가이다. 성과를 달성했을 때 그 이유를 명확하게 설명 가능해야 한다. 그것이 가능하다면 '사용자 7만 달성'을 보도해도 상관없다.

제품 리뉴얼 구분

원칙적으로 제품을 리뉴얼할 때마다 보도가 가능하다. 추가 기능을 조금만 넣고도 보도할 수 있다. 1.0 버전의 제품을 2.0으로 리뉴얼했다면 의미가 있다. 만약 1.5나 1.1의 리뉴얼, 또는 기능을 추가했다면 언론홍보를 할 만큼 유의미한지 생각해봐야 한다. 리뉴얼, 추가한 기능이 소비자에게 분명한 차이를 느낄 만큼의 효용을 가져다준다면 구분해서 보도해도 좋다. 하지만 잦은 리뉴얼 또는 기능 추가는 양날의 칼이다. 그전 제품이 허술하게 만들어졌다는 걸 스스로 인정하는 꼴이다. 또한 경쟁사로부터 카피를 당할 우려도 있다. 이럴 때는 오히려 언론홍보를 하는 것이 하지 않은 것보다 못하다.

프로세스별, 지점별 상세 보도

상품 런칭 시 이를 프로세스별로 상세하게 구분해서 보도하는 것도 가능하다. 부동산 조각 투자 기업은 공모 공개, 상품 판매 시작, 이벤트 진행, 상품 완판, 상품 판매 후 활동 등 각 프로세스별로 보도함으로써 대중의 관심을 이끌어낸다. 지점을 운영하는 사업자라면 지점별 오픈 예고, 지점별 오픈, 지점별 이벤트 등으로 구분해서 언론홍보를 할 수 있다.

소재 묶기

이렇게 소재를 분리해서 보도한다면 언론홍보의 횟수를 늘리는 게 가능하다. 전제는 소재가 나누어져도 뉴스 가치가 낮아지지 않아야 한다는 점이다. 반대로 뉴스 가치가 낮은 소재를 합쳐 뉴스 가치를 높여 보도하는 경우도 있다. 예를 들어 몇몇 기업과 MOU를 체결한 사실을 하나로 묶어 언론홍보를 하는 경우다. A사, B사, C사와 MOU를 체결한 사실을 각각 보도자료로 배포했을 때는 게재 확률이 낮지만 이를 하나의 소재로 묶어서 해외 진출, 새로운 업종에 도전, 서비스 진출 등으로 뉴스 가치를 높여 보도자료를 배포한다면 게재 확률이 높아진다. 그러나 현실적으로 스타트업이 선택하기 어려운 방법이다. 몇 개의 사건을 묶을 정도로 많은 이벤트가 발생하지 않을 뿐더러 그것을 묶을 만큼 시간적 여유도 없기 때문이다. 또한 각 부서별로도 협조를 구하고 전략을 짜야 하는 문제도 있다. 부서별 성과이기 때문에 조율해야 하는 문제가 여전히 남아 있다.

소재별 전략 및 피칭 전략 필요

소재에 따른 보도자료의 게재율을 살펴봤다. 뉴스 가치가 낮아 게재될 가능성이 낮은 소재는 어떻게 하는 것이 좋을까? 보도자료의 뉴스 가치가 낮더라도 배포하지 않는 것보다 배포하는 게 낫다. 기업이 먼저 보도자료의 뉴스 가치가 낮다고 판단해서 알아서 배포하지 않을 필요는 없다는 얘기다. 뉴스 가치가 낮은 소재도 보도자료를 배포할 거면 군이 소재별 뉴스 가치와 게재율에 대해서 알 필요가 있을까 의문이 들 것이다. 그럼에도 보도자료의 뉴스 가치를 알고 배포하는 것과 그렇지 않고 배포하는 것에는 차이가 있다. 이 차이를 알아야 언론 홍보를 전략적으로 할 수 있다.

보도자료의 뉴스 가치가 높다면 커버리지(보도자료를 게재해주는 미디어의 수)를 높일 수 있는 기회가 된다. 이를 토대로 새로운 기자와의 관계를 만들어 나갈 수 있다. 보도자료의 뉴스 가치가 낮다면 보도자료의 게재율을 높일 수 있는 다른 방법을 활용해야 한다. 미디어와의 관계를 활용하는 것이다. 관계를 형성한 기자에게 기업 사정을 설명하고 보도자료 내용을 피칭함으로써 기사화를 유도하는 것이다. 보도자료가 기사화되지 못하더라도 보도자료를 계속해서 기자에게 배포함으로써 우리 기업을 인식시키는 효과가 있다. 또한 기자에게 보낸 해당 보도자료를 자료로 활용해 다른 기사에 활용하도록 할 수도 있다.

EXERCISE : 소재 발굴 연습

✔ 사내에서 일어나는 일을 리스트해보자.

✔ 사내 데이터를 수집해보자.

✔ 전사적인 차원, 각 부서별, 담당자별로 무슨 일을 하고 있는지를 체크해보자.

미디어와의
관계

다음의 상황에 대해 생각해보자.

1. 친하게 지내던 홍보 담당자가 이직해서 새로운 홍보 담당자가 배정됐다. 새 홍보 담당자가 보도자료를 배포한다면, 이전과 똑같이 보도자료가 게재될까?

2. 홍보 대행사를 통해 보도자료를 배포해왔던 기업이 이번에는 직접 보도자료를 배포하였다. 이전과 똑같이 보도자료를 다뤄줄까?

3. 두 기업으로부터 같은 내용의 MOU 체결에 관한 보도자료를 받았다. 어느 기업의 보도자료가 게재될까?

4. 친하게 지내는 홍보 담당자가 이직하여 새로운 기업의 홍보를 맡게 됐다. 이 기업의 보도자료를 게재할까?

〈홍보 담당자가 변경되었을 때의 사례〉

루씨가 이직하면서 새로운 홍보 담당자 클라라가 A사의 언론홍보를 전담하게 됐다. 클라라는 루씨로부터 미디어 리스트, 기사화된 자료, 뉴스 모니터링 분석 리포트 등을 인수인계받았다. 클라라가 미디어 리스트에 있는 기자 이메일로 보도자료를 배포했지만 이전에 비해 기사화가 잘 되지 않았다. 루씨의 관계까지 인수인계받지 못했기 때문이다. 관계가 리셋된 상황에서 클라라는 기자와의 관계를 다시 쌓아야 한다.

〈기업에서 직접 언론홍보에 나설 때 가장 중요한 것〉

홍보 대행사를 통해 1년간 언론홍보를 진행했던 B사가 직접 언론홍보를 하기로 했다. 그동안 홍보 대행사를 통해 언론홍보 노하우를 모두 내재화할 수 있게 준비를 해왔다. 보도자료 소재 발굴, 작성, 배포 방법까지 파악한 상태이니 이제 내부에서 진행해도 문제가 없을 거라고 판단했다. 언론홍보 업무는 그동안 홍보 대행사와 커뮤니케이션한 캐롤이 맡기로 했다. 그동안 기사화해준 기자 중심으로 보도자료를 배포했다. 하지만 홍보 대행사가 진행했던 것처럼 보도자료가 게재되지 않았다. 관계까지 내재화할 수 없었기 때문이다. B사는 다시 홍보 대행사에게 언론홍보 업무를 맡길 수밖에 없었다.

〈보도자료 내용이 동일하다면, 어떤 기업의 보도자료가 게재될까?〉

현파트너스와 A사가 MOU를 체결해 동시에 보도자료를 보내왔다. 현파트너스는 A사 홍보 담당자였던 루씨가 이직한 회사다. 루씨와는 A사에 있을 때부터 친하게 지내왔던 사이로 보도자료 기사화뿐만 아니라 인터뷰도 진행했었다. 현파트너스는 루씨의 이직으로 이번에 처음으로 알게 된 곳이다. 이번에 A사의 홍보 담당자가 된 클라라와는 아직 인사를 나누지 못했다. 이번 MOU 건 관련한 보도자료는 루씨와 클라라가 협의해 똑같이 작성해 배포했다. 나 기자는 두 회사의 보도자료 중 현파트너스의 보도자료를 게재했다.

〈친한 홍보 담당자가 새로운 기업의 보도자료를 배포할 때 일어나는 일〉
C사의 대표가 그동안 보도자료를 계속해서 보내왔지만 한 번도 게재한 적이 없다. C사 대표와 미팅을 했거나 기업에 대한 설명을 들어본 적도 없다. 어느 날 현파트너스가 자사의 포트폴리오 언론홍보를 돕겠다며 C사의 보도자료를 작성해 보내왔다. 현파트너스의 홍보 담당자 루씨와는 잘 아는 사이다. 나 기자는 C사의 보도자료를 게재했다.

위 사례는 관계의 중요성을 설명하기 위해 직접 경험한 일을 예시로 들어본 것이다.

관계의 중요성 ——

사람이 하는 일은 관계가 중요하다. 그리고 사람의 마음을 얻는 일이기 때문에 어렵다. IR 피치덱만 보고 투자하는 투자자나 보도자료만 보고 게재하는 기자는 일부 온라인 매체를 제외하고는 거의 없다. 관계가 형성되어야 그가 말하려고 하는 걸 받아들이게 되고 이해하게 되고 믿는다.

기업에서 관계를 중요시하는 활동

B2B 영업, IR, PR은 관계가 중요하다. 영업은 기업의 제품을, IR은 기업의 가치를, PR은 기업의 긍정적 스토리를 전달한다. 이러한 일은 비대면으로 하기에는 한계가 있다.

> "투자 받으려면 어떻게 해야 하나? 콜드메일 하지 마라. 네트워크를 통해 관계를 계속 쌓아라. 처음부터 돈 얘기 하지 마라. 친해지는 게 먼저다. 긴 IR 장표 안 본다."

2022년 9월 27일 스타트업얼라이언스가 주최한 '실리콘밸리의 한국인' 패널 토론에서 K2G테크펀드*의 공경록 대표가 한 말이다. 투자를 유치하기 위해서는 '온갖 인맥을 동원하라.'라고 충고한다.** 그만큼 투자 유치에서 가장 중요한 게 투자자와의 관계다.

영업, IR, PR에서 관계가 중요한 이유는 제품과 투자와 기사 모두 제품과 기업에 대해 충분히 알아야 구입하고 투자하고 기사화할 수 있기 때문이다. 믿을 수 있다는 확신이 들 때 구입하고 투자하고 기사화한다. 영업은 말로 설득하고 IR은 숫자로 설득하는 반면, PR은 글로 설

---

* CJ, 레노버, 삼성, LG에서 엔터프라이즈 소프트웨어 투자를 맡았던 공경록 대표와 구본웅 마음홀딩스 의장, 정지훈 대구경북과학기술원 교수, 켄 김 콩 부사장 등이 2022년 4월 문을 연 실리콘밸리 벤처캐피탈(VC)이다.
** 조시영, 《스타트업 대표가 돼볼까 합니다》, p.161.

득한다는 차이만 있을 뿐이다.

관계에 대한 서로 다른 생각

몇 번씩 읽어도 이해가 되지 않는 보도자료가 있다. 대부분은 기사화를 포기하지만 몇몇 보도자료는 어렵게 수정해서 게재할 때도 있다. 많은 시간이 소요되고 소설적 상상력까지 동원해야 하는 힘든 일이다. 이렇게 힘들게 수정해서 게재했지만 대부분의 기업으로부터 아무런 연락도 받지 못한다. 그래서 먼저 연락할 때도 있다. 설명을 듣고 싶다고 연락했더니 유선이나 서면으로 가능하다는 말을 듣는 건 그래도 나은 편이다.

"조금 수정했습니다. 확인해보세요."
"네, 감사합니다."
...

이때 여러 가지 생각이 든다. 내가 왜 이 기업의 보도자료를 힘들게 수정해서 게재해줬을까? 게재해주면 나와 우리 회사에 무슨 도움이 있는 거지? 왜 아무런 일도 안 생기는 거지? 왜 난 이 일을 한 거지? 내가 보도자료 게재해주는 심부름꾼인가?라는 생각. 내가 괜한 일을 했구나 하면서 보도자료를 게재한 것을 후회하지만 이미 늦었다. 대신 해당 기업의 보도자료는 다시는 보지 않는 소심한 복수를 한다. 물론 기업은 필자의 소심한 복수를 알 리 없다.

보도자료를 게재해줬는데 왜 아무런 반응도 없는지에 대해 몇몇 스타트업에 물어봤다.

"고맙기는 한데, 연락하는 게 민폐 아닐까요?", "기자님들 많이 바쁜데 우리 기업이 연락해도 될까요?", "연락하고 싶어도 어떻게 해야 할지 모르겠어요.", "혹시 말실수라도 하면 어떡하죠? 그러다가 그게 기사로 나가면 어떻게 되나요.", "욕이나 먹는 거 아닐까요? 괜히 잘못 얘기했다가 기사로 나가는 거 아닐까 무서워요."라는 다양한 반응이 있었다. 이를 통해 언론사와 기업 간에 큰 인식 차이가 있다는 걸 알게 됐다.

대기업의 홍보와 스타트업의 홍보는 다르다

스타트업의 언론홍보는 대기업의 언론홍보와 전혀 다르다. 그렇기 때문에 위의 예처럼 기자를 무서워하지 않아도 된다. 우리가 흔히 아는 언론사에 대한 이미지는 대기업과의 관계로 만들어진 이미지다.* 스타트업의 말이나 말실수를 기사화할 이유가 없다.

기업이 언론홍보를 하는 이유는 크게 두 가지다. 성장을 위해서나 리스크를 줄이기 위해서 언론홍보(언론 대응)를 한다. 특히 대기업은 리스크를 줄이는 데 더욱 신경을 쓴다. 그렇기 때문에 언론사와의 관계를 매우 중요시한다. 언론사와의 관계를 쌓기 위해 일일이 경조사도 챙기고 저녁 모임도 자주 함께한다. 이러한 관계 쌓기는 해당 기업이 위기에 처할 때 빛을 발휘한다. 반면 스타트업은 위기 관리보다는 성장을 위해 언론홍보를 한다. 대중에게 기업의 존재를 알리고 기업

---

* 대기업과 언론사와의 관계에 대해서는 황조은,《그 회사의 브랜딩》을 참고하기 바란다.

이 하는 일에 대해 믿음을 주기 위해서 언론홍보를 한다. 대기업이 리스크를 줄이기 위해서 혹은 방어를 하기 위해서 언론홍보를 한다면 스타트업은 성장을 위해서 언론홍보를 한다고 말할 수 있다. 인지도가 낮은 스타트업이 언론홍보를 공격적으로 해야 하는 이유가 여기에 있다. 방어를 해야 하는 대기업을 뚫기 위해 대기업 담당 기자는 대기업의 빈틈(리스크)을 쫓는 반면 스타트업 담당 기자는 기업의 성장에서 장점과 차별점을 찾는다. 리스크는 언론사 입장에서 좋은 소재다. 독자의 관심도 이끌고 사회적으로 이슈를 제기할 수 있기 때문이다. 하지만 스타트업의 리스크는 언론사 입장에서는 큰 관심이 없다. 존재조차 알려지지 않은 기업의 리스크를 보도해봐야 관심 있을 독자도 없고 언론사 입장에서 도움될 것도 전혀 없기 때문이다. 그래서 스타트업과 언론사와의 관계는 돈을 초월한 관계를 만들 수 있는 것이다.

관계 맺기 프로세스 —

관계의 중요성에 대해 알아봤다. 이제 기자와의 관계를 어떻게 만드는지에 대해 알아보자. 미디어 리스트는 주소록일 뿐이다. 미디어 리스트를 살아있는 것으로 만들려면 기자와의 관계 맺기는 필수다.

연락처 알아내기

기자와 미팅을 하기 위해서는 연락을 해야 하는데, 연락하는 방법에는 두 가지가 있다. 콜드메일을 보내 미팅을 요청하거나 전화 또는 문자로 연락하는 방법이다. 기자의 연락처를 알아내는 방법은 두 가지가 있다. 언론사를 통해 알아내거나 지인을 통해서다.

– 언론사에 문의하기

언론사 홈페이지에는 부서 전화번호가 공개되어 있다. 해당 번호로 전화하면 서무 업무 담당자가 전화를 받는다. 가끔 데스크나 당직 기자가 받을 때도 있다. 서무 담당자에게 기자 연락처를 물으면 거의 가르쳐주지 않는다. 기자를 찾는 전화가 많기도 하지만 대부분 기자에게 불만을 표시하거나 항의하거나 또는 제보할 것이 있다면서 긴 신세한탄을 늘어놓기 때문이다. 감사 인사 또는 강의나 원고 요청, 자문 등의 일로 연락했다고 하면 간혹 연락처를 가르쳐주기도 한다. 연락처를 확보하지 못한다고 해도 전혀 소득이 없는 것은 아니다. 미디어 리스트에 있는 기자가 실제 해당 부서에서 근무하는지 확인한 것만 해도 큰 소득이다.

– 지인에게 알아내기

AC, VC나 해당 매체에 근무하는 다른 기자를 통해서 알고 싶은 기자의 연락처를 알아낼 수도 있다. 몇몇 PR 커뮤니티는 기자 연락처를 공유하기도 한다. 상당히 많은 기자의 연락처가 공공재처럼 공유되고 있는 실정이다. 그렇기 때문에 기자에게 연락할 때는 어떻게 연락처를 알게 됐는지 밝혀주는 건 기본 매너다.

미팅 요청하기

연락처를 알아냈다면 미팅을 요청해보자. 만약 연락처를 알아내지 못했다면 먼저 이메일로 콜드메일을 보내도 괜찮다. 전화나 문자로 연락할 때는 가급적 업무 시간을 피하는 게 좋다. 9시부터 10시까지는 업무 보고, 11시부터 2시까지는 점심, 2~4시는 데드라인을 앞두고 기사를 작성하거나 인터뷰 또는 미팅을 한다. 대부분 저녁에는 모임이 있다. 이 시간을 제외하고 연락하면 성공률이 높다. 하지만 대부분의 시간을 인터뷰, 미팅, 기사 작성을 하는 경우가 많기 때문에 전화보다는 이메일이나 문자로 미팅을 요청하는 게 좋다.

〈문자 연락의 예〉

"안녕하세요. OOO의 OOO 홍보 담당자입니다. 불쑥 문자로 연락드려서 죄송합니다. 기사 보다가 한번 만나 뵙고 싶어서 연락드렸습니다. 시간 되시면 만나 뵙고 회사 소개하고 싶습니다."

전화나 문자를 너무 어렵게 생각할 필요는 없다. 인사하고 소속과 이름을 밝힌 다음 문자나 카톡 메시지로 언제 통화하는 게 좋을지 묻고 미팅 요청을 하면 된다.

– 콜드메일 보내기

전화나 문자가 어렵다면 콜드메일도 좋다. 콜드메일은 전화나 문자보다는 조금 더 형식을 갖춰야 한다.

〈콜드메일의 태도〉

콜드메일을 보낼 때는 3가지를 기억해야 한다.

첫째, PR 담당자임을 밝혀라

우선 자신의 담당 업무가 PR이라는 것을 밝힌다. 기자는 PR 담당자가 아닌 다른 업무 담당자와는 지속적인 관계를 형성할 수 없다는 것을 잘 알고 있다. PR 담당자라야 앞으로 관계가 형성되며 여러 가지 도움을 받는다. 대표나 다른 직무 관계자는 기자와 만나는 걸 자기 업무라고 인식하지 않으며, 기사 게재라는 뚜렷한 목적의식을 가지고 만난다. 그래서 PR 담당자라고 밝히는 게 좋은데 만약 다른 직무를 하면서 PR 업무를 맡았다면 대표와 상의해 PR 담당자라는 직함을 새로 받는 게 좋다.

둘째, 과감하게 미팅을 요청해라

과감하게 미팅을 요청하는 게 좋다. '혹시 더 필요한 게 있으면 언제든지 연락해라. 인터뷰를 원하면 편하게 얘기해달라.'라고 하면 기자가 먼저 연락하지 않는다. 처음 듣는 스타트업에게 더 필요한 게 있거나 인터뷰를 할 필요가 있다고 느끼지 않는다. 물론 매체에 따라 그 필요성은 조금씩 다르다. 이성 친구와 만날 때도 똑같다. 이성 친구에게 '네가 나를 원하면 언제든지 만날 수 있어.'라고 말하는 것보다 '내가 너를 원하니 시간만 되면 만나고 싶다.'고 해야 만날 수 있다. 여기서 조금 더 기자의 호감을 이끌고 싶다면 최근에 쓴 기사를 언급하는 것도 방법이다. '스타트업을 위해 좋은 소식을 전해주시는'처럼 막연한 것보다 'O월 O일자 기사 잘 봤습니다.'라고 구체적으로 언급하는 게 좋다.

셋째, 진정성 있게 써라

명절날 단체 문자 보내듯이 보내지 마라. 이런 문자를 받아서 기분 좋을 사람은 아무도 없다. 받는 사람은 자신에게 보낸 문자가 대량발송 문자임을 잘 안다. 한 사람 한 사람에게 진정성 있게 메일을 작성해야 한다. 대량 발송 메일을 쓰듯이 여러 군데 보내고 한 군데만 걸려라 하는 식으로 콜드메일을 보내서는 안 된다.

〈콜드메일의 구성〉

1. 구체적인 소속과 담당 업무 : "미라클랩에서 PR 업무를 담당하는 OOO입니다."처럼 구체적으로 소속과 담당 직무를 밝힘
2. 기자에 대한 정보 언급 : "OOO 기사 잘 봤습니다."처럼 구체적으로 기사 언급
3. 기업 소개 : 한 문장 또는 한 문단으로 간단하게 소개

4. 목적을 밝힘 : 최근 기업의 이슈를 전달하고 싶다. 이슈 관련해서
   도움이나 자문이 필요하다고 밝힘
5. 과감하게 미팅 요구 : 만나서 기업 소개하고 싶다고 과감하게 미
   팅 요구
6. 연락처는 필수 : 무선 연락처

〈좋은 콜드메일의 예시〉

OOO 기자님 안녕하세요

스타트업 OOO PR 담당자 OOO라고 합니다.

이번에 PR 업무를 맡게 되어 인사 차 메일 드리게 되었습니다.

OOO는 시리즈 A 라운드를 마친 스타트업으로 OOO에 OOO를 구독
형태로 제공하는 B2B서비스를 주력으로 하고 있습니다.

내부적으로 OO부터 OO까지 보도자료 집중 배포를 예정하고 있습니다.

신규 서비스 런칭 및 협업 등의 이슈를 다룰 예정인데,

검토 주시고 괜찮으시면 기사로 다루어 주시면 좋을 것 같습니다.

혹시, 괜찮으신 일정 있으시면

대면으로도 한번 인사드리고 싶습니다! 일정 검토 한번 부탁드려요!

그럼 기자님 즐거운 시간 되시고,

OOO의 행보에 많은 관심 부탁드리겠습니다.

감사합니다.

OOO 드림.

위 내용은 실제 홍보 담당자가 필자에게 보낸 콜드메일로, AC와 지인들에게 자문을 구해서 작성했다. OOO이 처음 작성한 미디어 리스트는 200개였고 콜드메일을 보내 회신이 와서 미팅한 기자는 20명이었다. 10%라는 놀라운 회신율이 나올 수 있었던 것은 앞에 작성한 콜드메일 덕분이다.

기자와의 관계 맺기 간단 프로세스

관계 맺기는 상당한 시간과 노력이 필요하다. 앞의 프로세스대로 할 수 없다면 간단한 방법도 있다.

첫 번째 방법은 보도자료를 배포하면서 콜드메일로 미팅을 요청하거나 기사 게재 후 감사 인사를 하면서 미팅을 요청하는 방법이다. 가장 좋은 소재는 바로 투자 유치다. 투자 유치는 많은 언론사에서 관심을 가지고 기사화한다. 다른 소재보다 기자의 관심이 높기 때문에 이를 계기로 커뮤니케이션을 진행할 수 있다. 보도자료 배포와 함께 위에서 소개한 내용을 담아 콜드메일로 미팅을 요청하거나, 기사 게재 후 감사 인사와 함께 콜드메일로 미팅을 요청하면 된다. 앞에서 얘기한 복잡한 프로세스를 거치지 않고도 기자와의 관계 맺기가 가능하다. 몇 달 전에 투자 유치 관련 기사가 게재되었다고 해도 지금이라도 늦지 않았으니 당장 기자에게 감사 인사와 함께 미팅을 요청하는 콜드메일을 보내라. 시간이 많이 지났더라도 감사 인사를 한다고 기분 나빠할 기자도 없고 사실 얼마나 지났는지도 기억하지 못한다. 늦었더라도 안 하는 것보단 낫다. 투자 관련 소재가 아니더라도 기업의 중요한 소식을 담은 보도자료를 발송한다면 그 기회에 콜드메일로 과감한 미팅을 요청해볼 수 있다.

두 번째 방법은 행사를 적극 활용하는 방법이다. 행사장에는 기자가 있다. 다른 사람처럼 행사를 즐기지 못하고 어느 구석에서 열심히 노트북 작업을 하고 있다면 그 사람이 기자다. 행사가 끝날 즈음에 기자에게 다가가 인사하고 미팅을 요청하면 된다. 필자도 스타트업 네트워크 행사장에 자주 간다. 적당히 흥겨운 EDM 음악이 흐르고 스탠드테이블에서 와인과 핑거푸드를 먹으면서 서로 영어 이름을 부르며 회사를 알리는 모습을 지켜보는 것만으로도 재밌다. 기업끼리는 서로 친하게 인사하고 바쁜데 기자에게 인사하는 기업은 많지 않다. 혼자 뻘쭘하게 있다가 괜히 전화 받는 척하면서 도망치듯이 나온 적이 한두 번이 아니다. 이때 먼저 인사를 하며 다가간다면 오랫동안 기억할 것이다.

하지만 아직까지 투자 관련 소식을 기사화해줬다고 감사해하며 미팅을 요청하는 기업이나 행사장에서 인사하는 스타트업을 거의 만나보지 못했다.

관계 맺기와 유지 방법 ──

스탠퍼드대 사회학과 교수 마크 그라노베터Mark Granovetter는, 유대의 강도는 관계에 투자된 시간의 양, 감정의 강도, 친밀감, 호혜성이 한데 어우러진 결과일 가능성이 높다고 말했다. 만남의 횟수가 곧 관계의 깊이로 이어지는 것은 아니지만 관계를 깊게 하거나, 유지하게 만들어 줄 확률이 높다. 능숙한 홍보 담당자는 3개월 또는 6개월 간격으로 만

남을 추진하거나 문자 등으로 지속적인 커뮤니케이션을 유지한다.

감사하기

　보도자료나 인터뷰 기사가 게재되면 반드시 감사의 인사부터 전하라. 보도자료를 게재하고 인터뷰 기사를 작성하는 게 기자의 당연한 일이라고 생각하면 안 된다. 그 일을 반드시 해야 하는 일도 아니고, 이 일을 하지 않았을 때 기자나 언론사가 입는 피해도 없다. 반면 기업은 많은 것을 얻는다. 그래서 우리 기업에 관심을 가지고 다뤄줬다면 그 일에 감사해야 한다. 감사 인사를 듣기 위해 한 것도 아니고 감사 인사를 못 받았다고 불이익을 주는 것도 아니지만 기자의 유일한 보상이 감사 인사 한마디뿐이라는 점을 생각하면 감사 인사 한마디 해주는 것에 인색하지 말아야 한다. 하지만 이 책에서 이렇게 강조할 만큼 감사 인사는 드문 일이다.

　두 번의 성공적인 엑싯을 하고 세 번째 창업한 기업을 인터뷰한 적이 있다. 인터뷰 기사 후 다음과 같은 감사의 메일을 받았다.

　　안녕하세요.

　　저희 기업과 서비스에 대해 상세하게 소개해주셔서 감사드립니다.

　　기사를 읽었을 때 저희 회사가 진행하고 있는 일에 대한 비전과 목표가 명확하게 전달될 수 있음을 느낄 수 있었습니다.

　　정확하고도 깊이 있게 인터뷰를 잘 진행해주셔서 저희 서비스를 이용하고 싶은 독자들이 저희 회사에 대해 잘 알게 되었을 거라 생각합니다. 제품 출시단계에서 어떻게 회사의 서비스를 알려야 할지 고민이 많았던 저희에게 큰 도움이 되었습니다.

열심히 해서 대표 서비스로 성장시켜 보겠습니다.

감사합니다!

OOO 드림

인터뷰 전에는 OO 대표가 어떻게 2번이나 성공적으로 엑싯할 수 있었는지 이유를 몰랐다. 그리고 이제 막 시작한 세 번째 기업의 성공 여부도 확신하지 못했다. 하지만 인터뷰 이후 감사 인사를 듣고서야 두 번이나 성공할 수 있었던 이유를 알게 됐다. 세 번째 창업한 기업도 성공하리라는 확신이 들었다.

대부분의 기업이 착각하는 것 중 하나가 기업이 잘돼서 언론홍보와 투자 유치가 된 것으로 아는 것이다. 기업이 잘해서 언론홍보가 되고 투자 유치가 된 게 아니라 언론홍보가 돼서, 투자 유치가 돼서 기업이 잘된 것임을 기억해야 한다. 투자자는 향후 재무적 성과라도 기대하지만 언론사는 아무것도 기대하지 않고 기업의 이야기를 다뤄준다.

미팅하기

미팅은 기자에게 맞춰주는 게 좋다. 취재 때문에 시간과 장소가 수시로 변동되기 때문이다. 예전에는 저녁을 선호했지만 최근에는 점심이나 티미팅을 더 선호하는 추세다. 첫 미팅에 따로 준비할 건 없다. 프레스킷이 있다면 프레스킷을 준비하는 게 좋고 프레스킷이 없다면 기업에 대한 정보와 업계 정보 정도를 준비하면 충분하다.

대화는 누군가와 함께 공놀이를 하는 것

대화의 기본은 대화 주제에 대한 관심과 이해다. 상대의 관심과 이해도를 살피고 이에 맞게 대화를 이어 나가야 한다. 가끔 대화를 자신의 지식을 과장하고 일방적으로 설명하거나 가르치는 것으로 아는 사람이 있다. 모르는 이야기나 관심 없는 이야기를 장황하게 늘어놓는다면 그건 대화가 아니라 독백이다. 대화가 독백과 다른 점은 바로 공놀이하듯이 주거니 받거니 한다는 점이다.

폴 오스터의《달의 궁전》에 이런 이야기가 나온다.

"나는 어느 샌가 차츰차츰 편안한 느낌으로 그녀와의 대화에 끌려들어가고 있었다. 키티는 사람들의 마음을 끄는 데 타고난 재주가 있어서 그녀와 함께 이야기를 나누며 편안한 기분을 느끼기란 조금도 어려운 일이 아니었다. 빅터 삼촌이 오래전에 얘기했듯이, 대화는 누군가와 함께 공놀이하는 것이나 같다. 쓸 만한 상대방은 공이 글러브 안으로 곧장 들어오도록 던짐으로써 여간해서는 놓치지 않게 하고 그가 받는 쪽일 때에는 자기에게로 던져진 모든 공을, 아무리 서투르게 잘못 던져진 것일지라도, 능숙하게 다 잡아낸다. 키티가 바로 그랬다. 그녀는 계속해서 공이 내 글러브 안으로 곧장 들어오도록 던졌고, 내가 그녀에게 공을 던질 때는 포구 범위를 한참 벗어나는 경우라 하더라도 모든 공을 다 잡아냈다."

대화란 던지면 다시 되돌아와야 한다. 던졌는데 어딘지 모를 블랙홀에 빠져들었다면 그건 대화가 아니라 혼자 떠든 것이다. 만약 내가 공을 받았다면 그게 무슨 공인지 충분히 이해하고 난 뒤에 공을 던진 사람에게 다시 공을 던져줘야 한다. 그게 대화이고 소통이고 관계의 시작이다. 대화는 서로에 대한 관심에 따라 공놀이처럼 주거니 받거니 하면서 오가는 것이다.

필자의 강의에서 기자와의 관계가 중요하다는 이야기를 듣고 기자를 만난 한 홍보 담당자의 소감이다.

"대화를 하면서 기자의 반응을 체크합니다. 보통 기자는 일반인보다 업계에 대한 이해도가 높은 편입니다. 우리 솔루션이 말하고자 하는 이야기를 기자에서 피칭하면 이 이야기가 말이 되는지 아닌지, 객관적인 시선에서 피드백을 주죠. 신규 서비스 출시를 앞두고 있다면 아는 업계 기자에게 먼저 이야기를 하는 것도 좋은 방법이라고 생각합니다."(수강생 L)

기업의 제품이나 서비스 체험하기

기업의 제품이나 서비스를 기자들에게 제공하면서 관계를 유지하는 방법이 있다. 예를 들어 자동차 업계에서는 한때 기자가 신규 차량의 성능에 대한 기사를 쓸 수 있도록 일정 기간(약 1주일에서 10일) 대여해 주는 체험 서비스를 진행하거나 또는 기자 대상의 할인율을 적용해서 차량을 판매하는 제도를 운영했었다. 앱을 운영하는 기업의 경우 몇 달간 무료 사용할 수 있는 서비스를 제공하기도 한다. OOO은 내부 서비스 중 하나인 일반인들의 작가 지원 서비스를 기자들에게 확대하여 기자들이 작가로 등단해 책을 출간할 수 있도록 지원하는 정책을 실행하고 있다. 물론 기자들만의 특화된 서비스가 아닌 일반 공개 서비스이지만 기자들의 등단 참여를 적극적으로 독려하고 이 과정을 케어함으로써 관계 강화로 연결된다. 이렇게 기업의 서비스를 활용하는 방법은 관계도 쌓을 수 있을 뿐만 아니라 서비스에 대한 기자의 이해를 높여 기사의 반영도와 기사의 정확도를 높이는 효과도 얻을 수 있다.

필요할 때만 찾지 마라

홍보 담당자의 가장 큰 고민 중 하나가 연락 타이밍이다. 시도 때도 없이 연락하기도 그렇고 그렇다고 보도자료 배포할 때만 연락하기도 속이 보이는 것 같다. 평상시에 연락하기에도 마땅히 할 말이 없다. 언제 연락해야 한다는 기준은 없지만 필요할 때만 찾는 건 최악이다.

#1

몇 년 전 인터뷰로 알게 된 대표가 있다. 평상시에는 연락이 없다가 보도자료 배포할 때만 문자를 보낸다. 보도자료 배포할 때만 연락하면 마치 내가 '심부름꾼' 같다는 생각을 지울 수가 없다.

#2

A사는 3년 전에 대표 인터뷰를 통해 알게 된 기업이다. 최근 보도자료 배포 관련해서 담당자가 메일 한 통을 보내왔다. 메일 내용은 언제 보도자료를 배포할 테니 그날 보도자료가 게재될 수 있도록 도와달라는 내용이었다. 홍보 담당자가 누구인지도 모르고 보낸 보도자료의 내용도 뉴스 가치가 낮아 작성할 마음이 없었다. 그런데 A사가 보도하기를 희망하는 날 하루 전에 필자에게 '내일 예정대로 보도자료가 게재될 수 있는지'를 물

어왔다. 예정된 보도자료란 이 세상에 없다. 나는 A사에게 나에게 보도자료를 꼭 게재할 의무가 있는 것이냐고 되물었다.

#3

B사의 C와는 친하게 지내는 사이였다. 그러다 C가 대기업으로 이직하면서 더 이상 연락하지 않았다. 그리고 3년 후 C는 스타트업 D로 이직하게 됐다. C는 이직 후 필자에게 언론홍보를 맡게 되었다며 3년 만에 인사를 했다. 필자는 그 분야는 담당 업무가 아니라고 잘라 말했다.

돈독한 관계의 비결은 평상시 틈나는 대로 연락하고 만나는 것이다. 능숙한 홍보 담당자들은 필요한 때를 대비해 미리 한두 달 전에 기자와 미팅을 한다.

관계 강화하기
- 질문하기

데일 카네기는 《인간관계론》에서 다른 사람들이 기분 좋게 대답할 만한 질문을 던지라고 조언한다. 질문을 던지는 개수와 그 사람이 대화 상대에게 얻는 호감도 사이에는 상관관계가 있다. 무작위로 많은 질문을 받게 된 사람들이 몇 개 안 되는 질문밖에 못 받은 사람들에 비해 대화 상대에 대한 호감도가 대략 9퍼센트 더 높게 나타났다는 연구 결과도 있다. 후속 질문은 대화 상대가 방금 전에 얘기한 것과 관련된 질문이다. 후속 질문을 던지면 상대방에게 초점을 맞추며 자기개방을 끌어내게 되어 관계 구축이 한결 수월해진다.*

– 경청하기, 솔직하게 말하기

상대방의 말을 신중하게 듣자. 경청하기는 상대방이 무슨 말을 하는지, 무슨 말을 하고 싶은지 집중해서 듣는 것이다. 사람들은 자기 얘기가 경청되고 있다고 느끼면 상대에 대한 신뢰성과 호감도가 높아지고 더 의욕적이게 된다.** 속마음을 털어놓는 것도 친밀해지는 방법이다. 비즈니스 미팅이지만 직장 생활의 고민 같은 속마음을 털어놓으면 상대가 나에게 경계를 풀었다고 생각해서 더 친밀해진다. 사적인 대화는 친밀감 형성에 도움이 된다.

관계를 활용한 보도자료 배포 프로세스 ──

미디어와 관계를 맺었다면 이제 보도자료 배포에 적극 활용해보자. 언론홍보 담당자 입장에서 보도자료 배포는 3단계로 구분해볼 수 있다.

1단계 : 보도자료를 이메일로 배포하고 "관심 있게 봐주세요." 정도로만 관심을 유도한다.

* 마리사 킹, 《인생을 바꾸는 관계의 힘》 p.263~264
** 마리사 킹, 《인생을 바꾸는 관계의 힘》 P.266

2단계 : 메일 배포 후 보도자료가 게재되지 않았다면 문자로 보도자료 게재를 독려해본다. 문자 연락을 한다는 것은 기자의 연락처를 알고 있다는 얘기다. 기자 대부분이 노트북으로 작업하는 탓에 스마트폰을 일일이 확인하기 힘들다. 그래도 메일만 보내는 것보다는 낫다.

3단계 : 보도자료 배포 전후에 톡으로 연락해본다. 기자들이 가장 선호하는 커뮤니케이션 방법이 PC톡이다. 문서 작업 중이라도 바로 확인이 가능하기 때문이다. 수신 여부도 체크할 수 있다. 그래서 문자에 비해 즉각적인 커뮤니케이션이 가능하며 이는 보도자료 게재에도 도움이 된다. 사실 톡을 주고받을 정도의 사이라는 건 최소한 한 번 이상 만났다는 얘기다. 다시 말해 최소 한 번 이상 미팅을 하게 되면 그만큼 커뮤니케이션하기가 편하다는 얘기고 그렇게 편하게 연락할 수 있다는 것만으로도 보도자료 게재에 도움이 된다.

이메일이든, 문자든, 전화든, 톡이든 한 번만 해야 한다. 보도자료가 게재될 때까지 계속해서 연락하는 경우도 있다. 이럴 경우 오히려 부정적인 효과만 낳는다.

TIP 모든 기자와 친해져야 하나요

모든 매체의 기자를 한 번씩 만나겠다는 각오가 있어야 한다. 하지만 좋은 사람만 만날 수는 없다. 언론홍보에서 가장 중요한 활동 중 하나가 부정 기사를 막는 일인데 이를 위해 관계 맺기는 필수다. 그렇다고 모두에 집중할 수는 없다. 주요 매체 순으로 관계를 만들고, 관계 만들기 어려운 기자에게는 너무 에너지를 뺏기지 않도록 해야 한다.

TIP 기자 만나기가 두려워요

사람을 만나는 것, 특히 기자를 만나는 건 쉬운 일은 아니다. 하지만 기업을 위해서 기자를 만나 우리 회사의 가치를 설명하고 설득하는 건 순전히 PR 담당자의 몫이기 때문에 노력해야 한다. 기업의 일을 성격대로 할 순 없다.

TIP 기자가 만나주지 않아요

최근 들어 대면 커뮤니케이션을 최소화하려는 경향이 있다. 억지로 만나기보다는 시간을 두고 천천히 만나는 게 좋다. 가벼운 티미팅부터 시작해보자.

TIP 거절하기

무리한 요청을 받았을 때 세련되게 거절해야 한다. 그 자리에서 '안돼!'라고 거절하지 말고 기업의 상황을 설명하면서 간접적으로 거절하는 게 좋다.

기자와의 관계 맺기에 따른 이득 ——

기자와 관계가 돈독해지면 많은 것을 얻을 수 있다. 보도자료 게재율을 높일 수 있을 뿐만 아니라 내용을 충분히 반영해줄 가능성이 높다. 또한 업계 소식뿐만 아니라 경쟁 기업의 상황을 누구보다 가장 빨리 알게 된다. 기자는 네트워크가 넓다. 필요한 기업, 필요한 사람을 연결시켜주는 데는 기자를 따를 사람이 없다. 혹시 기자가 모르고 있다고 해도 필요한 기업, 사람을 찾아 연결시켜주는 건 어려운 일이 아니다. 기자는 핵심을 잘 파악하고 상황을 잘 정리하는 능력을 가지고 있다. 기업의 복잡한 이야기나 메시지가 엉켜 있을 때 만나서 이야기하다 보면 기업의 스토리가 정리되기도 한다. 보도자료 소재 발굴부터 메시지를 찾아내는 일에서도 도움이 된다. 위기에 대응할 때는 기자와의 관계가 빛을 발한다. 평소에 친한 관계가 형성되어 있다면 기업 상황을 이해하려고 하고 최소한 와전하거나 확대하지는 않는다.

필자의 강의에서 기자와의 관계 맺기 과제를 수행한 홍보 담당자의 소감이다. 기자와 알고 지내면 생각보다 많은 도움을 받을 수 있다.

"보도자료 보내고 기사화됐을 때, 기자에게 연락을 해야 하는 줄 몰랐어요. 강의에서, 투자 기사를 써준 기자에게 연락해야 한다는 말을 듣고 충격을 받았습니다. 그리고 다음 날부터 투자 기사를 써준 기자에게 뒤늦게 감사하다고 연락드렸습니다. 모두 흔쾌히 받아주셨고 기자 미팅까지 잡았습니다. 기자를 만나니 새로운 세상이 열리는 것 같았습니다. 넓은 세상, 또 다른 세상을 접하는 느낌입니다. 요즘은 일이 너무 재밌고 행복합니다."(수강생 L)

EXERCISE : 기자와 관계 형성하기

√ 우리 기업의 기사를 작성해준 기자에게 연락해보자. 특히 투자 등 중요한 기사를 게재해준 기자와 미팅해보자.

√ 미디어 리스트를 작성하고 콜드메일이나 문자로 미팅을 요청해 보자.

보도자료 배포 방법과
전달 형식

보도자료 배포 방법 ───

소재 발굴이나 보도자료 작성만큼 중요한 것이 배포 방법과 전달하는 형식이다. 보도자료의 배포 방법은 세 가지가 있다. 기자에게 직접 배포, 보도자료 배포 전문 서비스 이용, 홍보 대행사 활용하기다.

기자에게 직접 배포하기

기자에게 보도자료를 배포하기 위해서는 미디어 리스트가 있어야 한다. 미디어 리스트 작성에 대해서는 앞에서 다뤘다. 기자에게 직접 보도자료를 배포하려면 시간과 노력이 많이 들지만, 보도자료에 대한 피드백을 받을 수 있으며 무엇보다 언론홍보에서 가장 중요한 기자와의 관계를 만들 수 있다는 것이 장점이다.

보도자료 배포 전문 서비스 이용하기

미디어 리스트가 준비되어 있지 않거나 보도자료를 배포하는 데 시간과 노력을 아끼고 싶다면 보도자료 배포 전문 서비스를 이용하는 것도 방법이다. 무엇보다 미디어 리스트가 정확하고 메일 발송 형식에 맞춰 배포할 수 있어 좋다. 하지만 보도자료 배포 서비스를 이용하면 직접 배포했을 때 얻을 수 있는 보도자료에 대한 피드백을 받지 못하고 기자와의 관계를 만들 수 없다는 점이 아쉽다.

홍보 대행사 활용하기

미디어 리스트가 있고 기자와의 관계가 이미 구축되어 있는 전문 홍보 대행사를 활용한다면 무엇보다 보도자료 게재율을 높일 수 있어서 좋다. 보도자료 소재 발굴부터 작성까지 언론홍보에 필요한 모든 업무를 대행해주지만 비용 부담이 크다.

세 가지 배포 방법 중 기업의 상황에 맞게 활용하면 된다. 세 가지 방법을 시기별로 활용해볼 수도 있다. 당장 보도자료 소재도 많지 않고 미디어 리스트를 만드는 데 시간이 필요하다면 보도자료 배포 전문 서비스부터 이용해보는 것이 좋다. 향후 미디어 리스트가 준비되고 내부에 홍보 역량이 쌓이면 기업에서 직접 배포하며 언론홍보에 집중해야 하는 시점에는 홍보 대행사를 활용하는 게 좋다. 세 가지 방법을 동시에 활용하면서 뉴스 소재와 홍보 난이도에 따라 가장 잘 맞는 배포 방법을 선택하기도 한다.

TIP 유가로 기사를 배포하는 서비스라는 게 있다는데 이 서비스를
이용해도 되나요?

언론사에 금전 대가를 지불하고 기사를 게재해주는 서비스도 있다. 이 일을 전문으로 하는 대행사를 통해 언론사가 운영하는 특별 페이지에 기사를 올리는 방식이다. 흔히 말하는 유가 기사의 정확한 용어는 기사형 광고다. 광고보다는 기사가 신뢰도가 높다 보니 기업에서는 기사형 광고를 선호한다. 하지만 정확히 얘기해서 이는 광고를 기사로 속인 것에 지나지 않는다. 기업에서 직접 작성하고 기자가 편집하지 않기 때문에 내용이 부실하다. 언론사의 특정 페이지에 게재되면 그다음에는 SNS 등에 마치 기사인 양 홍보를 한 다음 마케팅 효과를 달성한 직후 언론사 페이지에서 기사형 광고를 삭제한다.

기사형 광고를 게재하려면 기사형 광고임을 밝혀야 한다. 하지만 기업 입장에서는 기사형 광고를 하는 이유가 광고를 기사인 것처럼 해서 마케팅을 진행하려는 목적으로 하는 일이라 기사형 광고임을 밝히는 순간 기사형 광고를 진행할 이유가 사라진다. 그렇기 때문에 일부 언론사, 대행사, 기업은 포털의 제재를 받을 위험이 있지만 이를 숨기고 기사형 광고를 진행하고 있다.

지난 2021년 8월 OO뉴스가 금전 대가를 받고 2,000여 건의 기사를 포털에 기사로 전송해왔다는 사실이 밝혀졌다. 편집국이 아닌 사업국에서 사원 명의로 하루 10건 내외의 기사형 광고를 송출했다는 사실이 밝혀지면서 포털 뉴스제휴평가위원회에서 해당 언론사에 벌점을 부과하고 포털 송출을 32일간 금지한 바 있다.* 언론사의 포털 제재도 문제지만 이러한 방식은 기업에게 별로 도움이 안 된다. 무조건 게재되기 때문

에 내용 검증도 되지 않고 게재되지 말아야 할 내용까지도 게재가 되기 때문이다. 언론홍보에서 가장 중요한 기자와의 관계도 만들 수 없다. 언론홍보와 상관없는 일이기 때문에 기업의 언론홍보 역량을 쌓는 데도 전혀 도움이 되지 않는다. 다만 기업이 여러 가지 이유로 이러한 방식의 홍보를 해야 할 때도 있다. 하지만 한계와 단점을 알고 시도하는 게 좋다.

보도자료 배포 매체 선택 ——

'매일경제 vs. 데일리 평택'

쿠팡플레이 드라마 〈유니콘〉에서 스티브는 자신의 미담이 매체에 게재될 거라고 상상한다. 하지만 기사화된 곳은 '데일리 평택'** 한 곳뿐. 스티브가 홍보 담당자 캐롤에게 '도대체 데일리 평택은 뭐야?'라며 하소연하는 장면이 등장한다. 앞서 언드 미디어를 설명할 때 메시지 못지않게 메신저도 중요하다고 했다. 기사 내용도 중요하지만 기사가 게재되는 매체도 중요하다는 말이다. 매일경제에 기사화된 것과 데일리 평택에 기사화된 것은 차이가 있다. 이 차이가 곧 기업의 브랜드다.

그렇다면 어느 매체에 자사 보도자료가 게재되는 것이 좋을까? 스타트업의 보도자료는 인터넷 매체에 많이 게재되는 반면 일반 언론사

---

* 미디어오늘, 〈포털에서 OO뉴스 보도 한 달 동안 사라진다〉
** 〈유니콘〉에 등장하는 가상의 매체다.

엔 잘 게재되지 않는다. 일반 언론사에 게재될 수 있도록 해야 하는데, 이 중에서도 매체력이 있는 언론사, 스타트업 전문 매체를 타깃으로 하는 게 좋다.

매체력이 있는 언론사에 기사가 게재되면 여러 장점이 있다. 그중 하나는 포털 상단에 검색되는 것이다. 포털에서는 비슷한 기사를 묶음 기사로 배치한다. 묶음 기사 상단에 배치되는 매체가 곧 기업의 브랜드가 된다. 포털은 자체 기준에 따라 묶음 기사 상단에 배치되는 매체를 선택하는데 매체의 공신력, 기사 게재의 신속성, 기사의 길이, 기자(바이라인)의 신뢰성 등을 기준으로 하고 있다. 매체력 있는 매체는 다음과 같다.

매체력 있는 매체 구별하는 법

① 포털 제휴 단계가 높은 언론사를 찾아라

언론사는 포털과 3단계 제휴를 맺고 있다. 제휴 단계가 높을수록 브랜드가 좋은 언론사다. 네이버 기준으로 언론사와의 제휴는 1단계 뉴스검색 제휴, 2단계 뉴스스탠드 제휴, 3단계 뉴스콘텐츠 제휴가 있다. 대부분의 언론사가 검색 제휴를 맺고 있는데 간혹 그렇지 못한 언론사가 있으니 유념해야 한다. 기껏 보도자료를 배포했는데 포털에 검색되지 않는다면 그것은 배포하지 않은 것이나 같다. 두 번째는 뉴스스탠드 제휴다. 뉴스스탠드는 각 언론사가 직접 기사를 편집해 올리는 뉴스캐스트를 개선한 서비스다. 각 언론사 홈페이지의 기사 배치 화면이 그대로 뉴스스탠드 서비스 내에 전송되기 때문에 실시간으로 각 언론사의 편집 가치가 그대로 반영된 뉴스를 볼 수 있다. 네이버 홈 메뉴에 뉴스스탠드가 있으며 뉴스스탠드를 제공하는 언론사를 사용자가 선택할 수 있다. 3단계는 뉴스콘텐츠 제휴로 최상위 단계다. 2023년 5월 기준 종합, 방송통신, 경제, 인터넷 등 85개 언론사가 뉴스콘텐츠 제휴를 맺고 있다. 이들 언론사는 네이버에 기사를 제공하고 전재료를 받는다. 각 단계별 제휴는 포털 제평위에서 결정한다. 제평위 심사는 까다롭기로 유명하다. 2016년에서 2020년까지 5년간 3단계인 CP 제휴를 통과한 매체는 네이버 기준으로 7곳뿐이다.

제휴 단계가 높은 언론사는 기업에게 어떤 도움이 될까? 검색과 뉴스스탠드 제휴는 아웃링크 방식이다. 아웃링크는 기사를 클릭하면 해당 언론사 홈페이지로 연결된다. 3단계 뉴스콘텐츠 제휴는 인링크다. 인링크는 포털 뉴스 서비스 페이지를 통해 직접 기사를 제공한다. 네이버 입장에서는 트래픽에 도움이 되기 때문에 뉴스콘텐츠 제휴 언론사를 포털 상단에 노출한다. 그렇기 때문에 뉴스콘텐츠 제휴 언론사에 보도자료가 게재되면 그만큼 검색에 유리하다는 이점이 있다. 제휴 방식은 매년 바뀌기 때문에 늘 확인해야 한다.

● 포털 제휴 단계

1단계	뉴스검색 제휴	대부분의 언론사가 검색 제휴
2단계	뉴스스탠드 제휴	각 언론사가 직접 기사를 편집해 올리던 뉴스캐스트를 개선한 형태의 서비스. 각 언론사 홈페이지의 기사 배치 화면이 그대로 뉴스스탠드 서비스 내에 실시간으로 전송되기 때문에 실시간으로 각 언론사의 편집 가치가 그대로 반영된 뉴스를 볼 수 있다.
3단계	뉴스콘텐츠(CP) 제휴	최상위 단계로 85개 언론사(종합, 방송/통신, 경제, 인터넷)가 있으며, 포털로부터 전재료, 광고비를 받는다.

② **열독률로 알아보라**

신문 열독률 순위 자료도 참고할 만하다. 열독률은 구독 여부와 관계없이 최근 일정 기간 동안 신문을 읽은 사람을 대상으로 어느 신문을 가장 많이 읽었는지를 조사한 수치다. '2021 신문잡지 이용 조사'에 의하면 조선일보, 중앙일보, 동아일보, 매일경제 순으로 열독률이 높았다. 열독률은 정부에서 광고를 집행할 때 참고 자료로 쓰인다. 302개 신문을 5개 그룹으로 묶어 같은 구간에 대해서는 매체의 영향력 항목 점수를 동일하게 부여하고 있다. 조선, 중앙, 동아, 매경, 농민, 한겨레 등이 열독률 상위 6개 매체로 1구간에 있다. 2022년부터는 열독률 자료를 비공개로 전환했다.

스타트업을 다루는 매체

스타트업이라면 보다 관심을 가져야 하는 매체가 있다. 특히 매일경제, 한국경제, 머니투데이는 스타트업 전문팀을 두고 있는 곳으로 스타트업을 집중적으로 다루고 있는 매체다. 벤처스퀘어, 플래텀, 와우테일은 스타트업을 전문적으로 다루는 버티컬 미디어로 스타트업 생태계, 특히 VC와 연계되어 있어 구독자가 많다. 스타트업 전문팀은 없지만 IT 부서나 성장산업부 등에 스타트업을 전문적으로 담당하는 기자를 둔 매체도 많다. 각 산업별 전문 매체*도 눈여겨봐야 한다. 전문

---

* 건설경제, 교통신문, 농수축산신문, 데일리코스메틱, 로이슈, 메디컬투데이, 물류신문, 법률신문, 보건뉴스, 세무사신문, 식약신문, 식약일보, 식품외식경제, 아트저널, 안전신문, 에너지신문, 어패럴뉴스, 여행신문, 위클리자동차신문, 의학신문, 자동차신문, 전기신문, 중고차신문, 패션저널, 푸드투데이한국마케팅신문, 한국섬유신문, 환경일보 등이 있다.

지면 기사	스타트업 전문 부서 이외의 편집국 부서	경제부(조선일보), 산업(중앙일보), 디지털테크부, 중소벤처부 (매일경제), 성장기업부(서울경제), 미래산업부(전자신문)
온라인 기사	스타트업 전문 부서 이외의 편집국 부서	경제부(조선일보), 산업(중앙일보), 스타트업부(한국경제), 디 지털테크부, 중소벤처부(매일경제), 성장기업부(서울경제), 미 래산업부(머니투데이), 미래산업부(전자신문)
	지면 발행 신문사 편집국 주도의 스타트업 전문 버 티컬 미디어	미라클어헤드(매일경제) 유니콘팩토리(머니투데이) 긱스(한국경제)
	스타트업 전문 미디어	벤처스퀘어, 플래텀, 와우테일
	뉴스레터	쫌아는기자들(조선일보)
	전문 매체	디지털타임즈, 바이라인네트워크, 티타임즈, 아웃스탠딩 산업별 전문지

매체는 해당 산업을 성장시키기 위해 뉴스콘텐츠뿐만 아니라 세미나
와 교육도 병행하는 경우가 많다.

보도자료 배포 형식 ——

  비슷비슷한 보도자료 중에서 우리 기업의 보도자료가 픽업될 수 있
도록 최대한 유도해야 한다. 메일 제목과 레터의 내용을 잘 작성하는
것만으로도 주목을 끌 수 있다.
  누가, 어떤 기업이 보낸 메일인지 한눈에 보여야 한다. 메일 바디의
첫 문구가 자동으로 제목으로 쓰이는 경우도 있는데 '안녕하세요.'나

'저는 누구입니다.' 같은 말이 제목에 포함되면 안 된다. 보낸 사람을 팀 이름이나 메일 주소로 하는 것보다 기업명이나 담당자 이름 또는 기업명+담당자 이름으로 해야 기자가 주목해서 본다.

예시)

[보도자료] 미라클랩, OOO 투자 유치

[미라클랩] 보도자료 송부 – OOO 투자 유치

[미라클랩 보도자료] 미라클랩, OOO 투자 유치

제목 맨 앞에 '[보도자료]'로 표시하는 게 좋다. 그리고 보도자료의 내용을 한 번에 확인할 수 있도록 보도자료의 제목을 그대로 사용하는 게 좋다. 제목은 15자 내외가 되어야 한다. 특히 모바일로 이메일을 수신하는 경우가 많아서 메일 제목이 길면 좋지 않다. 메일 검색을 위해서도 기억에 남을 만한 짧은 제목이 좋다.

메일 내용 작성

메일 내용은 인사말, 보도자료 요약, 기업 정보, 보낸 사람 정보와 함께 관련 파일을 첨부하면 된다.

① 인사말

처음 시작하는 인사말은 짧을수록 좋다. '안녕하세요.' 정도면 충분하다. 날씨 얘기를 구구절절 늘어놓지 말자.

② 보도자료 내용

보도자료의 핵심 내용만 담으면 된다. 보도자료의 핵심 내용은 보도자료의 '리드문'에 있으니 리드문을 그대로 사용하면 된다.

③ 기업 소개

간단한 기업 소개가 필요하다. 업종과 주요 서비스 정도만 소개해도 충분하다. 뉴스럴은 기업의 투자 단계 정보도 제공하고 있다.

④ 담당자 이름과 연락처

담당자 이름과 담당자 연락처는 필수다. 그래야 신속하게 커뮤니케이션을 할 수 있다. 팀명이나 팀 연락처를 전달하는 것은 좋지 못하다.

⑤ 담당자 정보

보낸 사람의 정보는 기본이다. 첫 인사말 다음에 넣어도 괜찮다. 팀과 직책, 직무에 대해 소개하면 된다.

⑥ 첨부파일

보도자료 내용이 담긴 문서 파일과 관련 사진 자료는 첨부하는 것이 좋다. 문서 파일은 기자의 작업 환경을 모르기 때문에 아래아한글이나 MS워드 두 가지 문서 양식을 같이 보내는 것이 좋다. 메일 바디에 문서 내용과 사진을 올리는 경우도 있지만 첨부파일로도 제공하는 것이 좋다. 사진은 보도자료 관련한 사진이면 된다.

⑦ 인사말

마지막으로 인사말로 마무리하고 가급적 미팅을 요청하는 게 좋다.

여기서 하지 말아야 할 것이 있다. 다짜고짜 보도자료만 덩그러니 보내는 것은 너무 성의 없어 보인다. 되도록 클라우드나 SaaS 등에 접속을 유도하는 복잡한 과정을 거치게 하지 않아야 한다. 압축 파일로 다량의 문서와 사진을 한꺼번에 주는 경우도 있는데, 압축을 풀고 사진을 일일이 확인할 시간이 없다. 스타트업도 바쁘지만 기자도 바쁜 직장인이다.

나쁜 메일의 예

실제 필자가 받은 레터의 예다.

① 제목 – [픽업 요청]

보도자료 게재를 요청한다는 의미지만 보는 사람에 따라서는 기분이 나쁠 수 있다. 기자는 픽업맨이 아니다.

② 빠른 배포 부탁합니다

이 역시 은근히 기분 나쁜 말이다. 기자는 퀵서비스 요원이 아니다.

③ OO 런칭과 관련한 보도자료가 배포되기를 희망하여 연락드립니다. 업무 중에 바쁘시겠지만 오늘 오전 11시까지 빠른 배포 부탁드립니다.

시간을 지정한 사례다. 이 글을 보고 기분 좋을 기자는 아마 아무도 없을 것이다.

④ 안녕하세요, 기자님. 당사 보도자료를 전달드립니다. 감사합니다.

덩그러니 짧게 할 말만 한 사례다. 다른 건 묻지도 관심도 갖지 말아

달라는 의미로 들린다.

배포 시간

배포 시간도 보도자료 게재에 영향을 미친다. 적절한 사람에게 보도자료를 배포하는 것만큼 적절한 타이밍에 보도자료를 배포하는 것도 중요하다.

① 오전 9시 전후

기자들의 오전 업무가 본격적으로 시작되기 전에 살펴볼 수 있도록 오전 9시 전후에 배포하는 게 좋다. 정보 보고(일지)도 하고 온라인 기사로도 활용할 수 있기 때문이다. 점심 이후부터는 미팅과 인터뷰, 행사가 많아 보도자료를 게재할 여유가 없다. 다만 게임과 같은 몇몇 산업의 경우에는 산업의 특성상 오전보다 오후 발송이 더 좋다.

② 즉시 배포

타이밍도 중요하다. 선정에 관한 보도자료의 경우 많은 기업과 경쟁해야 한다. '아기유니콘 200' 육성 사업은 글로벌 경쟁력을 갖춘 예비유니콘 기업(기업 가치 1천억 이상)을 매해 선정해서 지원하는 중소벤처기업부의 사업이다. 2023년 51개사가 선정됐다. 포브스는 매년 아시아태평양 지역 22개 국가를 대상으로 금융 및 벤처캐피탈, 소비자 기술, 기업 기술, 엔터테인먼트 등 10개 분야에서 주목받은 30세 이하 리더를 발표하고 있다. 2023년에는 18명의 스타트업 리더가 선정됐다. CES 2023 혁신상(CES 2023 Innovation Awards)에는 111개 사가 선정됐다. 이러한 프로그램에 선정됐다면 좋은 홍보 소재이다. 문제는 타이밍이다. 한꺼번에 많은 스타트업이 보도자료를 내기 때문에 경쟁률이 높다. 가장 빨리 배포된 보도자료가 게재될 확률이 그만큼 높다. 두 번째, 세 번째 기업부터는 고민하게 되고 네 번째, 다섯 번째부터는 게재하지 않는다. 내용이 동일하기 때문이다.

배포 후에 해야 할 일들 ——

매체별, 기자별 분석
보도자료를 배포하고 나서는 기사화가 얼마나 됐는지 분석해야 한다. 분석 방법에 대해서는 '보도자료의 게재 요소와 게재율 높이기'에서 설명했다.

기사 분석 및 활용
보도자료 원문과 수정된 기사를 비교하는 일은 다음 보도자료 작성에 큰 도움이 된다. 각 언론사별로 수정된 내용을 검토하면 글쓰기에 많은 도움을 받을 수 있다. 또한 온드 미디어와 페이드 미디어를 통해 이해관계자를 포함한 많은 사람들에게 기사를 공유하는 게 좋다.

미디어에서 연락이 온다면
기사가 게재된 후에 미디어(?)에서 연락이 많이 올 것이다. 주로 방송 출연과 상을 주겠다는 내용이다. 이런 연락이 온다면 무조건 거절해야 한다. 많은 돈을 요구할 뿐만 아니라 효과가 있는지도 의문이다. 거절하는 방법은 '돈 없어요.'라는 말 한마디 하면 된다. 그래도 또다시 요구한다면 조금 더 간절하고 애절한(?) 목소리로 '돈 없어요.'라고 하면 된다.

프레스킷
만들기

프레스킷이란 무엇인가? 왜 필요한가? ——

프레스킷Press-Kit이란, 미디어에 배포할 목적으로 만든 간단한 회사 설명서다. 홍보 담당자가 기자에게 기업을 설명하기 위해 만든 자료로 일부 투자자와 기관에게만 공개되는 IR 자료나 기업, 제품과 서비스에 대해 소개한 기업 소개서, 제품과 서비스 사용 소개서와는 다르다. IR 자료가 투자 가치 위주로 작성한다면 프레스킷은 기업 스토리, 브랜드 전반에 대한 내용을 포함한다.

프레스킷은 기자에게 우리 기업을 이해하고 관심 갖게 하는 자료

IR 자료나 기업 소개서, 제품과 서비스 사용 소개서가 있는데 프레스킷을 따로 만들어야 하는지 의문을 가질지도 모르겠다. 프레스킷은 기자에게 배포하는 걸 목적으로 작성한 회사 소개서다. 홍보 담당자는 기자에게 기업을 알기 쉽게 설명하고 기업에 대한 관심을 유도해야 하는데, 그에 해당하는 자료가 프레스킷이다. 전문 홍보팀이 없는 기업의 경우 프레스킷이 없는 경우가 많다. 필수적인 것은 아니지만 프레스킷 하나로 기자의 관심을 끌고 이를 통해 커뮤니케이션을 이끌어 낼 수 있다.

프레스킷은 기업의 비전과 사업모델BM, 창업자 등을 깊이 있고 일관성 있게 한 편의 글로 설명하는 자료다. 미디어에게 기업과 제품, 서비스를 정확하게 이해시키는 역할을 하며, 그럴 때 대중들에게 더욱 쉽고 정확하게 기업을 소개할 수 있다. 특히 대중 인지도가 낮거나, 사업모델BM이 복잡한 기업일수록 프레스킷이 필요하다.

프레스킷은 보통 두 가지 경우에 배포한다. 기자 미팅과 인터뷰할 때다. 첫 기자 미팅 때 프레스킷이 준비되어 있다면 기업을 설명하는 데 큰 도움이 된다. 기자는 프레스킷을 보면서 기업에 대한 궁금증을 질문하고 자연스럽게 기업을 설명하는 대화가 이루어지게 된다. 인터뷰 때도 필요하다. 인터뷰에서 놓친 이야기, 업계에서만 쓰는 용어, 정확한 통계 수치 등을 확인하는 용도로 쓰인다. 그렇기 때문에 프레스킷은 인터뷰를 통해서 기사화될 수 있는 자료임을 고려해야 한다.

특별히 문서 형식이 정해져 있는 것은 아니지만 프레스킷은 워드 문서로 작성하는 게 좋다. 기자에게 가장 편한 문서 형식이 워드 형식의 문서이기 때문이다. 간혹 PPT를 활용하기도 하지만 인터뷰 기사에 활용하기 위해서는 워드 형식의 문서가 가장 편하다. 노션이나 온라인 프레스킷이 있다면 편리하게 URL로 전달하는 방법도 좋다.

프레스킷 작성 방법 ──

내용에 들어갈 요소 체크하기

프레스킷 작성 원칙이 따로 있지는 않다. 홍보 담당자가 기자에게 기업을 어떻게 설명할 것인지에 따라 작성 내용이 다르다. IR 자료처럼 민감한 정보는 넣을 필요가 없고 제품과 서비스 소개서처럼 상세하게 작성할 필요도 없다.

어떤 내용이 포함되는지 그동안 필자가 받은 수백여 개의 프레스킷을 분석해봤다. 공통된 양식이나 형식은 찾을 수 없었다. 분량도 짧게는 3페이지, 많게는 15페이지에 이른다. 정해진 양식은 없지만 대체로 다음과 같은 내용이 포함된다.

① 목차 : 짧은 글이지만 목차가 있으면 빠르게 내용을 색인해 볼 수 있다

② 기업 개요 : 설립연도, 소재지, 사업 분야, 주요 연혁

③ 새로운 사업일 경우 : 개념 정의, 종류, 법제도 현황

④ 사업 프로세스, 비즈니스 모델 : 그림으로 설명

⑤ 제품과 서비스 소개, 제품과 서비스의 장점

⑥ 대표 약력 및 경영진 소개(학력, 경력)

⑦ 투자 현황 : 단계, 투자사 소개

⑧ 시장 전반, 시장 이슈

⑨ 성과, 실적, 목표

⑩ 기업 문화

그중에서도 4가지 사항은 반드시 필요하다. 왜 기업을 창업하게 됐고, 무엇을 하기 위해서 창업했는가? 기업이 만드는 프로덕트는 무엇인가? 누가 기업을 이끌고 있는가? 기업의 과거와 현재, 미래의 모습은 어떠한가?에 대한 답을 작성하면 된다.

① 비전 : 매력 있는 기업으로 보이기 위해서는 비전이 중요하다. 기업의 창업 스토리는 기사에서 재밌게 다뤄지는 부분이다.
② 제품과 서비스 : 기업이 어떤 프로덕트를 생산해 고객에게 어떤 효용가치를 주는지는 기업의 존재 이유이기도 하다. 기업의 주요 제품과 서비스 소개(단계 : MVP, 베타, PMF), 장점과 차별점을 소개한다. 초기 기업이라면 향후 계획도 좋다.
③ 팀 : 대표 및 창업 멤버에 대한 약력을 중심으로 구성한다.
④ 마일스톤 : 기업의 과거와 현재, 미래를 한눈에 볼 수 있는 자료다. 투자 유치 내역, 계획, 중요지표 달성 목표, 서비스 또는 프로덕트의 베타 및 정식 출시 일정 등이 포함된다.

작성 방법

실제로 사용하는 프레스킷 샘플 몇 개를 예시로 보여주고 싶지만, 기업 비밀Confidential이기 때문에 이 책에서 소개할 수는 없다. 위에서 소개한 프레스킷에 포함할 내용을 바탕으로 자사의 IR 피치덱, 회사 소개서, 제품 소개서를 참고해 작성하고 부족한 내용은 추가해서 넣으면 된다.

IR 자료는 회사 개요(기업에 대한 일반 현황, 기업 비전, 사업 분야), 시장에서의 문제점과 이를 해결할 솔루션, 위 문제를 해결할 제품과 서비스, 경쟁사 분석(경쟁 기업에 대한 소개와 장단점 분석) 및 시장 분석(시장 규모, 전망치), 시장 진입 전략, 마케팅 전략 등 수행 전략(마케팅과 홍보), 팀구성(대표자, 팀원 정보-학력 경력), 비즈니스모델, 재무계획(예상 매출액, 투자금 이용 계획, 회수 계획), 마일스톤이 포함되어 있다.

회사 소개서는 회사에 대한 정보(조직 구조, 재무 현황, 사업 현황 등)를 제공하는 문서다. 투자 가치, 자산 현황, 시장성과 같은 재무적 지표에 집중한 IR 피치덱과 달리 회사 소개서는 성과 보고와 향후 비전을 제시하는 데 중점을 두고 회사 개요, 회사 연혁, 비전, 조직 구성, 현재 진행하고 있는 사업, 제품과 서비스, 회사의 경쟁력, 사업 분석 등을 포함한다.

제품과 서비스 소개서는 제품과 서비스의 특징을 소개하고 설명하기 위한 목적으로 작성된 문서다. 제품명, 모델명과 공급 금액과 제조원 정보가 정확히 기재되어 있고 제품의 특징이나 기능도 상세하게 포함되어 있다. 제품을 주로 이용할 대상 고객에 대한 정의, 고객의 연령, 성별, 관심사, 니즈 등을 고려하여 제품의 가치를 강조한다. 제품의 특장점, 효용, 브랜드에 대한 미션과 가치, 비전이 포함된다.

EXERCISE : 실전 프레스킷 작성하기

√ 본문에 제시한 요소들을 중심으로 우리 기업의 프레스킷 초안을 만들어보자.

3장
—

보도자료
직접 써보기

엠마는 지난번 일을 떠올렸다. 스티브 지시대로 이것저것 넣는 바람에 보도자료가 누더기가 된 게 아쉬웠다. 자신도 이해가 되지 않을 정도였으니 기사화되지 않은 것도 당연했다. 엠마는 이번만큼은 제대로 작성하고 싶었다. S사에서 오랫동안 홍보 업무를 진행한 친구 올리비아에게 자문을 구했다.

엠마 : 올리비아 나 좀 도와줘. 이번에 우리 브랜드 '스티브네 야채가게'가 처음으로 매출 1억 원을 달성했거든. 이걸 보도자료로 작성하려고.

올리비아 : 오! 축하해. 좋은 소식이네. 우선 매출 1억 원 달성이라는 팩트를 상세하게 기술하고, 그것이 의미하는 바가 무엇인지 찾아서 넣으면 돼. 업계 최초라든가, 아니면 '스티브네 야채가게'가 몇 년 만에 처음으로 달성한 성과라든가 말이야. 그래야 주주들이 좋아하고 또 투자자들이 관심 있게 보거든. 그리고 앞으로의 계획을 꼭 넣어야 해. 글로벌 진출 계획 같은 거라든가, 아니면 신사업 진출 같은 것도 좋고.

엠마 : 그것만 넣으면 될까?

올리비아 : 아니지. 결국 홍보라는 건 너네 기업이나 프로덕트를 알리는 거잖아. 기업이나 프로덕트에 대한 설명을 넣고, 또 중요한 건 1억 원 달성이 가능했던 요인을 찾아서 넣어야 해. 그래야 너희 기업만의 장점을 제대로 전달할 수 있거든.

엠마 : 아, 어렵다.

올리비아 : 어렵지 않아. 우리 회사가 얼마 전에 매출 10억 원 달성해서 보도자료를 작성했었거든. 기사화가 많이 됐어. 그거 보고 따라서 작성하면 돼.

엠마 : 아! 그렇구나. 자료 보내주면 참고해서 작성해볼게. 고마워, 올리비아.

엠마는 올리비아가 보내준 자료를 보고 보도자료를 작성하기 시작했다. 그런대로 괜찮게 작성할 수 있었다. 막상 이렇게 작성하고 보니 '스티브네 야채가게'가 꽤 좋은 회사인 것처럼 보였다. 엠마는 제목을 잘 작성하고 싶었다. 전에 작성한 보도자료가 게재되지 못한 아쉬움도 있었지만, 이번 매출 1억 달성은 매우 중요한 이슈였기 때문이다. 여러 개의 제목을 만들었고 그중 2개의 제목을 최종 후보로 정했다.

'스티브네 야채가게'가 몰고 올 혁신의 바람
업계 최초 매출 1억 원 달성한 '스티브네 야채가게' 업계에서 주목!

엠마는 고민 끝에 두 개의 제목을 섞어서 '혁신의 아이콘 스티브네 야채가게, 업계 주목 이끌다'로 정하고 보도자료를 배포하기 시작했다. 하지만 이번에도 기사화해준 곳은 한 군데도 없었다. 엠마는 올리비아에게 연락했다.

엠마 : 올리비아, 네가 준 자료 보고 잘 작성했는데 기사화가 하나도 안됐어. 뭐가 문제인 걸까? 한번 봐줄래?

올리비아 : 엠마. 설마 이렇게 작성한 거야?

도와줘!
올리비아!

누구신지? (퇴근 시간에 뭔 소리?)

보도자료 작성 좀 도와줘~!

일단 매출 1억 달성 상세히 기술
그리고 뭘 의미하는지 적고…
스티브 짱!   적고…주주들은 좋겠다
적고…   그러니까 투자해!!
앞으로 더   잘할거야! 블라블라…
　나불…   나불…외국도 나갈거야!
　등등   주저리주저리…
　그리고   그러니까…

(이런…ㅆ)

잠들지 마!
어렵지 않아!
숨 쉬어!

아! 그렇구만~ 고마워~
자료 좀 보내줘~

짜닥
짜닥

잠깐~! 이봐!!
아직 멀었다구!

──── 며칠 후 ────

무엇이 문제인가…? 씨

또?
하지마!!
무서워!!

다시 설명해주지!!

보도자료의 구성과
구성요소

이제 보도자료를 작성해보자. 문서 프로그램 창에 깜박거리는 커서만 보면 한숨부터 내쉬면서 무슨 말부터 써야 할지 막막하다면 이번 장을 유심히 봐야 한다. 글쓰기가 막막하고 잘 안 되는 가장 큰 이유는 지금 쓰려고 하는 글에 필요한 구성과 구성요소를 잘 모르기 때문이다. 모든 글은 일정한 구성과 구성요소가 필요하다. 이것만 알아도 누구나 쉽게 글을 작성할 수 있다.

보도자료의 특성을 이해하고 보도자료의 구성에 맞게 작성해야 한다. 한때 문학소년 또는 문학소녀였다고 해도 이것을 모르면 보도자료 작성에 어려움을 겪을 수밖에 없다. 물론 평소에 글을 잘 쓴다면 보도자료도 잘 쓸 수 있다. 하지만 일반적인 글을 쓸 때 필요한 능력과 보도자료를 작성할 때 필요한 능력은 다르다. 보도자료만의 특징과 구성을 이해해야 보도자료를 제대로 작성할 수 있다.

보도자료 글쓰기의 특징 —

소재와 주제

모든 글에는 소재와 주제가 있다. 주제란 글의 중심적인 생각, 의미, 함의를 말한다. 즉 하고 싶은 말이나 메시지를 말한다. 소재란 주제를 끌어낸 계기를 말한다. 사람, 사물, 상황, 현상 같은 게 소재다. 하나의 주제가 정해졌더라도 수백 가지의 다른 소재로 글을 작성할 수 있으며, 하나의 소재로도 수백 가지 다른 주제의 글을 작성할 수 있다. 주제에 맞는 소재를 찾는 것도 어렵고 소재에 맞게 주제를 드러나게 쓰는 것도 어렵다. 일반적인 글쓰기는 무엇을 쓸 것인가가 중요하다. 주제와 소재 모두 중요한 반면, 보도자료는 이미 소재가 정해져 있다. 소재를 통해 기업이 하고 싶은 말만 담으면 된다. 그래서 보도자료 글쓰기는 어떻게 쓸 것인가가 중요하다. 두 장르의 글쓰기 중 어떤 글쓰기가 더 어렵고 힘들다고 단정하기 어렵다. 가야 할 방향과 정답이 없는 곳으로 가는 것 못지않게, 이미 가야 할 방향, 정답이 정해져 있는 곳으로 가는 것도 어렵고 힘들기는 마찬가지다.

타깃 독자가 명확하다

글쓰기에서 가장 중요한 건 타깃 독자다. 독자 없는 글은 존재 이유를 상실한 것이다. 일기를 제외하고 독자를 설정할 수 없는 글이라면 처음부터 작성하면 안 된다. 일반적인 글쓰기의 독자는 어느 정도 명확하다. 페르소나Persona(어떤 제품 혹은 서비스를 사용할 만한 목표 인구 집단 안에 있는 다양한 사용자 유형들을 대표하는 가상의 인물)를 정하고 글을 쓰라고 말한다. 하지만 누구라고 특정할 수는 없다. 반면 보도자료의 독자는 명확하다.

언론홍보는 불특정 다수인 대중을 타깃으로 하지만, 또한 중요한 타깃인 기업의 이해관계자를 독자로 하고 있다. B2G를 비즈니스로 한다면 기업, B2B라면 다른 기업, B2C라면 소비자가 타깃이다. 투자자와 주주뿐만 아니라 직원과 잠재 직원도 타깃 독자다. 언론홍보의 가장 중요한 타깃 독자는 바로 관습이다.

정보, 이득, 흥미

글은 반드시 독자에게 효용을 줘야 한다. 우리가 대하소설이나 짧은 기사를 읽는 이유는 우리에게 어떤 효용을 주기 때문이다. 일반적인 글은 독자에게 재미와 감동, 그리고 교훈을 주기 위해 쓴다.* 보도자료가 독자에게 주는 효용은 정보와 이득, 흥미다. 지금 작성하는 보도자료가 독자에게 어떤 정보를 전달해주는지, 어떤 경제적인 이득이 되는지, 또는 흥밋거리가 되는지를 고민해야 한다.

감성은 배제하고 이성만으로 작성

글은 작가의 이성과 감성 모두를 담아서 쓴다. 소설과 에세이는 작가의 이성적 활동과 감성적 활동의 조화 속에서 세상에 태어난다. 논

---

* 《1984》, 《동물농장》의 작가 조지 오웰은 조금 다른 이유에서 글을 쓴다고 말했다. 조지 오웰은 《나는 왜 쓰는가》에서 글을 쓰는 이유를 똑똑해 보이고 싶은 이기심, 미학적 열정, 진실을 기록하기 위한 역사적 충동, 세상을 특정 방향으로 이끌려고 하는 정치적 목적 때문이라고 말했다. 조지 오웰의 말에 빗댄다면 보도자료를 작성하는 이유 중 하나는 기업의 자랑일 것이다. 하지만 보도자료에 자기 기업 자랑만 잔뜩 늘어놓는 것은 좋지 않다.

문은 작가의 이성적 활동의 결과물이다. 시는 감성적 활동에 가깝다. 반면 보도자료는 완전히 이성적인 활동이다. 개인의 느낌이나 감정을 배제해야 한다. 그렇기 때문에 형용사나 부사가 끼어들 자리가 없다. 수사修辭도 자제해야 한다. 그래서 보도자료 쓰기는 쉽기도 하지만 좋은 걸 좋다고 표현하지 못해 오히려 어렵다.

간결체, 문어체

일반적인 글쓰기는 스타일에 제한이 없다. 간결체든 만연체든 작가에 따라 얼마든지 다른 스타일을 구사할 수 있다. 하지만 보도자료는 단문 위주의 간결체로만 써야 한다. 간결체는 지면이라는 한정된 공간에 최대한 많은 정보를 담으면서도 가장 이해하기 쉬운 스타일이다. 일반적인 글쓰기는 딱딱한 문어체로 설명해도 되고 마치 상대방에게 말을 걸 듯 상세하게 묘사하는 게 가능하지만 보도자료는 할 말만 하고 바로 돌아서겠다는 각오로 써야 한다.

3인칭 관찰자 시점으로

1인칭 시점, 3인칭 관찰자 시점, 전지적 작가 시점 등 다양한 시점이 있다. 일반적 글쓰기는 이러한 시점 가운데 자신의 이야기를 가장 잘 전달할 수 있는 시점을 선택해서 쓴다. 보도자료는 우리 기업의 이야기지만 1인칭 시점이 아닌 3인칭 관찰자 시점처럼 작성해야 한다. 모든 것을 알고 있지만 마치 아무것도 모르는 것처럼, 그리고 기업이 활동하는 모습을 밖에서 지켜보는 것처럼 작성해야 한다. 이렇게 써야 하는 이유가 있다. 1인칭 주인공 시점으로 글을 쓰다가는 자신의 이야기에 빠져들면서 이야기가 장황해지고 길을 잃기 때문이다. 3인칭 관찰자 시점은 객관성을 유지하면서 팩트를 정확하게 전달하는 데 유리하다. 물론 알고 있는 걸 모른 척하면서 뒤로 물러나 자신을 객관화하면서 글을 쓴다는 건 어려운 일이다. 자기 객관화는 사업에서도 필요한데 글에서도 마찬가지다.

글쓴이가 아닌 기업이 보여야 한다

일반적인 글은 작가의 능력이 중요하다. 작가에 따라 작품의 질이 결정되고 작가의 개성이 글에 드러난다. 반면 보도자료는 어느 누가 작성해도 똑같아 보일 정도로 글쓴이가 드러나서는 안 된다. 하지만 대부분의 보도자료에서는 작성자가 보인다. 대표의 글은 장황하고 자랑으로 가득하며, 콘텐츠 마케터의 글은 길고 반복되는 문장이 많으며, 퍼포먼스 마케터의 글은 키워드에 억지로 끼워 맞춘 듯한 문장이 많다. 소재가 명확하고 기업이 전달해야 하는 메시지도 명확한 보도자료에서는 이렇게 작성자의 개성이 드러나서는 안 된다. 기업이 보여야지 글쓴이가 보여서는 안 된다는 얘기다.

좋은 보도자료의 기준

보통 좋은 글이라고 하면 소재가 좋다거나 주제가 좋다고 말한다. 소위 말해 글발이 좋은 글도 좋다는 평가를 받는다. 구성이 독특한 글도 좋은 글이다. 좋은 보도자료는 있는 사실을 이해하기 쉽게 쓴 글이다.

● 보도자료 글쓰기의 특징

	보도자료 글쓰기	일반적인 글쓰기
소재와 주제	소재가 주어져 있음 소재를 통해 기업이 하고 싶은 이야기를 끄집어내야 함 어떻게 쓸 것인가의 문제	소재, 주제를 찾아야 함 소재에서 주제 도출, 주제에 따른 소재를 찾아야 함 무엇을 쓸 것인가의 문제
타깃 독자	명확	어느 정도 명확
효용	정보, 이득, 흥미	재미, 감동, 교훈
이성과 감성	팩트만 작성해야 하는 이성적 활동으로 형용사, 부사, 수사는 쓰지 말아야	이성과 감성을 동시에 활용
스타일	단문 위주의 간결체	제한 없음
문어체 vs. 구어체	간결, 명확, 형식적이고 딱딱한 문어체 스타일	문어체, 구어체 동시 활용
인칭(시점)	1인칭 시점이지만 3인칭 관찰자 시점처럼(글쓴이가 글 안이 아니라 밖에 존재)	1인칭, 3인칭 관찰자, 전지적 시점 등
중요한 요소	글쓴이가 드러나서는 안 됨	작가의 창의력
좋은 글의 기준과 필요한 능력	있는 사실을 이해하기 쉽게 쓴 글이 좋음	소재와 주제를 잘 엮은 글발 좋은 글, 구성력이 뛰어난 글이 좋음

일반적인 글과 보도자료의 가장 큰 차이는 구성이다. 일반적인 글은 시작, 중간, 마무리의 구성을 갖고 있다. 이야기가 점증적으로 커져 나가는 방식이다. 반면 스트레이트 기사체로 작성하는 보도자료는 역피라미드형이다. 중요한 것부터 이야기하고 그것을 설명, 또는 보충하는 방식이다. 일반적인 글과 보도자료의 구성과 구성 요소에 대해 알아보자.

일반적인 글과 보도자료의 차이점

글은 일정한 구성에 맞춰 쓴다. 그렇지 않으면 낙서와 다를 게 없다. 우리가 예술 작품을 이해할 수 있는 것도 작품이 일정한 구성을 갖추고 있기 때문이다.

● 일반적인 글의 구성과 구성요소

장르	필수적으로 들어갈 구성요소			
일기	한 일	느낀 점	다짐	
감상문	사실	감상	의미	
보고서	현황	문제점	해법	기대효과
칼럼	현상	진단	해법	

글은 언제나 시작, 중간, 마무리로 이뤄진다. 상황 설명, 상황 전개, 문제 제기로 시작해서 근거, 해법, 주장이 글의 중간에 들어가고 의미와 함의로 마무리한다. 일기와 같은 개인적인 글도 구성이 있고 구성에 맞춰 구성요소가 들어간다. '오늘 놀았다. 후회된다. 내일은 공부해야지.' 오늘 놀았다라는 사실이 먼저 등장하고 그 사실에 대해 좋았다든가, 재미있었다든가, 후회된다든가 하는 느낀 점이 들어가며 마지막으로 어떻게 할 것인지에 대한 의지로 마무리한다. 감상문, 리뷰 글도 사실-감상-의미라는 구성을 따른다. 영화나 책을 리뷰한다면 먼저 줄거리를 소개하고 이것을 내가 어떻게 느꼈는지, 무엇이 좋았는지를 기술한 다음 마지막에는 그것이 나에게 또는 우리 사회에 어떤 의미가 있는지를 포함시킨다. 여행이나 공연 등 거의 모든 리뷰는 이러한 구

조를 따른다. 직장인이 가장 많이 쓰는 보고서도 짧은 글이든 긴 글이든 일정한 구성을 갖추고 있다. 먼저 현황을 언급하고 문제점을 꺼낸 다음에 이러한 문제점을 해결한 해법을 제시하고, 그것에 따른 기대효과가 무엇인지를 밝힌다.

신문 판매율이 감소하고 있는 신문사에서 이에 대응하는 보고서를 작성한다면, 모든 신문사의 구독률이 떨어지고 있다(현황), 독자들이 온라인으로 뉴스를 읽고 지면 뉴스는 구독하거나, 열독하지 않는다(문제점), 온라인으로 대응하자, 또는 지면의 콘텐츠를 잘 쓰자(해법), 그러면 매출이 오를 것이다(기대효과)라고 보고서를 구성한다. 칼럼은 현상, 진단, 해법으로 구성되어 있다. 금리가 오르고 있는 현상을 먼저 이야기하고, 금리가 오르는 원인을 분석한다. 그리고 원인을 찾아내 그것을 해결하는 방법, 또는 금리 인상으로 인한 우리의 삶에 대한 전망이나 앞으로 어떻게 하면 좋을지에 대한 해법을 제시한다.

보도자료의 구성 ——

모든 글이 일정한 구성을 갖추고 있듯이 보도자료도 일정한 구성을 갖추고 있다. 보도자료는 일반적인 글과 다르게 역피라미드 구성을 가지고 있다. 역피라미드는 가장 중요한 정보가 앞에 오고 그다음에 중요한 정보가 뒤에 나오는 구조다. 결론을 앞에 쓰는 두괄식 방식의 글이라고 생각하면 된다. 만약 사랑하는 연인에게 기사체로 사랑을 고백하거나 이별을 통보한다고 하면 첫마디를 이렇게 시작해야 한다. '나는 당신을 사랑합니다.' 또는 '나는 당신과 헤어지려고 합니다.'라고 결론부터 말하고, 그다음에 그 사실을 뒷받침하는 정보, 즉 좋아하는 이유와 싫어하는 이유를 꺼내야 한다. 일상생활에서 이렇게 기사체로 결론부터 얘기했다가는 큰일 난다. 일상생활에서 우리는 통상 사랑 고백이나 이별 통보를 하기 위해 몇 시간을 뜸 들이고 또 뜸을 들인다. 그렇게 하지 않으면 오히려 진정성을 의심받는다. 하지만 보도자료는 다르다. 뜸 들이거나 도입부를 길게 시작하면 독자는 바로 떠나버리고 만다.

보도자료가 역피라미드인 이유

역피라미드 구성은 스트레이트 기사가 유일하다. 그렇다면 왜 스트레이트 기사만 이렇게 역피라미드로 작성하는 걸까? 여러 가지 이유 때문이다.

우선 역사적 배경이 있다. 역피라미드 구성은 남북전쟁 때 탄생했다. 전신으로 기사를 전송하던 당시에 글이 전달되는 과정에서 문제가 생길 것에 대비하여 가장 중요한 정보를 앞에 쓰기 시작하면서부터 역피라미드 형식의 글쓰기가 시작됐다. 물론 지금처럼 기술이 발전한 시대에는 기사를 작성하는 중에 전송이 중단될 일은 없다. 그럼에도 여전히 스트레이트 기사를 역피라미드 형식으로 작성하는 이유는 기사를 읽는 독자, 기사를 작성하는 기자, 기사를 발행하는 신문사에 좋기 때문이다. 역피미라미드 형식은 독자에게 정보를 전달하는 데 가장 유리한 구조다. 독자가 얻을 수 있는 정보의 양을 최적화해주기 때문이다. 누군가 결론부터 말하지 않고 서론을 길게 말하면, 우리는 '결론부터 말해.'라고 다그친다.

그리고 우리의 기사 읽기 방식과도 관련 있다. 우리는 제목을 보고 기사를 읽을지 말지를 결정한다. 제목이 마음에 들면 리드문까지 읽고, 리드문이 마음에 든다면 본문을 읽기 시작한다. 그렇기 때문에 가장 중요한 내용, 독자에게 필요한 정보를 앞에 두는 것이다. 역피라미드 구성은 독자가 가장 중요하게 여기거나 흥미를 느끼는 핵심적인 메시지와 세부적인 메시지를 구분해주기 때문에 글쓰기에 도움이 된다. 기승전결에 맞춰 한 편의 에세이를 작성한다고 하면 꽤 오랜 시간이 걸릴 것이다. 보도자료를 칼럼 형식으로 작성해보면 그 차이를 알 수 있다. 역피라미드 형식의 보도자료는 먼저 핵심적인 내용을 작성하기 때문에 빠른 글쓰기가 가능하다. 역피라미드 구성은 신문사에서도 필요하다. 기사 마감 후에 발생하는 속보에 대응하기 쉽기 때문이다. 만약 기사가 기승전결로 작성됐다면 전체를 다시 읽고 이를 요약해서 줄여야 한다. 하지만 역피라미드 형식의 기사는 앞부분만 넣고 뒤는 자르면 그만이다.

보도자료의 구성요소 ——

보도자료는 가장 중요한 것을 앞에 둔다고 했다. 글에서 가장 중요한 것은 리드문lead이다. 그리고 본문이 따라온다. 모든 글에는 제목이 있다. 이것만 알면 보도자료를 충분히 작성할 수 있다. 제목, 리드문, 본문으로 구성한다는 게 무슨 대단한 것이냐고 생각하겠지만, 구성을 알고 글을 쓰는 것과 모르고 쓰는 것에는 큰 차이가 있다.*

보도자료에서 가장 중요한 것은 제목이다. 제목은 본문의 내용을 한 문장으로 요약한 것이다. 같은 내용이라도 전혀 다른 의미를 갖게 되는 것도 제목 때문이다. 어떤 제목을 쓰느냐에 따라 기사는 다르게 읽힌다.

부제는 제목에 넣지 못한 중요한 내용을 다룬다. 사용해도 되고 사용하지 않아도 된다. 제목은 리드문과 관계가 있으며, 부제는 본문과 관계가 있다. 리드문에 있는 주어와 동사를 따로 떼어내 문장으로 정리하면 그게 제목이다. 부제는 본문 각 문단의 핵심 키워드로 만든다. 그렇기 때문에 제목과 부제는 리드문과 본문의 요약인 셈이고 따라서 제목과 부제만 읽어도 내용 전체를 파악할 수 있다.

리드문은 기사 내용을 함축하는 문장으로, 말 그대로 기사 맨 앞에 등장해 기사 전체를 이끄는 역할을 한다. 리드문은 정보를 전달하고

---

* 아무런 틀이 없는 빈 여백이 창의성을 높인다고 생각하지만 그렇지 않다. 오히려 일정한 틀을 줬을 때 창의성이 더 높아진다. 예를 들어 "지금 아무거나 생각해 봐."라고 하면 아무것도 생각해내지 못한다. 하지만 "이번 여름 제주도에서 한 일에 대해 얘기해 봐."라고 틀을 제시하면 더 많은 얘기를 하게 된다. 독후감도 마찬가지다. 줄거리-느낀 점-앞으로의 다짐-추천 이유 등의 일정한 틀을 주면 더 좋은 독후감을 작성하게 된다.

관심을 유도하는 문장으로 이 사건이 왜 의미가 있고 중요한지를 육하원칙으로 담는다. 본문은 리드문을 뒷받침해주는 구체적인 내용이 포함된다.

리드문이 질문이라면 본문은 그 질문에 대한 답이다. 본문은 크게 세 부분으로 나눈다. 팩트 영역, 멘트 영역, 부가 영역이다. 이와 같은 구분은 수년간 보도자료를 접하면서 필자가 구분한 방식이다. 이렇게 구분했을 때 전략적인 보도자료 작성이 가능하다. 팩트 영역은 리드문의 근거를 뒷받침해주는 영역이다. 멘트 영역은 대표나 관계자의 말이다. 팩트 영역과 멘트 영역을 이렇게 구분하는 데는 이유가 있다. 많은 기업에서 저지르는 흔한 실수가, 팩트 영역에 주관적인 이야기를 하고, 멘트 영역에 객관적인 이야기를 다루는 것이다. 팩트 영역에 기업의 자랑, 확인할 수 없는 사실, 주관적인 이야기가 포함되면 삭제된다. 기자 입장에서 이를 일일이 팩트 체크할 수 없기 때문이다. 반면 주관적인 이야기 등을 멘트로 했다면 삭제되지 않을 가능성이 높다.

마지막으로 부가 영역이 있다. 보도자료 주제와 관련이 없는 추가, 부연 정보를 담는 곳이다. 말 그대로 메인 주제와 상관없는 내용이기 때문에 없어도 된다. 하지만 기업의 이야기를 조금이라도 더 전달할 수 있다는 점에서 간과할 수 없는 영역이다. 오히려 기업이 정말 전달하고 싶은 내용을 부가 영역에 넣을 때가 있다. 제목, 부제, 본문의 팩트 영역, 멘트 영역, 부가 영역을 어떻게 만드는지에 대해서는 다음 장에서 상세하게 설명하겠다.

제목	메인 타이틀	전체 내용을 한 문장으로 요약, 육하원칙 중 주어(Who)+동사(What)로 만듦
	부제	제목에 넣지 못한 중요한 내용, 본문의 핵심 키워드로 요약
리드문		기사의 첫 문장으로 기사 내용 함축 정보 전달, 관심 유도하는 문장으로 사건이 왜 의미 있고 중요한지가 드러나는 가장 중요한 문장(단)으로 다음 문장을 이끎 육하 원칙으로 작성
본문	팩트 영역	리드를 뒷받침해주는 내용 주어(who)가 어떤 활동(what)을 어떤 방법(how)으로, 어떤 목적(why) 으로 했는지 팩트 기반으로 작성
	멘트 영역	주관적인 내용으로 작성 가능
	부가 영역	본 보도자료와 상관없는 다른 이야기

보도자료 작성 전 마음가짐 ──

지식의 저주에서 벗어나기

전문가가 진행하는 세미나가 어렵다고 느낀 적이 있을 것이다. 기업의 IR 피치에서도 어떤 기업은 쉽게 이해되는데, 어떤 기업은 무슨 이야기인지 못 알아들을 때가 있다. 인터뷰도 마찬가지다. 어떤 인터뷰이는 쉽게 설명하는데, 어떤 인터뷰이는 어렵게 설명한다. 말하는 사람과 듣는 사람 간에는 정보 차이가 크다. 한곳에 오랫동안 몸담았고 하나만 깊게 생각한 사람들, 소위 말해 전문가라고 하는 사람들은 사람들이 관련 분야에 대해 전혀 모르고 있다는 걸 생각하지 못한다. 이를 지식의 저주라고 하는데 지식의 저주는 일단 무언가를 알고 나면 알지 못한다는 것이 어떤 느낌인지 상상할 수 없는 것을 말한다.

지식의 저주를 보여주는 유명한 실험이 있다. 1990년대 스탠퍼드 대학에서 두 그룹으로 나눠 한쪽 사람에게 잘 아는 노래 제목을 알려 주고 리듬에 맞춰 손으로 테이블을 두드리게 하고, 다른 한쪽에서 노래 제목을 맞히는 실험을 했다. 두드리는 쪽은 상대방이 정답을 맞힐 확률을 50%로 봤지만, 실제 정답을 맞힌 확률은 2.5%에 불과했다. 이러한 저주는 우리의 지식을 타인에게 전달하기 어렵게 만든다. 대부분의 사람들은 처음부터 필요한 모든 정보를 제시하고 싶어 하지만, 처음 듣는 사람은 무슨 말인지 이해하지 못한다. 이것이 글과 말이 어려운 이유이며, 많이 아는 사람이 잘 설명하지 못하는 이유이다. 따라서 상대방에게 무엇인가를 설명하고 전달하려면 상대방의 입장이 되어야 한다. 상대방은 우리에 대해 전혀 아무것도 아는 게 없다는 걸 전제로 하고, 상대방이 무엇을 알고 무엇을 모르는지, 무엇에 관심이 있는지, 무엇을 궁금해하는지부터 생각해야 한다.

그렇다면 지식의 저주에서 어떻게 벗어날 수 있을까? 안타깝게도 지식의 저주라는 현상을 설명하는 책은 많지만 지식의 저주에서 벗어나는 방법을 소개한 책은 아직까지 보지 못했다. 다만 지식의 저주에서 벗어난 사람들에게서 힌트를 찾아볼 수 있다. 유치원, 초등학교 선생님은 학생들이 아무것도 모른다는 전제하에서 학생들의 이해를 돕기 위해 매일 연구하는 사람들이다. 기자도 마찬가지다. 독자가 아무것도 모른다는 전제하에 기사를 최대한 쉽게 작성하려 노력한다. 선생님의 설명이 쉽고 기사의 가독성이 높은 이유는 그들이 지식의 저주에 빠지지 않으려 노력하기 때문이다. 지금부터 필자가 터득한 지식의 저주에 빠지지 않는 방법을 소개하겠다.

① 전체적인 것부터 설명, 부분적이고 상세한 설명은 나중에

듣는 사람은 말하는 이의 설명을 머릿속으로 그림을 그려가며 이해하려고 애쓴다. 한꺼번에 많은 것을 얘기하거나 부분적인 것부터 얘기하면 무슨 말인지 이해할 수 없고 그림도 그려지지 않는다. 코끼리를 설명한다면 코끼리의 전체 모습부터 이야기하고 코끼리의 코, 다리와 같은 부분을 나중에 설명해야 이해하기 쉽다. 설명하는 입장에서는 마음이 급해 처음부터 모든 정보를 두서없이 제시하거나 중요하다고 생각하는 것을 성급하게 꺼내 든다. 하지만 그것은 말하는 사람의 욕심일 뿐이다. 모든 것을 한꺼번에 이야기하거나 지엽적이고 부분적이고 상세한 설명부터 말하면 듣는 사람의 머릿속이 복잡해진다. 그렇기 때문에 전체적인 것, 큰 것부터 설명하고 부분적이고 상세한 설명은 나중에 해야 한다.

② 현상을 먼저 설명하고 원리 법칙은 나중에

일단 현상부터 설명하고 시작해라. 현상에 대한 설명 없이 바로 그 현상에 대한 이면의 원리나 법칙부터 설명하면 상대방은 알아듣지 못한다. 우선 어떤 것이 있다고 말하고 그것이 어떻게 작동하는지는 그 다음에 설명해도 된다. 하지만 설명하려는 사람은 듣는 이가 현상은 다 안다고 생각해서 작동 원리부터 설명하려 드는 경향이 있다. 마음이 급해서 생기는 문제다.

③ 두 개 이상을 설명할 때는 그 둘의 관계부터 설명하고 각각을 설명

두 가지를 얘기할 때는 그 관계부터 얘기해라. A를 얘기하고 B를 그 다음에 얘기하는 것보다 A와 B가 서로 어떤 관계가 있다고 밝힌 다음에 A를 얘기하고 B를 얘기해야 듣는 사람이 헷갈리지 않는다. 예를 들어 두 사람이 아들과 아버지의 관계라면 두 사람이 부자 관계임을 먼저 밝히고 아들과 아버지 각각에 대해 설명해야 이해할 수 있다. 반대로 아들과 아버지 각각에 대해 설명하고서 나중에 둘의 관계가 부자 관계임을 밝히면 듣는 사람은 무슨 이야기인지 이해하지 못한다.

④ 너무 상세하고 지엽적인 것은 생략

너무 상세하고 지엽적인 설명은 생략해라. 듣는 사람은 어차피 이해하지 못한다. 기술의 우수성을 설명하려고 할 때 좀 더 친절하고 자세하게 설명하고 싶겠지만 듣는 사람은 앞의 이야기를 이해하지 못했을 확률이 높다. 다음 단계의 이야기를 해도 듣는 사람 머릿속에서는 여전히 앞의 단계에 머물러 있다. 기술 기업의 경우 기술의 우수성을 깊이 설명하고 싶지만 대중은 이해하지 못할 뿐더러 관심도 없다.

필자는 매일경제에서 미라클랩, 미라클어헤드, 미라클레터를 담당하는 부서에서 일하고 있다. 이를 설명할 때 어떻게 설명해야 듣는 사람이 잘 이해할 수 있을까? 여기 미라클랩, 미라클어헤드, 미라클레터에 대해 설명하는 말들이 있다.

- 미라클랩은 스타트업 투자와 취재를 하는 곳이다.
- 미라클랩은 매일경제의 자회사로 2016년에 설립한 미디어 최초의 액셀러레이터다.
- 미라클랩은 기자 2명을 포함해 3명의 직원이 일하고 있다.
- 미라클랩은 스타트업 투자 조직인 '미라클랩'과 스타트업 버티컬 미디어 '미라클어헤드'와 실리콘밸리 뉴스를 전하는 뉴스레터 '미라클레터'를 운영하고 있다.
- 미라클어헤드는 스타트업 전문 버티컬 미디어로 2017년부터 시작해왔으며 스타트업에 관한 다양한 뉴스를 전하고 있다.
- 미라클랩은 교원그룹과 스타트업프라이즈를 5년째 함께하고 있다.
- '미라클레터' 구독자는 8만 명이며, 2023년 말까지 10만 회원을 유치할 계획이다.
- 미라클랩은 한 달에 한 번 정기적인 IR을 실시하고 있으며 7명의 파트너에 의해 투자를 결정한다.
- 미라클랩이 현재까지 투자한 기업은 40개다.
- 미라클레터의 비즈니스 모델은 ○○이다.
- 미라클어헤드는 인공지능 버티컬 미디어인 '미라클아이'로 개편됐다.
- '미라클51'은 매일경제가 글로벌 네트워크를 위해 ○○○과 실리콘밸리에 세운 해외법인이다.

위와 같이 미라클랩을 설명하는 다양한 진술이 있다면 이 중에서 미라클랩을 가장 잘 묘사하기 위해서 제일 먼저 설명해야 할 진술은 무엇일까? 그리고 필요하지 않은 진술은 무엇일까? 위의 진술로 미라클랩을 잘 설명했을까, 그렇지 않을까? 만약 설명이 부족하다면 어떤 내용이 더 필요할까? 이러한 질문에 답하는 훈련을 통해 지식의 저주로부터 벗어날 수 있다.

결국 지식의 저주는 내 입장이 아니라 상대방 입장에서 필요한 것을 말하는 것이다. 인터뷰 기사도 이렇게 작성한다. 인터뷰이의 두서없는 멘트를 나열한 뒤 전체적인 것, 중요한 것부터 기술하고 부분적이고 상세한 설명, 현상의 원리는 뒤에서 설명하며, 두 개 이상의 현상을 설명할 때 반드시 그 관계부터 설명하고 나서 각각의 현상을 설명한다. 상세하고 지엽적인 설명은 최대한 자료 조사를 통해 이해한 다음에 작성하지만 그래도 도저히 이해가 되지 않으면 생략한다. 그리고 다시 한번 글을 보면서 독자의 입장이 되어 본다. 내가 독자라면 무엇을 모르고 무엇을 궁금해할까 생각하면서 글을 정리한다.

생각 정리

글쓰기가 어렵다면 둘 중 하나다. 내용이 복잡하거나 어렵거나. 복잡함은 카테고리 구분으로 해결이 가능하며 어려움은 쉬운 것에 빗대 설명하면 된다. 카테고리 구분만 잘해도 복잡함을 꽤 잘 정리할 수 있다.

옷장 정리를 해본다고 생각해보자. 먼저 기준을 정해야 한다. 계절별, 용도별, 종류별로 분류가 가능하다. 가장 실용적인 방법인 계절별로 옷을 분류한다면 우선 각 계절별 옷을 네 칸의 옷장에 분류해서 넣는다. 그다음 각 계절별 칸에서 상의와 하의를 구분해서 넣는데, 상의 중에서도 티셔츠나 블라우스 같이 가장 안에 입는 옷, 조끼 같이 중간에 입는 옷, 점퍼, 카디건처럼 가장 바깥에 입는 옷으로 다시 구분할 수 있다. 이렇게 카테고리화해서 분류를 해놔야 필요한 옷을 언제든

꺼내 입을 수 있고 다른 사람이 찾더라도 쉽게 찾을 수 있다. 책장 정리도 마찬가지다. 장르별, 국가별, 작가별, 출판사별로 어떤 기준에 의해 분류하고 상위 카테고리와 하위 카테고리로 나누어 분류한다. 이때 중요한 것은 각 카테고리가 중복되지 않으면서도 모두 포괄해야 한다는 점이다.

카테고리 구분은 정보를 가장 효율적으로 전달해준다는 장점이 있다. 그렇기 때문에 보도자료와 같은 정보 전달을 위한 글은 카테고리 구분만 잘해도 좋은 글이 될 수 있다. 좋은 글은 각 문단별로 카테고리화해서 도식화하는 게 가능하다. 교과서가 대표적이다.

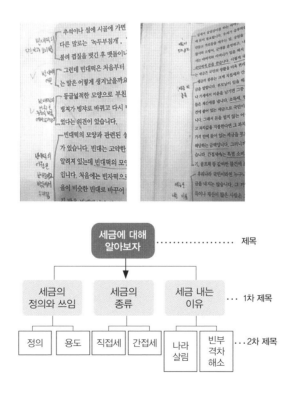

기획서 작성을 통한 셀프훈련을 거쳐라

보도자료 작성이 막막하다면 기획서를 먼저 작성해보는 것도 좋다. 프로덕트를 만들기 전에 프로덕트를 어떻게 만들지 먼저 기획하는 것과 같다. 기획이 명확하지 않으면 일을 하는 중간에 목적을 잃어버려 중단할 때가 있다. 글도 마찬가지다. 작성 목적이 명확하지 않으면 중간에 길을 잃어버린다. 길을 잃지 않기 위해서는 목적을 분명히 하고 타깃 독자와 배포할 매체를 정하며, 뉴스 가치를 높이기 위한 전략, 배포 시점, 기사 게재 후 활용 방법 등을 명확히 해야 한다.

목적이 분명해야 한다. 기업을 알리고 싶은 것인지, 프로덕트를 알리고 싶은 것인지, 브랜딩 전반을 위한 것인지, B2B 협업, 투자 유치, 직원 채용을 위한 것인지를 명확히 해야 한다. 그에 따라 타깃 독자도

구분	내용
목적	이번 보도자료를 통해 달성하고자 하는 것 : 기업 알리기, 브랜딩, 프로덕트 알리기, 투자 유치, 직원 채용, B2B 협업에 도움
내용	What : 행위에 대한 정의 How : 행위를 달성할 수 있었던 기업의 차별점 Why : 행위가 우리 기업에게 주는 의미 Who : 우리 기업은 어떤 기업인가?
타깃 독자	투자자, 잠재 고객, 잠재 직원, 직원, 기업, 정부 기관
타깃 매체	종합지, 경제지, 전문지, 온라인 매체
뉴스 가치를 높이기 위한 전략	예상 게재율 게재율을 높이기 위해 콘텐츠를 어떻게 강화할 것인가? 예) 데이터 활용
배포 시점	언제 배포하는 게 가장 좋을까? 배포 시점과 상관없나?
미디어 활용	페이드미디어, 온드미디어 활용

정해진다. 보도자료의 핵심 내용을 육하원칙으로 정리하는 것도 좋다. 매체도 정해야 한다. 종합지, 경제지, 전문지, 온라인 매체 중 어떤 매체를 타깃으로 하느냐에 따라 보도자료의 내용은 다르다. 뉴스 가치를 분석하고 뉴스 가치를 높이기 위한 전략도 고민해야 한다. 배포 시점도 중요하다. 특히 실적 발표는 시점이 중요하다. 주주총회나 다른 기업의 실적 발표, 기업공시 시점을 고려해서 배포 시점을 정해야 한다. 보도자료가 게재된다면 이를 어떻게 활용할지도 중요하다. 이렇게 기획서를 작성해보면 어떻게 보도자료를 작성해야 할지가 명확해진다.

제목, 부제, 리드문 만들기

앞에서 보도자료의 구성과 구성요소, 그리고 지식의 저주에서 벗어나는 법과 생각 정리하는 법, 기획서 작성하는 법에 대해 살펴봤다. 이제 보도자료의 제목과 부제, 그리고 리드문 만드는 방법에 대해 설명하겠다. 그 전에 다음의 글을 먼저 보자.

〈보도자료 작성 사례〉

제목 : A사, 전국 초등학생 6명 중 1명이 사용하는 'B 시리즈' 출시 5년 만에 "누적 판매 40만 대 돌파"

- 단계별 커리큘럼과 70종 이상의 제품 라인업 보유한 'B 시리즈'
- 타사보다 2배 이상 빠른 제품 개발 프로세스로 지속적인 업데이트가 가능한 것

A사는 로봇 사업부 'B 에듀'의 대표 로봇 교구 B 시리즈가 출시 5년 만에 전체 누적 판매량 40만 대를 돌파하고, 누적 판매금액 200억 이상을 기록하며 국내 에듀테크 교육 시장 1위를 자리매김했다. 교육용 교구로 40만 대 판매 수치는 우리나라에서 두 번째로 초등학생 수가 많은 서울 지역의 초등학생(약 40만 명) 전체가 구매한 것과 같은 셈이다.

B 시리즈는 전국의 초등학교 학생들이 사용하고 있는 코딩 로봇 학습 교구이다. 아이들의 안전이 보장된 플라스틱 바디의 커넥트는 B 에듀의 특허 기술력인 '핀 결합력'을 통해 수직 양력 10kg까지 버티는 블록 형태의 로봇이다. 타 제품 대비 높은 결합력과 강한 내구성을 보유하고 있고, 로봇을 조립하고 분해하는 과정에서 수만 가지의 창작품을 만들 수 있다는 것이 특징이다.

특히 B 시리즈는 튜토리얼 학습방식으로 티칭이 아닌 코칭의 형태로 아이들 스스로 자기주도적 학습이 가능하도록 구성되어 있어 온라인 교육시장에 최적화된 교구이다. 단계별 체계적인 커리큘럼과 70종이 넘는 제품 라인업으로 계속해서 업그레이드된 로봇이 출시되는 것이 인기의 요인이다.

A사의 B 시리즈는 전년 대비 2배 이상 높은 판매량을 기록하며 2022년 로봇 전 제품 매출이 전년 대비 40% 증가했다. 그 이유는 모든 생산 과정이 국내 생산으로 이루어져 제품기획부터 시장 런칭까지 빠른 제품 개발 프로세스로 신제품을 출시했기 때문이다. 2021년 9월에 출시

된 AI 교구 C는 학생들이 별도의 케이블 연결이나 프로그램 설치 없이 블록코딩이 가능하다는 편리성을 가지고 있다. 또한, 캠이 달린 '인공지능 캠 C' 버전과 휴대용으로 손목에 차고 학습할 수 있는 'C 조종기' 버전 등 업그레이드된 버전을 지속 출시한다는 계획이다.

초등학교에서 진행하는 정보교육은 2025년부터 34시간 이상, 중학교는 68시간 이상으로 기존 수업 시간 대비 2배 이상 확대한다. 이에 따라 코딩과 관련된 다양한 정보교육 프로그램이 전국적으로 시행되고 있다. 특히 A사의 교육 통합 커뮤니티 플랫폼 OOO에서는 작년 12월 한 달간 12,000개 판매 실적을 기록하며 꾸준한 상승세를 유지했는데 이는 교육부와 한국과학창의재단에서 주관하는 'OOO 캠프'에서 강사들이 활발한 교육 활동을 진행하면서 OOO 플랫폼을 통해 코딩 로봇 교구를 구매했기 때문으로 보인다.

A사의 로봇 사업부 'B 에듀'의 Y 대표는 "콘텐츠 개발부터 생산, 유통까지 모든 과정이 자체적으로 이루어지고, 전국의 40개 지사를 관리하면서 소비자의 피드백을 바로 반영하기 때문에 타사에 비해 2배 이상 짧은 기간에 신제품을 출시할 수 있었다."며 "제품 라인업을 지속적으로 확대해 에듀테크 산업에서 꾸준한 성장세를 이어 가겠다."며 올해의 포부를 밝혔다.

위의 글을 읽고 좋은 점과 아쉬운 점을 체크하고 수정해보자. 우선 보도자료 작성에 핵심인 제목 만들기부터 살펴보자.

제목의 중요성과 구성 ──

  콘텐츠에서 제일 중요한 것 하나를 꼽으라고 한다면 제목이다. 내용을 전혀 수정하지 않고 제목만 바꿨는데 베스트셀러가 되기도 한다. 사람들은 책이나 영화 등을 고를 때 제목을 가장 중요하게 본다. 특히 제목에 많은 것을 내포하고 있는 기사의 경우에는 더욱 그렇다. 제목은 등대와도 같다. 독자는 제목을 보고 계속해서 볼지 말지를 결정하고, 제목을 머릿속에 넣어 하나의 이미지를 그리며 제목이 안내하는 길을 따라간다. 제목은 글쓴이에게는 방향타다. 제목은 이제부터 어떻게 글을 쓰겠다고 하는 방향을 정하는 것이기 때문이다.

  제목은 어떻게 작성할까? 먼저 제목의 종류부터 살펴보자. 보도자료의 제목은 탑라인, 헤드라인, 서브라인 세 가지가 있다. 헤드라인이 우리가 일반적으로 알고 있는 제목이다. 헤드라인에는 보도자료의 핵심 내용이 포함된다. 서브라인은 말 그대로 헤드라인의 밑에 있으며 부제라고 부른다. 부제는 헤드라인에서 언급하지 않은 중요한 사항을 포함한다. 보통 3줄 내외의 부제가 붙으며 본문의 핵심적인 내용을 다룬다. 탑라인은 헤드라인 위에 눈길을 끄는 광고 카피와 같은 제목을 말한다. 눈길을 끄는 수단으로 사용되지만 잘못했다가는 무슨 말인지 모를 애매한 제목이 되기 십상이기 때문에 조심해야 한다. 헤드라인은 필수다. 부제는 있는 경우도 있고 없는 경우도 있지만, 최근에는 부제를 많이 사용하는 추세다. 제목만 읽고 빠져나가는 독자를 최대한 부제까지 읽도록 잡아두기 위해서다. 제목과 부제만 읽어도 보도자료의 전체 내용을 파악할 수 있다.

● 제목의 구성

탑라인(후킹한 제목)	눈길을 끌기 위해 광고 카피처럼 작성 잘못 작성하면 작성하지 않은 것만 못함
헤드라인(제목)	제일 중요한 내용으로 작성하며 반드시 필요 핵심적인 내용이 포함되며 리드문과 밀접한 관계가 있음
서브라인(부제)	헤드라인에 포함되지 않은 중요한 내용 포함 본문의 각 문단에서 키워드를 뽑아 만듦 필수요소는 아니지만 잘 활용하면 좋음

제목 만드는 법 ──

제목은 가장 중요한 소재로 만들거나 핵심 주제로 만든다.《노인과 바다》,《안나 카레니나》,《노르웨이의 숲》,〈오징어 게임〉은 중요 등장 인물이나 사물, 사건을 제목으로 사용했다. 소재만으로는 내용을 유추할 수 없기 때문에 궁금증을 유발하는 효과가 있다. 작가가 말하고 싶은 중심 사상으로 제목을 만들기도 한다.《오만과 편견》,〈기생충〉,〈미생〉,〈그렇게 아버지가 된다〉는 제목만 봐도 어떤 이야기를 할지 짐작이 된다.

보도자료처럼 사건을 정확하고 명확하게 알려야 하는 글의 제목은 다르게 작성한다. 어떤 사건을 이해하는 데 필수요소가 육하원칙이다. 이 중에서도 가장 중요한 요소는 '누가', '무엇을 했다.'이다. 보도자료의 제목은 바로 '누가', '무엇을 했다.' 즉 주어와 동사로 만든다. 그렇다면 주어와 동사는 어떻게 정할까? 보도자료는 기업이 특정한 시점에 특정한 행위에 대해 기사체로 작성한 글이라고 설명했다. 그러니까 동사는 특정한 시점의 특정한 행위인 것이고, 주어는 그 특정한 시점에서 특정한 행위를 한 주체, 곧 보도자료 작성 기업이 된다. 이것만 알면 보도자료의 제목을 작성할 수 있다. 다음 보도자료 제목을 보고 무엇이 잘못되었고 어떻게 수정하는 것이 좋을지를 먼저 살펴보자.

보도자료 제목의 예
① 주어가 없는 경우

　OOO 스타트업, 병원과 손잡고 스케일업

　전세 사기, 투자 사기 등 사기 범죄, AI가 분석한다

　불경기를 대체하는 가장 확실한 방법 논의의 장場이 열린다

　자전거 타고 줄인 탄소, 탄소배출권 시장에서 인정받는다

위 제목에는 주어가 없다. 보도자료는 특정한 행위를 한 주체, 즉 보도자료를 작성하는 기업이 주어다. 그 주어가 무슨 행위를 한 건지, 또는 할 건지를 알리는 게 바로 보도자료를 작성하는 목적이다. 하지만 이렇게 주어가 없다면 보도자료를 왜 작성했는지 의심이 든다. 보도자료 작성 주체인 주어를 넣어 제목을 만들면 아래와 같다.

　→ OOO, OOO 스타트업의 임상 지원을 위한 기술 설명회 개최

　→ 실시간 변호사 상담 매칭 서비스 제공사 OO, 인공지능AI 사건 분석

엔진 'OOAI'으로 전세 사기 등 사기 범죄 사건을 분석해주는 서비
스 런칭

→ 업무 간소화 협업 툴 OOO닷컴, OOO와 함께 고객 대상 밋업 행사
개최

→ 자전거 전문 플랫폼 OOO, 자전거 이동 거리에 따른 탄소 저감량 검
인증 통과

② **구체적인 동사를 사용하지 않은 경우**

OOO, 메타버스 엑스포서 이목 집중

OOO, 기업 매칭 트렌드 변화… 해외 진출 · 정부 사업 인기

OOO, 병 · 의원업에서도 인기… 모바일 통한 식대 지원으로 직원 복지
강화

실시간 가상 아바타 생성 기술 보유한 OOO, 버추얼 유튜버 시장에 혁
신 기대

택스 리펀드 서비스 'OOO', OOO의 새로운 성장 엔진으로 기대감 상승

실버타운 업계 1위 OOO, OOO와 함께 시니어 여행 활성화 나선다

OOO, 국내 기술력으로 마이크로 집속 초음파 리프팅MFU 구현 기술
증명

OOO, OOO 인프라 모니터링을 책임지다

K팝 안무를 메타버스에서… 모션 솔루션 'OOO' 해외 시장 겨냥한다

OOO, OOO의 '글로벌 소통' 날개가 되다

위의 제목은 구체적인 행위를 나타나는 동사를 사용하지 않았다.

'이목을 집중한다, 인기가 있다, 혁신을 기대한다, 기대감이 상승했다, 활성화에 나선다, 날개가 되다'로는 기업이 무엇을 했는지 짐작할 수가 없다. 어떤 특정한 행위에 대해 기업이 의미를 달아 자의적으로 해석한 것뿐이다. 위의 동사는 아래와 같이 '발표하다, 공급하다, 선보이다, 개최하다, 체결하다'처럼 기업이 특정한 행위를 나타내는 동사로 제목을 써야 한다.

→ ○○○, 메타버스 엑스포에서 3D 스캔 기술을 탑재한 3D 생성 솔루션 ○○○ 선보여

→ 기업 · 전문가 매칭 플랫폼 ○○○, '기업 의뢰 프로젝트 현황' 발표

→ ○○○, '○○○'에 모바일 전자식권 서비스 '○○○' 공급

→ ○○○, 택스 리펀드 서비스 '○○○'의 발행 건수 7,400% 성장

→ ○○○, 버추얼 유튜버 시장에 활용 가능한 가상 아바타 생성 기술 개발

→ ○○○, ○○○와 '시니어 여행 활성화를 위한 업무협약MOU' 체결

→ ○○○ · ○○○, MFU 방식 안면 리프팅 연구논문 SCI 저널에 등재

→ 클라우드 모니터링 스타트업 ○○○, ○○○에 자사 모니터링 서비스 '○○' 공급

→ '○○○, 해외 시장 진출… K팝 댄서의 안무 모션 캡처 후 3D로 변환해 메타버스에 공급

→ 인공지능 전문 기업 ○○○, 인공지능 자동번역 솔루션 '○○○' ○○○에 공급

③ 동사가 없는 경우

OOO, 울산 바다를 보며 여유 있는 '24시간 호텔 스테이'
명품 수선사 매칭 플랫폼 OOO, 신라면세점과 '역시 명품다운 혜택'

위의 제목은 동사가 없다. 멋있게 제목을 만들려다 보니 동사를 넣지 않았다. 역시 보도자료 작성 주체인 주어가 무엇을 했다는 건지 알수가 없다. 동사를 넣으면 아래와 같다.

→ OOO, '24시간 호텔 스테이' 패키지 출시
→ 모바일 명품 수선 케어 플랫폼 OOO, 신라면세점과 제휴

④ 기타

경기침체 맞은 자전거 업계, 위약금 없앤 자유반납 렌탈로 돌파구 마련
기후위기 막는 'N분 도시'가 온다… 자전거 탄소인센티브 제도 급부상
공유킥보드 OO, 핫한 반응 끌고 있는 앱테크 'OO 걷기' 누가 이끌었나?
브랜드만의 독자 AI 엔진 구축 시대 빠르게 열릴 것
"2월에는 문구, 디지털, 리빙 아이템 선물하세요" 요즘 가장 많이 주고받는 선물은?

보도자료 제목이라기보다는 기획 기사나 인터뷰 기사에 맞는 제목이다. 보도자료와 기획 기사, 인터뷰와 구분하지 못해서 이렇게 제목을 만들었다.

주어+동사만으로도 충분한 이유

보도자료의 제목은 주어, 동사면 충분하다. '세상에 없는 것이 나타났다', '변해야 산다', '왜 ~하지 않을까요?' 등 광고 카피처럼 멋있게 제목을 만들고 싶은 유혹을 참아야 한다. 보도자료의 제목을 주어, 동사만 써도 충분하고 그렇게 써야만 하는 이유가 있다.

우선 주어, 동사로 제목을 만들어야 보도자료를 작성하는 주체가 명확하게 글을 쓸 수 있다. 앞서 제목을 방향타에 비유했다. 제목이 가리키는 쪽으로 글이 움직인다는 의미다. 방향타가 정확해야 가고자 하는 방향으로 정확히 간다. 두 번째, 보도자료 제목을 주어, 동사로 작성해야 하는 이유는 이를 처음 보는 기자가 보도자료의 내용을 가장 쉽고 빠르게 이해할 수 있기 때문이다. 제목만 보고 무슨 내용인지 모르는 보도자료는 제목만 보고도 무슨 내용인지 알아차릴 수 있는 보도자료보다 기사화될 가능성이 낮다.

그럼 이제부터 제목에 필요한 두 가지 요소, 즉 주어와 동사를 어떻게 정하고 만들지에 대해 설명하겠다.

헤드라인 만들기 ——

이제 주어를 정해보자. 미라클랩은 데모데이 행사를 주최했고, 이 행사에 기업 관계자 100여 명이 참석했다. 행사 내용은 스타트업의 사업모델과 성과 발표이며 온오프믹스의 솔루션을 행사에 활용했다.

● 미라클랩 데모데이 행사 개최

행사 주관	미라클랩
행사 참여자	기업 관계자 100명
행사 내용	스타트업 10개 사의 사업모델과 성과 발표
행사 홍보	온오프믹스

이럴 때 행사를 주관한 미라클랩이 보도자료를 작성한다면, 주어는 미라클랩이다. 데모데이에서 사업모델과 성과 발표를 한 기업 A가 보도자료를 작성한다면 A가 주어다. 행사에 솔루션을 공급한 온오프믹스가 보도자료를 작성한다면 온오프믹스가 주어다. 동사는 주어에 따라 다르다.

행사 주관자 미라클랩 : 미라클랩, 데모데이 개최

행사 참여 기업 A사 : A사, 미라클랩 데모데이에서 사업모델과 성과 발표

행사 진행 온오프믹스 : 온오프믹스, 미라클랩 데모데이에 서비스 공급

기업, 자회사, 브랜드, 사내 독립기업CIC, Company in Company(각 사업파트에 전권을 가진 대표를 선임해 개별 기업으로 운영되는 조직)이 보도자료의 주어가 될 수 있다. 독립된 조직이 아닌 기업 내 조직, 예를 들어 '해외사업부'는 주어가 될 수 없다. 기업이라는 법인은 하나밖에 없기 때문에 주어는 하나만 사용해야 한다. 예외적으로 MOU 관련해서는 두 기업을 공동의 주어로 작성하는 게 가능하다. 이 경우를 제외하고는 특정한 행위를 한 주체는 단 하나뿐이다. 기업=브랜드인 경우도 있다.

이런 경우 기업이나 브랜드 중에서 더 브랜딩하고 싶은 것을 주어로 사용하면 된다. 잘 알려지지 않은 자회사, 브랜드, CIC라면 앞에 기업명을 붙여도 된다. 데이원컴퍼니의 CIC 중 하나인 레모네이드 CIC를 주어로 한다면 '레모네이드 CIC'나 '데이원컴퍼니 레모네이드 CIC' 둘 중 하나를 사용할 수 있다.

주어를 정할 때 주의해야 할 8가지 사항

① 정부 사업에 참여한 경우

정부 행사에 참여했다면서 보도자료를 배포하는 경우가 있다. 이런 경우 자사를 주어로 보도자료를 작성할 수 있는지 확인해야 한다. 정부 기관의 행사는 정부가 예산을 써서 대행사에게 행사를 맡겨 진행하는 게 일반적이다. 정부 또는 정부 산하기관이 주최 주관을 맡는다. 다시 말해 대행사는 정부 행사의 주최자나 주관자가 아니다. 누가 예산을 썼는가를 확인하면 간단히 알 수 있다. 다만 정부 예산을 받은 행사라고 해도 단순한 대행을 넘어 프로그램 전반을 기획하고 운영했다면 주관사가 되며 자사를 보도자료의 주어로 쓸 수 있다.

② 주최자가 마련한 프로그램에 일부만 참여한 경우

프로그램에 일부만 참여한 부사업자가 자신을 주어로 한 보도자료를 작성하려면 내용이 제한적이어서 보도자료 작성이 어렵다. 내용을 풍부하게 하려고 주사업자의 역할을 기술하면 주사업자를 주어로 하는 보도자료가 되는 문제가 있다. 예를 들어 A라는 액셀러레이터가 데모데이를 개최했고, B가 데모데이에서 기업을 심사하는 역할을 맡았다. B가 보도자료를 작성한다면, 'B, A의 데모데이에서 심사 맡아'라고 작성해야 하는데 이렇게 작성하기에는 소재가 약하다. 'B, 데모데이 개최'라고 할 수도 없다. 이렇게 제목을 정하고 보도자료를 작성하면 사실상 A사에 관한 내용만 포함된다. 그렇다고 주어를 변경해 A, 데모데이 개최⋯ B 심사 참여'라고도 할 수 없다. 이는 자사를 주어로 쓴 보도자료가 아니기 때문이다. 이런 문제가 발생한 이유는 A는 데모데이 개최 사실을 굳이 알리고 싶지 않은데, B가 A의 데모데이에 참여한 사실을 알리고 싶어서 발생한 일이다.

③ 플랫폼 사업자가 공급자와 수요자 간의 거래를 언급하는 경우

플랫폼 운영사는 자신의 플랫폼에서 공급자와 수요자가 만나 거래가 이루어지는 걸 알리고 싶어 한다. 하지만 두 기업 간 거래에 관해 플랫폼 기업을 주어로 보도자료를 작성하기는 어렵다. 예를 들어 공급자 A가 플랫폼사 C를 통해 수요자 B와 거래하게 됐다면, 공급자 A 입장에서는 'A, 플랫폼 C를 통해 B에 제품 공급'이라는 제목의 보도자료를 작성하는 게 가능하다. 하지만 A 입장에서는 B에 공급했다는 사실이 중요하지 '플랫폼 C'를 통해 공급한 사실은 중요하지 않다. 수요 기업은 보통 보도자료를 내지 않는다. 플랫폼 운영사 C 입장에서는 '플랫폼 운영사 C, 자사 플랫폼에서 A와 B 거래 연계' 정도가 가능하다.

하지만 이런 보도자료는 세상에 없다. 마트 운영자가 마트 안에서 물건을 파는 A와 물건을 사는 B 간의 거래에 대해서 보도할 이유가 전혀 없기 때문이다. 플랫폼사 입장에서는 자사의 플랫폼을 통해 공급 기업과 수요 기업이 잘 매칭되고 잘 거래될 수 있도록 도와주는 플랫폼 운영 가이드를 마련했거나, 수수료 도입 정책을 바꿨거나 인프라를 지원했거나 거래 실적에 관한 것 등 플랫폼 운영과 관련한 특정 행위에 대해서만 자신을 주어로 한 보도자료를 작성할 수 있다.

④ 공급 기업이 수요 기업을 주어로 사용하는 경우

공급 기업이 수요 기업을 주어로 보도자료 제목을 사용하는 경우가 종종 있다. 예를 들어 미라클라이팅클럽이 삼성에 플랫폼을 공급했거나 아마존에 입점했거나 소프트뱅크벤처스로부터 투자를 유치했다면 다음과 같이 제목을 정하고 싶을 것이다.

삼성, 미라클라이팅클럽 플랫폼 도입

아마존, 미라클라이팅클럽 입점 허용

소프트뱅크벤처스, 미라클라이팅클럽에 투자

우리 기업이 삼성, 아마존, 소프트뱅크벤처스와 같은 유명한 기업에 공급하고 입점하고 투자를 유치했다는 사실은 놀랄만한 일이다. 그래서 제목에서 그 부분을 강조하고 싶을 것이다. '삼성, 미라클라이팅클럽 플랫폼 도입'이라는 제목이 잘못된 것은 아니다. 하지만 이렇게 주어를 자신이 아닌 수요 기업으로 할 때의 유의사항이 있다.

우선 수요 기업에 보도자료 작성에 대한 허락을 받아야 한다. 수요 기업은 여러 제품과 서비스를 도입해서 사용한다. 군이 특정 기업으로부터 공급받은 사실을 기사화할 이유가 없다. 어떤 제품과 서비스를 도입했다는 사실은 기업 활동에 있어 중요한 비밀 사항이기도 하다.

설령 이를 보도하고 싶어 한다고 해도 그 이유가 중요하지, 그것을 어디로부터 공급받았는지는 중요하지 않다.

절차적인 문제도 있다. 수요 기업을 제목으로 쓸 경우 수요 기업으로부터 허락을 받아야 하는데 그 절차가 복잡하다. 대기업이라면 결재 라인은 훨씬 복잡하다. 실제 허락을 받았다면서 보도자료를 배포하고 기사화했는데, 나중에 삭제를 요청하는 경우도 종종 있다. 결재 라인이 복잡하고 많아서 생기는 문제다. 막상 기사가 나가고 나서 마음이 바뀌기도 한다. 수요 기업을 주어로 할 경우 장기적으로 기업 홍보에 도움이 되는지도 의문이다. 당장 주목을 끌 수는 있지만, 사람들은 우리 회사를 기억하기보다는 유명한 브랜드사를 더 기억할 것이다. 이는 보도자료 작성 목적과도 맞지 않다. 위의 언급한 제목은 다음과 같이 자사를 주어로 하는 게 좋다.

미라클라이팅클럽, 삼성에 플랫폼 공급
미라클라이팅클럽, 아마존에 입점
미라클라이팅클럽, 소프트뱅크로부터 투자 유치

TIP 타사 언급은 조심스럽게

보도자료에 타사를 언급해야 할 때가 있다. 차별점을 강조하기 위해 'A사에 없는 OOO 기능'과 같은 표현을 넣고 싶어 한다. 하지만 이렇게 타사를 언급할 때는 팩트 체크부터 먼저 해야 한다. 반대로 우리 기업이 다른 기업의 보도자료에 언급됐다고 생각해보면 왜 팩트 체크를 해야 하는지 이유가 분명하다. 보도자료를 배포해서 매체에 게재됐다면 기사의 저작권이 매체에 있기 때문에 기업에 직접적인 문제 제기를 당하지는 않지만, 보도자료임이 명백하고 이를 작성한 기업의 책임으로 드러날 경우에는 상표권 침해 등의 문제 제기를 당할 소지가 있을 수 있다.

⑤ 두 개 기업을 주어로 사용하는 경우

주어는 한 개 기업만 사용할 수 있다고 했다. 예외적으로 MOU 체결에 관한 보도자료의 경우 두 개 기업 이상을 주어로 사용하는 게 가능하다.

> A사 보도자료 : 'A사, B사와 MOU 체결'
> B사 보도자료 : 'B사, A사와 MOU 체결
> A사, B사 공동으로 : 'A사-B사, MOU 체결'

주어를 두 개로 하는 세 번째 방식의 제목도 가능하지만 A사, B사 각각을 주어로 하는 보도자료가 기업에게는 더 유리하다. 같은 내용과 목적으로 MOU를 체결했지만, 각각 기업의 입장이 다를 것이다. 따라서 내용을 동일하게 작성하는 것보다 각각의 기업 입장이 잘 전달되도록 따로 작성하는 게 좋다.

⑥ 제목에 주어를 포함하지 않는 경우

보도자료의 제목에는 반드시 행위의 주체자인 주어가 나와야 한다.

그렇지 않으면 누가 무엇을 했는지 알 수 없다. 예를 들어 'K바이오 위기 극복을 위한 생체분자영상융합 신기술 등장 기대.' 이러한 제목은 눈길을 끌 수는 있지만 주어가 없는 제목은 기업을 알리는 데 전혀 도움이 되지 않는다. 언론홍보의 목적은 멋진 콘텐츠를 만들기 위한 게 아니다. 기업을 알리기 위해서 언론홍보를 하는 것임을 잊지 말아야 한다.

⑦ 자사의 사례만 담은 기획 기사에 주어를 포함하지 않는 경우

보도자료 이외에 기획 기사도 기업의 중요한 언론홍보 수단이다. 기획 기사는 자사의 사례만 다루는 기획 기사와 타사의 사례도 함께 다루는 기획 기사가 있다. 기획 기사에 대해서는 뒤에서 자세히 설명하겠다. 여기에서는 기획 기사에서 사용하는 주어에 대해서만 살펴보겠다. 여러 기업의 사례가 등장하는 기획 기사에는 자사를 주어로 한 제목을 만들 수 없지만, 자사의 사례만 다룬 기획 기사에서는 굳이 자사를 제목에서 뺄 이유가 없다. 예를 들어 A사가 T2E 트렌드와 T2E 트렌드에 부합하는 자사 서비스를 사례로 다룬 기획 기사를 작성했다고 생각해보자. 제목을 '돈 쓰는 여행에서 돈 버는 여행으로 T2E 여행이 뜬다.'라고 정하면 제목만 봤을 때 누구를 위한 보도자료인지 알 수 없다. 'A사, 돈 버는 여행 T2E 서비스 트렌드에 따라 서비스 런칭'으로 하면 보다 분명해진다. 이렇게 자사를 주어로 해서 제목을 변경하게 되면 내용 역시 트렌드 소개를 하고 자사 서비스 사례를 다루는 것에서 자사의 T2E 도입 사례를 다룬 다음 T2E의 일반적인 트렌드를 다루는 것으로 달라진다.

⑧ 칼럼을 보도자료처럼 배포하는 경우

칼럼을 보도자료로 배포하는 경우가 있다. 이럴 경우는 언론홍보에 아무런 도움이 되지 않는다. 칼럼은 작성자의 의견이나 생각을 담은 글이다. 예를 들어 '디지털 전환의 핵심은 데이터 기술력'이라는 제목으로 디지털 전환에 대한 글을 작성했다고 생각해보자. 칼럼은 산업 전반에 대한 작성자의 의견이 들어가는 글이기 때문에 제목에도, 내용에도 자사에 대한 소개가 없는 경우가 많다. 이런 글을 보도자료처럼 배포하면 작성자 대신 기자의 바이라인으로 칼럼이 소개돼 기업이나 작성자에게는 아무런 도움이 되질 않는다. 칼럼을 기고하려면 정식으로 언론사에 요청해 작성자의 바이라인이 들어가게 해야 한다. 칼럼 기고에 대해서는 뒤에서 상세하게 설명하겠다.

동사 만들기

주어를 정했다면 그다음에는 동사를 정해야 한다. 동사는 주어가 특정한 시간과 장소에서 구체적으로 한 일이다. 반복적으로 일어나는 일상 활동은 동사로 쓸 수 없다. 뉴스 가치가 없기 때문이다. 특정 시점에 투자 유치라는 구체적인 활동이 일어났다면, '투자 유치', 이벤트를 개최했다면 '이벤트 개최', 계약을 했다면 '계약', 선정됐다면 '선정', 수상했다면 '수상'을 동사로 사용하면 된다.

투자 유치를 했다면 '투자 유치'

이벤트를 개최했다면 '이벤트 개최'

계약, 선정, 수상했다면 '계약, 선정, 수상'

동사에 따라 보도자료의 뉴스 가치와 내용이 전혀 달라진다. 그렇기 때문에 정확한 동사를 선택해서 써야 한다. 만약 A기업이 서비스를 런칭한 후 기능을 대폭 리뉴얼하고 타깃 고객을 변경했다고 가정해보자. 이럴 때 제목으로 사용할 동사로 어떤 것이 적당할까?

> 확장 : 범위, 규모, 세력 따위를 늘려서 넓히다
>
> 추가 : 나중에 더 보태다
>
> 개선 : 잘못된 것이나 부족한 것, 나쁜 것 따위를 고쳐 더 좋게 만들다
>
> 도입 : 기술, 방법, 물자 따위를 끌어들이다
>
> 강화 : 수준이나 정도를 더 높이다
>
> 고도화 : 정도가 높아짐, 또는 정도를 높이다
>
> 공개 : 어떤 사실이나 사물, 내용 따위를 여러 사람에게 널리 터놓다
>
> 피봇 : 원래 유지해오던 비즈니스 모델이나 경영 전략의 방향을 틀어서
> 제품을 만들거나 서비스를 창조해내다

비슷한 동사지만 전혀 다른 의미를 갖는다. 어떤 동사를 선택하느냐에 따라 본문의 내용도 달라지고 기업 활동의 의미도 달라진다.

동사 사용할 때 주의해야 할 사항

① 둘 다 가지면 안 되요? – No! 동사는 하나만 사용

주어가 하나인 것처럼 동사도 하나다. 기업이 아무리 좋은 일을 많이 했어도 한 가지 이야기만 전달해야 한다. 여러 얘기를 동시에 전달하게 되면 독자는 헷갈릴 뿐만 아니라 아무것도 기억하지 못한다. 예

를 들어 A사가 투자 유치와 OO프로그램에 선정됐다고 하면 이는 각각의 보도자료 소재가 된다. 기업이 욕심을 내서 'A사, 투자 유치 및 OO프로그램에 선정'이라고 동사 두 개를 사용한 보도자료를 작성할 수 없다. 두 가지 활동을 언급하고 싶다면 두 개의 활동 중 하나를 제목으로 하고 나머지 활동을 본문에서 다루면 된다. 아니면 아예 각각의 독립적인 보도자료로 작성하면 된다. 두 개의 동사가 관계가 있거나 연속해서 이루어지는 활동인 경우도 있다. 예를 들어 투자 유치가 전제가 되어 OO프로그램에 선정되는 경우다. 이는 두 가지 활동이 아니라 연속해서 이루어지는 활동이다. 이럴 경우 더 의미 있는 행위를 제목에 사용하면 된다.

② 어떤 걸 선택하지? – 완료된 사실 vs. 미래의 계획

기업의 업무는 연속해서 이어진다. 교육과정을 운영한다면 교육과정 모집, 교육 실시, 교육 결과 분석 등으로 업무가 이어진다. 각각의 시점 모두 보도자료의 소재이다. 기업은 이 중에서 기업에 가장 유리한 시점, 즉 소재를 보도자료로 작성해서 배포해야 한다.

A사, 양성과정 모집 완료
A사, 양성 프로그램 교육 시작

내용에는 큰 차이가 없지만 제목의 동사를 무엇으로 정하느냐에 따라 전달하고자 하는 메시지는 전혀 다르다. 교육과정 모집 완료를 알리는 것이 기업에 더 좋은지, 교육과정이 시작됐다는 것을 알리는 것이

더 좋은지를 선택해야 한다. 성과를 강조하고 싶다면 과거에 일어난 사실을, 이제 시작할 일을 알리고 싶다면 미래의 계획을 알리면 된다.

TIP 보도자료의 유효기간은?

뉴스 가치는 상품의 유통기한처럼 시간에 따라 달라진다. 한참 지난 일이나 한참 남은 사건은 시간적 거리감 때문에 뉴스 가치가 낮다. 기업 활동을 하다 보면 보도자료의 소재인지 모르고 놓치는 경우가 종종 있다. 제때 대응하지 못하다가 나중에 보도자료의 소재가 된다는 것을 알고 뒤늦게 작성하는 경우가 있다. 그렇다면 유효기간은 얼마일까? 한참 지나서 '투자했다, 계약했다, 선정됐다, 수상했다, MOU를 했다, OO이벤트를 했다.'라는 게 가능할까? 어느 정도의 시간이 지난 것도 보도자료로 작성할 수는 있지만 그렇다고 작년에 있었던 일을 보도자료로 작성할 수는 없다. 기준이 있는 것은 아니지만 기사를 작성하다 보면 '지난 달'이나 '다음 달'이라는 표현을 종종 사용하는데, 이러한 표현은 시간적 거리감을 줄여준다. 따라서 사건 발생 앞뒤로 한 달 정도까지의 시간이라면 보도자료를 작성해도 괜찮다. 다만 투자 유치는 사실상 발표 시점이 투자 유치 시점이 되기 때문에 한 달을 넘어도 상관없다. 하지만 행사나 파트너가 있는 행사는 한 달 이상을 넘을 수 없다.

---

③ 동사의 의미 확장

어떤 기업이 A라는 서비스를 해왔는데 이번에 B라는 서비스를 새롭게 런칭하게 됐다라고 한다면 기존에 해왔던 A라는 행위와 이번에 시작한 B라는 행위를 합쳐서 확장된 동사를 제목으로 쓸 수 있다. 비디오몬스터는 숏폼 영상을 자동으로 제작해주는 플랫폼을 운영하는 기업이다. 인터뷰 당시 롱폼 영상 자동제작 플랫폼을 런칭할 계획이었다. 그래서 최초 제목을 '롱폼 영상 자동제작 플랫폼 런칭'으로 정했었다. 비디오몬스터가 기존에 숏폼 영상 자동제작 플랫폼을 운영한 기업이라는 점에 착안해 최종적으로는 '숏폼에 이어 롱폼 영상 자동제작 시장 진출'이라는 새로운 의미의 동사를 제목으로 썼다. 동사가 런칭에서 시장 진출로 커진 것이다.

④ 여러 개의 동사가 있을 때 관계부터 정리해서 선택

기업 활동은 연속해서 이루어진다. A의 행위가 B에 영향을 주고 B는 다시 C에 영향을 주는 식이다. 위의 행위를 도식으로 그리면 다음과 같다.

$$A \rightarrow B \rightarrow C$$

위의 도식은 이렇게도 설명할 수 있다. C라는 현상은 B 때문에 일어났고 B라는 현상은 A 때문에 일어난 것이다. 또는 A 때문에 B가 일어났고 B 때문에 C가 발생했다라는 설명도 가능하다. B를 기준으로 설명하면 B가 일어난 원인은 A 때문이고, B로 인해서 나타나는 현상은 C라고 할 수 있다.

A사는 새로운 사업인 숏폼 영상 리뷰 사업에 대한 보도자료를 작성하려고 한다. 자료를 보니 몇 달 전에 런칭한 숏폼 영상 리뷰 사업이

잘돼서 구매 전환율이 높아졌다는 사실을 발견했다. 그리고 구매 전환율 상승이 매출 상승으로 이어졌다는 사실도 알게 됐다. B사는 기업 실적이 향상돼서 이와 관련한 보도자료를 작성하려고 한다. 실적 향상이 된 원인을 찾으니 구매 전환율 상승 때문이라는 사실을 발견했다. 그리고 구매 전환율이 상승했던 원인이 숏폼 영상 리뷰 사업 때문이라는 것을 알게 됐다. C는 구매 전환율 상승에 관심을 두고 이를 보도자료로 작성하려고 한다. 그래서 구매 전환율이 상승한 원인을 찾아보니 몇 달 전에 런칭한 숏폼 영상 리뷰 서비스 때문이라는 것을 발견했다. 그리고 구매 전환율 상승으로 인해 기업의 매출이 상승한 것을 발견했다. A사, B사, C사의 이야기를 도식으로 그리면 다음과 같다.

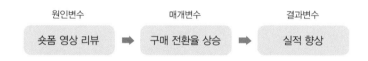

대부분의 기업 활동은 이렇게 복잡한 관계 속에서 일어난다. 그렇기 때문에 보도자료를 작성하기 위해서는 기업의 특정한 활동에 대한 관계 정리부터 해야 한다. 관계를 정리하지 못하면 글을 작성할 수 없고 자꾸만 글이 꼬이고 만다. 만약 위와 같이 기업의 활동을 정리했다면 다음과 같은 제목이 가능하다.

ⓐ 원인변수 중심의 제목 : 숏폼 영상 리뷰 사업 본격 런칭… 구매 전환 상승 이끌어

ⓑ 매개변수 중심의 제목 : 구매 전환율 상승으로 실적 개선 / 구매
   전환율 상승… 숏폼 영상 리뷰 안착
ⓒ 결과변수 중심의 제목 : 실적 향상… 숏폼 영상 리뷰 사업 안착

제목에 따라 본문의 내용도 바뀐다. ⓐ의 제목을 사용하게 된다면 본문은 숏폼 영상 리뷰 사업 런칭 사실을 먼저 언급하고 숏폼 영상 리뷰 사업으로 구매 전환율이 높아졌다는 사실과 뒤이어 이 때문에 기업의 실적이 좋아졌다라고 기술할 수 있다. 원인부터 얘기하고 결과를 얘기하는 형식이다. ⓑ의 제목을 사용하게 된다면 구매 전환율이 상승했다라는 사실을 언급하고 구매 전환율 상승은 숏폼 영상 리뷰가 시장에 안착했기 때문이라고 배경을 설명한 다음에, 구매 전환율이 상승해서 실적이 좋아졌다는 흐름으로 스토리를 만들 수 있다. 이는 현상을 얘기하고 그 현상이 나타난 원인으로 현상을 설명한 다음, 그러한 현상 때문에 어떤 결과가 초래됐다라고 기술하는 방식이다. ⓒ의 제목은 결과변수인 실적 향상을 제목의 동사로 사용한 것이고 그러한 현상이 일어난 원인으로서 숏폼 영상 리뷰 사업을 든 것이다. 이렇게 되면 본문은 숏폼 영상 리뷰 사업이 어떻게 구매 전환율을 이끌었는지에 대해 설명하고 기업의 실적 향상을 위해 앞으로 숏폼 영상 리뷰 사업을 어떻게 강화할 것인가가 다뤄진다.

이렇게 제목과 대강의 내용이 정해졌다면 기업은 어떤 제목과 내용으로 보도자료를 작성할지를 선택해야 한다. 기업이 생각하는 가장 중요한 행위가 무엇이고, 타깃 독자에게 어떤 메시지를 줄 것인가에 따

라 다르다. 만약 투자 유치가 목적이라면 실적 상승을 제목으로 하는 게 좋고 고객 유치가 목적이라면 서비스 런칭을 제목으로 사용하는 게 좋다.

정말 주어, 동사만으로 괜찮을까? – 제목에 추가문 넣기

보도자료의 제목은 주어, 동사만으로 작성해도 충분하다. 예를 들어 '매일경제, 100만 부 발행 돌파'라고 해도 독자는 무슨 의미인지 충분히 안다. 하지만 인지도가 낮은 스타트업 입장에서는 뭔가 부족해 보인다. 그래서 필요한 게 수식문과 추가문이다. 주어, 즉 보도자료를 작성하는 기업이 어떤 기업인지를 수식해주는 문장이나 동사, 즉 기업의 특정한 행위에 대한 구체적인 설명이 포함된 수식문, 그리고 기업의 특정한 행위가 갖는 의미를 보충해주는 추가문을 넣음으로써 보다 분명한 제목이 된다.

수식문 + S(who) + 수식문 + +V(What)… 의미(목적)

---

① 주어 수식문

언론홍보의 중요한 목적 중 하나가 기업의 인지도를 쌓는 것이다. 그런데 제목에 주어만 있을 경우 독자는 어떤 회사인지 모른다. 예를 들어 '미라클살롱, 회원 1만 명 돌파'라는 제목만 봐서는 미라클살롱*

---

* 미라클살롱은 필자가 만든 스타트업 홍보인 커뮤니티다.

이 뭐하는 기업인지 모르고 언론홍보의 목적인 인지도를 쌓는데도 실패한다. 이렇게 인지도가 낮은 기업일 경우 기업을 설명해주는 수식문을 붙여줌으로써 기업의 인지도를 높여줄 수 있다. 이것만으로도 보도자료 작성 목적을 달성한 셈이다.

> 미라클살롱, 회원 1만 명 돌파 → 스타트업 홍보인 커뮤니티 미라클살롱, 회원 1만 명 돌파

마찬가지로 '미라클라이팅클럽*, 누적 사용자 10만 명 돌파'라는 제목에서도 주어를 설명해주는 수식문을 넣어주면 좋다.

> 미라클라이팅클럽, 누적 사용자 10만 명 돌파 → 글쓰기 코칭 플랫폼 미라클라이팅클럽, 누적 사용자 10만 명 돌파

브랜드를 주어로 할 경우에도 브랜드를 수식해주는 말을 넣어주면 된다. 'IF, 마포 프론트원에서 열린다'라는 제목보다는 IF에 대해서 모르는 독자를 위해 다음과 같이 수식문을 넣어주면 더 이해하기 쉽다.

> 'IF, 마포 프론트원에서 열린다' → '스타트업 거리 축제 IF, 마포 프론트원에서 열린다'

* 미라클라이팅클럽은 필자가 만든 프로젝트로 홍보 담당자 대상의 글쓰기 코칭 플랫폼이다.

주어를 설명하는 이러한 수식문은 신중하게 작성해야 한다. 반복적으로 노출되는 이 수식문 자체가 기업이 어떤 기업인지를 브랜딩시켜 주기 때문이다. 또한 기업의 비전, 포지셔닝, 경쟁사와의 관계 등이 이 수식문 하나로 드러난다. 주어 수식문에 대해서는 다음에 설명할 '기업의 아이덴티티 각인시키기'에서 상세하게 다룰 예정이다.

② 동사 수식문

동사에 대한 수식문을 넣음으로써 기업의 행위를 보다 구체적으로 설명할 수 있다.

미라클살롱, 미라클라이팅클럽과 업무협약 체결 → 미라클살롱, 미라클라이팅클럽과 스타트업 홍보 서비스 통합 플랫폼 구축을 위한 업무협약 체결

이렇게 MOU 체결에 대한 목적을 동사 앞에 넣음으로써 왜 그러한 행위를 했는지 제목만 보고도 알 수 있다. 기업이 투자를 유치했다면 투자 규모 등 구체적인 설명을 조금 더 붙일 수 있다.

'A사, 시리즈 A 투자 유치' → 'A사, 20억 규모의 시리즈 A 투자 유치' / 'A사, B사로부터 시리즈 A 투자 유치'

이렇게 수식문을 붙임으로써 어느 정도 규모의 투자인지, 누구로부터 투자를 받았는지 한눈에 알 수 있다. 기업 비즈니스에서 중요한 것

은 파트너사이다. 파트너사와 어떤 행위를 한 것도 중요하지만 그 파트너사가 누구인지도 중요하다.

'서울경제진흥원, 혁신 스타트업 선발 육성' → '서울경제진흥원, 미라클라이팅클럽과 손잡고 혁신 스타트업 선발 육성'

어떤 행사이고 누가 주최하는 행사인지를 밝혀주면 행사 규모를 짐작할 수 있다.

'미라클살롱, 경기 마이스 온택트데이에 참여' → '미라클살롱, 경기도·경기관광공사 주최 경기 마이스 온택트 데이에 참여'

③ 동사의 의미 첨가

주어, 동사만으로는 왜 그러한 행위를 했는지 이유를 알 수 없다. 그리고 그러한 행위 이후에 무슨 일을 하는지도 궁금하다. 이를 위해 동사의 의미를 부여해서 설명하는 문장이나 연속해서 이어지는 행위에 대해 제목 뒤에 '…'를 붙여 넣는다. 예를 들어 어떤 기업이 쇼피에 입점했다고 하면 이와 같은 행위가 의미하는 바를 '…' 다음에 붙여주면된다.

A사, 동남아 최대 이커머스 '쇼피' 입점 → A사, 동남아 최대 이커머스 '쇼피' 입점… 글로벌 진출 본격화

수식문, 첨가문 선택

주어 수식문, 동사 수식문, 의미 첨가문 모두 중요하다. 하지만 이 모두를 제목에 넣을 수는 없다. 이 모든 문구를 다 넣다 보면 제목이 너무 길어지기 때문이다. 제목은 15자 내외가 좋다. 결국 3가지 중 하나만 선택해야 한다. 인지도가 낮은 초기 기업이라면 기업의 인지도부터 올려야 한다. 다른 어떤 수식문과 첨가문보다 기업을 설명해주는 수식문을 제목으로 쓰는 게 좋다. 어느 정도 인지도가 있는 성장 기업이라면 기업의 성장성과 스케일업에 도움이 되는 활동의 의미를 강조하는 게 좋다. 특정한 행위 자체를 강조하고 싶다면 행위에 대한 설명을 강조하면 된다. 결국 기업(who)을 강조할 것인가, 기업이 활동한 행위(what)를 강조할 것인가, 기업이 활동한 것에 대한 의미(why)나 차별점(how)을 강조할 것인가의 문제이다. 이렇게 기업과 기업의 특정한 행위를 명확하게 제목에 담으면 보도자료 게재율도 높일 수 있다. 뉴스의 가치가 그만큼 높아지기 때문이다.

부제 만들기 ——

다음으로 부제 만들기에 대해 알아보자. 부제는 필수적인 요소는 아니다. 제목에 담지 못한 중요한 내용과 핵심 메시지를 전달하는 데 부제를 활용하면 좋다. 부제를 만드는 방법은 간단하다. 본문의 각 문단별로 요약한 문장을 부제로 하면 된다. 보도자료의 본문은 특정 행위에 대한 상세한 설명(What), 기업(Who) 소개, 특정 행위를 한 이유

(Why)와 그러한 행위를 할 수 있게 된 기업의 차별화 포인트와 장점 (How), 대표의 비전과 생각을 담은 멘트, 부가 정보로 이루어진다. 각각의 문단에서 중요한 내용을 키워드로 뽑아 부제로 사용하면 된다. 본문에서 부제 만드는 법을 살펴보겠다.

OOO를 운영하는 OOO가 제1회 OO대회를 성공적으로 마쳤다고 1일 밝혔다.

이번 대회는 오픈 3일 만에 참가 신청이 마감될 정도로 관심이 높았다. 1인 가족, MZ 세대, 가족 단위 등 다양한 계층에서 참여했다. 1,000명의 참가자는 이번 달 1일부터 15일까지 15일 동안 대회에 참여했으며, 참가자 100명이 목표인 20만 보 걷기에 성공했다. 15일간 참가자의 누적 평균 걸음수는 14만 5,000보이며 하루 평균 9,900보를 걸었다. 1만 보 걷기는 하루 350~400kcal를 소모할 수 있는 운동량이다.

OO대회는 OOO가 이번에 처음 선보인 프로그램이다. 누적 걸음수를 겨루는 방식으로 진행되며 다른 참가자들의 걷기 기록을 확인할 수 있다. 실시간으로 순위 변동을 확인하기 때문에 '좀 더' 걷고 싶어지는 동기부여가 생긴다. 1, 3, 5, 10, 15, 20만 걸음을 넘길 때마다 '인증샷'을 남길 수 있다. 나의 걷기에 대한 기록도 '걸음수 달력'으로 한눈에 확인할 수 있다.

OOO는 이용자 스스로 도전 목표를 설정하고 관련 미션을 수행해 가면서 건강한 습관을 형성할 수 있도록 돕는 서비스다. 예치금의 형태로 돈을 걸어서 목표를 실천한 비율에 따라 환급금을 받는다.

OOO 대표는 "앞으로도 매달 건강에 진심인 다양한 브랜드들과 온라인 랜선 대회를 이어 나가며 건강 챙기기가 좀 더 즐거워질 수 있도록 돕겠다."라고 전했다.

한편, OOO는 한 달간 15만 보를 목표로 하는 2월 대회를 글로벌 스포츠 브랜드 'OOO, 이너뷰티 OOO' 브랜드와 함께할 예정이다. 참가 신청은 1일부터 OOO 앱을 통해 하며 선착순 100명에게는 OOO와 OOO이 포함된 기념팩을 제공한다.

각 문단에서 행사 성과, 행사의 차별화 요소인 동기부여 방법, 행사의 취지와 의미를 담은 대표의 멘트, 다음 행사 소개와 참여 브랜드에 대한 소개를 중요한 내용으로 체크했다.

1. 성과 : 3일 만에 신청 마감, 다양한 계층에서 1,000명 참가, 100명 목표 완수, 350~400kcal 소모
2. 동기부여 제공
3. 다양한 브랜드와 협업, 즐겁게 건강 챙기기
4. 2월 대회 협찬 브랜드

이렇게 각 문단에서 중요한 키워드를 도출한 다음에 이를 부제로 만

들면 된다.

1. 다양한 계층에서 1000명 참가… 3일 만에 신청 마감될 정도로 관심 높아
2. 지속적인 동기부여로 완주 도와
3. "다양한 브랜드와 협업하며 즐겁게 건강 챙기는 데 도움 주고 싶어"
4. 2월 대회는 OOO와 함께

부제는 몇 개가 좋을까. 이에 대한 기준은 없다. 3개가 가장 많이 쓰인다. 하지만 1개, 2개, 4개 모두 가능하다. 다만 5개 이상의 부제는 너무 많다.

탑라인 만들기 ──

2023년 상반기 ChatGPT의 열풍이 불었다. 유행처럼 보도자료 제목에 ChatGPT를 포함시키기 시작했다. 그중에 눈에 띄는 보도자료가 있었다.

"ChatGPT가 만약 한국에서 대학수학능력시험을 본다면, 영어 2등급, 수학은 아직 낙제 수준"

ChatGPT 열풍과 후킹한 제목 때문에 많은 언론사에서 기사화가 되

었다. 해당 기사를 읽지 않은 사람이 없을 정도였다. 모두 잘 만들어진 제목 덕이다.

후킹한 제목의 문제점

위의 보도자료는 ChatGPT로 대학수학능력시험을 실제 치른 실험 결과에 관한 것이다. 충분히 보도자료로 좋은 소재다. 그렇다면 해당 보도자료를 작성한 기업은 보도자료 배포 목적을 달성했을까? 문제는 이 기사를 작성한 기업에 대해 기억하는 사람이 전혀 없다는 사실이다.

심지어 외국의 연구논문이 아니냐고 하는 사람도 많았다. 보도자료를 배포하는 이유는 기업과 프로덕트를 알리기 위함이다. 이와 같은 후킹한 제목의 기사로는 기업과 프로덕트를 알리는 데 도움이 되지 않는다. 그렇다면 이처럼 후킹한 제목을 사용하면서도 기업과 프로덕트도 알릴 수 있는 방법이 있을까?

후킹한 제목 보완 방법

위의 사례는 후킹한 제목만 사용했기 때문에 생긴 문제다. 이를 다음과 같이 보완하면 된다.

첫째, 후킹한 제목 대신 주어+동사로 제목 만들기

멋진 제목을 만들고 싶은 유혹을 참는 게 중요하다. 가장 안전한 제목은 주어+동사의 일반적인 제목이다.

> "ChatGPT가 만약 한국에서 대학수학능력시험을 본다면, 영어 2등급, 수학은 아직 낙제 수준" → "OO, 수능 문제로 ChatGPT 실력 검증… Y대학교 인공지능대학 연구팀과 공동 연구"

둘째, 후킹한 제목과 주어+동사의 일반적인 제목을 동시에 사용하기

앞서 얘기한 대로 제목은 크게 탑라인, 헤드라인, 서브라인으로 구성되는데, 탑라인, 헤드라인 모두를 사용하는 방법이다.

> 탑라인 : "ChatGPT가 만약 한국에서 대학수학능력시험을 본다면, 영어 2등급, 수학은 아직 낙제 수준"
> 헤드라인 : "OO, 수능 문제로 ChatGPT 실력 검증… Y대학교 인공지능대학 연구팀과 공동 연구"

대부분의 보도자료가 이러한 유형을 따르고 있다.

18만 개 브랜드 제품별 구매 고객 프로파일, 구매 여정, 경쟁사를 한 번에 파악한다!
아이지에이웍스, 이커머스 빅데이터 탑재한 신규 서비스 '마케팅클라우드-이커머스' 출시

"챗봇과 놀면서 영어 공부하세요"… AI 스타트업 튜닙, 챗봇 이용한 영어 공부 습관 챌린지 진행

"유명 케이크도 이제 캐치테이블로!" 레스토랑 예약 1위 캐치테이블, '케이크' 서비스 오픈전 판매

이번 주말, 핫플패스로 핫플레이스 투어 떠나볼까~" 쿠프마케팅, 서촌 · 익선 핫플패스 출시

국민 육아템'으로 입소문… 교육적 효과로 오디오 콘텐츠 니즈 높아 서비스 확장 예고
코코지, 런칭 1년 만에 아띠 판매 13만 7천개 돌파… '키즈 오디오 콘텐츠' 통했다

팬덤 비즈니스도 쉽고 간편하게!
키클롭스X케이브, '퍼블' 기반 아티스트 팬덤 플랫폼 구축 및 콘텐츠 기술 력 MOU 체결

"투자. 쉽게. 알아서. 통했다!", 핀트(fint), 누적 회원 수 100만 명 돌파

셋째, 후킹한 제목과 주어+동사의 일반적인 제목 섞어 사용하기

후킹한 제목(탑라인)과 주어, 동사의 일반적인 제목(헤드라인)을 섞어 사용하면 눈길을 끌면서도 기업도 알리고 특정한 행위도 밝힐 수가 있다.

"ChatGPT 수능에서 낙제"… OO, 검증으로 밝혀져

헤드라인이 필수라고 한 이유가 여기에 있다. 헤드라인 없이 탑라인만 썼을 때는 정작 기업 홍보가 되지 않으며, 무슨 내용을 담은 보도자료인지 이해하기 어렵다. 이 때문에 반드시 주어+동사의 일반적인 제목으로 헤드라인을 먼저 정하고 서브라인(부제)을 만든 다음 탑라인을 마지막에 만들어야 한다.

그래도 후킹한 제목을 만들고 싶다면 다음을 참고하기 바란다.

후킹한 제목 만드는 방법

우선 보도자료의 핵심 키워드, 메시지를 뽑는다. 앞서 예로 든 보도자료의 경우 핵심 키워드는 'ChatGPT', '수능시험', '낙제'이다. 이 키워드로 사람의 주목을 끄는 제목으로 만들면 된다. 눈길을 끄는 제목은 다음과 같다.

① 명령형 : '~해라'라는 명령형이다. 보도자료는 정보성 글이기 때문에 그 정보가 좋다고 단언하는 제목에 이끌린다.

예) "챗봇과 놀면서 영어 공부하세요."

　"유명 케이크도 이제 캐치테이블로!"

　"스마트폰 구입, 세 번만 클릭하세요."

② 질문형 : 질문은 독자에게 호기심을 유발한다.

　예) "중고차, 싼 차는 많지만 품질 좋은 차는 찾기 어려우셨죠?"

　"한 달 동안 매일 걷기, 당신도 도전하시겠습니까?

③ 권유형 : 명령과 질문의 중간 형태인 권유형이다. 권유형은 행동
　을 유발한다. '해라'보다는 '하자'가 조금 부드럽다.

　예) "이번 주말, 핫플레이스 투어 떠나볼까~"

④ 가정문 : '~한다면'으로 하는 가정문이다. 이런 가정문은 독자의
　호기심을 자극한다.

　예) ChatGPT가 만약 한국에서 대학수학능력시험을 본다면, 영어 2등
　　급, 수학은 아직 낙제 수준

⑤ 나열형 : 키워드 나열형으로 주요 키워드를 단어로 나열하는 것
　이다.

　예) "투자. 쉽게. 알아서. 통했다!"

⑥ 긍정형 : 기업의 상황을 긍정적으로 표현하는 것이다. 독자는 기
　업의 소식에 대해 궁금해할 것이다.

예) "K-POP 활황에 엔터테크 플랫폼도 활짝 웃었다"

이외에도 여러 가지 유형으로 후킹한 제목을 만든다.

- 비유 : ~와 같은, ~처럼 : "새 폰 같은 중고폰"
- 신조어, 유행어 : 최근 유행하고 있는 말을 넣어 제목 만들기, '슈퍼 갓생'
- 반복, 대조, 비교 : "모두가 갖고 싶어 하는 폰, 모두가 가질 수 없는 폰", "같은 값으로 선택 폭이 넓은 중고폰"
- 속담, 격언, 고사성어 : "중고폰은 겉과 속이 다를 때가 많습니다."
- 패러디 : 소비자에게 익숙한 문장이나 문체를 예상치 못하게 흉내 내는 방법
- 역설 : 값만 비싼 새 폰은 가라."

TIP 후킹한 제목과 일반적인 제목을 같이 사용했을 경우 실제 기사는
어떤 제목으로 게재될까?

"오류 만난 코드? 이제 AI로 실시간 첨삭 받아요!"
팀스파르타, 스파르타코딩클럽 즉문즉답 서비스에 대화형 인공지능
'챗GPTChatGPT' 도입

언론사	기사 제목	제목 만드는 법
뉴시스	코딩 강의도 '챗GPT 도입'… 팀스파르타 즉문즉답 서비스	후킹한 제목 + 일반적인 제목
매일경제	팀스파르타, 스파르타코딩클럽 즉문즉답 서비스에 대화형 인공지능 챗GPT 도입	일반적인 제목
전자신문	스파르타코딩클럽, 즉문즉답 서비스에 챗GPT 도입	일반적인 제목
데이터넷	팀스파르타, 스파르타코딩클럽 즉문즉답 서비스에 챗GPT 도입	일반적인 제목
테크월드	스파르타코딩클럽, 즉문즉답 서비스에 대화형 인공지능 챗GPT 도입	일반적인 제목
EBN	"코딩도 챗GPT 시대"… 팀스파르타, 코드체크 서비스 런칭	후킹한 제목 + 일반적인 제목
한경잡앤조이	팀스파르타, 챗GPT 도입	일반적인 제목
인공지능신문	'오류 만난 코드? AI로 실시간 첨삭 받는다!'… 팀스파르타, 스파르타코딩클럽 즉문즉답 서비스에 챗GPT 도입	'후킹한 제목 + 일반적인 제목
서울경제	챗GPT가 개발자 코딩 오류도 잡아낸다	후킹한 제목으로 새롭게 제목 작성
경향게임스	팀스파르타, 코딩 오류 해결 도우미 인공지능 챗봇 도입	일반적인 제목 + 후킹 제목 일부 반영
시사포커스	팀스파르타, 코딩 교육업계 최초로 챗GPT 도입…'정확도 99% 이상'	일반적인 제목을 기본으로 새로운 제목 작성

후킹한 제목과 일반적인 제목이 함께 포함된 보도자료의 경우 기사화는 대부분 주어+동사의 일반적인 제목이 사용된다. 종이 신문을 제작하는 언론사의 경우 기사의 제목을 만들고 문장을 수정해주는 편집부 기자가 따로 있어 비교적 제목을 평범하게 쓰는 경향이 있다. 편집부가 없는 온라인 매체의 경우 주목을 끌기 위해 후킹한 제목을 선호하며 일반적인 제목과 후킹한 제목을 조합해서 새롭게 만들어 쓴다. 그렇다면 대부분의 언론사, 특히 유력 언론사의 경우 일반적인 제목을 선호하는데도 기업에서는 왜 이렇게 후킹한 제목을 사용하려는 걸까? 후킹한 제목을 사용하는 이유는 관심을 끌기 위해서다. 후킹한 제목을 사용하면 위의 예에서 본 것처럼 다양한 제목으로 기사화가 된다는 장점도 있다.

리드문(단) 만들기 ─

리드문은 기사의 시작을 알리는 문장이나 문단을 말한다. 말 그대로 기사의 맨 앞에 나와 본문 전체를 이끈다. 독자는 기사 제목을 보고 읽고 싶은 기사를 고르며, 리드문을 읽고 더 읽을 것인지 말 것인지를 결정한다. 그렇기 때문에 기사가 재밌고 읽을 만한 가치가 있다는 것을 리드문에 모두 담아야 한다. 리드문 뒤에 나오는 본문은 리드문을 뒷받침하는 글일 뿐이다. 그렇기 때문에 본문은 리드문에 따라 완전히 바뀐다.《스틱》의 저자 돈 위클리프는 "만일 두 시간 동안 기사를 하나 써야 한다면, 나는 처음 1시간 45분을 리드 쓰는 데 바칠 것이다."라고 말했다. 그만큼 리드문 작성에 신경을 써야 한다. 위의 말에 필자가 조금 수정해서 보태자면 제목과 리드문을 쓰는 데 99%의 노력을 쏟아야 한다고 말하고 싶다. 리드문이 잘못되면 엉뚱한 글이 써진다. 기업으로 치면 대표 같은 존재다.

리드문 만들기

리드문을 작성하는 방법은 여러 가지가 있다. 맹목형은 행사나 회의가 있었다라고 설명하는 방식이다. '정부는 1일 3개 부처의 대한 개각을 단행했다.'라고 하는 게 맹목형이다. 종합형은 몇 가지 유사한 사건을 하나로 묶어 설명하는 것으로 사건의 특성이나 경향, 변화를 언급하는 것을 말한다. 광범위한 현상이 곳곳에서 있을 때 사용한다. '금리인상 이후 서울 곳곳에서 부동산 가격이 하락하고 있다. 부동산 가격 하락으로 경기 침체가 예상된다.'가 종합형이다. 그리고 전체 내용을 요약하는 육하원칙이 있다. 보도자료에서는 거의 육하원칙으로 리드문을 만든다.

육하원칙(요약형)으로 만들기

이 장 맨 처음에 제목과 리드문이 서로 연관성이 있다고 설명했다. 제목과 리드문은 다음과 같은 관계성을 가지고 있다.

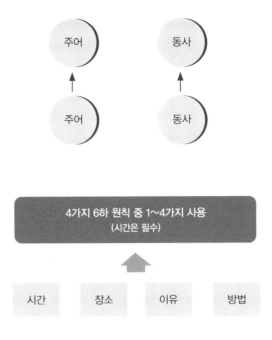

　제목은 육하원칙 중 두 가지, 즉 누가(who) 무엇을 했다(what)로 작성된다. 리드문은 이 두 가지에 육하원칙 중 남은 4가지 중에서 시간을 필수로 넣고 나머지 장소와 이유와 방법을 추가해서 작성한다. 미라클라이팅클럽이 매일경제 우수 스타트업 대회에서 대상을 수상했다면 육하원칙을 다음과 같이 정리할 수 있다.

● 미라클라이팅클럽 매일경제 우수 스타트업 대회 대상 수상 육하원칙

누가	글쓰기 코칭 플랫폼 미라클라이팅클럽
언제	2023년 12월 20일
어디서	매일경제 대강당
무엇을	매일경제 우수 스타트업대회에서 대상 수상
왜(목적, 이유)	기업의 홍보 역량 강화와 커뮤니케이션 지원
어떻게(과정, 방법)	비즈니스의 우수성, 성장 가능성

제목은 육하원칙 중에서 주어와 동사로 만든다.

　미라클라이팅클럽, 매일경제 우수 스타트업대회에서 대상 수상

남은 육하원칙 가운데 시간은 필수다. 그리고 앞서 얘기한 대로 주어를 수식해주는 문장을 앞에 붙이면 다음과 같은 리드문이 된다.

"글쓰기 코칭 플랫폼 미라클라이팅클럽이 매일경제 우수 스타트업대회에서 대상을 수상했다고 20일 밝혔다."

여기에 '장소'와 '왜', '어떻게'를 추가해서 넣으면 완성된 리드문(단)이 된다.

－ 장소를 추가한 경우
"글쓰기 코칭 플랫폼 미라클라이팅클럽이 매일경제 대강당에서 진행한

매일경제 우수 스타트업대회에서 대상을 수상했다고 20일 밝혔다."

– 과정, 방법을 추가한 경우

"글쓰기 코칭 플랫폼 미라클라이팅클럽이 비즈니스의 우수성, 성장 가
능성을 높이 평가받아 매일경제 우수 스타트업대회에서 대상을 수상
했다고 20일 밝혔다."

– 목적, 이유를 추가한 경우

"글쓰기 코칭 플랫폼 미라클라이팅클럽이 매일경제 우수 스타트업대
회에서 대상을 수상했다고 20일 밝혔다. 미라클라이팅클럽은 이번 수
상을 통해 기업의 글쓰기 역량을 강화하고 커뮤니케이션을 지원하는
플랫폼으로 발돋움하게 됐다."

세 가지 중 기업 입장에서 가장 중요한 것을 선택해서 리드문을 정
하면 된다.

육하원칙을 포함한 리드문(단) 만들기를 해봤다. 본문은 리드문의
근거가 되는 문장이고 리드문을 뒷받침하는 문장이다. 본문 작성법에
대해 설명하기 전에 주어, 즉 기업의 정체성을 나타내는 수식문을 어
떻게 만드는지부터 살펴보자.

기업의 아이덴티티
각인시키기

기사에서 '( )하는 기업'이라는 형태로 기업을 소개하는데, 이 짧은 수식문으로 기업의 정체성이 드러난다. 기업은 자신이 어떤 존재인지를 이 짧은 수식문 안에 명확히 드러내고 이를 반복적으로 노출함으로써 대중, 이해관계자에게 기업의 존재와 아이덴티티를 각인시켜야 한다. 이 수식문은 기업 스스로가 자신을 정의한 것이며 앞으로 어떻게 사업을 할지에 대한 방향도 담고 있다.

A사는 '글로벌 에듀테크 기업'과 '에듀테크 리딩 그룹'으로 기업의 아이덴티티를 표현해왔었다. 이러한 표현은 A사의 가장 중요한 사업인 로봇 사업을 잘 반영하지 못한다는 문제가 있었다. A사는 자신을 가장 잘 나타내는 표현을 찾기 위해 경쟁 회사와의 관계, 시장 크기, 경쟁사 대비 장점과 차별화 포인트를 분석했다. 그렇게 해서 '로봇 전

문 에듀테크'를 기업 수식문으로 사용하기 시작했다. 이 수식문은 A사를 가장 잘 소개하는 표현으로 결정되면서 현재까지 계속해서 사용하고 있다.

기업 수식문의 유형 파악하기 ──

제목과 리드문에 많이 쓰이는 기업 수식문의 유형은 다음과 같다.

① 기업이 속한 업종과 기업의 비즈니스 내용을 설명해주는 형태

호스피탈리티 테크 스타트업 / 온다

사무실 맞춤 간식 큐레이션 서비스 스타트업 / 스낵포

증권 관리 플랫폼 / 쿼타북

에듀테크 스타트업 / 팀스파르타

반려동물 (토탈) 헬스케어 스타트업 / 핏펫

숙박 위탁운영 서비스 1등 스타트업 / 핸디즈

이벤트 비즈니스 플랫폼 / 온오프믹스

웨어러블 카메라 전문 제조 기업 / 링크플로우

산업용 확장현실(XR) 전문기업 / 버넥트

개인화 패션 스타일링 솔루션 개발사 / 블랙탠저린

다회용기 배송서비스를 제공하는 / 잇그린

독서 플랫폼 / 밀리의 서재

게임과 비즈니스 크리에이팅 업체 / 에임드

AI 기업 / 리턴제로

미디어 콘텐츠 번역 전문 스타트업 / 엑스엘에이트

도심항공교통(UAM) 통합관제, 모빌리티 배송 전문 기업 / 파블로항공

글로벌 패밀리 엔터테인먼트 기업 / 더핑크퐁컴퍼니

호텔 테크 스타트업 / 열한시

커머스 데이터 분석 자동화 솔루션을 제공하는 / 라플라스테크놀로지

글로벌 종합 콘텐츠 스튜디오 / 와이낫미디어

HR테크 기업 / 원티드랩

뷰티테크 기업 / 에이피알

블루칩 아트테크 플랫폼 / 테사

로봇 키친 스타트업 / 에니아이

가구 구독 스타트업 / 이해라이프스타일

건강 전문기업, 건강기능식품 전문기업, 연결 기반 IT 스타트업 / 엔라이즈

② 특별한 수식문 없이 기업명만 사용

테이크원컴퍼니, 블랭크코퍼레이션, 드래곤플라이처럼 성장한 기업의 경우 기업 수식문을 사용하지 않는 경우가 많다. 사용하더라도 모바일 게임, 미디어 커머스, 코스닥 상장 게임사처럼 간단하고 짧은 수식문을 사용한다. 이미 어느 정도 시장에서 기업의 존재가 충분히 알려졌기 때문이다.

③ 브랜드를 강조하는 수식문

기업보다 브랜드가 더 알려진 기업의 경우 브랜드 운영사로 기업을

알린다.

건강습관 형성 플랫폼 '챌린저스' 운영사 / 화이트큐브

직장인 익명 커뮤니티 서비스 '블라인드'를 운영하는 / 팀블라인드

AI 기반 학습 플랫폼 '콴다' 운영사 / 매스프레소

종합 비즈니스 플랫폼 '리멤버' 운영사 / 드라마앤컴퍼니

수산물 플랫폼 '인어교주해적단' 운영사 / 더파이러츠

뷰티 플랫폼 '화해'를 운영하는 / 버드뷰

운전자 초밀착 모빌리티앱 '차봇'을 운영하는 / 차봇모빌리티

온라인 홈트레이닝 플랫폼 '콰트'와 소셜디스커버리 서비스 '위피' 운영
사 / 엔라이즈

④ 새로운 용어로 자신의 아이덴티티 설명

새로운 시장을 만들어 나가는 스타트업의 경우 새로운 시장을 정의
하는 용어로 자신의 아이덴티티를 보여준다. 순환패션 플랫폼 '윤회'
를 운영하고 있는 민트컬렉션은 해외에서는 circular fashion이라는
용어가 보편적으로 사용되고 있지만, 아직 우리나라에서는 생소한 '순
환패션'이라는 용어로 기업을 설명하고 있다. 이렇게 새로운 용어로
자신을 설명하는 건 새로운 시장을 만든다는 측면에서는 좋지만 용어
가 익숙지 않은 대중에게 어필하기에는 다소 무리가 있다.

⑤ 투트랙 전략을 반영하는 수식문

번개장터가 2020년부터 '취향을 잇는 거래'라는 슬로건을 만들며

번개장터의 브랜드 정체성을 구축하고 '취향 기반 중고거래 앱'으로 번개장터의 아이덴티티를 정했다. 이후 2023년 7월부터 '패션 중고거래 애플리케이션'을 강조하기 시작했다. 2023년 상반기 번개장터 누적 거래액 기준으로 패션 거래액이 5,200억 원을 차지해 전체 카테고리에서 42%를 차지했으며, 최근 5년간 번개장터 내 패션 카테고리 거래액도 2019년에 비해 2022년 108% 성장하면서 패션 관련 카테고리도 늘었다. 이렇게 번개장터의 패션 카테고리가 성장하자 패션 관련 보도자료의 경우에 '패션 중고거래 애플리케이션'이라는 태그라인을 붙이기 시작했고, 그 외 보도자료에는 그전부터 사용해왔던 '취향 기반 중고거래 앱'을 그대로 사용하기 시작했다. 이와 같이 두 가지 전혀 다른 형태의 태그라인으로 자신의 아이덴티티를 소개하기도 한다. 아래 기업 사례는 전혀 다른 분야는 아니지만 다양한 방식으로 자신의 아이덴티티를 강조하고 있다.

마이데이터 기반 핀테크 스타트업, 인슈어테크사 / 해빗팩토리

영상 생성 AI SaaS, AI 마케팅 소재 자동제작 서비스 / 브이캣에이아이

스타일커머스 플랫폼, 동대문 기반 패션 플랫폼, 여성 패션 플랫폼 에이블리 / 에이블리코퍼레이션

건설 현장 공간정보 디지털트윈 스타트업, 공간 정보 플랫폼, 공간정보 솔루션 / 메이사

자연어 인지검색 솔루션 기업, 인공지능 스타트업 / 올거나이즈

남성 라이프 케어 브랜드, 면도날 정기구독 서비스 플랫폼, 쉐이빙 케어 전문 브랜드, 면도용품 전문 브랜드 / 레이지소사이어티

에듀테크 선도기업, 입시 전문 기업 / 디쉐어

뷰티테크, 모바일 뷰티 플랫폼 / 버드뷰

환경 엔지니어링 기업, 친환경 소셜벤처 / 이노버스

핀테크 스타트업 트래블월렛, 외화 결제·환전 서비스 제공업체 / 트래블월렛

인공지능 스타트업, AI 음원 창작 기업 / 포자랩스

⑥ 최초·최고임을 보여주는 수식문

국내 최초가 확실하다면 이를 표현해도 좋다.

부동산 조각투자 1호 업체 / 카사코리아

⑦ 특정 산업 강조 : AI 기업

2023년 AI가 핫이슈가 됐다. 'AI 기업' 검색어가 늘어났고 스타트업이나 IT 부서에서도 AI 기업에 대한 관심이 높아졌다. 이에 따라 AI 기업으로 아이덴티티를 변경하는 사례도 늘고 있다.

기업 수식문을 설정하는 방법 ──

① 기업/시장 분석 : 기업의 타깃 고객, 고객의 페인 포인트와 솔루션, 전체 시장 규모, 경쟁사 대비 차별점과 장점을 통해 기업의 아이덴티티 분석

② 관계자 설문조사 : 기업의 이해관계자 대상으로 기업에 대한 생각, 이미지, 기대 모습을 설문조사를 통해 분석

③ 키워드 도출 : 기업/시장 분석과 설문 조사를 통해 우리 기업의 아이덴티티를 명확하게 나타내는 키워드 도출

④ 태그라인 설정 : 기업의 아이덴티티를 명확하게 보여줄 수 있는 키워드로 기업을 설명하는 수식문 만들기

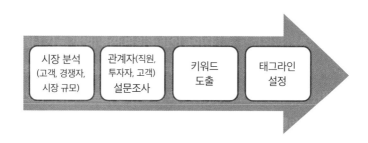

기업의 아이덴티티를 만들 때 고려사항 ——

① 기업의 아이덴티티를 정의하라

기업이 해결하고자 하는 문제, 프로덕트, 기업의 존재 이유, 미션, 비전 등에서 무엇을 강조할 것인가부터 결정해야 한다. A사는 저소득 노령층에게 일자리를 제공해 한복을 만들어 수출하는 사회적 기업이다. 일자리가 없는 노인을 고용해 제품을 생산하고 있다는 점과 여행에서 편하게 입을 수 있는 한복을 만든다는 점이 A사의 차별점이다. A사는 글로벌로 진출해 한복을 세계에 알리고 싶다는 비전도 가지고 있다.

이와 같이 기업의 일하는 방식, 프로덕트, 비전 모두 기업의 아이덴티티를 나타낼 수 있는 좋은 소재다.

- 기업의 일하는 방식 강조 : '6070과 함께하는'
- 프로덕트 강조 : '편안한 한복 잠옷 제작사'
- 기업의 비전 강조 : '한복의 세계화를 주도하는'

② 고객 인식에 집중하라

"상품, 자기 자신의 장점을 전달하고자 할 때에는 안과 밖을 바꿔 놓아야 한다. 상품 자체나 당신 자신의 마인드에서 해결책을 찾지 말고, 잠재고객의 마인드에서 문제의 해결책을 찾아야 한다는 의미다. 메시지 가운데 극히 일부만이 전달되므로 발신자보다는 수신자의 측면에 집중해야 한다. 잠재 고객의 인식에 집중해야지 상품이라는 실체에 집중해서는 안 된다." - 잭 트라우트,《포지셔닝》중에서

메시지는 자신으로부터가 아닌 고객으로부터 나와야 한다. 기업의 아이덴티티를 나타내는 수식문도 대중이나 이해관계자가 우리 기업을 어떻게 인식해주기를 바라는지 고려해야 한다. 고객 인식을 고려한다면 앞서 예시로 든 A사의 경우 'MZ세대 취향 한복', '한복 경험 제공 기업', '여행 경험을 새롭게 하는 한복'과 같은 태그라인을 생각해볼 수 있다.

③ 경쟁사 대비 장점과 차별화를 부각시켜라

아이덴티티는 결국 차별화다. 이를 위해서는 경쟁사 대비 장점과 차별화가 분명히 드러나야 한다.

> "커뮤니케이션 과잉 사회에서 성공하려면 기업은 잠재 고객의 마인드에 하나의 포지션, 즉 그 기업의 강점과 약점은 물론, 경쟁 회사의 강점과 약점까지 염두에 둔 포지션을 창조해야 한다. - 잭 트라우트,《포지셔닝》중에서

자사의 강점과 기업의 포지셔닝을 고려한다면 A사의 경우 '국내 유일 여행용 한복 생산 기업'이라는 태그라인을 생각해볼 수 있다.

④ 타깃 시장의 크기를 고려하라

타깃 시장도 중요하다. 수식문은 현 시점에서 현재의 사업을 명확하게 규정하면서 미래에 얻을 수 있는 가장 큰 시장을 포괄하는 것이 좋다. 범위를 너무 현재에 국한해서 좁히면 사업 영역을 스스로 좁혀 사업 확장을 제한하는 셈이 된다. 반면 사업 영역을 너무 확대하면 정체성이 흐릿해진다. 우리 기업이 어떤 일을 하고 어떤 서비스를 한다고 말하는 것은 곧 기업이 속한 해당 시장의 크기를 반영한 것이다. 시장에 대한 정의와 시장 규모에 따라 수식문은 달라진다.

예) 미라클라이팅클럽을 설명하는 다양한 방식
  - 글로벌 라이팅 전문 플랫폼

- 세상의 모든 사람의 글쓰기 플랫폼

- 기업의 글쓰기 스킬 향상 플랫폼

위의 설명 문구 3개는 TAM, SAM, SOM을 기반으로 만든 것이다.[*]
TAM을 고려한 '글로벌 라이팅 전문 플랫폼'은 미라클라이팅클럽이
도전할 수 있는 최대치 시장이며, 목표로 하는 시장이다. 현재 기준으
로 보면 현실적이지 못한 부분이 있다. SOM을 고려한 '기업의 글쓰기
스킬 향상 플랫폼'은 미라클라이팅클럽의 현재 비즈니스에 대해 직관
적으로 알 수 있지만, 시장을 매우 작게 설정했으며 그만큼 확장 가능
성을 스스로 낮춘 설명 문구다. SAM을 고려한 '세상의 모든 사람의
글쓰기 플랫폼'은 현재 기업의 비즈니스를 명확히 보여줄 뿐만 아니
라 앞으로의 확장 가능성도 보여주고 있다. 미래지향적인 수식문을 쓸
건지, 현재에 집중하는 수식문을 쓸 건지는 기업이 선택할 문제다.

---

[*] 전체시장(TAM, total addressable market)은 사업이 속한 전체시장 규모를 말한다. 최대치
를 가늠해볼 수 있는 시장이다. 목표시장으로 삼기에는 터무니없지만 궁극적으로 추구해야
할 방향이고 성장가능성과 비전을 가늠해볼 수 있다. 유효시장(SAM, serviceable available
market)은 비즈니스 모델을 적용할 수 있는 시장을 말한다. 전체시장 중에 기업이 추구하
는 비즈니스 모델을 적용할 수 있는 시장이다. 수익시장, 공략 가능 시장(SOM, serviceable
obtainable market)은 유효시장 내에서 초기 단계에 확보 가능한 시장 규모를 의미한다. 즉
사업을 지금 당장 오픈했을 때 돈을 지불할 고객이 몇 명인가를 말하며, 실제 확보 가능한 고
객 중심으로 산정한다.

수식문 검토 사항 – 단순, 직관

이렇게 수식문이 만들어졌다면 두 가지를 검토해야 한다.

첫 번째는 극도로 단순해야 한다는 것이다. 길고 긴 수식문, 여러 가지를 동시에 언급한 수식문은 대중의 인식에 각인시킬 수 없다.《포지셔닝》에서 설명한 것처럼 커뮤니케이션 과잉 사회에서 취해야 할 최선의 선택은 메시지를 극도로 단순화하는 것이다.

두 번째는 직관적이어야 한다. A사는 한때 '애드옵스'라는 용어로 기업을 소개했었다. 애드옵스는 A사가 만든 용어로 A사가 하려고 하는 일을 정확하게 설명하는 문구였다. 하지만 A사가 만든 새로운 용어를 듣고 이해하는 사람이 거의 없다는 게 문제였다. A사는 본격적으로 언론홍보를 시작하면서 기업 수식문을 '글로벌 애드테크 기업'으로 수정했다. 새로운 용어를 만드는 것도 좋지만 그 용어가 일반인에게 낯설다면 좀 더 직관적인 표현을 찾아야 한다.

기업 수식문 설정 사례 ──

① 스윗, 새로운 용어 사용으로 기존 시장과 차별화

스윗테크놀로지(이하 스윗)는 2017년 12월 실리콘밸리에서 설립됐다. 기업형 협업 소프트웨어 '스윗'을 개발해 현재 184개국 누적 4만여 개 팀과 기업이 스윗 서비스를 이용 중이다. 2022년 SK브로드밴드로부터 약 55억 원의 투자를 유치했다. 스윗은 나스닥 상장이 목표다. 현재 스윗의 태그라인은 '워크OS'다. 처음에는 '협업 솔루션 제공사

스윗', '직원 생산성 플랫폼 스윗'으로 소개했다. 그러다 2021년 하반기부터는 '글로벌 엔터프라이즈 협업 소프트웨어 기업 스윗', '글로벌 협업 플랫폼 스윗'을 사용했다. 당시 협업 툴이라는 용어는 업무용 채팅 앱이라는 인식이 강했다. 후발주자로서 시장에서 확실한 포지셔닝을 만들고 브랜드를 알리기 위해 스윗은 시장을 분석하고 기업의 아이덴티티를 명확히 하면서 차별화 포인트를 찾기 시작했다. 시장 및 언론에서 이해가 가능한 수준의 용어이면서 특히 협업 툴 시장이 경쟁이 치열했기 때문에 협업 툴이라는 용어를 사용하지 않으면서도 스윗의 아이덴티티가 잘 나타나는 용어를 찾아야 했다. '실리콘밸리', '글로벌', 'SaaS', '엔터프라이즈 소프트웨어' 등을 키워드로 선정하고 최종적으로 '워크매니지먼트', '워크OS'로 태그라인을 정했다. 글로벌에서 협업 툴이라는 용어 대신 워크매니지먼트라는 용어 사용이 일반적인 것도 고려했다. 최종적으로 짧고 기억하기 쉬운 '워크OS'로 태그라인을 정한 스윗은 2022년 하반기부터 언론에 '실리콘밸리에 본사를 둔 글로벌 워크OS'나 '직원 생산성을 위한 글로벌 워크OS'라는 태그라인으로 자사를 소개하고 있다.(스윗 홍보 담당자 인터뷰)

② 블루포인트, 테크를 넘어서

2014년에 설립한 블루포인트는 처음으로 코스닥 상장을 시도한 액셀러레이터다. 블루포인트는 초기부터 최근까지 '딥테크 전문 투자사'라는 아이덴티티를 강조해왔고, 기술 전문 투자사로 포지셔닝했다. 하지만 상장을 앞두면서 그동안 강조해온 딥테크 전문 투자사에서 벗어나 사업 확장 가능성을 보여줄 필요가 있었다. 실제 블루포인트는 콘텐츠나 서비스 관련 기업의 투자 비율도 높다. 하지만 딥테크 전문 투자사로 인식되면서 오히려 좋은 기업에 대한 투자 기회를 살리지 못하는 경우도 있었다. 상장을 앞두고 블루포인트는 2022년부터 자신의 정체성인 '딥테크'를 대신할 새로운 표현을 찾아야 했다. 블루포인트는 혁신의 한 방식을 창업이라고 보고 앞으로 모든 혁신, 즉 창업을 돕겠다라는 새로운 비전과 함께 '테크엣지Tech-edge'라는 용어로 자신을 설명하기 시작했다. 테크엣지는 세상을 바꾸는 기술의 가치를 이해하고 실제 시장의 문제와 연결하는 전문성을 갖겠다는 걸 표현한 말이다. 회사의 정체성이 기술투자에 강점이 있기 때문에 테크를 완전히 버리지 않으면서 혁신, 창업을 강조하는 전략을 선택했다.(참고. 매일경제 2022. 5. 2 〈블루포인트파트너스, 새로운 브랜드 스토리 CI로 리브랜딩〉, 블루포인트 홍보 담당자 인터뷰)

경쟁 기업 간의 수식문 비교분석 ──

① 증권관리 서비스

증권 관리 플랫폼 쿼타북 vs. 비상장 주식회사를 위한 주주관리 서비스 ZUZU

비상장 기업의 증권 관리 서비스를 제공하는 쿼타북과 주주ZUZU는 비슷한 사업을 영위하면서도 태그라인이 다르다. 주주는 '비상장'이라는 현재의 타깃 시장을 분명히 보여주고 있다. 반면 쿼타북은 상장, 비상장이라고 밝히지 않아 현재 비상장을 타깃으로 하고 있지만 상장까지 커버하겠다는 것을 보여주고 있다. 현재의 시장보다는 미래의 시장에 타깃을 두고 설정한 태그라인이다. 주주는 '서비스'를, 쿼타북은 '플랫폼' 기업이라고 자신을 설명하고 있다. 서비스는 공급자가 수요자의 페인 포인트를 해결해주기 위해 수요자에게 서비스를 공급한다면, 플랫폼은 공급자와 수요자를 한 군데 모이게 해서 둘 간의 교류가 이루어지게 하려는 사업 모델이다. 실제 쿼타북은 2023년 7월에는 벤처투자 플랫폼 로고스시스템을 인수해 스타트업, 운용사GP, 출자자LP를 포괄하는 '종합 금융 플랫폼'으로 성장을 준비하고 있다. 반면 주주는 스타트업이 가지고 있는 문제 해결에 중점을 두고 성장하고 있다.

② 공유오피스

위워크, 패스트파이브, 스파크플러스, 집무실이 최근 몇 년 동안 공유오피스 시장 점유율을 높여 나가고 있다. 위워크는 '공유오피스 업계의 글로벌 선도 기업'이라고 자신의 정체성을 나타내며, 실제 38개국 글로벌 지점을 이용할 수 있다는 점을 강조하고 있다. 패스트파이브는 '국내 1위' 공유오피스를 강조하고 있으며, 현재 44개 지점을 운영하면서 다양한 상품과 서비스를 제공하고 있다. 스파크플러스는 '업무에만 집중하세요.'라는 메시지를 강조하면서 '토종' 기업임을 밝히고 있다. 현재 36개 지점을 운영하고 있다. 집무실은 공유오피스라고 하는 기존의 카테고리에서 벗어나 '분산오피스'를 강조하면서 새로운 시장 포지셔닝을 만들어 나가고 있다. 현재 전국에 9개 지점을 운영 중이다. 위워크는 글로벌 1위, 패스트파이브는 국내 공유오피스 시장 1위, 스파크플러스는 토종임을 강조하면서 위워크 등 글로벌 기업과

기업	브랜딩 전략
위워크 (지점 : 19개)	- 태그라인 : 공유오피스 업계의 글로벌 선도 기업 - 사업 전략 : 프리미엄(2.5배 넓은 공간과 업그레이드된 사무용 가구) - 올액세스 : 38개국 글로벌 지점 이용(765개), 비즈니스 공유
패스트파이브 (지점 : 44개)	- 태그라인 : 국내 1위 공급자와 수요자를 다양한 상품과 서비스로 연결하는 '오피스 플랫폼 기업' 으로 거듭나고 있음. 모버스와 파이브스팟, 파이브클라우드 등의 오피스 플 랫폼 사업이 성장 원동력
스파크플러스 (지점 : 36개)	- 태그라인 : 토종 - 메시지 : '2세대 공유오피스', '업무에만 집중하세요' - 근무 환경, 스타트업 지원 제도
집무실 (지점 : 9개)	- 태그라인 : 주거지 기반 분산오피스 - 스타트업의 이용이 많은 '공유오피스'에서 벗어나 기존 카테고리에서 벗 어난 '분산오피스'로 포지셔닝. 최근 분산오피스 개념 앞세워 주거지(GS) 로 확장 - 주로 대기업 직원이 이용

* 2023년 12월 기준

의 차별점을 갖는 전략을 취하고 있다. 가장 늦게 시장에 뛰어든 집무실은 공유오피스라는 카테고리에서 분산오피스라는 카테고리로 시장 포지셔닝을 변경하고 새로 설정한 시장에서 1위를 차지하고 있음을 강조하고 있다.

EXERCISE : 태그라인 만들기

√ 현재 태그라인 없이 언론홍보를 하고 있거나 현재의 태그라인이 기업을 제대로 설명하지 못하고 있다면, 새로운 태그라인을 만들어보자.

본문의 구성과
구성요소

<hr>

팩트, 멘트, 부가 영역 ——

　이제 본문을 작성할 차례다. 제목과 리드문을 잘 작성했다면 어느 정도 글의 방향이 잡혔기 때문에 본문 작성은 그렇게 어렵지 않다. 본문은 글 전체의 근거를 제시하고 답을 주는 영역이다. 본문까지 읽었는데 궁금증이 해소되지 못하면 실패한 보도자료다.

　막상 긴 본문을 작성하려고 하면 글이 계속 꼬여만 가고 나중에는 무슨 소리를 하는지 모르게 되는 경우가 많다. 본문의 구성을 이해하면 조금 쉽게 작성할 수 있다. 본문은 크게 세 가지 구성으로 나뉜다. 팩트 영역, 멘트 영역, 부가 영역이다. 이러한 구분은 필자가 수년간 보도자료를 보아오면서 구분한 방법이다. 이러한 방법으로 본문을 구성하게 되면 보도자료를 전략적으로 작성할 수 있다는 장점이 있다.

팩트 영역	- 리드를 뒷받침해주는 사실을 상세히 설명. - 육하원칙 중 시간과 장소를 제외한 4가지(what, who, why, how)를 설명
멘트 영역	- 기업의 장점, 차별화, 메시지, 비전 등 정성적인 부분을 대표 멘트로
부가 영역	- 본 보도자료와 상관없는 다른 이야기 - 최근의 중요한 사건(투자 유치, 인재 영입 등) 또는 기업의 지속적인 메시지

본문의 팩트 영역에는 팩트를 담으면 된다. 멘트 영역을 따로 구분한 이유는 멘트 영역에 가급적 팩트를 담지 말고 팩트에 관한 내용은 팩트 영역에 담으라는 의미다. 아래의 문장을 보자.

국내 최초의 서비스로 소비자의 호응도가 높았다.
이번에 매출 성장률이 100% 증가했다.

위 문장에서 팩트에 해당하는 문장은 두 번째 문장이다. 첫 번째 문장은 기업의 일방적인 주장일 뿐인데 이와 같이 팩트를 확인할 수 없는 문장은 삭제되기 쉽다. 첫 번째 문장을 멘트 영역에 포함시키면 살아남을 가능성이 높다. 정리하면 이렇다.

팩트 영역 : 이번에 매출 성장률이 100% 증가했다.
멘트 영역 : 국내 최초의 서비스로 소비자의 호응도가 높았다.

팩트 영역은 리드문에 등장하는 육하원칙 중에 우리 기업이 어떤 기업(who)이고, 어떤 활동(what)을 했으며, 기업의 그와 같은 활동을 한 이유, 의미, 궁극적인 목적(why)이 무엇이며, 그러한 활동을 할 수 있었던 과정, 차별점(how)을 보여주는 곳이다. 당연히 팩트여야 한다. 그리고 활동의 이유, 의미, 목적(why)이나 과정, 차별점(how)을 설명하는 데 주관적인 의견이 포함되면 가급적 멘트 영역에서 다루는 것이 좋다.

해당 보도자료 내용과 상관없는 부가 영역은 보도자료를 간결하게 작성해야 하는 원칙에 위배된다. 하지만 이를 잘 활용하면 다양한 메시지를 전달할 수 있다. 기업의 현재 가장 큰 이슈가 투자 유치나 인재 채용이라고 해도 이를 계속 보도할 수는 없다. 이럴 때 다른 보도자료의 부가 영역에 투자 유치나 인재 채용 등 현재 기업의 중요한 이슈를 반복해서 전달하는 방법이 있다.

유형별 본문 작성법 : 육하원칙/스토리/템플릿 기반 ──

이제 본문의 구성을 알았으니 구성에 맞게 본문을 작성해보자. 본문은 리드문에서 언급한 육하원칙을 자세히 설명하는 곳이다. 또한 본문은 리드문에서 던진 질문에 대해 독자가 궁금해하는 답을 찾아주는 곳이기도 하다. 필자는 본문을 작성하기 어려워하는 기업을 위해 본문 작성법 세 가지를 만들었고, 이에 대해 각각 '육하원칙 기반', '스토리 기반', '템플릿 기반'이라는 이름을 붙였다. 보도자료 작성에 고민이 많은 스타트업을 만나서 실제 적용해보고 검증해본 방법들이다.

육하원칙 기반 본문 작성법은 언론홍보 멘토링을 하면서 많은 기업에 적용해본 방법론이다. 육하원칙표를 만들고 여기에 하나씩 내용을 채워 나가다 보면 본문 하나가 완성된다. 스토리 기반 본문 작성법은 보도자료 초안을 검토할 때 많이 활용한 방법이다. 질문과 답변 중심으로 대화를 나누다 보면 어느새 본문 하나가 만들어진다. 보도자료를 처음 작성하는 기업이 보도자료를 어떻게 작성하는 게 좋은지 문의해올 때 많이 소개하는 방법이 템플릿 기반 본문 작성법이다. 유사한 기사를 찾아 따라 쓰다 보면 어느새 한 편의 보도자료를 쓰게 된다.

방법	내용
육하원칙	들어갈 내용, 들어가지 말아야 할 내용 구분 글을 쓰는 이유, 목적 분명 생각할 게 많음(사업에 대한 근본적인 고민)
스토리	독자 타깃 글쓰기 가능 1대 1로 질문과 대답을 하면서 진행 대화를 진행할 상대방에 따라 수준이 좌우
템플릿	좋은 샘플을 활용 시간 절약 글쓰기를 시작할 때 가장 많이 쓰는 방법

육하원칙 기반 본문 작성법

- 준비물 : 육하원칙 표
- 원리 : 본문은 육하원칙에 대한 상세한 설명임
- 장점 : 글쓰기를 시작하기 쉽고 생각 정리가 쉬움
- 단점 : 스타트업의 경우 우리 기업이 어떤 기업이고 어떤 방향으로

사업을 하는지를 결정하지 못했거나 수시로 바뀜. 정해져 있다 해
도 대표의 머릿속에 정리되지 않은 채 있는 경우가 많음.

● **육하원칙 표**

Who(기업)	- 제품과 서비스를 만든 기업에 대한 설명 - 기업 : 보유 기술, 프로덕트, 고객
What(행위)	- 대상의 정의, 속성, 특징. 행동의 결과물로 보도자료의 소재 - 투자 유치 : 팀시트, 투자자, 규모 - 제품과 서비스 런칭 : 제품, 서비스의 종류, 주요 기능, 효과 - 수상 : 대회, 대회의 규모, 수상 결과 및 혜택 - 선정 : 선정 기관, 선정 조건, 선정 과정
How(과정)	- 기업이 특정 행위를 실현하기 위한 과정, 차별화 요소, 장점, 경쟁 우위 요소 - 투자 유치를 했다면 투자 유치가 가능했던 기업의 장점, 실적을 달성했다면 실적 을 달성하게 된 과정
Why(목적)	- 특정 행위(What)을 하게 된 이유 - 기업의 목표, 제품과 서비스의 궁극적인 목적
When(시간)	- 특정한 행위가 일어난 시간
Where(장소)	- 특정한 행위가 일어난 장소

육하원칙은 기업(who)이 언제(when), 어디서(where), 무엇을(what),
어떻게(how), 왜(why) 했는지에 관한 것이다. 보도자료 작성 주체
(who)에 대한 설명은 간결하면서 핵심적인 내용만 담아야 한다. 기업
이 보유하고 있는 기술, 이러한 기술로 만든 프로덕트, 그리고 이 프로
덕트를 사용하는 고객에 대한 정보 정도를 포함하면 된다.

보도자료의 소재가 되는 특정 행위(what)에 대해서는 독자의 궁금
증이 남지 않게 특정 행위에 대한 정의, 속성, 특징, 행동의 결과물을

포함해 상세하게 설명해야 한다. 예를 들어 투자를 유치했다고 하면 독자는 투자 조건, 투자자, 투자 규모를 알고 싶어 할 것이다. 이 부분에 대해 상세하게 설명해줘야 한다. 프로덕트를 런칭했다면 어떤 프로덕트이고, 주요 기능은 무엇이며 소비자가 사용했을 때의 효과와 얻을 수 있는 효용이 무엇인지를 설명해야 한다. 어떤 대회에서 상을 받았다면, 대회, 주최자, 행사 개최 목적을 구체적으로 설명해야 한다. 어느 기관으로부터 선정됐다면, 선정의 주체가 누구이고 선정의 조건이나 과정도 밝혀야 한다. 이 부분은 중요하다. 제목에서도 밝혔고 리드문에서도 밝힌 내용으로 보도자료의 핵심적인 부분이다. 간혹 특정 행위에 대한 구체적인 설명 없이 특정 행위를 하게 된 기업의 장점과 차별화 요소부터 설명하려고 하는 경우가 많다. 독자가 궁금해하는 것은 특정 행위에 관한 것임을 알아야 한다.

기업이 특정한 행위를 실현하기 위한 과정이나 그러한 행위를 가능하게 한 차별화(how) 요소가 있을 것이다. 예를 들어 투자를 유치했다면 투자자가 투자한 이유, 즉 기업의 성장 가능성이나 실적 등이 투자 유치의 이유가 된다. 실적을 달성했다면 실적을 달성하게 된 요소가 있을 것이다. 그런데 어떤 결과를 가져오게 하는 요소는 대개 한두 가지가 아니라 여러 가지다. 기업 입장에서는 그 모든 걸 다 보여주고 싶을 것이다. 하지만 제한된 지면에서는 한두 가지의 핵심적인 내용이나 가장 중요한 요소만 밝힐 수가 있다.

기업이 특정한 행위를 하게 된 것은 어떤 이유나 목적(why) 때문이다. 예를 들어 투자를 유치했다면 기업을 성장시키기 위한 큰 목적과 신규 사업 진출, 글로벌 진출 등을 위한 작은 목적 때문일 것이다. 어떤 행위를 하게 된 계기나 목적, 이유는 직접적인 것부터 추상적인 것까지 그 범위가 넓다. 투자 유치의 가장 직접적인 이유는 자본 부족 때문일 것이고 가장 추상적인 이유는 세상을 이롭게 하기 위함일 것이다. 너무 직접적인 이유나 너무 추상적인 이유로 행위에 대한 목적이나 이유를 설명하기는 힘들다. 그 중간 어딘가에서 목적과 이유를 찾아야 한다.

이제 육하원칙으로 본문을 작성해보자. 만약 미라클라이팅클럽이 팁스에 선정됐다면 육하원칙표를 만들고 육하원칙에 맞는 내용을 넣으면 된다.

● 육하원칙 연습 : 미라클라이팅클럽 팁스 선정

누가(주체)	미라클라이팅클럽 : 기업의 글쓰기를 코칭하고 조직의 커뮤니케이션 문화를 조성하는 기업
언제(시간)	2023년 12월 선정
어디서(장소)	
무엇 (활동의 대상) 팁스 설명	- 선정 주관사 : 중소벤처기업부 - 선정 프로그램 내용 : 중소벤처기업부와 민간투자사가 함께 시장을 선도할 기술력과 사업성을 보유한 스타트업을 선정해 육성하는 프로그램 - 활동 기간 : 2년 - 선정 기준 : 기술적 전문성과 독창적인 연구 - 선정 혜택 : 5억원(기술 개발 및 연구자금)
어떻게 (선정 과정)	- 팁스 선정 과정 : 기술적 전문성(AI 기술)과 사회 문제 해결 - 미라클라이팅클럽만의 특장점 : 기업 대상 세계 최초의 글쓰기 전문 플랫폼, 꾸준한 글쓰기 훈련으로 글쓰기 스킬업 가능, 조직의 원활한 소통 문화 형성
왜 (이유와 원인, 목표)	팁스를 한 이유 : 기술을 고도화해서 글쓰기 플랫폼 UI/UX 개선, 누구나 쉽게 글을 쓸 수 있도록 하기 위함

이렇게 정리된 육하원칙 내용을 보도자료 형식에 맞춰 쓰면 된다.

● 미라클라이팅클럽 팁스 선정에 관한 보도자료 작성 예시

제목	기업 글쓰기 코칭 플랫폼 운영 스타트업 '미라클라이팅클럽', 팁스(TIPS) 선정
부제	글쓰기 플랫폼으로는 최초로 팁스 선정
리드문	기업 글쓰기 코칭 플랫폼 운영 스타트업 미라클라이팅클럽이 중소벤처기업부의 팁스(TIPS) 프로그램에 선정됐다고 1일 밝혔다.
본문 1 팁스 소개 (what)	팁스는 중소벤처기업부와 민간 투자사가 함께 시장을 선도할 기술력과 사업성을 보유한 스타트업을 선정해 육성하는 프로그램으로, 미라클라이팅클럽은 향후 2년간 5억 원의 기술 개발 및 연구 자금을 지원받는다.
본문 2 기업 소개 (who)	미라클라이팅클럽은 기업의 글쓰기 스킬을 향상시키고 글쓰기를 통해 건강한 조직 문화를 만들기 위해 2023년에 설립한 글쓰기 코칭 전문 플랫폼 기업이다.
본문 3 선정 과정 (how)	미라클라이팅클럽은 이번에 기술적 전문성과 독창적인 연구 개발로 팁스에 선정됐다. 특히 미라클라이팅클럽이 독자 개발한 AI 기술은 사용자가 원하는 형태의 글을 쉽게 작성할 수 있도록 도와주는 기술이다. 조광현 대표는 "미라클라이팅클럽은 세계 최초의 글쓰기 플랫폼으로 기업의 홍보, 콘텐츠 담당자뿐만 아니라 세일즈, 대외 대관·IR 담당자의 커뮤니케이션 능력을 높여주며, 조직 구성원 간 원활한 커뮤니케이션을 통해 건강한 조직문화를 만들어주는 플랫폼이다."라고 밝혔다.
본문 4 목표(why)	미라클라이팅클럽은 팁스를 통해 플랫폼 사용 편의성을 높이고 AI 기술 고도화로 원하는 글을 쉽게 작성할 수 있도록 하여 누구나 자신의 생각을 글로 표현할 수 있는 세상을 만들 계획이다.

육하원칙 기반 글쓰기의 장점은 막연한 생각을 정리해준다는 점이다. 글쓰기가 두렵다면 육하원칙표부터 만들고 시작하면 큰 도움을 받을 수 있다. 하지만 우리 기업이 어떤 기업이고 특정한 행위를 하게 된 차별화 요소가 무엇이며 특정한 행위를 하게 된 궁극적 목적이 무엇인지에 대해서 기업에서 정리한 게 없다면 보도자료를 작성하면서 찾

아야 한다.

스토리 기반 본문 작성법

- 준비물 : 친구 또는 가족(되도록이면 호기심 많은)
- 원리 : 기사는 독자의 궁금증을 해소해주는 글. 독자가 궁금해할 만한 내용을 질문하고 답한다면 작성 가능
- 태도 : 지식의 저주에서 벗어날 수 있다는 장점이 있음
- 장점 : 실제 보도자료를 처음 작성하는 초보 홍보 담당자에게 활용했을 때 효과가 높게 나타났음
- 단점 : 기자나 소크라테스가 아니라면, 특히 기업 당사자라면 질문을 생각하기가 쉽지 않음

보도자료는 기업이 한 일, 또는 할 일에 대해 친절하게 설명하는 글이다. 친구나 또는 가족에게 친절하게 설명하다 보면 보도자료 한 편을 완성할 수 있다. 친구나 가족이 준비됐다면 이제 그들과 대화를 해보자.

- 1단계 : 대화하기

대표 : 우리가 이번에 상을 받았어.

친구 : 무슨 얘기야?

대표 : 매일경제에서 주는 상인데 SaaS 플랫폼 우수기업에게 주는 상이야.

친구 : 오~ 축하해. 언제 받은 건데?

대표 : 12월 20일. 매경 본사에서 시상식을 했어.

친구 : SaaS 플랫폼 우수상이 어떤 상이야?

대표 : SaaS 플랫폼 개발 스타트업 중에 그해 최고의 기업에게 주는 국내 최고의 상이야. 작년에 '비즈니스캔버스'도 받았대.

친구 : 정말? 진짜 큰 상인가 보구나. 그렇게 고생하더니 좋은 상 받았네. 근데 너희 회사가 뭘 잘해서 받았는데?

대표 : 우리 회사가 기업의 글쓰기를 도와주는 플랫폼을 개발했잖아. 기업의 조직 구성원들이 대내외적으로 커뮤니케이션을 해야 하는데 요즘 문해력이 떨어지다 보니 이게 쉽지 않은가 봐. 개발자 출신 세일즈 담당자가 PR 담당자를 데리고 나갈 정도래. 그래서 글쓰기를 통해 상대방이 알아들을 수 있게 쉽게 설명하는 방법을 가르치고 있어. 조직 내에서는 팀원을 이해하는 데에도 글쓰기 플랫폼이 사용되고 있고. 그러한 일을 도와주는 기업 전문 SaaS 플랫폼이야. 각 개인별 글쓰기 수준과 니즈를 분석해 개인에게 최적화된 코칭 프로그램을 제공해줘.

친구 : 오, 대단한데. 어떤 점이 혁신적이라고 평가받은 거야?

대표 : 기업용 SaaS 플랫폼이 많아. 특히 커뮤니케이션과 업무를 지원하는 건 많지만 글쓰기와 이를 통한 대내외 커뮤니케이션 스킬을 향상시켜주는 플랫폼은 우리 기업이 최초야. 거기에 UI/UX가 뛰어날 뿐만 아니라 글쓰기의 동기를 계속 부여해 꾸준히 사용할 수 있도록 하고 있지. 우리 회사가 혁신을 일으킨 거야.

친구 : 훌륭하네. 부상은?

대표 : 일억 원 받았어.

친구 : 나가서 인사말도 했겠네. 떨렸겠다. 큰 자리인데 잘했어?

대표 : "저희에게 상을 주셔서 감사합니다. 앞으로 열심히 하겠습니다."

라고 했지.

친구 : 그동안 스타트업 한다고 많이 고생했었는데 잘됐다. 앞으로 어떻게 할 거야?

대표 : 조금 더 서비스를 고도화해서 글로벌로 진출해야지.

친구 : 그래, 참 대단하다. 술 한잔 사라.

대표 : 당연히 술 사야지. 세계 최고의 기업 대표인데.

– 2단계 : 키워드 선정 및 대화의 얼개 짜기

대표와 친구가 나눈 대화를 키워드로 정리하면 보도자료의 얼개가 짜인다. 기업(주어)의 행위(동사)와 상관없는 이야기는 제외시키고 팩트가 아닌 것, 기업이 직접 평가 분석했거나 의미를 부여한 것, 지나친 자랑은 제외시키자.

위 대화의 키워드를 뽑으면 이렇다.

① 미라클라이팅클럽이 매일경제에서 상을 받았다.

② 사건이 일어난 일시와 장소 : 12월 20일, 매일경제 본사

③ 미라클라이팅클럽 소개 : 기업 전문 글쓰기 플랫폼

④ 상을 받은 이유 : 최초의 글쓰기 코칭 및 대내외 커뮤니케이션 스킬 향상 플랫폼, 우수한 UI/UX, 동기부여 방식

⑤ 시상의 결과와 선정 조건 : 1억 원 / 기업의 혁신성, 서비스 품질, CEO의 자질

⑥ 앞으로의 다짐 : 글로벌 진출

이렇게 뽑은 키워드로 위의 대화를 정리하면 대충의 보도자료 얼개가 짜인다.

① 미라클라이팅클럽이 매일경제가 주는 '매경 SaaS 우수기업상'에서 최우수상을 받았다.

② 매경 SaaS 우수상은 2023년 12월 20일 매일경제 본사에서 수여됐다.

③ 미라클라이팅클럽은 글쓰기를 코칭해주는 플랫폼이며, 이를 통해 상대방에게 자신의 의사를 정확하게 전달함으로써 조직의 커뮤니케이션이 원활하게 이루어지도록 도와주는 기업 전문 글쓰기 SaaS 플랫폼이다.

④ 미라클라이팅클럽은 기업의 글쓰기와 이를 통한 대내외 커뮤니케이션 스킬을 향상시켜주는 플랫폼으로 국내 최초다. 조직 구성원의 글쓰기 수준과 니즈를 분석해 개인 맞춤형으로 제공하며, UI/UX가 뛰어나고 동기부여 등 사용자 경험을 높여주고 있다.

⑤ 미라클라이팅클럽은 부상으로 일억 원을 받았다. 매경 SaaS 우수기업상은 스타트업 중에 그해 우수한 기업에게 주는 상으로, 국내 최고의 상이다. '비즈니스캔버스'도 매경 SaaS 우수기업상을 받았다. 매경 SaaS 우수기업상은 기업의 혁신성, 서비스 품질, CEO의 자질을 본다.

⑥ 미라클라이팅클럽 대표는 "조금 더 서비스를 고도화해서 글로벌로 진출하겠다."는 포부를 밝혔다.

여기에서 현장성을 살리고 독자 입장에서 더 궁금한 점은 없는지, 기업에서 꼭 알리고 싶은 것은 없는지, 기업에 대한 설명, 상을 받은 의미는 충분히 전달됐는지를 검토한다.

① 미라클라이팅클럽이 매일경제가 주는 '매경 SaaS 우수기업상'에서 최우수상을 받았다.

② 매경 SaaS 우수기업상은 2023년 12월 20일 매경 본사에서 실시됐다. 이날 행사에 SaaS 협회장이 참석하였으며, 스타트업 종사자 100명이 참석했다. SaaS 협회장은 "매경 SaaS 우수기업상이 한국 SaaS 산업 발전에 많은 기여를 했다."고 말했고, 이날 참석한 스타트업을 격려했다.

③ 미라클라이팅클럽은 글쓰기를 통해 상대방에게 의사 전달을 정확하고 쉽게 할 수 있도록 도와주며, 조직의 커뮤니케이션을 도와주는 기업 전문 SaaS 플랫폼이다. 각 개인별 글쓰기 수준과 니즈를 분석해 개인에게 최적화된 코칭 프로그램을 제공해준다. 서비스 이용자의 편의성뿐만 아니라 사용자 경험을 높여줘 많은 사람들이 이용하는 서비스다. 올해 초에 서비스 런칭 후 사용자 1만 명을 돌파했다.

④ 미라클라이팅클럽은 기업의 글쓰기와 이를 통한 대내외 커뮤니케이션 스킬을 향상시켜주는 플랫폼으로 국내 최초다. 조직 구성원의 글쓰기 수준과 니즈를 분석해 개인 맞춤형으로 제공되며 UI/UX가 뛰어나고 동기부여 등 사용자 경험을 높여주고 있다.

⑤ 미라클라이팅클럽은 부상으로 일억 원을 받았다. 매경 SaaS 우수기

업상은 우리나라 스타트업 중에 그해 우수한 기업에게 주는 상으로, 국내 최고의 상이다. 비즈니스캔버스가 매경 SaaS 우수기업상을 받았다. 매경 SaaS 우수기업상은 기업의 혁신성, 서비스 품질, CEO의 자질을 본다.

⑥ 미라클라이팅클럽 조광현 대표는 "조금 더 서비스를 고도화해서 글쓰기 문화를 만들어 나가고 글로벌로 진출하겠다."는 포부를 밝혔다.

⑦ 미라클라이팅클럽은 2023년 조광현 대표가 창업한 기업 전문 글쓰기 코칭 SaaS 플랫폼 기업이다. 2024년에 독서 전문 플랫폼 '미라클리딩클럽'을 런칭할 계획이다.

– 4단계 : 중복된 문장 제외, 중요 순서대로 문단 재배치

마지막으로 중복된 문장을 제외하고 중요한 순서대로 문단을 재배치하며 본 내용과 상관없는 내용이라도 기업에 필요한 내용이 있다면 추가한다.

① 미라클라이팅클럽이 매일경제가 주최한 '매경 SaaS 우수기업상'에서 최우수상과 부상 일억 원을 받았다. 매경 SaaS 우수기업상은 20일 매경 본사에서 수여됐다. 이날 행사에 SaaS 협회장 및 SaaS 플랫폼 스타트업 관계자 100여 명이 참석했다.

② 올해 10회째를 이어온 매경 SaaS 우수기업상은 우리나라 SaaS 플랫폼 스타트업 중에서 가장 우수한 기업에게 주는 상이다. '비즈니스캔버스', '마크비전'이 매경 SaaS 우수기업상을 수상한 SaaS 스타트업이다.

③ 매경 SaaS 우수기업상은 기업의 혁신성, 서비스 품질, CEO의 자질로 선정한다. 미라클라이팅클럽이 개발한 기업 글쓰기 플랫폼 '미라클라이팅클럽'은 사용자의 편의성이 높을 뿐만 아니라 개인별 수준과 니즈를 반영해 개인별로 최적화된 사용자 경험을 제공해주는 것으로 높은 평가를 받았다.

④ 이날 행사에 참석한 SaaS 협회장은 "매경 SaaS 우수기업상이 한국 SaaS 산업 발전에 많은 기여를 했다."며 이날 참석한 스타트업을 격려했다.

⑤ 미라클라이팅클럽은 2023년 조광현 대표가 창업한 글쓰기 전문 SaaS 기업이다. 기업의 글쓰기와 이를 통한 대내외 커뮤니케이션 스킬을 향상시켜주는 플랫폼을 국내 최초로 개발했다. 조직 구성원의 글쓰기 수준과 니즈를 AI로 분석해 개인 맞춤형으로 제공하며 UI/UX가 뛰어나고 동기부여 등 사용자 경험을 높여주고 있다. 글쓰기 스킬을 높이고 싶거나 글쓰기를 통해 조직문화를 바꾸고 싶은 기업을 타깃 고객으로 하고 있다. 올해 초에 서비스 런칭 후 사용자 1만 명을 돌파했다.

⑥ 미라클라이팅클럽 조광현 대표는 "조금 더 서비스를 고도화해서 건전한 글쓰기 문화를 만들어 나가고 글로벌로 진출하겠다."는 포부를 밝혔다.

⑦ 한편, 미라클은 현재 시드 투자 유치 중이다.

보도자료 작성이 힘들다면 이렇게 질문과 대답을 주고받은 내용을 글로 옮기면 쉽게 작성할 수 있다. 대부분의 사람들은 글로 작성하는 걸 어려워해도 말로 얘기하는 건 쉽게 한다. 하지만 이렇게 질문해줄 사람을 주변에서 쉽게 찾을 수 없다는 게 단점이다. 주변에서 이런 사람을 찾지 못하면 스스로 질문하고 답해보는 것도 한 방법이다. 이러한 방법을 채택하고 있는 기업이 있다. 바로 아마존이다.

〈아마존의 워킹백워드Working Backward 방법〉

아마존의 워킹백워드는 모든 상품·서비스의 아이디어 도출과 프로세스를 '고객 관점'에서 진행하는 방법론을 말한다. 고객 경험을 먼저 규정한 다음 팀이 구축해야 하는 명확한 이미지에 도달할 때까지 이를 출발점 삼아 거꾸로 되짚어가며 반복적으로 일한다. 아마존의 워킹백워드의 도구가 바로 보도자료 작성과 FAQ*다. 보도자료는 마치 기자가 상품을 보고 있는 것을 가정하면서 작성한다. 단순히 기능에 대해 열거하는 것이 아닌 고객에게 제공되는 가치가 명확하게 보이게 작성해야 한다. 예상 질의답변 FAQ는 고객이 상품에 대해 내놓을 수 있는 질문을 예상해서 만들며, 고객을 위한 외부용 FAQ와 내부 임직원을 위한 내부용 FAQ 두 가지가 있다. 외부용 FAQ는 고객이나 언론이 제품에 대해 궁금해할 법한 내용, 제품의 작동 방식이나 가격, 구매 방법 등이 포함되며 내부용 FAQ는 고객 니즈와 총 도달 가능, 단위당 경제성과 손익, 의존성, 실현 가능성 등이 포함된다.**

아마존에서 제시하는 보도자료의 구성요소는 다음과 같다.

---

* 《순서파괴》 p.189 참고.
** 《순서파괴》, p.215~223 참조

1. 제목 : 고객이 이해할 수 있는 방법으로 제품 언급

2. 부제 : 제품의 목표 고객을 명시하고 그 고객이 제품에서 얻게 될 혜택 표현

3. 요약 : 제안된 출시 일자와 도시명, 언론 매체명, 제품과 혜택 요약

4. 문제점 : 제품이 해결하고자 하는 일상의 문제 표현

5. 해결법 : 제품에 대해 어느 정도 상세하게 묘사. 이 제품이 고객의 문제를 어떻게 쉽고 간단하게 해결하는지 설명

6. 제품의 장점 : 당신이나 회사 홍보 담당자의 말을 인용해 제품의 편리성 언급. 신제품의 장점을 경험한 가상의 고객을 설정해 그의 입을 빌려 제품의 장점 강조. 제품이 얼마나 사용하기 쉬운지 설명하고 더 많은 정보를 얻거나 구매할 수 있는 웹사이트 주소 표기

템플릿 기반 본문 작성법

• 준비물 : 보도자료 유형별 템플릿

• 유형별 템플릿 만들기 : 비슷한 기사 5개를 찾아서 공통점을 뽑아 템플릿을 만듦(비슷한 업종, 규모 기업이면 더 좋음)

• 원리 : 스트레이트 기사는 일정한 구성과 구성요소를 가지고 있음. 기업 활동별로 이미 수많은 기사가 게재되어 있어 몇 개의 사례만으로도 기본적인 내용 작성 가능

• 장점 : 구하기 쉽고 그대로 따라 쓸 수 있음. 구성, 구성요소, 문단을 그대로 참고할 수 있어 문단과 문장을 추가, 삭제, 위치 조정하기가 편함

• 단점 : 꼭 들어가야 할 내용이 모두 포함됐는지 확인할 수 없음. 기

업 소개, 내용, 멘트 등은 어차피 새로 만들어야 함. 말 그대로 템플릿은 템플릿일 뿐

1단계 : 관련 소재 기사를 5개 이상 찾는다

2단계 : 5개 기사에서 공통 요소를 뽑아 나만의 템플릿을 만든다

● 투자 유치 관련 템플릿 예시

제목	자사, (OOO 등으로부터) 시리즈 A 투자 유치
리드문	자사가 어디로부터 얼마 규모의 투자를 유치했다.
본문1	투자(what) 개요 : OOO 등이 후속 투자로, OOO 등이 신규 투자로 참여했다. 누적 투자금이 OO이다. 자금은 어떻게 사용할 계획이다
본문2	기업(who) 설명 : 기업 및 제품과 서비스 소개, 특장점
본문3	투자 유치 방법(how) : 투자자 멘트. "기업의 OOO한 특장점 때문에 투자했다.
본문4	투자 유치 이유(why) : 대표 멘트 "OOO시장이 성장하고 있다. 이번 투자로 시장을 확대해 나가겠다."
본문5	부가 정보 : 한편, 자사는 OOO도 하고 OOO도 했다.

투자 유치 관련 5개의 기사를 참조하면 위와 같은 템플릿을 만들 수 있다. 이 템플릿에 자사의 내용을 채워 넣으면 된다.

3단계 : 이렇게 작성된 템플릿에 우리 기업의 이야기를 그대로 옮겨 쓴다.

● **템플릿 기반 투자 유치 보도자료 작성**

제목	미라클라이팅클럽, 에이티넘인베스트먼트 등으로부터 시리즈 A 투자 유치
부제	에이티넘인베스트먼트, 소프트뱅크벤처스로부터 투자 유치
리드문	미라클라이팅클럽이 에이티넘인베스트먼트 등으로부터 10억 규모의 시리즈 A 투자를 유치했다고 1일 밝혔다.
투자 개요	에이티넘인베스트먼트가 신규 투자자로 참여했으며, 소프트뱅크벤처스가 후속 투자했다. 이로써 미라클라이팅클럽의 누적 투자금은 100억이다. 미라클라이팅클럽은 기술 개발에 투자자금을 사용할 계획이다.
기업 소개	미라클라이팅클럽은 기업의 대내외 커뮤니케이션에 필요한 글쓰기 스킬을 향상시켜주는 글쓰기 코칭 SaaS 플랫폼을 운영하는 기업이다. 미라클라이팅클럽은 사용자의 글쓰기 수준과 니즈를 반영해 개인 맞춤형으로 프로그램을 제공한다. 꾸준한 글쓰기를 위해 각 개인에게 맞는 동기부여를 제공하고 있다.
투자자 인터뷰1	이번 투자를 리드한 에이티넘인베스트먼트의 OOO 심사역은 "미라클라이팅클럽이 전문성과 기술력이 뒷받침된 신뢰 받는 플랫폼으로 기업의 대내외 커뮤니케이션뿐만 아니라 조직문화에 필요한 구성원 간의 네트워크 문제를 해결해 투자하게 됐다."고 투자 배경에 대해 설명했다.
투자자 인터뷰2	후속 투자한 소프트뱅크벤처스의 OOO 팀장은 "미라클라이팅클럽은 세계 최초 기업 대상 글쓰기 전문 플랫폼으로 성장 가능성이 높고 글로벌로 진출할 것을 기대한다."고 말했다.
대표 멘트	미라클라이팅클럽의 조광현 대표는 "앞으로 자신이 표현하고 싶은 글을 자신 있게 쓸 수 있는 사회를 만들기 위해 노력하겠다."고 말했다.
기업 소개	한편, 미라클라이팅클럽의 가입자는 1만 명이다. 내년에 독서 전문 플랫폼 '미라클 리딩클럽'을 출시할 예정이다.

이런 방식으로 MOU 체결, 수상, 선정, 계약, 행사 개최 등 다른 소재의 보도자료도 템플릿을 만들어 작성할 수 있다.

기업 상황에 맞게, 또는 보도자료 작성 능력에 따라 3가지 방법을 선택해 작성하면 된다. 한 가지 방법을 사용하고 나머지 방법을 보조적인 방법으로 사용해도 좋다. 또는 템플릿 기반을 먼저 사용해보고 육하원칙으로 보완하고 최종적으로 스토리 기반의 방법으로 완성하는 식으로 해도 좋다.

관계자 멘트 ─

멘트 영역은 기업 관계자가 대중에게 직접적으로 메시지를 전달하는 공간이다. 거의 모든 보도자료에는 멘트가 있다.

멘트의 종류

멘트는 기업 내부 멘트와 기업 외부 멘트가 있다. 기업 내부 멘트는 가급적 대표가 하는 게 좋다. 규모가 큰 기업이라면 사업담당자에게 책임감과 브랜딩을 부여해주는 기회로 멘트를 맡기기도 한다. '기업관계자'보다는 실명을 밝히는 게 좋다. 기업 외부 멘트는 MOU의 경우에는 상대 기업의 대표가, 투자 유치의 경우에는 심사역이 맡는다. 수상, 선정, 계약의 경우에도 사업책임자의 멘트면 충분하다. 기업 외부 관계자 멘트는 자사에서 보도자료 맥락에 맞게 작성해 확인받거나 보도자료의 목적을 설명하고 가이드를 줘서 멘트를 받는 방법이 있다. 기업 외부 멘트는 한 건이면 충분하지만, 투자 유치의 경우에는 두 건 이상도 가능하다. 두 건 이상의 멘트를 받을 경우 서로 메시지를 다르게 해야 하는 점에 유념해야 한다. 그래야 최대한 다양한 메시지를 대중에게 전달할 수 있다.

멘트의 내용

가급적 감사 인사는 피하는 게 좋다. 짧은 보도자료에 감사 인사까지 담을 여유가 없다. 멘트 영역은 다음과 같은 내용이 포함되며 앞서 얘기한대로 정성적인 내용을 포함하는 게 좋다.

① As is(현재의 상태에 대한 부연 설명) - To be(앞으로의 계획)
② How : 차별점
③ Why : 궁극적 목적
④ Who : 기업에 대한 추가 설명
⑤ What : 기업 활동에 대한 추가 설명

멘트의 예시

① As-Is / To-Be

OOO 대표는 "이번에 리뷰 정책에 국제표준을 적용하면서 OO의 자산이라 할 수 있는 리뷰 서비스 운영에 있어 공정성과 신뢰를 높이고, 건강한 리뷰 문화 확산에도 기여할 수 있도록 노력할 것"이라며 "앞으로도 신뢰할 수 있는 리뷰 서비스를 제공하며 시장에 맞는 제도와 정책으로 꾸준히 점검해 나가겠다."고 말했다.

OOO 대표는 "OOO는 2021년부터 꾸준히 버티컬 커머스 앱 사용자 수 1위 위치를 굳건히 하며 가장 많은 유저가 가장 활발하게 사용하는 앱으로 자리매김했다."라며 "앞으로도 상품, 기술, 서비스 등 모든 측면에서 최고 수준을 갖춘 올라운더 플랫폼으로 거듭날 것"이라고 말했다.

② 차별화(how)

OOO 대표는 "OO만의 데이터 분석과 제품화 역량을 기반으로 D2C 커머스와 PB 사업에서 가파르게 성장한 것이 주효했다."면서 "해외 신규 시장 진출 등 국내외 B2B 신사업을 추가 성장동력으로 삼아 올해 약 1,000억 매출 목표를 달성하겠다."라고 말했다.

OOO 대표는 "로봇과 코딩교육 양쪽 분야에서 기술력으로 두각을 나타낼 수 있었던 배경에는 콘텐츠 개발 전문 연구팀 및 R&D 기술 연구소의 역할이 컸다."면서, "기존에 쉽게 경험하지 못했던 새로운 로봇 교육 세계를 보다 쉽게 접할 수 있도록 앞으로도 교육 콘텐츠 및 기술 개발 부문에 투자를 아끼지 않을 것"이라고 전했다.

③ 비전(why)

OOO 대표는 "OOOO의 비전은 전 세계 사람들이 우울한 날 가장 먼저 떠오르는 이름이 되는 것으로, 이번 투자를 통해 비전 달성을 위한 서비스 개발과 성장에 박차를 가하겠다."고 언급했다.

OOO 콘텐츠사업본부장은 "OO 베타 서비스로 작가 등용문을 넓힘으로써 숨겨진 작가들을 발굴해내는 것이 목표"라며, "이번 기회를 통해 OO 오리지널 IP 확보는 물론 독자들의 독서 콘텐츠 경험의 즐거움도 한층 다양해지길 바란다."고 전했다.

④ 기업 추가 설명(who)

OOO 대표는 "국내 폐플라스틱 문제를 기술로 해결하는 기업으로써 이번 OOO 사업을 통해 대학 자원재활용 문제에 도움을 줄 수 있음에 보람을 느끼고 있다."면서, "자원순환과 관련된 제안이나 해결책이 필요할 때 언제든지 협력해 지속가능한 미래를 위한 좋은 환경을 만들어 나갈 수 있도록 노력하겠다."고 말했다.

⑤ 행위에 대한 추가 설명(what)

OOO 대표는 "어떤 회사에서 일하고 싶은지를 생각하면서 이번 복리후생을 발표하게 됐다. 복리후생 개편을 통해 구성원들이 업무에 집중할 수 있는 환경을 만들고, 자유롭고 즐거운 회사 생활을 도울 예정이다."라며, "복리후생 제도는 수시로 업데이트하려고 한다. 앞으로도 OOO는 임직원의 성장을 지원하기 위한 투자를 계속 확대해 나가겠다."라고 말했다.

부가 정보 ──

보도자료와 상관없는 내용을 넣는 영역이다. 없어도 상관없지만 부가정보를 넣는 것을 추천한다. 부가 정보를 통해서 다음과 같은 메시지를 전달할 수 있기 때문이다.

① 기업 소개 : 보도자료에서 가장 중요한 기업에 대해 추가 설명
② 가까운 미래의 계획 : 다음 보도자료 소재

③ 부가 정보 : 독자가 알면 좋고 몰라도 크게 상관없는 내용. 주로 이벤트, 신청 방법을 설명

④ 작은 소재를 알릴 때 : 어떤 사실을 보도자료로 알리고 싶은데 그 소식이 독립된 하나의 보도자료로 만들 정도로의 소재(업계에서는 이를 '짜친다'라고 함)가 아닐 경우 해당 보도자료에 부가 정보로 끼워 넣음

⑤ 기업의 최근 이슈 : 최근 기업에 가장 중요한 이슈를 부가 정보를 통해 지속적으로 알림

⑥ 기업의 메시지를 반복적으로 노출해 브랜딩 구축 : 계속해서 특정한 메시지를 반복적으로 알려 기업의 브랜딩 구축

부가 정보의 예

① 기업 소개

한편, OOO는 지난 2020년 12월 30억 원 규모의 시리즈 A 투자 유치를 시작으로 2022년 12월 105억 원을 추가 유치한 바 있으며, 2021년 70억, 2022년 180억 등 매년 2배 이상의 빠른 매출 성장세를 보이고 있다.

한편, OOO는 OOO 공동창업자이자 5년간 마케팅 수장을 담당했던 OOO 대표가 창업한 오디오 스타트업이다. '우리 아이들에게 들려주고 싶은 이 세상의 모든 소리'를 품는 오디오 콘텐츠 생태계를 만들겠다는 비전을 갖고 2020년 11월에 설립됐다. 지난해 2월 처음으로 IoT 기반의 오디오 플레이어 'OOO'를 출시하고, 재미있고 유익한 키즈 오디오 콘텐츠를 다양하게 활용할 수 있는 오디오 콘텐츠 플랫폼 서비스를 개

발, 서비스하고 있다.

② 가까운 미래의 계획

한편, OOO은 올해 5월 클라우드 기반 B2B 지불결제 솔루션을 런칭한
다. 해당 솔루션을 통해 국내 및 국제 지불결제 사업에 필요한 인프라를
클라우드 기반으로 제공하여, 향후 페이먼트 사업에 진출하고자 하는
국내외 기업들이 초기 비용 투자 없이 지불결제 사업에 진출할 수 있도
록 돕는다.

③ 부가 정보

한편 OOO는 OOO 앱과 홈페이지에서 누구나 무료로 다운로드받을
수 있으며, 영구적으로 사용 가능하다.

한편 OOO 홈페이지를 방문하면 무료로 상세페이지용 외에도 SNS 광
고용 영상 등 마케팅에 필요한 영상들을 제작할 수 있다. 현재 OOO은
1만 개 브랜드 확보 기념 연 요금제 50% 할인 프로모션을 진행 중이다.

④ 작은 소재

한편, OOO은 가상공간에 구현된 서울시청에서 민원 서비스를 이용할
수 있는 'OOO' 이용 교육을 진행했다. 이는 OOO가 추진 중인 'OOO'
프로젝트로 지난 1일부터 비공개 시범 운영 중이다.

⑤ **기업 이슈**

한편, OOO는 12월까지 시리즈 A 라운드를 이어 간다.

한편, OOO는 최근 클로즈드 베타 버전을 출시했으며, 2023년 말 정식 버전 출시를 앞두고 국내외 인재 영입을 위해 박차를 가하고 있다.

⑥ **브랜딩**

한편, OOO는 올해 3월 성공적인 카테고리 확장 및 AI 추천 기술의 광고 모델 고도화로 흑자 전환에 성공했다. 연간 거래액GMV 조 단위를 넘어서며 영업이익을 기록하는 국내 패션 버티컬 커머스는 OOO와 OOO가 유일하다.

본문의 순서와
문단의 재배치

본문의 순서 ——

골든 서클 이론을 주장한 사이먼 시넥은 세상을 바꾸는 주인공들은 Why(믿음, 목적, 존재 이유), How(why를 실현하기 위한 구체적인 행동), What(행동의 결과물-제품과 서비스) 순으로 얘기해야 한다고 주장한다. Why-How-What 순서로 이야기하는 것이 What-How-Why 순으로 이야기하는 것보다 설득력이 높다는 것이다. 애플과 훈민정음해례본의 사례가 대표적이다.

〈애플의 커뮤니케이션 방식〉

- Why : 기존의 것에 도전하고 다르게 생각하기
- How : 제품의 디자인을 아름답게 하고 간단히 사용할 수 있게 하

며 편리하게 하기

- What : 그래서 만든 제품이 바로 이것이다.

〈훈민정음해례본의 한글 창제에 관한 설명〉

- Why : 우리나라 말이 중국과 달라 자신의 뜻을 얘기하기 어렵다
- How : 자신의 뜻을 전달하기 위해서는 한문이 아닌 새로운 문자
  를 만들어야 한다
- What : 한글은 자음과 모음을 결합해 세상의 모든 소리를 글로 표
  현할 수 있고 쉽게 배울 수 있는 문자다

Why-How-What으로 얘기하는 게 설득력이 높다. 하지만 보도자
료는 다르다. 설득보다는 정확하게 설명하는 게 먼저다. 가장 이해하
기 쉽게 설명하기 위해서는 Why보다는 What이 먼저 설명되어야 한
다. 제목과 리드문에서 Who와 What을 설명해왔기 때문에 독자가 가
장 궁금해하는 게 What이다.

앞서 예로 든 미라클라이팅클럽에 대한 리드문이다.

"글쓰기 코칭 플랫폼 미라클라이팅클럽이 비즈니스의 우수성, 성장 가
능성을 높이 평가받아 매일경제 우수 스타트업대회에서 대상을 수상했
다고 20일 밝혔다. 미라클라이팅클럽은 이번 수상을 통해 기업의 글쓰
기 역량을 강화하고 커뮤니케이션을 지원하는 플랫폼으로 발돋움하게
됐다."

이 리드문을 읽고 독자가 가장 궁금해하는 것은 미라클라이팅클럽이다. 미라클라이팅클럽이 무엇이며 어떻게 운영되고 기업의 글쓰기역량을 어떻게 강화해주는지가 더 궁금하다. 글쓰기 플랫폼을 개발하게 된 목적과 이유, 최근의 문해력 문제 같은 배경 설명은 그다음이다. 배경 설명이나 목적, 이유, 방법이 먼저 등장하면 독자 입장에서는 What을 모르는 상태이기 때문에 무슨 말인지 이해하지 못한다. 그렇기 때문에 본문의 첫 시작은 What으로 시작해야 한다.

What부터 설명하라는 필자의 이론에 대해 사이먼 시넥의 골든 서클에 빗대어 '미라클 서클'이라고 이름을 붙여봤다. '미라클 서클'은 전혀 새로울 게 없는 이론이다. 멋지게 글을 쓰겠다는 강박관념만 없다면 What부터 말하는 게 더 자연스럽다. What을 먼저 설명한 다음 How, Why, Who를 설명하면 된다. 순서는 바뀌어도 크게 상관없다. 프로덕트 홍보가 목적이라면 How를 먼저, 기업 홍보가 목적이라면 Who가 먼저 오는 게 조금 더 논리적이다.

● 조광현의 미라클서클

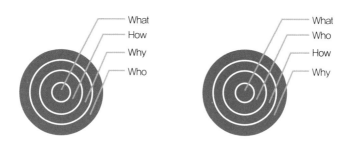

'미라클 서클'로 쓴 보도자료 예시

브랜드가 주어인 경우, 특정 활동에 대한 상세한 설명(what) 다음에 이러한 활동이 수행된 과정(how), 활동 이유(why), 기업에 대한 설명(who) 순으로 본문을 구성하면 된다.

OO 대회는 OOO가 이번에 처음 선보인 프로그램이다. 누적 걸음 수를 겨루는 방식으로 진행되며 다른 참가자들의 걷기 기록을 확인할 수 있다. 실시간으로 순위 변동을 확인하기 때문에 '좀 더' 걷고 싶어지는 동기부여가 생긴다. 1, 3, 5, 10, 15, 20만 걸음을 넘길 때마다 '인증샷'을 남길 수 있다. 나의 걷기에 대한 기록도 '걸음 수 달력'으로 한눈에 확인할 수 있다.	what
1일부터 15일까지 15일 동안 매일 걷기 대회가 열렸으며, 참가자 1,000명 중 100명이 목표인 20만 보 걷기에 성공했다. 15일간 참자가의 누적 평균 걸음 수는 14만 5천 보이며 하루 평균 9,300보를 걸었다. 1만 보 걷기는 하루 350~400kcal을 소모할 수 있는 운동량이다. 이번 랜선 걷기 대회는 오픈 3일 만에 참가 신청이 마감될 정도로 관심이 높았다.	
OOO는 이용자 스스로 도전 목표를 설정하고 목표 실천 비율에 따라 예치금을 환급받도록 함으로써 동기부여를 제공한다. 누구나 쉽게 참여하고 함께함으로써 목표를 달성할 수 있도록 돕는다. 최근 1인 가족, MZ 세대, 가족 단위 등 다양한 계층이 참여하고 있다.	how
OOO 대표는 "앞으로도 매달 건강에 진심인 다양한 브랜드들과 온라인 랜선 대회를 이어나가며 건강 챙기기가 좀 더 즐거워질 수 있도록 돕겠다."라고 전했다.	why
ooo은 건강습관 플랫폼 'ooo'를 서비스하고 있다. 2023년 누적 제휴 기업은 oo이며, 챌린지 누적 참여자 수는 oo명이다.	who

위의 예시는 두 문단에 걸쳐 특정 활동(what)에 대한 상세한 설명부터 하고 있다. 그리고 그다음 문장에 이러한 활동을 하게 된 차별점과 특장점(how)을 기술했고, 이러한 활동을 한 궁극적인 이유(why)를 멘트로 했으며, 마지막에 이러한 활동을 한 기업(who)을 소개하고 있다. 기업이 주어인 경우, 특정 활동에 대한 상세한 설명(what) 다음에 기업

에 대한 설명(who), 이러한 활동이 수행된 과정(how), 활동 이유(why)
순으로 본문을 구성하면 된다.

이번 투자는 OOO가 리드했다. 이 외에 OOO와 OOO, OOO이 새롭게 참여하였고, 시드 투자사인 OOO, OOOO, OOOO가 후속 참여했다. OOO는 시리즈 A 투자 유치로 건강관리 시장에서의 디지털 전환 사업 가속화와 플랫폼 서비스의 전문성을 높이는 데 주력할 예정이다.	what
OOO는 지난 2021년에 설립된 초개인화 영양제&식단 관리 플랫폼 기업이다. 주요 서비스는 ▲ OOO ▲ OOO ▲ OOO ▲ OOO 등이다. 건강검진 기록 등 개인의 건강 데이터(PHR)를 기반으로 영양제, 식단, 운동 등을 통합적으로 분석, 추천, 관리할 수 있는 건강관리 슈퍼 앱으로 서비스 출시 1년여 만에 초개인화 영양제&식단 관리 1위 플랫폼으로 성장했다. 직관적인 그래픽 채택, 쉬운 앱 사용성, 분석 및 피드백 서비스로 사용자의 호평을 받으며 빠르게 시장에 안착했다. 출시 1년 만에 월간 활성 사용자수 75만 명을 달성했으며, 누적 영양제 조합 분석 횟수는 85만 회에 이른다.	who
이번 투자를 리드한 OOO의 OOO 대표는 "OOO팀은 카테고리 1위 플랫폼 빌딩 경험이 있는 연쇄 창업팀"이라며, "메가 플랫폼을 효율적으로 빌딩할 수 있는 경험과 노하우를 보유하고 있는 만큼, 건강관리 시장에서도 슈퍼 플랫폼을 만들어낼 수 있는 저력이 있는 팀이라고 확신한다."라고 말했다.	how
OOO의 OOO 대표는 "코로나19 이후로 건강에 대한 관심이 증대되고, 다양한 웨어러블 기기 기술과 인공지능(AI) 기술 등이 비약적으로 발전하면서 건강관리에도 슈퍼 플랫폼이 등장할 수 있는 시장 환경이 조성되고 있다."라며, "OOO는 초개인화 서비스 포트폴리오와 노하우를 바탕으로 건강관리 시장의 디지털 전환을 리드하는 새로운 패러다임을 제시할 계획이다."라고 밝혔다.	why

문단 구성하기와 재배치하기 ──

문단 구성하기

이제부터 각 구성별로 문단을 작성해보자. 문단이란 몇 개의 문장이 모여 하나의 중심 생각을 나타내는 글의 부분을 말한다. 문단은 중심 문장과 뒷받침 문장으로 구성된다. 문단의 첫 문장에는 중심 문장이 나오고, 그다음 문장은 뒷받침 문장이 나온다. 중심 문장은 사실이나 현상에 관한 것으로 문단을 이끄는 핵심이기 때문에 짧고 간결하게 작성한다. 뒷받침 문장은 이유 설명, 근거가 되는 문장이다. 중심 문장 1개, 그리고 뒷받침 문장 2~3개 정도로 한 문단이 구성된다.

중심 문장		뒷받침문장 1
뒷받침문장 2		
뒷받침문장 3		

예) ○○는 투자, 전자결재, 회계, LP 투자심사 관리 등 GP와 LP 사이에 필요한 투자 제반 업무 효율화를 돕는 플랫폼이다. ○○○의 기존 서비스인 ○○○가 설치형이었던 데 반해, ○○는 운영 및 보안 강화를 위해 클라우드를 토대로 한 SaaS 형태의 웹 플랫폼으로 개발되었다. 따라서 사용자는 시간과 장소에 대한 제약 없이 서비스를 이용할 수 있을 뿐만 아니라, 더욱 강화된 데이터베이스 성능 및 보안 등의 이점을 얻게 된다. 나아가 iOS와 안드로이드 모바일 애플리케이션이 지원되어 언제 어디서든 편리하게 업무를 볼 수 있다.

앞의 예시 문단을 보면 중심 문장이 맨 앞에 등장하고 중심 문장을 뒷받침하는 뒷받침 문장 3개가 뒤에 등장한다. 중심 문장을 뒤에 배치하고 뒷받침 문장을 먼저 쓰게 되면 무슨 말인지 이해하기 힘든 글이 된다. 만약 시간이 없어 빠르게 글을 읽어야 한다면 각 문단의 첫 문장만 읽어도 충분하다. 중심 문장은 보도자료 전체에서 리드문과 같은 역할을 한다고 생각하면 된다.

문단을 정리해보자

하나의 문단에 포함된 중심 문장과 뒷받침 문장은 서로 연관된 문장만 다루어야 한다. 그래야 각 문단별로 소제목이나 키워드를 붙일 수 있다.

문단1	문장 1, 문장 2, 문장 3	소제목 (키워드)
문단2	문장 1, 문장 2, 문장 3	소제목 (키워드)
문단3	문장 1, 문장 2, 문장 3	소제목 (키워드)
문단4	문장 1, 문장 2, 문장 3	소제목 (키워드)

하나의 문단 안에 이질적인 내용이 있다면 문단을 분리하고, 두 개의 문단이 서로 같은 이야기를 하고 있다면 하나의 문단으로 합친다. 문단 안에서 이질적인 문장이 있다면 이 이질적인 문장에 맞는 문단

으로 옮기고, 옮길 문단이 없다면 새로운 문단을 만든다. 이렇게 문장을 분리, 병합, 이동한 뒤에 각 문단의 순서가 맞는지 전체적인 흐름을 확인한다. 이렇게 정리하고 나면 중복된 문장과 필요한 문장이 발견된다. 중복된 문장은 삭제하고 필요한 문장은 가장 잘 맞는 문단에 배치한다.

문단 정리 연습

> 관광플러스팁스는 중소벤처기업부에서 운영하는 팁스(TIPS)에 선정된 기업 중 관광산업과 연계 가능한 핵심기술을 보유한 유망기업을 발굴하여 사업화를 지원하는 사업이다. 선정 기업에는 2년간 최대 4억 원의 관광사업화 자금, 관광 기술 분야 전문 컨설팅, 실증화 및 투자 유치 기회를 제공한다.
>
> ○○○는 한국관광공사가 제시한 스마트관광 5대 요소 중 스마트 모빌리티 분야에 단독으로 선정됐다. 최근 중소벤처기업부 팁스(TIPS) 선정에 이어 이번 관광플러스팁스에 선정되며 기술개발 자금을 추가로 확보하게 됐다.

위의 글은 두 개의 문단으로 구성된 글이다. 두 개의 문단이 서로 다른 이야기를 하고 있는지, 각 문단 내에 이질적인 문장은 없는지 살펴보자. 첫 번째 문단의 첫 번째 문장과 두 번째 문단의 첫 번째 문장이 관광플러스팁스 선정 조건과 선정 분야에 관한 것이다. 두 문장을 합처 관광플러스팁스 선정 조건과 선정 분야에 관한 문단으로 만든다. 그리고 첫 번째 문단의 두 번째 문장과 두 번째 문단의 두 번째 문장이 선정으로 인한 혜택에 관한 것이다. 두 문장을 합쳐 관광플러스팁스 선정 혜택에 관한 문단으로 만든다. 문장을 재배치하여 새로운 문단을 만들면 다음과 같다.

> 관광플러스팁스는 중소벤처기업부가 운영하는 팁스(TIPS)에 선정된 기업 중 관광산업과 연계 가능한 핵심기술을 보유한 유망기업을 발굴하여 사업화를 지원하는 사업이다. OOO는 한국관광공사가 제시한 스마트관광 5대 요소 중 스마트 모빌리티 분야에 단독으로 선정됐다.
> OOO는 팁스 선정으로 최대 7억 원의 자금을 확보했고, 이번 관광플러스팁스에 선정되면서 2년간 최대 4억 원을 지원받아 총 11억 원의 R&D 자금을 확보하게 됐다. 또한 한국관광공사의 사업화 컨설팅 및 실증화, 투자 유치 기회를 제공받게 되었다.

보도자료 수정해보기 ─

이번 장을 시작하면서 보도자료 하나를 예시로 보여줬다. 지금까지 배운 내용을 바탕으로 예시로 든 보도자료에서 잘된 부분과 수정했으면 좋은 부분에는 무엇이 있는지 체크해보자.

〈체크리스트〉

① 제목 부분

제목은 주어, 동사로 잘 만들어졌는가?

후킹한 제목을 어떻게 포함시키는 게 좋을까?

부제는 전체 본문의 핵심 내용을 잘 담고 있는가?

② 리드문

육하원칙에 맞춰 작성되었는가?

리드문과 제목의 상관성은 있는가?

③ 본문

본문의 구성은 괜찮은가?

본문은 리드문의 질문에 대해 충분히 답하고 있는가?

본문의 팩트 영역, 멘트 영역, 부가 영역을 구분해보자.

'미라클 서클'에 맞춰 작성됐는가?

육하원칙의 what, why, how, who 부분을 표시해보자.

④ 문단 작성

각각의 문단의 중심 문장과 뒷받침 문장을 표시해보자.

각각의 문단의 키워드는 무엇인가?

각각의 문단에 포함된 문장은 잘 배치되어 있는가?

위의 체크리스트를 기반으로 예시로 든 보도자료를 각자 수정해보자.

제목 : A사, 코딩 로봇 학습교구 'B 시리즈' 누적 판매 40만 대 돌파

- 안정적이고 상상할 수 있는 모형 조립 가능… 초등학생 6명 중 1명이 사용
- 단계별 커리큘럼과 70종 이상의 제품 라인업 보유
- 타사보다 2배 이상 빠른 제품 개발 프로세스로 지속적인 업데이트가 가능
- B 시리즈를 통해 코딩 교육 재밌게 배우고 창의성 증진

로봇 전문 에듀테크 기업 A사는 코딩 로봇 학습교구 'B 시리즈'가 누적 판매량 40만 대를 돌파했다고 밝혔다. 출시 5년 만의 일로 우리나라 초등학생 6명 중 1명이 사용하고 있다.

코딩 로봇 학습교구 'B 시리즈'는 'B 커넥트'와 'B 테크닉'이 있다. 'B 커넥트'는 플라스틱 소재로 블록과 블록을 핀으로 고정시켜 조립하는 코딩 로봇 학습교구이다. 플라스틱 재질이라 아이들이 사용하기에 안정적이며, 특허 기술인 '핀 결합' 방식을 통해 360도 회전이 가능해 상상할 수 있는 모양을 얼마든지 만들 수 있다. 초등학교 방과후 학습에서도 사용하고 있다. 'B 테크닉'은 내구성이 강한 풀메탈 모터를 보유하고 있으며 볼트와 너트의 조립으로 단단한 결합력을 갖고 있는 코딩 로봇 학습교구이다. 내구성이 강해 배틀 경기나 스피드 경기에 적합하여 초등학교 남학생에게 인기가 많다. 매년 1만 명 이상이 참여하는 글로벌 로봇 대회의 주요 종목에 사용되고 있다.

B 시리즈는 튜토리얼 학습방식으로 아이들이 스스로 자기주도적 학습이 가능하도록 구성되어 있어 온라인 교육시장에 최적화된 교구이다. 단계별 체계적인 커리큘럼과 70종이 넘는 제품 라인업으로 계속해서 업그레이드된 로봇이 출시되어 인기를 끌어 왔다.

A사는 전국 40개 지사를 관리하며 소비자의 피드백을 받고 이를 빠르게 반영하여 제품 고도화에 힘쓰고 있다. 모든 생산 과정이 국내 생산으로 이루어져 제품 기획부터 시장 런칭까지 자체적인 제품 개발 프로세스로 빠른 신제품 출시가 가능하다.

A사의 L 대표는 "2025년부터 초등학교에서 진행하는 정보 수업 시간이 2배 이상 확대됨에 따라 코딩과 관련된 다양한 정보 교육 프로그램이 활발하게 시행될 것"이라며 "아이들이 코딩을 쉽고 재미있게 배워서 창의성과 논리적 사고능력을 향상시킬 수 있도록 제품 라인업을 지속적으로 개발하겠다."고 밝혔다.

한편 A사는 교육용 로봇을 자체 개발 · 생산하는 로봇 브랜드 'B', 교구재를 유통 · 판매하고 강사들이 서로 소통할 수 있는 교육 유통 커뮤니티 플랫폼 'OOO', 코딩과 로봇 교육을 실현하는 'OOO' 등 다양한 브랜드를 통해 미래교육을 선도하는 로봇 전문 에듀테크 기업이다.

4장

보도자료를 위한
문장력 강화기술

엠마는 문장을 고치고 또 고쳐도 마음에 들지 않았다. 기술에 대한 강점을 소개하는 부분은 자신이 봐도 장황해 보였다. 얼마 전에 자신이 쓴 보도자료에서 길게 설명한 부분이 간결하게 기사화된 것을 보고 깜짝 놀랐다. 한 문단이 통째로 삭제된 것보다 더 충격적이었다. 엠마는 어떻게 하면 글을 잘 쓸 수 있을지 고민이 됐다. 엠마는 다시 한번 올리비아를 찾았다.

엠마 : 올리비아, 이번에도 문단 몇 개가 통째로 삭제됐어. 어떻게 하면 글을 잘 쓸 수 있어?

올리비아 : 어떤 부분이 어려운데?

엠마 : 특히 기술을 소개하는 부분이 어려워. 우리 기업이 기술 기업이잖아. 어떻게 설명하면 좋을까?

올리비아 : 어떤 기술이지?

엠마 : 응. 식재료의 신선도나 가공 과정에서의 뭉침 또는 파손 현상 등을 영상으로 식별해내는 기술인데, 딥러닝을 통해 패턴을 인식하는 기술이야.

올리비아 : 어렵네. 이렇게 이야기하면 일반 대중이 알아듣기 힘들어. 더 쉽게 설명하는 방법을 찾아야 해. 그게 홍보 담당자의 역할이야.

엠마 : 나도 그러고 싶은데 어떻게 설명하면 쉽게 이해되게 설명하는 것인지 모르겠어.

올리비아 : 계속해서 고민하다 보면 좋은 표현이 생각날 거야. 우리 모두가 알고 있는 어떤 것에 비유해보는 방법도 좋고.

엠마 : 한번 찾아볼게. 그런데 어떻게 하면 글을 잘 쓸 수 있어? 특히 간결

하게 쓴 글을 보면 나도 그렇게 쓰고 싶은데 잘 안 되네. 자꾸 장황해져.

올리비아 : 잘 쓰려고 하지 않아야 해. 특히 장문, 복문으로 작성하지 말고 단문으로 써야 해. 그래야 비문도 생기지 않아. 형용사, 부사도 쓰지 말고 팩트 기반으로. 특히 자랑은 늘어놓지 마. 그리고….

엠마 : 잠깐만 천천히. 안 되겠다. 만나자.

올리비아 : 글 잘 쓰는 비법 같은 건 없어. 많이 읽고 많이 쓰고 많이 생각하는 수밖에. 특히 홍보 담당자라면 기사를 많이 참고해서 따라 써보는 방법이 제일 좋아. 그리고 좋은 글을 많이 읽는 건 기본이고.

엠마 : 기사를 따라 써본다고?

올리비아 : 응. 나도 처음에 홍보 업무 맡으면서 많이 혼났었거든. 기사를 필사해보라고 해서 매일 기사를 3년 동안 필사하고 있어. 그렇게 되면 글이 많이 늘어. 특히 네가 쓴 보도자료와 기사화된 것을 비교해보면 더 확실히 알 수 있을 거야. 좋은 글을 많이 읽는 것도 필요해. 좋은 칼럼 많이 있잖아.

엠마 : 나도 필사해봐야겠다.

올리비아 : 필사하기 좋은 만년필 하나 선물해줄게.

엠마 : 고마워, 올리비아.

꺄악~! 기사 나왔다!!

축하해!!

(내 덕이야!)

그런데 기술소개 부분이….

(지는
너나 쉽게…)

쉽게 설명해!
그게 홍보 담당자의
역할이야!

답답

답답

나도 그러고 싶다… 그런데 쓰다보면…
쓰다보면…

하나도 모르겠어…

마치
밥 많이 먹으면
배부르다…
그런 소리 아님?

따라
쓰라고?

진지

비법이 어디있어?!
많이 읽고, 많이 쓰고,
많이 생각하고 특히 홍보 담당자
는 기사를 참고해서
따라 써보는 방법이 있지!

고급정보!
고급정보!

무서워…

기사 필사!

그래! 나 때는 말야!!
처음에 엄청 혼났지! 그때 선배가
알려준 방법이야!

열심
열심

오늘부터 나도
기사 필사!!! 불끈

불끈

내일부터……

보도자료 작성의
3가지 기본 원칙

⌄

보도자료의 구성과 구성요소, 제목, 부제, 리드문 만드는 법, 그리고 본문의 구성과 구성요소, 본문의 팩트 영역, 멘트 영역, 부가 영역 작성법, 문단 만드는 법과 문단 재배치하는 것에 대해 살펴봤다. 이제부터는 문장 만드는 방법에 대해 설명하겠다.

보도자료에서 가장 중요한 건 가독성이다. 가독성이란 인쇄물이 얼마나 쉽게 읽히는가를 말한다. 보도자료는 한 번 읽고 이해가 될 정도로 작성해야 한다. 이해가 되지 않아 다시 반복해서 읽게 된다면 실패한 글이다. 읽고도 무슨 말인지 모른다면 그건 독자의 문제가 아니라 글쓴이의 문제다. 다음과 같은 원칙만 지키면 가독성 있는 글을 작성할 수 있다. 수년간 스타트업의 보도자료를 보아오면서 꼭 필요하다고 생각한 것, 가장 많이 실수하는 문장을 토대로 글쓰기의 기본 원칙

3가지와 문장 작성법 9가지를 선정했다.

〈글쓰기의 기본 원칙 3가지〉

① 간결하게 써라

② 쉽게 써라

③ 구체적으로 보여줘라

〈문장 작성법 9가지〉

① 비문 쓰지 않기는 글쓰기의 기본

② 지나친 중문, 복문 사랑은 금물

③ 주어 앞에서 주어를 길게 수식해주는 문장은 독자를 헷갈리게 하기 때문에 자제

④ 주어를 생략할 때와 주어를 넣어야 할 때를 알아야 의미가 명확해진다

⑤ 어순에 따라 가독성이 달라진다

⑥ 화자의 자기 확신적 표현과 객관적 표현을 구분해서 써야 한다

⑦ 이해하기 어렵고 읽기 힘든 문장을 이해하기 쉽고 읽기 편한 문장으로

⑧ 접속사, 조사, 연결어미도 신중하게

⑨ 몰라도 괜찮고 알면 더 좋은 문장 작성법

간결하게 써라 ──

　간결하게 쓰기는 모든 글쓰기의 기본이다. 하지만 간결하게 쓰기란 어렵다. 이유가 있다. 어렵게 모은 자료와 힘들게 작성한 문장을 버리지 못하고 이것저것 담으려고 욕심을 부리기 때문이다. 생각을 정리하지 못한 채 이것저것 마구잡이로 문장을 만들게 되면 문장이 길어지면서 같은 내용을 단어만 바꾸어 반복해서 쓰게 된다. 글쓰기 책에서 간결하게 써야 한다고 하지만 간결하게 쓰는 방법을 가르쳐주지는 않는다. 다음 예시를 살펴보자.

　　리뉴얼의 가장 핵심은 'OOO모드'이다. OOO모드는 공간 안에 있는 에어컨을 개별로 선택 지정해 운전과 온도를 선택하는 것이 아닌, 공간 전체를 AI가 한 번에 제어하는 기능이다. 사용자는 에너지를 효율적으로 제어하고 싶은 공간을 앱에서 활성화하여, 공간을 쾌적한 적정온도로 관리할 수 있다. S사가 자체 개발한 S AI 인공지능이 10가지 이상의 기상청 데이터, 평형과 용도별 분석 건물 데이터, 실내 온습도 데이터를 분석 및 학습하여 최적의 에너지 효율을 내는 조합으로 운영한다. 다음 기능으로 'OOO모드'는 사용자가 지정한 온도에서 인공지능이 알아서 원하는 온도 구간을 유지하며 냉난방기를 운행하는 기능이다.
　　또한 설정한 마감 시간에 에어컨이 알아서 운행 종료되어 야간 운행을 방지하는 'OO모드'와 기존 스케줄 기능을 개선한 'OO예약'이 이번 업데이트에 포함된다. 전체적인 앱의 디자인도 변화되었다. 리브랜딩한 S의 키컬러를 중심으로 고객 사용경험을 높인 디자인과 무인매장 맞춤 기능 리뉴얼로 더욱 쉬운 온도 관리를 할 수 있을 것으로 기대한다.

특별히 잘못 쓴 문장이 보이지 않는데 한 번에 이해하기가 힘들다. 무인매장에 특화한 온도 관리 솔루션을 리뉴얼했다는 내용이 핵심인 것 같다. 간결하게 수정해보자.

〈간결하게 수정해보기〉

위의 예시는 기능 설명을 나열한 글이다. 이렇게 어떤 사실을 나열한 글은 우선 몇 가지를 설명하겠다고 밝히고 시작해야 한다. 그리고 각각의 기능에 대해 간략하게 설명한 뒤에 기능에 적용된 기술과 디자인에 대해 설명하면 간결해진다.

〈간결하게 수정〉

이번 리뉴얼의 핵심은 3가지다. 첫째, 공간 전체를 AI가 한 번에 제어하는 'OO모드' 기능, 둘째, 사용자가 지정한 온도 구간을 유지하는 'OO모드' 기능, 셋째, 무인매장 마감 시간에 맞춰 운행을 종료하는 'OO모드'다. 리뉴얼에 적용된 기술은 S가 자체 개발한 'S AI' 인공지능으로 기상청 데이터, 건물 데이터, 실내 온습도 데이터를 학습하여 최적의 에너지 효율을 내도록 했다. 앱 또한 UI/UX 사용자 친화적 디자인으로 바꿔 사용하기 쉽다.

이렇게 간결한 문장이 앞에 길게 설명한 문장보다 한 번에 이해된다. 버리고 또 버려서 줄일 수 있는 데까지 줄여보겠다는 각오로 써야 한다. 예를 들어 기능을 설명하는 문단을 3개 문장으로 4~5줄 이내에 작성하겠다고 분량을 먼저 정한 뒤에 글을 쓰면 큰 도움이 된다. 지면 기사의 경우 분량이 정해져 있는데 초고는 늘 정해진 분량을 넘어선다. 단 한 글자도 줄일 수 없을 것 같지만 원래 담으려고 했던 주제를 덜어내지 않아도 줄이고 또 줄이면 분량을 맞출 수 있을 뿐만 아니라 간결해지고 이해하기 쉬운 글이 된다. 이제부터 간결하게 쓰는 법에 대해 설명하겠다.

반복되는 문장 삭제하기

한 번 이야기한 것을 또 이야기하면 지겨워진다. 그것은 독자의 시간을 뺏는 일이다. 반복되는 문장, 단어, 표현만 삭제해도 글은 간결해진다.

다음은 'A사, 'OOO 행사' 참여 스타트업 모집'이라는 보도자료다.

OOO, OOO 등 유망 스타트업을 발굴, 육성해온 OOO의 오픈이노베이션 'OOO' 프로그램이 올해 상시 프로그램으로 전환되면서 OOO과 적극적으로 기술 제휴 및 협업을 추진할 스타트업을 이번 달까지 모집한다.

이번 12월부터 모집이 시작된 'OOO 행사'는 매월 협업 주제를 선정하고, 해당 분야 실무 부서와 협업을 희망하는 스타트업이라면 업력이나 규모에 제한 없이 지원하여 다양한 협업 기회를 적극 모색할 예정이다.

현재 모집 중인 'OOO 행사' 프로그램은 ▲ OOO ▲ OOO ▲ OOO ▲ OOO을 주제로 웹사이트에서 이달 말까지 모집 중이며, 선발된 스타트업은 오는 3개월간 협업에 참여하며, 최고 1억 원의 지원금과 협업 공간, 파트너사인 미라클랩의 1:1 멘토링이 제공된다. 또 최우수 파트너로 선발되면 1천만 원의 추가 특전이 주어질 예정이다.

본 프로그램을 담당하고 있는 OOO 팀장은 "OOO를 5기까지 운영하며 좋은 스타트업들이 많이 지원해주었지만, 프로그램 특성상 많은 팀들에게 기회를 주지 못했다."며 "올해 OOO 행사라는 이름으로 새로 시작하는 프로그램을 통해 12월부터 협업을 희망하는 스타트업에게 더욱 많은 기회를 제공하고자 한다."고 밝혔다.

아마 담당자가 "이번 행사의 핵심은 협업이야. 많은 기업이 참여할 수 있도록 보도자료를 작성해라."라는 압박을 받은 모양이다. 협업과 모집이 계속 반복적으로 등장한다. 계속해서 반복적으로 나오는 단어, 문장, 표현을 찾아 표시해보자.

〈반복되는 단어, 문장, 표현 찾기〉

OOO, OOO 등 유망 스타트업을 발굴, 육성해온 OOO의 오픈이노베이션 'OOO' 프로그램이 올해 상시 프로그램으로 전환되면서 OOO과 적극적으로 기술 제휴 및 협업을 추진할 스타트업을 이번 달까지 모집한다. 이번 12월부터 모집이 시작된 'OOO 행사'는 매월 협업 주제를 선정하고, 해당 분야 실무 부서와 협업을 희망하는 스타트업이라면 업력이나 규모에 제한 없이 지원하여 다양한 협업 기회를 적극 모색할 예정이다.

현재 모집 중인 'OOO 행사' 프로그램은 ▲ OOO ▲OOO ▲ OOO ▲ OOO을 주제로 웹사이트에서 이달 말까지 모집 중이며, 선발된 스타트업은 오는 3개월간 협업에 참여하며, 최고 1억 원의 지원금과 협업 공간, 파트너사인 미라클랩의 1:1 멘토링이 제공된다. 또 최우수 파트너로 선발되면 1천만 원의 추가 특전이 주어질 예정이다.

본 프로그램을 담당하고 있는 OOO 팀장은 "OOO를 5기까지 운영하며 좋은 스타트업들이 많이 지원해주었지만, 프로그램 특성상 많은 팀들에게 기회를 주지 못했다."며 "올해 OOO 행사라는 이름으로 새로 시작하는 프로그램을 통해 12월부터 협업을 희망하는 스타트업에게 더욱 많은 기회를 제공하고자 한다."고 밝혔다.

반복되는 단어, 문장, 표현을 찾아내 하나만 남기고 모두 삭제해 정리하면 다음과 같다.

〈반복되는 단어, 문장, 표현 정리하기 예시〉

○○○이 오픈이노베이션 '○○○ 행사' 프로그램에 참여할 스타트업을 이번 달까지 모집한다.

○○○ 행사는 올해 상시 프로그램으로 전환됐다. 스타트업이라면 업력이나 규모에 제한 없이 지원 가능하다. 모집 분야는 ▲ ○○○ ▲ ○○○ ▲ ○○○ ▲ ○○○다. 선발된 스타트업은 3개월간 협업에 참여하며, 최고 1억 원의 지원금과 협업 공간, 파트너사인 미라클랩과의 1:1 멘토링이 제공된다. 최우수 파트너로 선발되면 1천만 원의 추가 특전이 주어질 예정이다.

본 프로그램을 담당하고 있는 ○○○ 팀장은 "○○○를 통해 ○○○, ○○○ 등 유망 스타트업을 발굴, 육성해왔다. 5기까지 운영하면서 올해는 ○○○ 행사라는 이름으로 새로 시작하게 됐다. 프로그램을 통해 스타트업에게 더욱 많은 기회를 제공하고자 한다."고 밝혔다.

한편, 지원 신청은 ○○○ 웹사이트에서 할 수 있다.

인수분해하기 : 공통인수를 찾아 묶어 쓰기

수학에는 인수분해가 있다. 'X+A+X+B+A+X'라는 식이 있다면 공통 요소를 묶어 '3X+2A+B'로 표현하면 이해하기 쉬운 식이 된다. 문장도 마찬가지다. 공통 요소로 묶으면 간결해진다. 주어가 같다면 주어를 기준으로, 술어가 같다면 술어를 기준으로 문장을 묶어 쓰면 된다.

OOO 운영사 OOO는 첫 서포터즈를 위한 다양한 혜택을 준비했다. 서포터즈 활동비 외에 웰컴키트 제공, OOO 신규 기능 사전 체험 등의 혜택을 제공한다. 다양한 연령과 배경으로 구성된 서포터즈 1기 구성원들 간의 소통 프로그램도 진행한다.

위 문장에서 반복적으로 등장하는 술어를 찾아보자. '준비한다', '제공한다', '진행한다'라는 비슷한 술어가 반복적으로 사용되고 있다. 그러다 보니 '웰컴키트 제공을~제공한다'라는 잘못된 문장을 쓰게 된 것이다. 반복적으로 사용하고 있는 술어를 기준으로 술어와 호응하는 문장을 명사로 대구對句를 맞추면 간결해진다.

OOO 운영사 OOO는 1기 서포터즈에게 서포터즈 활동비, 웰컴키트, 쑥쑥 찰칵 신규 기능 사전 체험, 구성원들 간의 소통 프로그램을 제공한다.

동어반복 없애기

한 문장 안 또는 한 문단 안에 동일한 의미를 나타내는 문장이 있는지 찾아서 삭제하면 간결해진다. 한 문장 안에 'A는 A다'라는 식으로 동일한 내용이 있거나 'A는 B다. 그리고 A는 B'처럼 앞뒤 문장이 비슷한 내용인 경우가 많다. 의미가 같은 표현, 문장이 있다면 삭제해야 한다.

별도의 큐레이션 서비스를 제공하여, 직접 음악을 선별하기 어려운 사용자에게 요청 사항에 따른 적합한 음악 리스트를 추천해줄 수도 있다. 또한 각곡의 재생 시간 및 음량 조절, 악기 추가, 리믹스 등의 커스터마이징 가공 서비스도 제공한다.

'큐레이션 서비스를 제공하여'와 '직접 음악을 선별하기 어려운 사용자에게 요청 사항에 따른 적합한 음악 리스트를 추천해줄 수도 있다.'는 똑같은 의미다. 동어반복을 없애면 다음과 같이 수정된다.

> 선곡하기 힘든 사용자에게 음악을 큐레이션(추천)해준다. 음악의 재생 시간, 음량 조절, 악기 추가, 리믹스 등의 커스터마이징도 제공한다.

반복 사용 단어 한 번으로 줄이기

한 문단, 또는 전체 글에서 여러 번 반복 사용되는 단어가 있다면 해당 단어를 한 번만 써서 문장을 만들어보자.

사례 1

> N사가 10억 규모의 시리즈 A 추가 투자를 유치했다. N사의 이번 투자 유치는 올해 초 30억 원 규모의 시리즈 A 투자 유치에 이은 추가 투자 유치이다.

추가 투자가 앞 문장과 뒷 문장에 나온다. 이를 정리하면 다음과 같다.

〈수정〉

> N사가 10억 규모의 시리즈 A 추가 투자를 유치했다. N사는 올해 초 30억
> 원 규모의 시리즈 A 투자를 유치했었다.

사례 2

> 사원증 녹음기 'OOO'는 사원증 케이스에 녹음기가 내장된 형태의 녹음
> 기이다. 사원증 케이스 디자인으로 위협 상황 녹음 시 티가 나지 않는 장
> 점으로 인해 각종 매체에 소개된 바 있다. 의료진을 보호하기 위해 기획
> 된 제품이었으나, 공공기관 및 기업에서도 반응을 얻어 일반 제품으로 판
> 매 중인 제품이다.

첫 번째, 두 번째 문장에서 '녹음'이 4번 등장하고 세 번째 문장에
서는 '제품'이 3번 등장한다. 이렇게 계속 등장하는 단어가 있다면 한
번만 사용하고 나머지는 삭제하면 된다.

〈수정〉

> 'OOO'는 사원증 케이스에 녹음 장치가 내장되어 있어 위협 상황에서도
> 상대가 눈치채지 못한다. 의료진을 보호하기 위해 기획한 제품으로 현재
> 공공기관 및 기업에도 공급하고 있다.

없어도 되는 단어, 수식문은 삭제

습관적으로 사용하는 수식문, 단어가 많다. 어떤 단어나 수식문이 필요한지 필요하지 않은지를 알려면 그 단어와 비슷한 말이나 반대되는 말을 넣고도 말이 되는지를 보면 안다. 그래도 말이 된다면 필요한 것이고 그렇지 않다면 필요 없는 것이다.

예를 들어 '최종 선정'이라는 표현에서 '최종'이라는 단어가 필요한지 알려면 '최종'의 유의어나 반의어인 '마지막', '중간(최초)'이라는 말을 넣어서 말이 되면 필요한 것이고 그렇지 않다면 필요하지 않은 단어다. 사실 보도자료로 배포했다는 건 선정됐다는 의미다. 최초 선정이나 중간 선정된 사실을 보도하지는 않는다. 마찬가지로 '전체', '자체 개발한', '정상 출시', '직접 제공' '별도의'도 마찬가지다. 이 단어들을 빼고도 말이 되는지와 이 단어의 반대 의미를 넣어서 반대의 의미를 갖는 표현이 만들어진다면 넣어도 된다. 정상 출시의 경우 정상 출시의 반대 상황, 즉 비정상 출시나 베타 출시와 의미를 구분하기 위해 쓴다. 베타 출시를 하지도 않았는데 굳이 베타 출시가 아님을 강조할 필요는 없다. 직접 제공도 마찬가지다. 간접 제공이라는 말이 있는지 보고 말이 성립되면 사용해도 된다. 자체 개발도 마찬가지다. 아웃소싱하지 않고 개발했다는 걸 의미하는데 아웃소싱해서 개발한 것을 보도자료로 발표하지는 않기 때문에 필요 없는 말이다.

불필요한 수식문도 많이 쓰인다. '건물의 비어 있는 옥상이나 지붕에'는 '옥상이나 지붕에'라고 표현해도 아무런 문제가 없다. 일반적으로 옥상이나 지붕은 특별한 경우가 아니고서는 비어 있기 때문이다. '현장에서 소지하고 있는 명품 가방, 지갑 등'에서도 가방이나 지갑은

늘 소지하고 있기 때문에 필요 없는 수식어다. '서비스 중인 요리 시뮬레이션 게임'도 마찬가지로 서비스 중이지 않은 게임은 없다. 우리가 말하는 프로덕트는 이미 서비스 중이다. '사업 타당성 검토 시 필요한 정보를 담은 보고서를 자동화해주는 서비스'에서도 보고서는 당연히 필요한 정보를 담고 있지, 필요 없는 정보를 담고 있는 보고서는 없다. '투자 유치 성공'도 '투자 유치'라고 써도 이해 못 할 사람은 아무도 없다. 강조하고 싶거나 주의를 환기시키려는 목적에서 이와 같은 단어와 수식문을 넣지만 대부분은 나도 모르게 습관적으로 사용하는 경우가 많다.

상황을 설명하는 문단을 하나의 명사로 대체

어떤 상황을 길게 설명하는 글은 명사로 대체 가능하다. 명사는 어떤 상황을 나타내는 표현을 하나의 단어로 함축하는 품사다.

'직접 음악을 선별하기 어려운 사용자에게 요청 사항에 따른 적합한 음악 리스트를 추천해줄 수도 있다.'

앞에서 예로 들었던 문장이다. 이는 '큐레이션'이라는 명사로 쓰는 게 간결하고 더 이해하기 쉽다.

'사물인터넷, 클라우드 컴퓨팅, 인공지능, 빅데이터 솔루션 등 정보통신기술을 플랫폼으로 구축 활용하여 기존의 전통적인 운영방식과 서비스 등을 혁신하려고 한다.'

위의 표현은 '디지털트랜스포메이션DX'이라는 명사로 대체 가능하다. 하나의 표현을 명사로 대체할 때 조심해야 할 것이 있다. 풀어 쓴 것보다 명사가 더 어려울 때다.

> A는 시각, 청각을 비롯한 여러 인터페이스를 통해서 정보를 주고받고 있다. 다양한 채널의 모달리티를 동시에 받아들여 인간이 사물을 받아들이는 다양한 방식과 동일하게 학습한다.

위의 예시는 '멀티모달'에 대한 설명이다. 멀티모달이라는 명사가 있지만 멀티모달이라는 명사보다 위에서처럼 풀어서 쓰는 게 훨씬 이해하기 쉬운 문장이다.

모든 문장을 명사로만 표현해서도 안 된다. 그렇게 되면 사자성어처럼 매우 함축적인 글이 될 것이다.

의미가 같은 단어 중복 사용 자제

의미가 같은 단어를 중첩해서 쓰는 경우도 많다.

> 다른 대안 → 대안
>
> 기간 동안 → 기간
>
> 내재해 있는 → 안에 있는
>
> 매 2년마다 → 2년마다

이 역시 습관적으로 쓰는 말들이다. 단어 하나하나마다 의미가 있다. 이를 정확히 알고 사용해야 한다.

쉽게 써라 ──

기사는 대중을 대상으로 하는 글이기 때문에 쉬워야 한다. 현재 의무교육이 고등학교까지이니 고등학교에 맞추면 된다. 고등학교 수준에 맞추라는 건 비유적 표현으로 그만큼 쉽게 쓰도록 노력하라는 의미다.

글을 쉽게 쓰는 것과 설명의 정확도는 반비례 관계에 있다. 글을 쉽게 쓰다 보면 설명의 정확도가 떨어질 우려가 있다. 그래도 언론홍보 글은 설명의 정확도를 희생하더라도 이해도를 높이는 게 더 중요하다. 내용을 완전히 장악하게 되면 설명의 정확도를 떨어뜨리지 않고도 쉽게 쓸 수 있다. 글을 쉽게 쓰는 방법은 다음과 같다.

구성에 맞게 쓰고 필요한 구성요소를 넣어라

글의 구성에 맞춰서 쓰고 구성요소를 빠짐없이 써라. 이것만 잘 지켜도 글은 쉬워진다. 왜냐하면 구성에 맞게 쓴 글은 논리적이면서 꼭 필요한 정보를 담기 때문이다. 보도자료의 역피라미드 구성에 맞게 쓰고 구성에 들어가는 요소를 육하원칙에 따라 작성하면 누구나 쉽게 이해할 수 있는 글을 작성할 수 있다. 구성에 맞게 쓰지 않고 구성에 들어갈 요소를 넣지 않기 때문에 글의 논리성이 무너지는 것이다.

익숙한 개념으로 비유하기

앞에서 글이 어려운 이유는 내용이 복잡하고 어렵기 때문이라고 설명했다. 내용이 복잡하면 카테고리 구분을 잘 해야 한다. 그리고 내용이 어려울 경우에는 익숙한 것에 빗대 설명하면 쉽다. 외국 여행 중에 외국인에게 한국을 소개할 기회가 주어졌다. 한국이 어디에 있는지 외국인이 알아듣게 말하려면 어떻게 설명하는 게 좋을까?

〈용범(개발자)의 설명〉

우리나라는 북위 33~43도 사이의 중위도와 동경 124~132도에 위치하고 있으며, 표준 경선은 동경 135도이다.

〈스티브(대표)의 설명〉

우리나라는 유라시아 대륙의 동쪽, 북태평양 서쪽에 위치해 있으며, 대륙과 해양 세력의 침략이 많았지만 5천 년의 역사를 자랑하고 있다. 오늘날 빠르게 경제 성장을 달성해 태평양시대의 중심 국가로 발돋움하고 있으며 아태 지역의 중심적인 위치를 차지하고 있다.

〈엠마(홍보 담당자)의 설명〉

한국은 중국과 일본 사이에 있다.(중국과 일본을 설명할 때 한국 옆에 있다고 설명하는 날을 기대하며…)

누구의 설명이 가장 쉬울까? 한국을 너무 잘 알고 있다면 자메이카, 나미비아, 몰타, 스리랑카의 위치를 설명받는 입장이 되었다고 생각해보자. 어떤 설명이 가장 쉬울까는 자명하다.

포멜로라는 다소 생소한 과일이 있다. 아래는 포멜로가 어떤 과일인지 설명하는 글이다.*

〈설명1〉

포멜로란 감귤류 가운데 가장 큰 과일로, 매우 두꺼운 껍질을 지니고 있으나 부드러워 손으로 까기 쉽다. 연노랑에서 붉은 산호색 속살에 이르기까지, 과즙이 풍부한 것에서 약간 메마른 것까지 그리고 달콤한 것에서 새콤하고 톡 쏘는 맛에 이르기까지 매우 다양하다.

〈설명2〉

포멜로는 기본적으로 매우 두껍고 부드러운 껍질을 지닌 거대한 그레이프프루트다.

포멜로의 여러 가지 속성, 정의, 특징을 설명하는 것보다는 포멜로가 그레이프프루트와 비슷하다는 말을 들으면 그레이프프루트의 이미지를 떠올리기 때문에 누구든 쉽게 이해할 수 있다. 기사체에 많이 등장하는 '여의도 면적의 얼마'라든가 '축구장 몇 개 크기'라는 표현으로 설명하는 이유와 같다.

---

* 칩 히스,《스틱》p. 85~86 참조.

인터뷰 때 대표가 복잡하게 비즈니스를 설명하면, 그 이야기를 머릿속에 넣어 하나의 이미지를 그려낸다. '아. 한국의 아마존이구나.'라고. 처음부터 '한국의 아마존'이라고 얘기했다면 그다음부터는 이해하기가 훨씬 쉬웠을 것이다. 이처럼 우리가 익숙하게 잘 알고 있는 것에 빗대어 설명하는 방식은 매우 유용하다. 물론 중국, 일본과 우리나라는 전혀 다르고 경쟁 기업과 우리 기업도 마찬가지로 전혀 다르다. 하지만 설명의 도구로는 훌륭한 방법이다.

다른 예를 하나 더 보자.

1, 2심은 회원으로 가입하고 사전 예약한 특정 고객들을 대상으로 기사를 알선해 승합차를 대여한 OO의 서비스를 불특정 다수의 여객을 자동차로 운송하는 '유상 여객운송'과 다르다고 판단했다. '유상 여객운송'은 옛 여객자동차법 제34조가 금지하고 있는데, OO는 이에 해당하지 않는다는 것이다. OO 서비스를 이용하는 회원에게 OO 서비스의 플랫폼을 제공하고 계약서를 작성, 결제와 정산을 대행한 OO에 대해서는 "초단기 임대차 계약"으로 볼 수 있다고 했다. 이에 따라 OO를 11인승 이상 15인승 이하의 승합차를 임차하는 사람에게는 운전자 알선을 허용하는 여객자동차운수사업법 제34조의 예외 규정인 시행령 제18조에 해당한다고도 판시했다.
결국 OO를 '불법 콜택시'가 아니라 '운전기사가 딸린 렌터카 서비스'로 본 것이다. 이는 합법적인 혁신사업으로 인정한 판결로 풀이된다.

OO 무죄에 대해 설명한 기사다. 앞의 설명은 법률적으로 정확하게 설명한 것이고, 뒤의 설명은 쉽게 설명한 것이다. 어떤 설명이 더 쉬운가?

상세한 설명은 생략하라

복잡하고 상세한 기술 설명은 생략하자. 독자는 디테일까지 알고 싶어 하지 않는다. 야구장에 처음 가는 친구에게 두꺼운 야구 규칙을 설명하는 건 무리일 뿐만 아니라 듣고 싶어 하지도 않는다. 야구를 즐길 정도의 규칙만 설명하면 된다. 자신이 잘하는 분야, 잘 알고 있는 분야의 설명을 생략할 수 있는 것도 용기다. 오컴의 면도날이라는 법칙이 있다. 가장 단순한 설명이 최선이라는 의미다. 상세한 것을 모두 떼어내고 설명해도 충분하다는 믿음을 가져야 한다.

전문, 업계 용어를 일상용어로

"우리 직원들 모두 캐파capacity가 되니까 애자일agile하게 받아들일 수 있지? 제너럴general한 문화가 될 수 있도록, 뎁스depth 있게 디벨롭develop 시켜보자고. 와이 낫why not?"(〈유니콘〉, 모니카의 말)

쿠팡플레이 드라마 〈유니콘〉에서 인사담당자 모니카가 한 말이다. 일명 판교 사투리라고 불리는 이런 말은 스타트업 업계에서 자주 쓰인다.

각 집단별로 쓰는 전문용어가 있다. 전문용어나 약어를 많이 사용하는 것은 일종의 습관이다. 그런 용어를 사용함으로써 해당 집단에 소속감을 느끼고 전문성이 있는 것처럼 보이게 하려는 것이다. 집단 안에서 쓰는 건 상관없지만 기사로 소개되는 거라면 보다 신중하게 사용해야 한다.

> 향후 보관한 OOO의 가치에 따라 De-Fi로 레버리지를 극대화할 수 있는 서비스도 출시 준비 중이다.

'De-Fi로 레버리지를 극대화한다'는 말이 무슨 뜻일까? 이 용어를 알기 위해 사전까지 찾아 가면서 기사를 읽을 독자는 없다. 사내 블록체인 전문 기자에게 위 문장의 번역을 부탁했더니 '탈중앙화 금융 기반 담보 대출', '블록체인 기반 금융 담보 대출' 정도가 좋다는 의견을 받았다. 이 용어도 어렵다면 더 쉬운 용어를 찾아야 한다.

대중에게 말할 때는 '사투리'가 아닌 누구나 알아들을 수 있는 '표준어'를 사용해야 한다. 이러한 노력 없이는 대중과 소통할 수 없다.

어떤 현상을 나타내는 표현 찾기

OOO이 현재 IP 보호 서비스를 계속 제공하고 앞으로는 IP 생성 관리부터, 보호, 라이센싱 업무까지 IP 비즈니스 운영 전 과정을 종합 지원하는 기업으로 거듭나겠다는 비전을 인터뷰를 통해 밝혔다. 처음 이 얘기를 들었을 때는 복잡했다. 이를 어떻게 하면 쉽게 표현할 수 있을까 고민하다 아래와 같이 인터뷰 내용을 정리했다.

> OOO의 궁극적인 목적은 IP를 통해 수익을 창출할 수 있도록 도와주는

것이다. 보호 서비스가 위조 상품과 불법 콘텐츠로부터 자사의 IP가 피해받지 않도록 하는 '소극적 행위'라면, IP 라이센싱 계약은 자사의 IP가 합법적으로 현지에 정착하도록 해 선제적으로 IP를 보호하고 수익을 창출하는 '적극적 행위'라고 볼 수 있다. OOO은 IP의 라이센싱 계약 업무에 필요한 문서 작성, 현지 브랜드와의 콜라보, 수익 발생 시 로열티 배분 등 IP 라이센싱 업무를 지원할 서비스를 구축할 계획이다.

기존에 OOO이 계속해서 해왔던 보호 서비스를 '소극적 행위'라고 정의하고 새롭게 시작할 IP 생성 관리 및 라이센싱 업무를 '적극적 행위'로 표현했다. 그럼으로써 두 가지 행위에 대한 개념 정의를 명확히 드러낼 수 있었고, 새롭게 하는 업무에 의무를 부여했다.

TIP 쉽게 설명할 수 있는 방법 훈련, IR과 PR을 적극 활용해라

기업이 투자라운드를 돌면 대개 40~50개의 VC에게 피칭을 한다. 처음 IR을 듣는 VC는 무슨 말인지 몰라 많은 질문을 하고, 기업 대표는 계속해서 질문을 들으면서 IR 피치덱을 수정한다. 그 과정에서 가장 쉬운 표현을 고민하게 되고 이를 IR 피치덱에 수정 반영하면서 완성도를 높인다. 그렇기 때문에 투자를 받고 싶은 VC를 가장 나중에 피칭하라고 조언한다. 보도자료를 계속해서 작성하다 보면 대중이 이해하는 용어로 쓰게 되고, 기자의 피드백을 반영하면서 점점 쉬운 표현을 찾게 된다. 기자와 이해관계자를 만나서 기업에 대해 계속 설명하다 보면 그들의 피드백을 통해 어떻게 설명하는 게 가장 쉬운 설명인지를 찾게 된다.

설명하지 말고 구체적으로 묘사하라 ──

"가장 감동적인 글은 필자가 말하거나 설명하지 않고 당시 상황을 보여줄 때 나온다."

톨스토이의 말이다. 설명하지 않고 묘사하는 것은 모든 글쓰기의 기본이다. 누군가 어떤 사실을 말할 때 설명하면 듣는 사람 입장에서는 반발심이 생기고 의심한다. 하지만 말하고자 하는 것을 보여주면 설득이 된다. 자기 자신을 '예쁘다'라고 얘기하면서 구구절절 외모를 설명하면 반발심이 든다. 그냥 미인대회에서 1등 했다는 팩트면 충분하다. 자꾸 설명하려는 것은 언어가 빈곤해서이다. 등장인물의 성격이나 상황을 보여주기 위해 소재를 적절하게 사용하는 작가가 있다. 바로 무라카미 하루키다. 하루키는 음악이나 책을 소재로 사용해 등장인물의 성격과 상황을 보여준다. 《기사단장 죽이기》에서는 각 인물에 어울리는 자동차를 매칭했는데, 이것만 봐도 등장인물의 캐릭터를 한눈에 알 수 있다. 기업이 가장 좋아하는 표현이 있다. '최초·최고·최대·유일'이다. 필자는 이를 '3최 1유'라고 명명했다. IR 피치에서는 '3최 1유'를 말해도 상관없다. 투자자에게 기업 가치가 높다는 것을 말하기 위한 좋은 수단이다. 하지만 PR은 '3최 1유'를 주장하는 게 아니라 '3최 1유'임을 증명할 수 있는 팩트를 보여줘야 하는 일이다.

다른 팀의 언어가 어려운 이유

글과 말이 어려운 이유는 어떤 일을 반복적으로 하고 전문성을 갖추게 되면 그 현상을 이론화, 추상화시키려고 하기 때문이다. 추상화된 글과 말은 이해하기도 기억하기도 힘들다. 무엇보다 이를 받아들이는 사람마다 다르게 해석하는 것도 문제다. 전문화가 될수록 언어는 추상화되고 서로 다른 언어를 사용하기 시작한다. 팀 간에 커뮤니케이션이 안 되는 이유가 여기에 있다. 글과 말이 어려워지는 이유가 추상화 때문이라면, 글과 말을 구체적으로 표현하면 쉬워진다. 구체적이라는 건 우리의 감각을 이용해 검토할 수 있는 수준으로 만드는 것이다. 처음 설명을 듣는 사람에게 구체적으로 느낄 수 있거나 비교 가능한 수준에서 설명하는 방법이다.

수치화 등을 통해 구체적으로 보여주기

OOO는 소형 센서인 'OOO'를 개발해 운반하는 상품의 데이터를 수집, 관리하는 기업이다. 작은 기기에서 많은 데이터를 계속해서 며칠 동안 놓치지 않고 측정하는 게 핵심이다. 이 작은 기기가 얼마나 많이 측정하는지를 기업 대표는 인터뷰 내내 강조했다. 기사를 정리하면서 그렇게 자주 계속해서 측정하는 걸 어떻게 전달할지 고민했고 이를 다음과 같이 표현했다.

"OOO는 출고 시점부터 소비자에게 납품할 때까지 상품의 온도, 습도, 조도, 충격 등의 데이터를 일정한 시간 단위마다 측정한다. 보통 10분에서 15분 간격으로 측정하지만 상품에 따라 2분 간격으로 측정하기도 한다. 10분 간격으로 출고부터 입고까지 5일간 측정하면 상품별로 720번 측정하게 된다. 운송 상품이 100개라면 100개의 OOO이 720번, 즉

72,000번의 측정 데이터가 쌓이는 셈이다."

'운송 상품이 100개라면 100개의 OOO가 720번, 즉 72,000번 측정한다.'는 대목을 보면 이 수치가 얼마나 큰지는 몰라도 상당히 여러 번 계속 측정하고 있다는 사실을 피부로 느낄 수 있다.

추상적 개념을 구체적인 경험으로
기업에서는 자사 서비스에 대해 소비자의 호응이 좋고 반응이 뜨거우면 이를 그대로 표현하는 경향이 있다. 이러한 표현은 대개 추상적이어서 독자는 무슨 말인지 잘 알지 못한다.

'특히 OOO에 대한 시장의 반응이 뜨거운 만큼 OOO 선생님의 경우 월 40명 이상 채용을 목표로 두고 있다.'

'시장의 반응이 뜨거운 만큼'이라고 설명하면 뜨겁다는 게 뭔지, 얼마나 뜨겁다는 건지 모호해진다. 독자는 이런 표현에 반발심이 든다. '최근 사용자가 2배 이상 증가함에 따라'라고 팩트에 기반한 구체적 표현을 쓰면 독자의 반발과 의심을 피할 수 있다.

'아이들이 먼저 찾는' 코딩 교육 프로그램으로 입소문을 타기 시작한 OOO는 쉽고 재미있는 스토리텔링 기반의 성취형 온라인 미션과 코딩의 핵심 개념 학습은 물론, 문제해결력을 함께 키울 수 있는 다양한 코스 등이 학부모와 초등 학습자의 눈과 손을 사로잡았다.

여기서도 마찬가지다. '학부모와 초등 학습자의 눈과 손을 사로잡았다.'라고 하면 설명이 모호하고 피부로 다가오지 않는다. 눈과 손을 사로잡았다는 것은 그만큼 많은 사람들이 사용했다는 얘기고, 잘 사용하고 있다는 얘기다. 이를 보여주는 팩트가 재가입율 수치다. '재가입율이 50% 늘었다.'는 사실을 보여주면 충분하다.

'우수한 제작 능력을 선보였다.' '큰 호응을 얻었다.' '큰 반향을 일으키고 있다.' '인기를 끌고 있다.'도 보도자료에서 많이 쓰는 표현이다. 어떠한 상황을 주관적 언어로 설명하지 말고 구체적인 팩트로 보여줘라.

9가지
문장 작성법

ㅡㅡㅡㅡㅡㅡㅡㅡ▼ㅡㅡㅡㅡㅡㅡㅡㅡ

이번에는 9가지 문장 작성법에 대해 설명하겠다. 내용이 디테일하고 복잡하기 때문에 현재 보도자료 작성 업무를 맡고 있지 않다면 다음에 볼 것을 추천한다. 하지만 글쓰기에 꼭 필요한 내용이기 때문에 블로그나 브런치 등에 글을 쓰고 있거나 쓸 예정이라면 도전해볼 만하다.

비문 쓰지 않기 ㅡ

비문非文이란 문법이나 어법에 맞지 않는 문장을 말한다. 잘못된 단어 선택, 맞지 않는 문장 구조, 주어와 술어의 불일치, 잘못 쓴 조사나 어미, 호응관계 불일치, 잘못된 수식어, 피동문 남용이 모두 비문에 해당한다. 비문의 가장 대표적인 게 주어와 술어의 불일치다. 이는 문장이 길어지면서 자신도 모르게 주어에 맞는 술어를 쓰는 게 아니라 술어 바로 앞에 있는 어미에 맞춰 술어를 쓰면서 발생한다.

> '기업이 실적을 개선하는 좋은 방법은 사용자가 즐거움을 느낄 수 있는 사용자 경험을 제공한다.'

앞의 문장을 잊어버리고 뒤의 문장인 '사용자 경험을' 생각하고 이에 맞는 술어를 사용하다 보니 위와 같은 비문이 만들어졌다. 이 문장에서 주어는 '좋은 방법은'이고 술어는 '제공한다.'이다. 이를 붙여보면 '좋은 방법은 제공한다.'가 된다. 주어와 술어가 불일치하고 있다. 주어와 술어를 일치시키려면 '좋은 방법은 제공하는 것이다.'가 되어야 한다.

> '기업이 실적을 개선하는 좋은 방법은 사용자가 즐거움을 느낄 수 있는 사용자 경험을 제공하는 것이다.'

주어, 술어가 불일치한 비문 찾는 법

영어는 주어 다음에 바로 동사가 나오기 때문에 주어에 맞는 동사를 사용하기 쉽지만, 한국어는 주어가 앞에 나오고 동사가 맨 뒤에 나오는 구조이다 보니 주어와 술어가 불일치하는 경우가 많다. 또 한국어는 주어를 자주 생략하는 경향이 있다. 생략한 주어가 무엇인지를 놓치는 경우 생략한 주어와 맞지 않는 술어를 종종 쓴다. 여기에 복문과 중문이 섞이면 주어와 술어 찾기는 더 힘들어진다.

〈영어의 문장 구조〉

주어, 동사

〈한국어의 문장 구조〉

주어, 동사
생략된 주어 동사
수식어 + 주어 동사
주어 + 동사 + 등위접속사 + 주어 + 동사
주절(주어 + 동사) + 종속절(주어 + 동사)

글을 완성하고 나서 마지막으로 각 문장의 주어와 동사만 빠르게 찾아내 읽어보면 주어와 동사가 불일치한 비문을 찾아낼 수 있다. 실제 비문으로 작성된 문장을 보면서 수정해보자.

사례 1

> 혜택의 주요 내용은 전담 테일러 배치 및 ○○○ 패키지 전체 금액의 5% 할인과 함께 선착순 커피 쿠폰 증정, 렌터카 할인 코드 등이 제공된다.

위의 문장은 비문이다. 비문을 수정하고 앞에서 다룬 3가지 글쓰기 원칙과 앞으로 다룰 9가지 문장 작성법을 동원해서 어색한 부분을 찾아 수정해보자.

〈수정〉

문장이 비문인지 아닌지 확인하려면 주어와 술어부터 찾으면 된다. 주어는 '혜택의 주요 내용은'이다. 술어는 '제공된다.'이다. 주어와 술어를 합쳐서 보면 '혜택의 주요 내용은 제공된다.'이다. 주어와 술어가 불일치하고 있다. '내용'은 제공될 수 없다. 주어를 변경하지 않으려면 술어를 주어에 맞게 고쳐야 한다. '혜택의 주요 내용은 ~이다.'가 된다. '제공된다.'라는 술어를 쓰고 싶다면 전체 문장에 맞게 '~에게 제공된다.'라고 해야 한다. '제공된다.'라는 수동태 문장을 능동태 문장으로 바꾸면 '~가 제공한다.'라고 해야 한다. 이렇게 되면 3가지 문장 형태가 나온다.

〈수정 문장 1〉: '주요 혜택'이 주어일 경우

'주요 혜택은 전담 테일러 배치, OOO 패키지 5% 할인, 선착순 커피 쿠폰 증정, 렌터카 할인 코드 제공 등이다.'

〈수정 문장 2〉: 제공되는 주체를 사용한 경우

'회원에게는 전담 테일러, OOO 패키지 5% 할인권, 선착순 커피 쿠폰,

렌터카 할인 코드 등이 제공된다.'

〈수정 문장 3〉: 혜택을 제공하는 주체로 능동태 문장으로 전환한 경우

'A사는 회원에게 전담 테일러, OOO 패키지 5% 할인권, 선착순 커피 쿠폰, 렌터카 할인 코드 등을 제공한다.'

비문 이외에도 수정할 부문이 많다. '혜택의 주요 내용'이라는 말은 번역체 문장이다. '주요 혜택의 내용'이 맞으며 '내용'이라는 말도 필요 없다. '주요 혜택은'으로 하면 된다. 그리고 4가지 혜택이 ' 및', '함께'로 서로 다르게 연결됐는데, 4가지 요소를 동일한 문장성분(명사, 명사구, 명사절)으로 나열하면 읽기 쉽고 간결한 문장이 된다.

사례 2

OOO 키오스크는 현장에서 소지하고 있는 명품 가방·지갑 등의 수선 비교 견적을 받아볼 수 있고 간단한 사진 촬영만으로 수선 견적·의뢰까지 즉시 가능하다.

〈수정〉

주어와 술어부터 찾아보자. 이 문장에서 주어는 '키오스크'이며, 술어는 '받아볼 수 있고'와 '가능하다.'이다. 주어와 술어를 붙이면 '키오스크는 받아볼 수 있고 ~이 가능하다.'가 된다. 비문이다. '키오스크는 ~을 받아볼 수 있게 하며, ~이 가능하게 해준다.'가 맞다. 물주物主 주어는 영어식 표현이다. 사람을 주어로 한다면 '이용자'가 주어가 되고 이용자에 맞는 술어는 '~할 수 있다.'이다. 이용자는 일반 주어이기 때문에 생략이 가능하다.

〈수정〉

> ○○○ 키오스크에서는 (이용자가) 명품 가방·지갑 등을 사진 촬영하면 현장에서 비교 견적을 받아 수선을 의뢰할 수 있다.

위의 문장에서 '현장에서 소지하고 있는', '즉시', '간단한'이라는 말은 중복된 말이거나 필요 없는 군더더기다. '~하는 것을 받아볼 수 있고', '~하는 것까지 받아보는 게 가능하다.'라는 말은 같은 말이다. 하나로 통일하면 간결해진다.

사례 3

> '지난해에 이어 올해 2회를 맞은 ○○○ 시상은 신규 일자리 창출과 양질의 일자리 확대를 목표로 ○○○이 조성한 ○○펀드를 통해 투자한 기업 중 일자리 창출 성과가 우수한 기업을 선발했으며, 총 100개 기업이 참여한 가운데 최종 5개 기업을 선정했다.

〈수정〉

```
┌─────────────────────────────────────────┐
│                                         │
│                                         │
│                                         │
│                                         │
│                                         │
│                                         │
└─────────────────────────────────────────┘
```

주어는 'OOO 시상'이며 술어는 '선발했다.'이다. 'OOO 시상'과 '선발했다.'가 호응하지 않는다. 'OOO 시상'과 호응하려면 '선발하는 행사다.'라고 해야 한다. '선발했다.'라는 술어에 맞는 주어라면 '주최 측'으로 해야 한다.

위의 문장은 복문으로 복잡하게 구성되어 있다. 복문보다는 단문이 쉽다. 복문을 3개의 문장으로 나누면 다음과 같다. 복문을 단문으로 만드는 방법은 뒤에서 상세하게 소개하겠다.

① 지난해에 이어 올해 2회를 맞은 'OOO 시상'은 일자리 창출 성과가 우수한 기업을 선발하는 행사다. / 주최 측은 'OOO 시상'에서 일자리 창출 성과가 우수한 기업을 선발했다.
② 선정 대상은 신규 일자리 창출과 양질의 일자리 확대를 위해 OOO이 조성한 OO펀드에 투자받은 기업이다.
③ 이번에 100개 기업이 참여해 5개 기업이 선정됐다.

주어와 술어가 불일치한 것을 수정하고 단문으로 쓰면 다음과 같다.

〈수정〉

지난해에 이어 올해 2회를 맞은 'OOO 시상'은 일자리 창출 성과가 우수한 기업을 선발하는 행사다. (/주최 측은 'OOO 시상'에서 일자리 창출 성과가 우수한 기업을 선발했다.) 선정 대상은 신규 일자리 창출과 양질의 일자리 확대를 위해 OOO이 조성한 OO펀드에 투자받은 기업이다. 이번에 100개 기업이 참여해 5개 기업이 선정됐다.

그리고 '를 목표로'는 '를 위해'로 하면 된다. '최종'은 필요 없는 말이다.

지나친 중문, 복문은 금물 ──

비문은 주로 중문, 복문 문장에서 자주 나타난다. 우선 단문, 중문, 복문이 무엇인지부터 살펴보자.

문장의 종류
① 단문

단문은 문장의 주인인 주어와 그 주어를 설명하는 동사로 이루어진 문장이다. 가장 짧은 문장 형태로 상황이나 상태를 나타내는 동사와 함께 써서 간단한 문장을 만든다.

미라클라이팅클럽은 글쓰기 코칭 플랫폼이다.

미라클살롱은 PR 커뮤니티다.

② 중문

중문은 두 개 이상의 독립된 절이 등위접속사인 ~고, ~며, ~와, ~과로 연결된 문장이다. 두 개의 문장은 서로 독립되어 있어서 위치를 바꿔 써도 된다.

미라클라이팅클럽은 투자를 유치했고 해외로 진출했다.

미라클라이팅클럽은 해외로 진출했고 투자를 유치했다.

③ 복문

복문은 문장 안에 다른 문장이 종속되어 있거나 포유되어 있는 문장을 말한다.

③-1. 연합 복문

하나의 문장이 다른 문장에 대해 종속적으로 연결된 문장을 연합 복문이라고 하며 ~는데, ~되, ~더니, ~므로, ~거늘, ~거든, ~자면, ~나, ~려, ~러, ~어야, ~면, ~도 등의 연결어미로 연결된다.

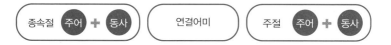

미라클라이팅클럽은 B2B 서비스도 하는데 B2C 서비스도 한다.

미라클라이팅클럽이 글로벌로 진출했더니 투자 유치가 됐다.

미라클라이팅클럽이 매출 10억 원을 달성하면 미라클랩이 투자할 계획
이다.

③-2. 포유 복문

문장의 서술어가 명사형 어미나 관형사형 어미가 되어 다른 문장의
성분절이 되는 문장을 포유복문이라고 한다.

주절 포유 : 미라클라이팅클럽의 훌륭함은 스타트업의 자랑이다

목적어절 포유 : 미라클라이팅클럽은 글쓰기를 어려워함을 극복했다

부사절 포유 : 미라클라이팅클럽이 있음에 스타트업이 발전한다

관형사절 : 미라클라이팅클럽은 우리가 사랑하는 스타트업이다

단문, 중문, 복문에 대해 살펴봤다. 기사체는 단문이 좋다. 그 이유는
다음과 같다.

1. 문장 하나는 하나의 개념만 써야 하는데, 단문은 하나의 개념만
   표현하기 좋다.
2. 중문, 복문으로 길게 쓰다 보면 주어와 술어가 맞지 않는 비문이

나올 가능성이 높다.

3. 문장이 길면 읽는 사람이 이해하기 어렵다.

4. 단문은 힘이 있어 논지의 전달력이 강하다.

5. 문장에서 가장 중요한 게 주어와 동사다. 주어+동사의 단문 문장 은 주어가 무엇을 했다는 것을 전하는 데 가장 좋은 문장 형태다.

특히 단문은 힘이 있고 전달력이 강해 사설과 기사에 많이 사용된 다. 소설이나 음악에도 단문이 자주 사용된다.

　"오늘, 엄마가 죽었다. 아니 어제였는지도 모르겠다."

알베르 카뮈의 《이방인》의 첫 문장이다. 실존주의 사상을 표현한 《이방인》에는 단문이 많다. 그래서 무거운 주제에 비해서 읽기 쉽다. 엄마가 죽었는데, 엄마의 죽음이 언제였는지 주인공은 모른다. 엄마의 죽음이라는 사실과 그 죽음에 대해 관심 없는 주인공의 심리 상태가 이 짧은 문장 안에 모두 담겨 있다. 이런 복잡한 심리 상태를 긴 장문 으로 만들었다면 이토록 강렬하지 않았을 것이다.

　"사랑은 실존하는 것*, 사랑은 느끼는 것, 사랑은 사랑받기 원하는 것,
　사랑은 만지는 것, 사랑은 다가서는 것, 사랑은 사랑받기를 요구하는
　것…."

* love is real을 대부분 사랑은 진실한 것이라고 번역하지만 필자는 사랑은 실존하는 것이라 는 표현이 더 정확하다고 생각한다.

존 레넌의 〈Love〉라는 곡의 가사 일부다. 그에게 있어 사랑은 관념적인 게 아니라 그의 눈앞에 있어야 하는 것이다. 그러한 마음을 담은 곡이 바로 〈Love〉다. 존 레넌은 사랑에 대해 이렇게 단문으로 짧게 표현했다. 만약 존 레넌이 내가 알고 있는 사랑에 대한 정의를 한번 제대로 내려주겠다며 장황하게 늘어놨다면 〈Love〉라는 명곡은 탄생하지 않았을 것이다. 이것이 단문의 힘이다.

물론 모든 문장을 단문만으로 쓸 순 없다. 단문만 쓰다 보면 모든 문장에 힘이 들어가서 글의 리듬감이 없고 딱딱해진다. 중문, 복문을 섞어 써도 비문이 발생하지 않고 독자가 읽고 이해하는 데 문제가 없다면 장단문을 섞어 쓰는 게 가장 이상적이다. 그렇게 되면 글의 리듬감이 생겨 글을 읽는 맛이 난다.

TIP 글에 리듬 주기

중문, 복문으로 구성된 문장은 축축 늘어진다. 어디서 끊어 읽을지 몰라 숨이 차다. 정신없이 쏟아지는 랩과 같다. 반면 단문은 모든 문장에 힘이 들어가서 딱딱해질 우려가 있다. 계속해서 단문으로만 쓰는 문장은 마치 '강강강강'의 리듬으로만 연주하는 음악과 같다. 중단문을 섞어 쓰고 글자 수, 문장 부호, 글의 억양, 단어의 강약, 글의 속도(복문은 문장의 구조를 분석하면서 읽어야 하기 때문에 느리다)를 고려해 글을 쓰면 약약중간약강처럼 리듬감이 생긴다. 소리 내어 읽어보면 리듬감을 느낄 수 있다. 리듬감 있는 글쓰기로 유명한 작가가 하루키다. 하루키는 "문장을 쓰는 것은 음악을 연주하는 것과 비슷하다."라고 말했다.[*]

미라클라이팅클럽은 글쓰기 플랫폼 기업이다. 미라클라이팅클럽은 투자를 유치했다. 미라클라이팅클럽은 100억 원의 매출을 달성했다. 미라클라이팅클럽은 글로벌 진출을 계획하고 있다.

위 문장은 단문으로만 구성된 문장이다. 그러다 보니 툭툭 끊어지는 느낌이 난다. 일부 문장을 중문이나 복문으로 연결해서 쓰면 리듬감이 산다. 위의 단문 4개로 구성된 문장을 중문으로 연결하면 다음과 같다.

〈수정 1〉

미라클라이팅클럽은 글쓰기 플랫폼 기업으로 올해 100억 원의 매출을 달성했다. 미라클라이팅클럽은 투자 유치를 통해 글로벌 진출을 계획하고 있다.

〈수정 2〉

글쓰기 플랫폼 기업 미라클라이팅클럽이 투자 유치 후 글로벌 진출을 계획하고 있다. 미라클라이팅클럽은 올해 100억 원의 매출을 달성했다.

〈수정 3〉

올해 100억 원의 매출을 달성한 미라클라이팅클럽이 투자 유치에 성공

---

* 《무라카미 하루키 잡문집》에서 하루키는 "음악이든 소설이든 가장 기초에 자리 잡고 있는 것은 리듬이다. 자연스럽고 기분 좋은, 그리고 확실한 리듬이 없다면 사람들은 그 글을 계속 읽어주지 않겠지. 나는 리듬의 소중함을 음악에서(주로 재즈에서) 배웠다."라고 썼다.(나카무라 구니오, 《하루키의 언어》)

했다. 미라클라이팅클럽은 글쓰기 플랫폼 기업으로 글로벌 진출을 준비 중이다.

중문과 복문을 혼합해서 문장을 다양하게 전환할 수 있으며, 각 문장마다 고유한 리듬감을 살릴 수 있다. 그렇다면 처음부터 복문으로 쓰지 왜 단문으로 쓰라고 하는 걸까? 그것은 단문을 복문으로 만드는 것이 복문을 단문으로 만드는 것보다 훨씬 쉽기 때문이다. 한번 꼬인 문장은 글을 쓴 사람도 풀지 못한다. 앞으로 예시로 보여줄 복문을 보면 왜 복문을 단문으로 전환하는 게 어려운지 이해하게 될 것이다.

중문, 복문을 단문으로 전환

복잡하게 얽혀 있는 중문과 복문 문장을 단문으로 전환하면 문장이 쉬워진다. 중문과 복문을 단문으로 전환시키는 방법은 다음과 같다.

① 중문을 단문으로

중문은 두 개의 주절이 등위접속사로 연결된 문장이다.

주절 1 + 등위접속 + 주절 2

이와 같은 문장을 주절 1, 주절 2 또는 주절 2, 주절 1의 단문으로 분리할 수 있다.

주절 1 + 주절 2
주절 2 + 주절 1

예) 중문 : 미라클라이팅클럽은 오늘 신제품을 런칭했고, 신규 직원을
채용했다.

단문 1 : 미라클라이팅클럽은 오늘 신제품을 런칭했다. 미라클라이
팅클럽은 오늘 신규 직원을 채용했다.

단문 2 : 미라클라이팅클럽은 오늘 신규 직원을 채용했다. 미라클라
이팅클럽은 오늘 신제품을 런칭했다.

② 복문을 단문으로

연합 복문은 종속절(주어+동사)+연결어미+주절(주어+동사)의 형태를
가지고 있는 문장이다. 우선 주절과 종속절의 문장을 각각 단문으로
만든 다음에 연결어미에 해당하는 의미를 추가하면 된다.

예) 연합 복문 : 미라클라이팅클럽이 매출 10억 원을 달성하자 투자를
유치하게 됐다.

단문 : 미라클라이팅클럽이 매출 10억 원을 달성했다. 미라클라이
팅클럽이 투자를 유치하게 됐다. 이는 매출 10억 원을 달성했기 때

문이다.

포유 복문은 주절, 목적어절, 부사절, 관형사절을 포함하고 있는 문장이다. 포유된 문장을 단문으로 분리할 수 있다.

예) 미라클라이팅클럽의 훌륭함이 스타트업의 자랑이다

→ 미라클라이팅클럽이 훌륭하다. 이것이 스타트업의 자랑이다.

미라클라이팅클럽이 글쓰기를 어려워함을 극복했다

→ 미라클라이팅클럽이 그것을 극복했다. 글쓰기를 어려워함을

미라클라이팅클럽이 있음에 스타트업이 발전한다

→ 미라클라이팅클럽이 있다. 그래서 스타트업이 발전한다.

미라클라이팅클럽은 우리가 사랑하는 스타트업이다

→ 미라클라이팅클럽은 스타트업이다. 우리는 사랑한다.

〈중문, 복문을 단문으로 전환하기〉

1) 중문, 복문을 단문으로

'○○ 데모데이'는 중구에서 구 전체를 대학, 기업, 지역이 상생하는 벤처·창업 도시로 조성하기 위해 지속적으로 추진한 '중구밸리' 사업의 일환으로, 올해 말까지 총 5회에 걸쳐 지역 내 벤처·창업 기업의 투자

유치 기회를 전폭적으로 확대하기 위해 스타트업 컨설팅 전문기업인 '미라클살롱'과 함께하는 데모데이다.

– 1단계 : 주어, 동사를 찾고 문장 나누기

위의 문장을 읽으면 한 번에 무슨 말인지 이해하기가 힘들다. 중문, 복문 문장을 여러 개 겹쳐서 썼기 때문이다. 우선 주어, 동사부터 찾아보자. 위 문장의 주어와 동사는 다음과 같다.

주어 : OO 데모데이

동사 : 데모데이다.

위의 문장을 4개의 문장으로 나눈다.

① OO 데모데이는 중구에서 구 전체를 대학, 기업, 지역이 상생하는 벤처 · 창업 도시로 조성하기 위해 지속적으로 추진한 '중구밸리' 사업의 일환으로

② 지역 내 벤처 · 창업 기업의 투자 유치 기회를 전폭적으로 확대하기 위해

③ 올해 말까지 총 5회에 걸쳐

④ 스타트업 컨설팅 전문기업인 '미라클살롱'과 함께하는 데모데이다.

– 2단계 : 핵심 문장을 찾아서 주어, 동사와 연결해 문장을 만든다.

3장에서 문단의 맨 처음에 나오는 문장을 중심 문장, 그다음에 오는 문장을 뒷받침 문장이라고 설명했다. 위의 4가지 문장 중에서 주어 (OO 데모데이)를 가장 잘 설명해주는 문장은 무엇일까? 중심 문장은 바로 주어의 가장 중요한 성격이나 행위의 정의를 내린 문장이다. 4개 문장 가운데 주어의 속성을 가장 잘 나타내는 문장은 두 번째 문장이다. 이를 주어(첫 번째 문장) + 동사(네 번째 문장)의 완결된 문장으로 수정하면 다음과 같다.

'OO 데모데이'는 관내 벤처·창업 기업의 투자 유치 기회를 확대하기 위해 마련한 행사다.

– 3단계 : 나머지 문장의 성격을 파악해 그다음으로 중요한 문장을 찾는다.

나머지 문장은 중심 문장에 대한 설명 문장이다. ①은 행사의 성격을, ③은 행사의 기간과 횟수를, ④는 파트너에 대해 설명한다. 행사의 성격이 그다음 중요한 문장이다. 첫 번째 문장을 완성하면 다음과 같다.

'OO 데모데이'는 중구에서 구 전체를 대학, 기업, 지역이 상생하는 벤처·창업 도시로 조성하기 위해 지속적으로 추진한 '중구밸리' 사업의 일환으로 추진됐다.

위 문장도 중문, 복문이 섞여 있는 문장이다. 두 개의 문장으로 다시 분리된다.

중구는 관내 대학, 기업, 지역이 상생하는 벤처 · 창업 도시를 조성하기 위해 '중구밸리'를 추진했다. 이번 데모데이는 중구밸리 사업의 일환으로 시행됐다.

세 번째, 네 번째 문장도 주어를 설명하는 문장이다. 주어를 넣어 문장을 완성하면 다음과 같다.

'OO 데모데이'는 올해 말까지 총 5회 개최된다.
'OO 데모데이'는 스타트업 컨설팅 전문기업인 '미라클살롱'과 함께한다.

이렇게 나눈 문장을 정리하면 다음과 같다.

〈수정〉

'OO 데모데이'는 관내 벤처 · 창업 기업의 투자 유치 기회를 확대하기 위해 마련한 행사다. 중구는 관내 대학, 기업, 지역이 상생하는 벤처 · 창업 도시를 조성하기 위해 '중구밸리'를 추진했다. 이번 데모데이는 중구밸리 사업의 일환으로 시행됐다. 'OO 데모데이'는 올해 말까지 총 5회 개최된다. 'OO 데모데이'는 스타트업 컨설팅 전문기업인 '미라클살롱'과 함께한다.

이렇게 분리한 5개 문장 중 4개 문장이 모두 주어 '데모데이'에 대해 설명하는 문장이다.

① 데모데이는 관내 벤처·창업 기업의 투자 유치 기회를 확대하기 위해 마련한 행사다.

② 이번 데모데이는 '중구밸리' 사업의 일환으로 시행됐다.

③ 데모데이는 올해 말까지 총 5회 개최된다.

④ 데모데이는 스타트업 컨설팅 전문기업인 '미라클살롱'과 함께한다.

주어가 같다면 중심 문장(①)을 제외하고 나머지 3개의 문장(②,③,④)을 중문으로 합쳐도 된다.

②+③ : 이번 데모데이는 '중구밸리' 사업의 일환으로 시행됐으며, 올해 말까지 총 5회 개최된다.

③+④ : 이번 데모데이는 올해 말까지 총 5회 개최되며, '미라클살롱'이 스타트업 컨설팅 전문기업으로 참여한다.

②+④ : 이번 데모데이는 '중구밸리' 사업의 일환으로 시행됐으며, 컨설팅 전문기업 '미라클살롱'과 함께한다.

〈수정〉

'○○ 데모데이'는 관내 벤처·창업 기업의 투자 유치 기회를 확대하기 위해 마련된 행사다. 데모데이는 중구가 대학, 기업, 지역이 상생하는 벤처·

창업 도시로 조성하기 위한 '중구밸리' 사업의 일환으로 추진됐다. 데모데 이는 올해 말까지 총 5회 개최되며, '미라클살롱'이 스타트업 컨설팅 전문 기업으로 참여한다.

'지역 내'는 '관내'로 수정했고, '전폭적으로'라는 부사는 삭제했다. 동사 '데모데이다.'는 주어가 'OO 데모데이'이기 때문에 '행사'로 수 정했다.

2) 연합 복문을 단문으로

우리나라는 물론 글로벌 전역에 걸쳐 기업의 지속가능한 발전을 위한 핵 심요소로 부각되고 있지만 국내 건설업계의 경우 전체 산업 폐기물 중 약 40%가 건설현장에서 발생하고 있는 상황으로 소음이나 진동 등의 이 유로 각종 민원의 발생률도 높은 것이 현실이다.

여러 문장이 복합적으로 되어 있어 한 번 읽어서는 무슨 말인지 이 해하기 힘들다. 중문, 복문의 문장을 단문으로 전환해보자.

- 1단계 : 문장 분리하고 단문으로 만들기
  ① 우리나라는 물론 글로벌 전역에 걸쳐 기업의 지속가능한 발전을 위 한 핵심요소로 부각되고
  ② 국내 건설업계의 경우 전체 산업 폐기물 중 약 40%가 건설현장에서 발생하고 있는 상황으로

③ 소음이나 진동 등의 이유로 각종 민원의 발생률도 높은 것이 현실이다.

첫 번째 문장의 주어가 생략되어 있다. 맥락상 주어는 'ESG 경영'이다. 주어와 함께 완성된 문장으로 수정하면 다음과 같다.

① 우리나라뿐만 아니라 글로벌에서 기업이 지속가능하게 발전하기 위해서는 ESG 경영이 중요하다.

② 국내 건설업의 전체 산업 폐기물 중 약 40%가 건설현장에서 발생된다.

③ 소음이나 진동 등으로 민원이 많이 발생하고 있다.

– 2단계 : 문장 간 관계 확인하기

원문의 문장은 서로 이유나 원인 등으로 관계가 있는 문장이다. ②번 문장은 ③번 문장의 원인이고, ③번 문장은 ②번 문장의 결과이다. ①번 문장은 ②+③의 결과가 되고 ②+③번 문장은 ①번 문장의 원인이다. 이러한 관계를 염두에 두고 문장 순서를 배치하면 다음과 같이 수정된다.

〈수정〉

국내 건설업의 전체 산업 폐기물 중 약 40%가 건설현장에서 발생되고 있어 소음이나 진동 등으로 민원이 많이 발생하고 있다. 우리나라뿐만 아니라 글로벌 기업이 지속가능하게 발전하기 위해서는 ESG 경영이 중요하다.

'우리나라는 물론 글로벌 전역에 걸쳐 기업의 지속가능한 발전을 위한 핵심요소로 부각되고'에서 기업의 지속가능한 발전(명사+of+명사)

은 앞의 명사를 주어로, 뒤의 명사를 부사로 변경해 '기업이 지속가능하게 발전하기 위해'로 쓰는 게 자연스럽다. '핵심요소로 부각되고 있다.'는 '중요하다.'로 '발생하고 있는 상황이다.'는 '발생된다.'로 쓰면 된다. '소음이나 진동 등의 이유로 각종 민원의 발생률도 높은 것이 현실이다.'에서 '의 이유로'는 '으로'로 수정하고 '민원의 발생률(명사+of+명사)도 높은 것이 현실이다.'는 '민원이 많이 발생하고 있다.'로 수정할 수 있다.

3) 포유 복문을 단문으로

> ○○○가 '기후 변화에 관한 정부 간 협의체(IPCC)'가 발행한 제6차 평가보고서(AR6)를 토대로 환경부가 수행하는 '기후 변화 적응 사회를 위한 통합 시나리오 개발' 과제에서 시공간 정보 공급사로 선정되었다고 밝혔다.

- 1단계 : 주어, 동사 찾고 문장 분리하기
주어는 '○○○'이며 술어는 '~로 선정되었다고 밝혔다.'이다.
다음과 같은 두 개의 문장으로 나눌 수 있다.

① ○○○는 '기후 변화 적응 사회를 위한 통합 시나리오 개발' 과제에서 시공간 정보 공급사로 선정되었다고 밝혔다.
② '기후 변화에 관한 정부 간 협의체'가 발행한 제6차 평가보고서를 토대로 환경부가 수행한다.

- 2단계 : 포유 복문을 단문으로

 첫 번째 문장은 포유 복문으로 구성되어 있다. '기후 변화 적응 사회를 위한 통합 시나리오 개발 과제'를 수행한 주체가 '환경부'다. 주어를 넣고 다시 쓰면 두 가지로 만들 수 있다. '환경부가 ~를'이라고 주어+동사로 수정하거나 소유격 조사를 써서 '~의 ~'라고 수정할 수 있다. 대개 포유된 문장은 주격조사를 사용하게 되면 주절의 주어와 혼동이 되기 때문에 소유격으로 표현하는 게 좋다. 이를 수정하면 '환경부의 기후 변화 적응 사회를 위한 통합 시나리오 개발 과제에서'가 된다.

〈첫 번째 문장 수정〉

 OOO는 환경부의 '기후 변화 적응 사회를 위한 통합 시나리오 개발' 과제에서 시공간 정보 공급사로 선정되었다고 밝혔다.

 두 번째 문장의 '기후 변화에 관한 정부 간 협의체가 발행한 제6차 평가보고서를 토대로 환경부가 수행한'은 첫 번째 문장에 포유된 '환경부의 과제'에 대해 설명하는 문장으로 주어는 '환경부'고 술어는 '발굴했다.'이다. 포유된 문장은 주어+동사보다는 소유격으로 표현하는 게 좋다.

〈두 번째 문장 수정〉

 환경부는 '기후 변화에 관한 정부 간 협의체'의 제6차 평가보고서를 토대로 과제를 발굴했다.

〈수정〉

OOO가 환경부의 '기후 변화 적응 사회를 위한 통합 시나리오 개발' 과제에서 시공간 정보 공급사로 선정되었다고 밝혔다. 환경부는 '기후 변화에 관한 정부 간 협의체(IPCC)'의 제6차 평가보고서(AR6)를 근거로 과제를 발굴했다.

4) 연속된 부사절을 포함한 중문을 중문+중문으로

연속된 부사절을 포함한 중문을 두 개의 중문으로 나누어 쓰면 이해하기 쉬운 문장으로 만들 수 있다.

> 실물을 안전하게 보관된 상태로 거래가 이뤄지기 때문에, 거래를 위해 배송하는 과정에서 일어날 수 있는 실물 손상을 낮췄기에, OOO를 최상의 상태로 유지할 수 있어, 기존의 거래 방법보다 실물 OOO 가치를 더 보존할 수 있다.

위 문장은 'A 때문에 B가 되어, C를 할 수 있어서 D가 된다.'라는 구조의 문장이다. 연속해서 부사절이 나오면 부사절이 무엇을 수식해주는지 이해하기 힘들다. 위의 문장 구조를 'A 때문에 B가 된다. 이는 C를 ~해서 D를 할 수 있게 한다.'라고 나누면 이해하기 쉽다.

실물을 안전한 상태로 거래하기 때문에 배송 과정에서 일어날 수 있는 실물 손상을 낮췄다. 이는 OOO를 최상의 상태로 유지하게 해 실물 OOO의 가치를 최대한 보존할 수 있게 해준다.

중문·복문은 자신도 이해하지 못하고 생각나는 대로 써 나가기 때문에 생긴다. 생각 정리, 쓰고자 하는 대상에 대한 이해부터 하면 이렇게 복잡한 중문·복문을 줄일 수 있다. 외국어 공부하듯이 중문·복문을 단문으로 전환하는 연습이 필요하다.

습관적인 주어 수식문 자제 ——

수식문은 사람이나 상황을 설명하기 위해 쓰인다. 잘만 쓰면 좋은 문장을 만드는 데 도움이 된다. 보도자료 중에 기업 앞에 긴 수식어를 붙이는 경우가 많은데, 이는 기업 자랑을 하고 싶은 마음이 앞서서 생긴 결과다.

사례 1

> 서비스 출시 전부터 금융업계와 교육 기업들로부터 관심을 한 몸에 받고 있는 OOO는 지난해 OOO과 콘텐츠 제휴 협약 MOU를 체결하면서 경제 금융교육 콘텐츠 개발 역량을 독보적으로 강화해 나가고 있다.

문장의 핵심은 주어와 동사다. 주어를 상세하게 설명하고 돋보이게 하기 위해 주어 앞에 긴 수식어를 달게 되면 정작 주어가 문장 안에 숨어버리는 문제가 생긴다. 이럴 때 길게 주어를 수식하는 말을 독립된 문장으로 나누면 원래 전달하고 싶은 중심 문장을 명확하게 보여줄 수 있다.

앞의 예시로 든 문장을 다음과 같이 수정하면 더 이해하기 쉬운 문장이 된다.

〈수정〉

> ○○○는 지난해 ○○○과 콘텐츠 제휴 협약 MOU를 체결하면서 경제금융교육 콘텐츠 개발 역량을 강화해 나가고 있다. ○○○는 서비스 출시 전부터 금융업계와 관심을 받고 있다.

사례 2

> 美 CSTA(컴퓨터교육협회) 교육과정 기반의 초등 S/W교육 완벽 대비 커리큘럼으로 서울 유명 사립초 및 대형 교육기관 등과 콘텐츠 제휴를 맺으며 누적 학습자 100만 명을 돌파한 ○○○가 지난달 'S/W교육 부문 브랜드 대상'을 수상했다.

〈수정〉

이 문단의 중심 문장은 'OOO가 지난달 'S/W교육 부문 브랜드 대상'을 수상했다.'이다. 이 중심 문장 앞에 주어를 길게 수식한 문장 때문에 핵심인 주어가 무엇을 했다는 것인지 쉽게 읽히지 않는다. 중심 문장을 앞으로 옮기려면 주어를 길게 수식한 문장을 주어+술어 형태로 전환해서 뒤에 배치하면 된다.

〈수정〉

OOO가 지난달 'S/W교육 브랜드 대상'을 수상했다. OOO는 美 CSTA(컴퓨터교육협회) 교육과정을 기반으로 초등 S/W교육에 맞는 커리큘럼을 개발했다. OOO는 서울 유명 사립초 및 대형 교육기관 등과 콘텐츠 제휴를 맺으며 누적 학습자 100만 명을 돌파했다.

사례 3

> 대기업 위주, 수직적인 고용구조에서 프리랜서, 긱워커 중심의 수평적인 구조로 변화하는 트렌드를 빠르게 인지하고 사무보조 긱워커 시장을 선점하고 있는 실시간 온라인 사무보조 플랫폼 OOO는 작년 미라클랩의 투자를 유치한 데 이어 지난달 OOO으로부터 추가로 투자를 유치했다.

〈수정〉

역시 주어를 수식한 문장이 길어 무슨 말인지 이해가 되지 않는다. 긴 수식어를 술어로 한 문장을 만들고 뒤로 배치하면 다음과 같다.

〈수정〉

실시간 온라인 사무보조 플랫폼 OOO는 작년 미라클랩의 투자를 유치한 데 이어 지난달 OOO으로부터 추가로 투자를 유치했다. OOO는 대기업 위주, 수직적인 고용구조에서 프리랜서, 긱워커 중심의 수평적인 고용구조로 변화하는 트렌드에 빠르게 대응하면서 사무보조 긱워커 시장을 선점하고 있다.

다음은 보다 복잡한 문장이다.

사례 4

시간 및 비용 절감 측면의 강점으로 런칭과 동시에 수요가 지속적으로 증가하고 있는 'OO25 딜리버리'와 더불어, 기존 번거로웠던 종이 식권 대신 간편하게 관리할 수 있는 모바일 식권 서비스인 'OO25' 또한 2023년 런칭 이후 오피스 밀집 지역을 중심으로 수십 건의 계약을 유치하는 등 기업 복지예산 45조 원 중 30%를 차지하는 식대 복지 시장의 점유율을 점차 높이고 있다.

〈수정〉

　주어 앞에 길게 수식한 문장 때문에 무슨 말인지 알기 어려운 글이
됐다.

　- 1단계 : 문장 나누기

　　① 시간 및 비용 절감 측면의 강점으로 런칭과 동시에 수요가 지속적으
　　　로 증가하고 있는 'OO25 딜리버리'와 더불어

　　② 기존 번거로웠던 종이 식권 대신 간편하게 관리할 수 있는 모바일 식
　　　권 서비스인 'OO25' 또한

　　③ 2023년 런칭 이후 오피스 밀집 지역을 중심으로 수십 건의 계약을
　　　유치하는 등

　　④ 기업 복지예산 45조 원 중 30%를 차지하는 식대 복지 시장의 점유
　　　율을 점차 높이고 있다.

　전체 문장의 주어는 'OO25 딜리버리'와 'OO25'이다.

- 2단계 : 긴 수식문을 떼어내고 주어+술어의 중심문장 만들기

주어 앞에 긴 수식문을 떼어내면 'OO25 딜리버리'와 'OO25'만 남는다. 이 주어의 술어에 해당하는 문장은 ③이다. 이를 연결해서 쓰면 다음과 같다.

'OO25 딜리버리'와 'OO25'는 2023년 런칭 이후 오피스 밀집 지역을 중심으로 수십 건의 계약을 유치했다.

- 3단계 : 긴 수식어 정리

①, ②번 문장의 주어 앞에 긴 수식어가 있다. 이를 주어+술어 문장으로 전환하면 다음과 같다.

① 'OO25 딜리버리'가 시간 및 비용을 절감시켜줘서 수요가 지속적으로 증가하고 있다.
② 'OO25'가 종이 식권의 번거로움을 모바일 식권으로 간편하게 관리해준다.

④번 문장의 '식대 복지 시장' 앞에도 길게 수식하는 문장이 붙어 있다. 수식문을 술어로 하는 문장을 만들면 다음과 같다.

④ 식대 복지 시장은 기업 복지예산 45조 원 중 30%를 차지한다.

- 4단계 : 각 문장 간 관계

마지막으로 각 문장 간의 관계를 살펴보고 순서대로 배치하면 된다. 3번째 문장이 사실과 현상을 나타내는 핵심적인 문장이며, 첫 번째, 두 번째 문장이 이유를 설명하는 문장이다. 네 번째 문장은 단순한 정보다.

〈수정〉

'OO25 딜리버리'와 'OO25'는 오피스 지역을 중심으로 확산하면서 식대 복지 시장의 점유율을 높이고 있다. 'OO25 딜리버리'가 시간 및 비용을 절감시켜주고 'OO25'가 종이 식권의 번거로움을 모바일 식권으로 간편하게 관리해주기 때문이다. 식대 복지 시장은 기업 복지예산 45조 원 중 30%를 차지하고 있다.

'시간 및 비용 절감 측면의 강점으로'에서 '측면의 강점으로'는 없어도 되는 군더더기다. '시간 및 비용을 절감시켜줘서'라고 수정하면 된다.

주어(소유격) 생략하기와 넣기 ──

영어는 주어를 생략할 수 없지만 우리말은 주어를 생략할 수 있다. 앞에서 언급되어 누가 봐도 주어가 분명한 문장에서 주어를 생략한다. 일반 주어도 생략 가능하다.

'미라클라이팅클럽은 글쓰기 플랫폼 기업이다. 이번에 시리즈 A 투자를 유치했다. 올해 매출 100억 원을 달성할 계획이다.'

두 번째, 세 번째 문장에는 주어가 생략되어 있다. 누가 봐도 두 번째, 세 번째 문장의 주어는 첫 번째 문장의 주어와 같다는 걸 알 수 있다.

'열심히 일하면 성과가 돌아온다.'

이 문장에서 생략된 주어는 '우리는'이라는 일반 주어다. 모든 문장에는 반드시 주어와 술어가 있다. 주어가 안 보인다면 이는 생략됐기 때문이다. 만약 생략된 주어와 술어가 호응하지 않으면 이는 비문이다. 생략된 주어와 술어가 호응하도록 해야 한다.

미라클라이팅클럽은 글쓰기 플랫폼 기업이다. 시리즈 A 투자에 참여했다.

두 번째 문장의 생략된 주어가 앞의 문장의 주어와 같아서 생략됐다면 술어는 '시리즈 A 투자를 유치했다.'가 맞다. 술어가 맞다면 생략된 주어가 무엇인지를 찾아야 한다. 만약 일반 주어나 앞에서 언급한 주어와 다를 경우에는 주어를 생략할 수 없다. 이에 맞는 주어를 찾아 넣어줘야 한다. '미라클라이팅클럽은 글쓰기 플랫폼 기업이다. 미라클랩이 시리즈 A 투자에 참여했다.'가 맞다.

사례 1

OOO은 전기차 충전서비스 플랫폼을 운영하는 기업으로 세계 최초로 국제 표준 보안 프로토콜을 인증받는 등 충전 인프라 IT 기술력이 뛰어난 기업이다. OOO은 탄탄한 기술력을 바탕으로 충전기 고장률을 1%로 유지하며 안정적인 충전서비스를 제공하고 있다. 특히 OOO은 국내 최저 수준의 충전요금제를 제공하고 있으며, OOO충전서비스는 별도의 회원 카드 없이 휴대폰 앱 하나로 충전 및 결제가 가능해 출시부터 간편한 충전서비스로 사용자들에게 호평을 받았다.

〈수정〉

- 1단계 : 문장 나누기

① OOO은 전기차 충전서비스 플랫폼을 운영하는 기업으로 세계 최초로 국제 표준 보안 프로토콜을 인증받는 등 충전 인프라 IT 기술력이 뛰어난 기업이다.

② OOO은 탄탄한 기술력을 바탕으로 충전기 고장률을 1%로 유지하며

안정적인 충전서비스를 제공하고 있다.

세 번째 문장은 중문이며 각각의 주절의 주어가 다르다. 2개의 단문으로 나눌 수 있다.

③ 특히 OOO은 국내 최저 수준의 충전요금제를 제공하고 있으며

④ OOO충전서비스는 별도의 회원카드 없이 휴대폰 앱 하나로 충전 및 결제가 가능해 출시부터 간편한 충전서비스로 사용자들에게 호평을 받았다.

- 2단계 : 각 문장의 주어와 술어 찾기

①, ②, ③번 문장의 주어는 'OOO'으로 같고 ④번 문장의 주어는 'OOO충전서비스'로 다르다. ①번 문장에 주어가 있으니 ②, ③번 문장의 주어는 생략 가능하며, ④번 문장은 주어가 다르기 때문에 생략할 수 없다. 그리고 ②와 ③번 문장의 술어는 '제공한다.'로 같기 때문에 하나의 문장으로 합칠 수 있다.

〈수정〉

① OOO은 전기차 충전서비스 플랫폼을 운영하는 기업으로 세계 최초로 국제 표준 보안 프로토콜을 인증받는 등 충전 인프라 IT 기술력이 뛰어난 기업이다.

②③ 탄탄한 기술력을 바탕으로 충전기 고장률을 1%로 유지하며 안정적인 충전서비스와 국내 최저 수준의 충전요금제를 제공하고 있다.

④ OOO충전서비스는 별도의 회원카드 없이 휴대폰 앱 하나로 충전 및 결제가 가능해 출시부터 간편한 충전서비스로 사용자들에게 호평을 받았다.

- 3단계 : 군더더기 제외 등 문장 수정

①번 문장은 '~하는 기업으로 ~이 뛰어난 기업이다.'라고 표현된 문장이다. '기업'이 중복 표현됐다. '~이 뛰어난 ~기업이다.'로 수정하면 된다. ①번 문장의 '인증받는', 'IT 기술력이 뛰어난'과 ②③번 문장의 '탄탄한 기술력'도 중복이다. 'IT 기술력이 뛰어난'은 삭제해도 괜찮다. ④번 문장에서 '충전 및 결제가 가능해 출시부터 간편한 충전서비스로'는 동어반복이다. '간편한 충전서비스'(형용사+명사)는 '간편하게 충전할 수 있다.'(부사+동사)로 바꿀 수 있다. 사물 주어(OOO충전서비스)를 쓰는 것보다 사람 주어로 쓰는 게 좋다. '호평받았다.'는 팩트가 아니기 때문에 삭제해야 한다.

〈수정〉

OOO은 국제 표준 보안 프로토콜을 인증받은 전기차 충전서비스 플랫폼 운영 기업이다. 탄탄한 기술력을 바탕으로 충전기 고장률을 1%로 유지하며 안정적인 충전서비스와 국내 최저 수준의 충전요금제를 제공하고 있다. 사용자는 별도의 회원카드 없이 휴대폰 앱 하나로 간편하게 충전 및 결제할 수 있다.

OO는 포스트 코로나 시대에 온라인 교육으로만 진행되던 제한적 교육을 다시 오프라인 교육과 연계하여 진행하려는 기업이나 교육기관이 늘어나면서 이를 공략한 온오프라인 통합 교육 플랫폼 전략이 성장에 큰 기여를 했다고 분석했다.

〈수정〉

- 1단계 : 문장 분석, 분리

위 문장은 주어와 술어 사이에 긴 문장('포스트 코로나 시대에 온라인 교육으로만 진행되던 제한적 교육을 다시 오프라인 교육과 연계하여 진행하려는 기업이나 교육 기관이 늘어나면서')이 포함되어 있다. 주절의 주어와 술어를 붙이고 종속절을 독립된 문장으로 구분하면 다음과 같다.

① 포스트 코로나 시대에 온라인 교육으로만 진행되던 제한적 교육을 다시 오프라인 교육과 연계하여 진행하려는 기업이나 교육기관이 늘어나면서

② 이를 공략한 온오프라인 통합 교육 플랫폼 전략이 성장에 큰 기여를

했다고 OO는 분석했다.

– 2단계 : 문장 수정

①번 문장은 'A를 B하려는 C가 ~을 했다.'의 구조다. 이를 이해하기 쉬운 문장으로 고치려면 'A를 한 C가 B를 했다.'로 수정하면 된다. '코로나 시대에 온라인 교육만 진행하던 기업과 교육기관이 포스트 코로나 시대에 오프라인 교육과 연계하는 사례가 늘고 있다.'로 수정하면 이해하기 쉽다.

②번 문장의 '이를'이라는 대명사가 나온다. 대명사가 분명하면 상관없지만 대명사가 무엇을 가리키는지 분명하지 않다면 해당 문장을 넣어주는 게 좋다. '이를'은 ①번 문장 전체이다. 전체를 넣을 수 없는데, 이를 대체할 수 있는 말은 '환경 변화에 따른'이다.

②번 문장에서 '온오프라인 통합 교육 플랫폼 전략', '성장'의 주체가 없다. '온오프라인 통합 교육 플랫폼 전략'을 누가 한 것인지, 누가 '성장'에 기여했다는 것인지 분명치가 않다. 앞 문장에서 언급한 '기업과 교육기관'이나 글의 맥락상 이 문장의 전체 주어인 'OO'가 '온오프라인 통합 교육 플랫폼 전략'과 '성장'의 주체가 되는 것으로 보인다. 문장의 주체를 소유격으로 넣어야 의미가 분명해진다. 2개 문장에 2개의 주체를 넣는다면 4가지 문장이 만들어진다.

① 환경 변화에 따른 (기업과 교육기관)의 온오프라인 통합 교육 플랫폼 전략이 (기업과 교육기관)의 성장에 기여했다고 OO 측은 분석했다.

② 환경 변화에 따른 (기업과 교육기관)의 온오프라인 통합 교육 플랫폼

전략이 (○○)의 성장에 기여했다고 ○○ 측은 분석했다.

③ 환경 변화에 따른 (○○)의 온오프라인 통합 교육 플랫폼 전략이 (○○)의 성장에 기여했다고 ○○ 측은 분석했다.

④ 환경 변화에 따른 (○○)의 온오프라인 통합 교육 플랫폼 전략이 (기업과 교육기관)의 성장에 기여했다고 ○○ 측은 분석했다.

〈수정〉

코로나 시대에 온라인 교육만 진행하던 기업과 교육기관이 포스트 코로나 시대에 오프라인 교육과 연계하는 사례가 늘고 있다. 환경 변화에 따른 기업과 교육기관(○○)의 온오프라인 통합 교육 플랫폼 전략이 기업과 교육기관(○○)의 성장에 기여했다고 ○○ 측은 분석했다.

어순에 따라 가독성이 달라진다 ──

한국어는 어순이 달라도 문법적으로 틀리지 않는다. 하지만 어순에 따라, 특히 수식어가 어떤 것을 수식해주는지 모호해지면 이해하기 어려운 문장이 된다. 가급적 수식어는 수식하는 말 가까이에 위치하는 게 좋다.

사례 1

OOO가 첫 만남 시 최적의 장소로 꼽힐 것이라고 자부했다.

〈수정〉

이 문장을 보면 두 가지로 해석이 가능하다. OOO가 처음 만났을 때 어떤 장소를 최적의 장소라고 하는 건지, 첫 만남의 장소로 OOO가 최적의 장소라는 의미인지 모호하다. 읽는 사람에 따라서 다양하게 읽힐 수 있다. 정확하게 표현하려면 어순을 다음과 같이 해야 한다.

첫 만남 최적의 장소로 OOO가 꼽힐 것이라고 자부했다.

위 문장의 주어는 생략되어 있다. 생략된 주어를 넣으면 다음과 같다.

OOO는 첫 만남 최적의 장소로 OOO가 꼽힐 것이라고 자부했다.

사례 2

OOO가 금일부터 X가 직접 프로듀싱한 미공개 음원을 게임 BGM으로 공개하는 동시에 OOO의 1주년을 기념하는 다채로운 이벤트를 실시할 예정이다.

〈수정〉

시간을 나타내는 부사는 가급적 시간과 호응하는 단어 바로 앞에 두는 게 좋다. 위의 문장에서 '금일부터'가 X가 직접 프로듀싱한 날짜인지, OOO가 음원을 공개하는 날짜인지 모호하다. 다음과 같이 수정하면 의미가 명확하다.

'OOO'는 X가 프로듀싱한 음원을 게임 BGM으로 오늘 공개한다.

사례 3-1

A는 10일 코엑스에서 열리는 'OOO'에 참가한다고 밝혔다.

위의 문장에서 'OOO' 행사가 10일에 열린다는 건지, O일에 열리는 행사에 참가한다는 사실을 밝히는 게 10일인지 분명하지 않다.
어순을 정확히 해서 수정하면 다음과 같다.

A는 16일 코엑스에서 열리는 'OOO'에 참가한다고 10일 밝혔다.

A사는 10일 B사와 업무제휴 협약을 체결했다고 밝혔다.

역시 마찬가지다. 위의 문장에서 업무제휴 협약을 체결한 날이 10일인지, 업무제휴 협약을 체결했다고 밝힌 날이 10일인지 분명치가 않다. 업무제휴 협약을 체결하고 바로 보도자료를 배포할 때 종종 이렇게 작성하곤 한다.

화자의 자기 확신적 표현과 객관적 표현

- A사가 시드 단계에서 100억 원 이상의 투자금을 유치한 것은 드문 사례다 vs. A사가 시드 단계에서 100억 원 이상의 투자금을 유치한 것은 드문 사례라는 평가다.
- 우리 기업이 전월 대비 10%가량 매출이 상승했다. 기존 사업의 성공적인 시장 진입과 신규 사업의 성공적 런칭 등 여러 호재가 겹쳤기 때문이다 vs. 우리 기업이 전월 대비 10%가량 매출이 상승했다. 기존 사업의 성공적인 시장 진입과 신규 사업의 성공적 런칭 등 여러 호재가 겹친 것이라는 분석이다
- 구매 수수료는 없으며 판매 수수료는 3%대로 낮춰 스니커즈 트레이더들에게 돌아가는 이익을 극대화했다 vs. 구매 수수료는 없으며 판매 수수료를 3%대로 극적으로 낮춰 스니커즈 트레이더들에게 돌아가는

이익을 극대화했다고 평가받는다

두 가지 표현 중에 어떤 표현이 더 좋을지 고민이 될 것이다. 상황에 따라 다르다. 누가 봐도 객관적인 사실은 '~다.'라고 쓰는 게 좋다. 확신한 주장보다는 완화된 표현, 조심스러운 표현, 시장에서 조금 더 가치가 있는 것처럼 보이고 싶을 때는 '~한다는 평가다.', '~한다는 분석이다.'로 표현해도 좋다. 하지만 전문가의 분석과 평가로 객관성을 확보하는 게 좋지만 기업의 객관적인 사실이라면 너무 조심할 필요는 없다. '~다.'라고 확신한 표현을 써도 괜찮다. '지구는 둥글다.'라고 하지 '지구는 둥글다라고 말한다.'라고 표현하지는 않는다.

이해하기 쉽고 읽기 편한 문장으로 ──

기업은 제품과 서비스를 고객이 이용하는 데 있어 문제가 없도록 고객여정을 분석하고 UI/UX 디자인을 한다. 글도 마찬가지다. 독자가 최대한 이해하고 끝까지 읽을 수 있도록 도와야 한다. 조금만 신경 쓰면 읽기 편한 문장으로 만들 수 있다.

① '~가 ~가'를 '~의 ~가'로
  글로벌 멀티플랫폼 게임 기업인 A가 서비스 중인 요리 시뮬레이션 게임 'B'가 금일부터 X가 직접 프로듀싱한 미공개 음원을 게임 BGM으로 공개하는 동시에 A의 1주년을 기념하는 다채로운 이벤트를 실시할 예정

이다.

위 문장의 구조는 'A가 B가 X가 ~을 한 ~을 공개했다.'이다. 주절과 종속절이 있는 복문 구조인데 주절과 종속절의 주어를 모두 주격 조사 '가'로 사용해 '공개했다.'의 주어가 어떤 것인지 불분명해졌다.

- A가 공개의 주체라면 A는 X가 프로듀싱한 미공개 음원을 요리 시뮬레이션 게임 'B'의 BGM으로 공개했다.
- B가 공개의 주체라면 A의 요리 시뮬레이션 게임 'B'는 X가 프로듀싱한 미공개 음원을 BGM으로 공개했다.
- X가 공개의 주체라면 X는 프로듀싱한 미공개 음원을 A의 요리 시뮬레이션 게임 'B'의 BGM으로 공개했다.

위의 3가지 문장으로 다양한 해석이 가능하다. 이러한 오해를 없애려면 주격조사, 소유격조사를 정확히 사용해야 한다. '~가 ~가' 보다는 '~의 ~가'가 훨씬 읽기 쉬운 문장이 된다.

〈수정〉

글로벌 멀티플랫폼 게임 기업인 A는 X가 프로듀싱한 미공개 음원을 요리 시뮬레이션 게임 'B'의 BGM으로 오늘 공개했다.

② '형용사+명사'를 '부사+동사'로
'형용사+명사' 형식의 문장을 많이 사용한다. '형용사+명사'을 '부사

+동사' 형태로 전환하면 이해하기 쉽고 글의 리듬감이 생긴다.

'철저한 대응을 하는 것'보다는 '철저하게 대응하는 것'이 이해하기 쉽고 읽기도 쉽다. '피눈물 나는 노력에 의해'보다는 '피눈물 나게 노력해'도 마찬가지다. '기업의 지속가능한 발전을 위한 핵심요소로 ESG가 부각되고 있다.'라는 문장보다는 '기업이 지속가능하게 발전하기 위해서는 ESG가 중요하다.'가 읽기 쉽다.

③ 사물 주어를 부사로

영어에서는 사물 주어를 많이 쓴다. 하지만 우리말에서는 사물 주어를 잘 사용하지 않는다. 영어의 사물 주어는 보통 부사(절)로 번역한다. 앞서 예로 든 문장이다.

OOO 키오스크는 현장에서 소지하고 있는 명품 가방·지갑 등의 수선 비교 견적을 받아볼 수 있고 간단한 사진 촬영만으로 수선 견적·의뢰까지 즉시 가능하다.

이 문장의 주어는 '키오스크'다. 사물 주어를 부사로 만들고 숨어 있는 사람을 주어로 해서 고치면 읽기 쉬운 문장이 된다.

〈수정〉

> 명품을 소지하고 있는 고객이 OOO 키오스크로 명품 가방·지갑 등의 사진을 현장에서 제출하면 수선 견적을 받아볼 수 있고 즉시 수선을 의뢰할 수 있다.

④ 'A로 B하다'를 'A한 B다'로

'A로 B하다'라는 문장도 자주 쓴다. 이 문장은 주술 관계에 혼란을 초래하고 문장이 늘어지게 만든다. 'A한 B다'로 전환하면 읽기 쉬운 문장이 된다.

> 이 계획은 매우 획기적인 아이디어로서 그동안 어느 기업도 시도하지 못한 것이다.

〈수정〉

> 이 계획은 어느 기업도 시도하지 못한 획기적인 아이디어다.

⑤ '명사+of+명사'에서 앞의 명사를 주어나 목적어로

'~의'는 영어의 of를 번역한 문장이다. 앞의 명사를 주어나 목적어로 처리하면 자연스러운 문장이 된다.

> - 글로벌 진출의 본격화는 → 글로벌 진출을 본격화하는 것은
> - 미라클라이팅클럽의 글로벌 진출 본격화는 → 미라클라이팅클럽이 글로벌 진출을 본격화하는 것은

⑥ '명사+동사', '형용사+명사' 형태는 용언으로

'명사+동사' 형태의 문장에서 동사를 삭제하고 명사를 동사로 할 수 있다. 이 역시 영어 번역투에서 왔다.

　서포트를 마련하다 → 서포트하다

　기여를 했다 → 기여했다

'형용사+명사' 형태의 문장에서 명사를 삭제하고 형용사를 용언으로 만들 수 있다.

　화기애애한 분위기다 → 화기애애하다

⑦ A is B를 B is A로 만들면 이해하기 쉬운 문장이 된다

'주어+동사+보어'의 문장을 보어를 주어로 하고 주어를 보어로 해서 '주어+동사+보어'로 바꾸면 이해하기 쉬운 문장이 된다. 특히 주어가 긴 경우 더 효과가 있다.

　N사 고객, K사 입주 기업, 추천받은 기업이 보도자료 쓰기 교육대상이다.

〈수정〉

　보도자료 쓰기 교육대상은 N사 고객, K사 입주 기업, 추천받은 기업이다.

⑧ 비슷한 어조, 어세를 대구對句로

비슷한 어조나 어세를 가진 것으로 짝지은 둘 이상의 글을 대구라고 한다. 대구로 문장을 만들면 빠르고 정확하게 이해된다. 연결어미 앞뒤로 대구를 이루게 하고 구나 절을 열거할 때는 구나 절의 구조를 같게 해야 한다.

- 우리 기업은 기술과 투자를 유치했다 → 우리 기업은 기술을 개발하고 투자를 유치했다
- 홍보는 기업의 가치 발견과 경쟁력을 찾는 도구다 → 홍보는 기업의 가치를 발견하고 경쟁력을 찾는 도구다
- 심사역은 기업의 비즈니스 모델이 아니라 브랜드가 좋은 기업을 높이 평가한다 → 심사역은 비즈니스 모델이 좋은 기업보다 브랜드가 좋은 기업을 높이 평가한다

접속사, 조사, 연결어미도 신중하게

접속사 줄이기

접속어는 꼭 필요한 경우가 아니면 사용하지 않는 것이 좋다. 우리말에는 뜻 속에 접속어의 의미가 내포되어 있다. 문장과 문장은 접속어로 연결하는 게 아니라 문맥과 논리로 연결한다. 우리가 글을 쓸 때 접속어를 많이 쓰는 이유는 앞뒤 문장을 논리적으로 연결할 자신이 없기 때문이다. 기사처럼 최대한 짧게 써야 하는 글은 접속어도 최대

한 아껴 써야 한다. 그래서 기사나 칼럼에는 접속어가 없다.

런웨이가 얼마 남지 않았다. 그래서 투자 유치를 시작했다. 그러나 투자를 받지 못했다. 그런데 다행히 A 투자사에서 연락이 왔다.

〈수정〉

런웨이가 얼마 남지 않았다. 투자 유치를 시작했다. 투자를 받지 못했다. 다행히 A 투자사에서 연락이 왔다.

접속사가 없어도 앞뒤 문장의 맥락과 논리로 충분히 이해할 수 있다. 다음 문장에서 접속사를 빼보고 문장을 만들어보자.

이번 제휴로 OOO을 이용하는 모든 파트너사는 클라우드 서비스 이용 시 최대 100만 크레딧과 추가 할인 혜택까지 제공받을 수 있다. 그리고 서비스 이용 시 결제할 수 있는 1만 비즈머니 혜택이 주어진다.

〈수정〉

이번 제휴로 OOO을 이용하는 모든 파트너사에게 클라우드 서비스 이용 시 최대 100만 크레딧과 추가 할인이 제공된다. 서비스 이용 시 결제할 수 있는 1만 비즈머니도 주어진다.

두 문장 사이에 '그리고'를 삭제해도 이해하는 데 아무런 문제가 없다. 두 번째 문장에 '도'를 넣는 것으로 충분하다.

연결어미 정확하게 사용하기

요소를 나열할 때 '~고'와 '~며'가 있다. '~고'는 유사한 요소를 나열할 때 사용하며, '~며'는 다른 성격의 내용을 연결할 때 사용한다.

이것은 감이며 저것은 사과다.
이것은 감이고 저것은 사과다.

'며'는 두 가지 이상의 동작, 상태를 나열할 때도 쓰인다. '면서'도 같은 의미의 연결어미다.

음악을 들으며(면서) 공부한다.

'~고'는 유사한 요소를 나열할 때 사용하고, '~는데'는 뒤 절에서 어떤 일을 설명하거나 묻거나 시키거나 제안하기 위하여 그 대상과 상관되는 상황을 미리 말할 때 쓰는 연결어미다.

내가 텔레비전을 보고 있는데 전화벨이 울렸다.

최근 AI에 대한 관심이 증가하고/하며/하면서/하는데 AI를 비즈니스로 도입하는 기업이 늘고 있다.

위 문장에서 '~하고', '~하며', '~하면서', '~하는데'는 전혀 다른 의미를 가지고 있다. 가장 정확한 의미를 전달할 수 있는 연결어미를 선택해서 사용해야 한다.

이번 마케팅 제휴는 올해 말까지 진행되지만 마켓에 가입만 하더라도 선
착순 10명에게 1만 원 커피 쿠폰을 제공하는 이벤트를 진행한다.

〈수정〉

'하지만'은 서로 일치하지 아니하거나 상반되는 사실을 나타내는 두
문장을 이어줄 때 쓰는 접속부사다. 위의 문장은 '하지만'으로 연결된
앞문장과 뒷문장이 상반되는 내용이 아니다. '만 하더라도'는 다른 것
을 하지 않고 해당하는 것만 해도 ~이 된다는 의미다. '~하면'만 써도
의미가 충분히 통한다.

〈수정〉

이번 마케팅 제휴는 올해 말까지 진행된다. 마켓에 가입하면 선착순 10명
에게 1만 원 커피 쿠폰이 제공된다.

의미의 차이

'은(는)이(가)'는 보조사 '은(는)'과 주격조사 '이(가)'로 나눌 수 있다.

'은(는)'은 보조사로 어떤 단어에 붙어서 특별한 의미를 더해주는 조사다. '은', '는', '도', '만', '까지', '마저', '조차', '부터' 등의 보조사는 주제를 강조하거나 대조 역할을 한다. 김훈은《칼의 노래》첫 문장에서 두 문장을 두고 이틀 동안 고민했다고 한다.

버려진 섬마다 꽃이 피었다 vs. 버려진 섬마다 꽃은 피었다

김훈은 인터뷰에서 '꽃이 피었다'는 꽃이 핀 사실을 객관적으로 진술한 언어이고 '꽃은 피었다'는 주관적인 의견과 정서의 세계를 보여주는 언어라고 말했다. 조사와 보조사의 차이까지 고려해서 글을 작성한다면 의미를 정확하게 전달할 수 있다.

몰라도 되지만 알면 더 좋은 문장 작성법 ─

수동태를 능동태로

수동태는 영어식 표현이다. 우리나라 말에서는 능동태가 자연스럽고 간결하고 힘이 있다. 특히 기사체는 어떤 사실을 힘 있게 전달하는 글이기 때문에 수동태보다는 능동태를 써야 한다.

매경상이 A사에게 수여됐다 → A사가 매경상을 받았다

형용사, 부사 사용하지 말 것

기업의 보도자료에 '압도적인', '폭발적인', '비교 불가한', '독보적인'이라는 형용사와 '자주', '많이'라는 부사가 많이 쓰인다. 보도자료는 팩트에 기반한 글이다. 압도적인 서비스나 폭발적인 성장세를 말하고 싶으면 압도적인 것과 폭발적인 것을 숫자로 보여주면 된다.

'~들' 자제

영어에서는 a dog, dogs로 단수와 복수를 나타낸다. 하지만 우리말에서는 '개들'이라고 쓰지 않는다. 문맥의 흐름으로 보아 복수임을 알 수 있는 경우에는 복수를 의미하는 접미사 '들'을 붙이지 않는 게 좋다. '이용자들'은 '이용자'로, '기업들'은 '기업'이, '고객들'은 '고객'으로 하면 된다.

이런 사건들이 자주 발생하는 데는 여러 가지 이유들이 있다 → 이런 사건이 자주 발생하는 데는 여러 가지 이유가 있다.

> ○○는 창작물에 대한 가치를 아는 팬들과 소통할 수 있는 '○○'을 제공한다. 작가들은 ○○에서 자유롭게 근황이나 창작물 등을 팬들과 공유하며, 팬들은 작가와 더 가깝게 소통하며 응원할 기회를 얻는다. 또한 작가와 팬들이 함께 협력하여 레벨을 올리고 추가 혜택을 받을 수 있는 기능도 제공한다.

〈수정〉

OO는 창작물에 대한 가치를 아는 팬과 소통할 수 있는 'OO'을 제공한다. 작가는 OO에서 자유롭게 근황이나 창작물 등을 팬과 공유하며, 팬은 작가와 더 가깝게 소통하며 응원할 기회를 얻는다. 또한 작가와 팬이 함께 협력하여 레벨을 올리고 추가 혜택을 받을 수 있는 기능도 제공한다.

'~등' 자제

의존명사 '등'은 그 밖에도 같은 종류의 것이 더 있음을 나타내거나 두 개 이상의 대상을 열거한 다음에 사용해, 대상을 그것만으로 한정할 때 쓰는 말이다. 법령, 행정 문서에서는 매우 중요하게 쓰인다. 법령, 행정 문서처럼 정확하게 사용할 때는 '등'이 필요하지만, 보도자료에서는 '등'을 매번 사용할 필요가 없다.

OOO은 국내 유일의 고정형 라이다 개발 기업으로, 고해상도 3D 라이다 'OO'을 개발하고 선보여 CES 2023 혁신상을 수상, OOO으로 선정되는 등 국내외 기관으로부터 제품의 우수성을 인정받았다.

OOO이 국내외 기관으로부터 제품의 우수성을 인정받은 사실이 CES 2023에서 혁신상을 수상한 것과 OOO로 선정된 것 이외에 많다는 것을 의미한다. 이렇게 표현하는 게 정확한 표현이지만 '~등'을 모든 표현에 사용할 수는 없다. 그렇게 따지면 모든 말에 '등'을 붙여야 한다.

'~에 대해', '~다 보면' 자제

'~에 대한'은 영어식 표현이다. '~다 보면' 역시 군더더기다.

> ○○○가 그림에 대한 설명을 듣다 보면 그림이 왜 어울리지 않는지, 시험
> 을 앞둔 가족과 사업을 하는 친구에게 어떤 그림을 선물해야 하는지 등
> 그림을 읽는 새로운 나침반을 하나씩 선물받게 된다.

〈수정〉

> ○○○의 그림 설명을 들으면 배경에 어울리지 않는 그림, 상황에 맞는 그
> 림을 이해해 그에 맞는 그림을 선물할 수 있다. 그림을 읽는 새로운 나침반
> 을 얻는 셈이다.

문장 부호 사용하는 방법

사소한 것 같지만 문장 부호 하나로 완전히 뜻이 바뀐다. 글을 처음
읽는 사람은 문장 부호가 이끄는 대로 의미를 파악한다. 그렇기 때문
에 문장 부호도 정확히 알고 써야 한다.

작은 따옴표(' ')를 사용하는 경우

보도자료에서는 4가지만 알아도 충분하다.

- 브랜드, 서비스명, 기업 이름이 보통명사일 때 : 기능이나 행사
 미라클랩은 '미라클랩'을 런칭했다.
 미라클살롱, '관심지역 설정' 기능 업데이트

- 강조할 때 : 기업이 살아남기 위해서는 '홍보'가 중요합니다.
- 비유적 표현을 간략하게 표현할 때 : 조광현은 '스타트업 바보'다.
- 따온 말 가운데 다시 따온 말이 들어 있을 때 : "여러분! 침착해야
  합니다. '불황일 때 홍보가 더 중요하다.'고 합니다."

큰 따옴표(" ")를 사용하는 경우

보도자료 작성에서는 인물의 멘트에서 사용할 때 이외에는 사용할
일이 많지 않다.

- 인물이 소리 내어 말한 것을 적을 때
  OOO대표는 " "라고 말했다.
- 남의 말이나 글을 자신의 글 속에 그대로 인용할 때
  OOO, AWS 파트너 인증 획득…"운영 자동화, 서비스 안정성, 비용
  효율화 중심 클라우드 관리 역량 입증"

만약 위의 문장에서 " "를 붙이지 않았다면 이는 글쓴이(기자)가 한
말이 된다. " "를 넣음으로써 다른 사람, OOO이 한 말이 된다.

쉼표(,)를 사용하는 경우

- 같은 자격의 어구를 열거할 때 : A사, B사, C사로부터 투자를 받았다
- 짝을 지어 구별할 때 : A사, B사는 후속 투자를, C사, D사는 신규
  투자를 했다
- 문장의 연결 관계를 분명히 하고자 할 때 절과 절 사이에 : 이번

투자가 중요했던 것은, 바로 글로벌 진출을 위한 것이다(문맥상 분명하다면 생략)

- 조사 없이 제시어나 주제어 뒤에 : 홍보, 스타트업의 꽃이다
- 한 문장에 같은 의미의 어구가 반복될 때 앞 어구 다음에 : 미라클 살롱의 열정, 실력과 성실함은 성공의 요소이다
- 바로 다음 말과 직접적인 관계가 있지 않음을 나타낼 때 : 미라클 살롱은, 국내 최대 투자사 A로사부터 투자를 유치했다(쉼표를 생략하면 국내 최대투자사가 미라클살롱인지 A사인지 알 수 없게 된다)
- 문장 중간에 끼어든 어구 앞뒤에 쓴다 : OOO는 웃으면서, 속으로는 조마조마했지만, 강의를 했다.
- 특별한 효과를 위해 끊어 읽는 곳을 나타낼 때 : 스타트업, 스타트업, 스타트업은 절대 꺾이지 않을 것이다.

EXERCISE : 내가 쓴 보도자료 수정해보기

√ 자신이 쓴 보도자료를 하나 선정하고
1) 글쓰기 원칙과 문장 작성법을 지키면서 썼는지 확인하고 수정해보자.
2) 기사화된 모든 글을 비교해 어느 부분이 수정됐는지 확인하고 비교하는 표를 만들어보자.
3) 원본과 수정본의 차이를 비교해보고 글쓰기 원칙과 문장 작성법 어느 부분 때문인지 체크해보자.

글 잘 쓰는 법

많이 읽고, 많이 쓰고 생각의 폭을 넓혀라 ——

글도 훈련이 필요하다. 외국어 공부를 하듯이 문법에 맞게 쓰려고 노력하고 단어를 외우고 문장을 자유롭게 전환하는 연습을 꾸준히 한다면 글을 잘 쓸 수 있다. 하지만 모국어를 이렇게 연습하는 사람은 아무도 없다.

글을 잘 쓰기 위한 특별한 비법이 있는 건 아니다. 중국 송나라의 문필가인 구양수(1007-1072)가 말한 삼다三多, 즉 다독多讀, 다작多作, 다상량多商量이야말로 글쓰기 훈련에 가장 좋은 방법이다.

다독은 많이 읽는 것을 말하며 다작은 많이 쓰는 것을 말한다. 많이 생각하기로 알려져 있는 다상량은 여러 가지 해석이 있다. 카피라이터 최병광은 다상량에 대해 '창의성을 발휘하는 과정'이라고 해석한다.

최병광은《21세기 셰익스피어는 웹에서 탄생한다》에서 다상량이란 자신의 생각을 좀 더 다듬고 편견을 배제하고 누구나 공감이 가는 좋은 글을 완성하는 과정이라고 얘기하고 있다. 다상량이 가미돼야 창의적인 새 작품을 쓸 수 있다는 얘기다. 다독이 없는 다상량은 위험한 생각으로 흐를 수 있으니 주의해야 한다고 당부하고 있다. 중국어로 상량이 '의논하다', '협상하다'라는 뜻을 가지고 있다는 점에서 혼자 생각하는 것이라는 의미보다는 여럿이 생각을 폭넓게 나누라는 의미로 해석하기도 한다. 읽은 작품에 대해 서로 의견을 나누면서 비판적으로 읽고 생각의 폭을 넓히라는 의미일 것이다. 현대적으로 해석하면 독서토론인 셈이다.

소설가 조정래는《황홀한 글감옥》에서 글을 잘 쓸 수 있는 방법을 구체적으로 제안했다. 첫째, 다독, 다작, 다상량이 아닌 다독, 다상량, 다작 순으로 하라는 것이다. 읽는 것이 인풋이면 쓰는 것은 아웃풋인 셈이다. 이 인풋과 아웃풋을 연결해주는 것, 즉 읽는 것이 쓰는 것으로 전환되기 위해서는 '이모저모 되작되작 생각'해야 한다고 강조한다. 그리고 나서 글을 쓰라고 한다. 둘째, 다독, 다상량, 다작을 4 : 4 : 2로 할 것을 제안했다. 이 얘기는 4시간 글을 읽고 4시간 생각해보고 그 생각을 나눈 뒤에 2시간 글을 쓰라는 의미다. 많은 사람들이 글을 쓰고 싶다는 생각에 인풋과 인풋-아웃풋의 연결인 읽고 생각하는 과정을 생략하려고 하는데 이렇게 해서는 절대 글을 쓸 수가 없다.

전문적으로 글을 쓰는 기업의 글쓰기 훈련 ──

하루키의 '굴튀김 이론'이 있다. 굴튀김에 관한 글을 써보면 굴튀김을 알아야 하고, 글을 쓰다 보면 얼마나 모르고 있는지도 그대로 드러난다는 것이다. 작가가 가진 깊이만큼 작가의 경험과 세계관만큼 글이 만들어진다는 얘기다. 기사는 기자의 깊이만큼, 보도자료는 홍보 담당자의 깊이만큼 나온다.

글을 전문적으로 쓰는 기업에서는 어떻게 글쓰기 훈련을 시킬까? 홍보 대행사, 광고 대행사, 신문사에서 신입사원의 글쓰기 수준을 높이는 훈련을 시키는데 삼다와 크게 다르지 않다.

홍보 대행사는 신입 직원에게 기사 필사부터 시킨다. 당장 보도자료를 작성해야 하는 실무자가 가장 빠르게 글을 배우는 방법이 잘 쓴 글을 흉내 내는 것이다. 1~2년 동안 매일 1~3개씩 기사를 필사한다. 좋은 것을 베끼고 또 베끼는 필사는 가장 적극적인 다독 훈련법이다. 카피라이터에게 가장 중요한 것은 창의적인 생각이다. '벽도 눕히면 다리가 되는 것'*처럼 생각을 바꾸고 그것을 실행하도록 카피라이터를 훈련시킨다. 이는 다상량에 해당한다. 어느 정도 글쓰기가 되는 기자에게 가장 많이 시키는 훈련은 쓰기다. 현장에서 보고 느낀 것을 쓰고 또 쓴다. 이러한 과정을 매일 반복하다 보면 소재 발굴과 소재를 글로 엮는 방법에 대해 알게 된다. 핵심적인 내용과 그렇지 않은 내용을 가려내 간결하고 읽기 쉬운 글을 쓴다. 이는 다작에 해당한다.

* 유병욱, 《생각의 기쁨》

글을 잘 쓰고 싶어 하는 사람이 많다. 책을 내고 싶어 하고 SNS에서 좋은 글을 쓰고 싶어 한다. 그렇다면 삼다를 해야 한다. 읽고 생각하고 써야 한다. 이는 마치 수영을 잘하기 위해서 물속에 뛰어들고, 요리를 잘하기 위해서 일단 주방에 들어가는 것과 같다. 훈련 없이 생각만으로 얻어지는 건 이 세상에 아무것도 없다. 여기 검증된 방법을 소개하고자 한다.

실전적인 글쓰기 훈련 방법 ──

필사하기

필사는 단기간에 가시적인 성과를 얻을 수 있는 방법이다. 정약용은 책은 눈으로 한 번, 입으로 한 번, 손으로 한 번 읽어야 한다고 강조했다. 손으로 읽는다는 건 직접 흉내 내서 써보는 필사를 의미한다. 윤동주 시인은 백석의 시를 여러 번 필사했다고 한다. 만화가 윤태호는 필력이 부족함을 느끼고 모래시계 대본을 필사했다고 알려져 있다. 《모비 딕》의 허먼 멜빌 역시 셰익스피어의 《오셀로》를 여러 번 필사했다고 한다. 이렇게 위대한 작가 중에 많은 작가들이 필사로 글쓰기 훈련을 해왔다.

그럼 어떤 글을 필사하는 게 좋을까? 어떤 작품이든 좋은 작품이라면 상관없다. 자기가 좋아하는 작품이면 더 좋다. 한 자씩 꾹꾹 눌러서 필사하게 되면 작가의 생각을 그대로 흡수할 수 있다. 어휘력도 늘고 문장 구성력 또한 는다. 전체든 부분이든, 손 필사든 컴퓨터 필사든 주어진

여건에서 필사하면 된다. 필사하면서 느낀 점을 기록하고 이를 공유하는 것도 좋다. 홍보 담당자라면 너무나 좋은 필사거리가 있다. 바로 자신이 쓴 보도자료다. 자신이 쓴 보도자료를 옆에 놓고 수정된 기사와 비교하면서 필사하는 것이다. 만약 기사화가 10개가 됐다면 10개 모두 필사해보는 것이다. 기자는 최고의 첨삭지도 선생이다. 원문과 비교하면서 제목, 문단 구성, 문장, 단어까지 꼼꼼히 비교하고 조사 하나라도 놓쳐서는 안 된다. 그렇게 비교하고 수정된 기사를 필사한 다음에는 다음 날이나 며칠 뒤 다시 보도자료를 써보는 것이다. 그리고 그것을 최초에 작성한 자신의 보도자료와 비교해본다. 달라진 것도 있고 여전히 부족한 것도 있다. 그렇게 여러 번 반복하다 보면 글이 꽤 는다.

1 보도자료에서 기사화된 모든 기사 필사하기

2 필사하면서 원본과 수정본을 비교하고 정리하기
(각 기사별 제목, 문단 구성, 문장, 단어 등)

3 기사를 덮고 다시 보도자료 써보기

요약하기

잘 쓴 글을 요약해보는 것은 글쓰기에 큰 도움이 된다. 이는 조정래가 말한 읽은 글에 대해서 '이모저모 되작되작' 생각해보기다. 다시 말해 다상량 과정인데 비판적 생각보다는 작가의 생각을 일단 최대한 따른다고 생각하면서 요약해야 한다. 이렇게 잘 쓴 글을 요약하다 보면 작가의 생각도 알게 되고 글의 구성도 파악하게 된다. 콘텐츠에서 최대한 짧게 요약하는 것을 편집에서는 키노트 에디팅(요약 편집)이라고 하는데, 우리나라 말로 간추리기라고 할 수 있다. 요약은 말 그대로 콘텐츠가 가지고 있는 특징을 최대한 간결하게 표현하는 것이다. 이 과정에서 어떤 것은 버리고 어떤 것은 취하게 되는데, 그럼으로써 핵심과 군더더기를 가릴 줄 알게 된다. 마쓰오카 세이고는《지의 편집》에서 중요한 것을 간추리기 위해서는 어떤 정보가 핵심인지를 알아야 한다고 말했다. 핵심을 정확하게 파악하고 핵심 내용을 다시 논리에 맞게 적절하게 배열하면 그게 요약이다. 론 프리드먼은《역설계》에서 자기가 쓴 글의 논리성과 흐름을 점검하는 방법으로 요약을 추천했다. 각 문단을 한 문장으로 요약해보면, 문단의 역할을 파악하기가 더 쉽다는 것이다. 3장 보도자료의 구성과 구성요소에서 그 방법을 제시했다.

요약하는 방법은 다음과 같다. 우선 좋은 콘텐츠를 고른다. 칼럼, 책, 영화도 괜찮다. 매일 자주 훈련하기 위해서는 짧은 칼럼이 좋다. 칼럼은 간결하면서도 완성도가 높은 글이다. 논조가 확실하기 때문에 각 문단별로 요약하기가 쉽다. 칼럼에서 각 문단의 키워드나 핵심문장을 찾은 다음 키워드나 핵심문장을 서로 연결해 몇 개의 문장으로 만든다. 각 문단의 키워드와 핵심문장을 연결할 때는 문단 순으로 해도 좋고 자신의 시각을 담아 재배열해도 좋다. 이렇게 요약한 글을 다시 읽어보고 칼럼에서 얘기한 전체적인 글의 내용과 얼마나 부합하는지 확인한다. 그리고 마지막으로 단상이나 느낀 점을 덧붙이면 좋다.

① 요약할 텍스트 선정 : 칼럼, 책, 영화, 기사

② 각 문단별로 키워드, 핵심문장 찾기

③ 중심 문장, 키워드 연결하기

④ 요약하기(1~3문장)

⑤ 전체 글의 내용과 얼마나 부합하는지 확인하기

요약 과정을 거꾸로 하면 글쓰기가 된다. 글의 핵심문장 하나를 쓰고 이를 몇 개의 키워드로 만든 다음에 각 키워드를 문단의 중심 문장으로 쓰고 이를 논리적인 순서대로 배치하면 글의 얼개가 만들어진다. 자신이 쓴 보도자료가 글로서 괜찮은지를 확인하려면 요약해보면 안다. 각 문단별로 키워드를 뽑고 그 키워드로 하나의 문장을 만들 수 있다면 잘 쓴 글이다. 하지만 각 문단별로 키워드를 뽑을 수 없고, 각 문단별로 키워드를 뽑는다 해도 이를 한 문장으로 정리할 수 없다면 다시 써야 하는 글이다.

요약하기를 훈련하면 핵심을 파악하는 능력이 생긴다. 생각을 정리할 수 있고, 논리적 글쓰기와 글의 구조를 파악할 수 있다. 이것을 가장 잘하는 직업군이 기자다. 기자는 글을 쓸 때 항상 소위 '야마'를 생각한다. '야마'는 글의 핵심적인 내용으로 '야마'를 생각하면서 쓰기 때문에 핵심은 선택하고 군더더기는 버릴 수 있는 것이다. '야마'에 따라 각 문단마다 역할을 부여하게 되는데, 역할이 부여된 문단을 일정 순서대로 배치하면 글이 전체적으로 논리적인 흐름을 가지게 된다. 글을 쓰면서 동시에 전체 글을 요약하게 되는 셈인데 이렇게 하면 논리를 잃지 않고 간결해진다. 자신의 글이 자꾸 산으로 간다고 생각하면 요약하는 훈련이 필요하다는 증거다.

유의어 찾기 : 글쓰기는 단어에 비례

단어를 많이 아는 것도 중요하다. 결국 글쓰기는 알고 있는 단어에 비례한다. 소설가 김영하는 방송에서 '작가는 단어를 수집하는 사람'이라고 말한 적이 있다. 늘 수첩을 가지고 다니며 새로운 단어를 적는다고 한다. 그러면서 작가는 항상 그 상황에 꼭 맞는, 그 물건에 꼭 맞는 이름이 무엇인지를 고민한다고 말했다. 일물일어설一物一語說은 정확한 상황에 어울리는 딱 하나의 단어가 있다는 말로 플로베르가 한 말이다. 어떤 표현에는 그 표현에 적확하게 들어맞는 표현법이나 단어가 있다. 글쓰기는 더 맞는 어휘를 찾아가는 과정이다. 더 맞는 단어를 쓸수록 글이 좋아진다. 그렇기 때문에 표현을 다양하게 하고 싶다면 단어를 많이 알수록 좋다. 유의어 찾기 훈련은 홍보 대행사에서 많이 하는 훈련법이다.

'OO 기업이 이번에 소프트웨어의 성능을 업그레이드해서 출시했다.'

'업그레이드'라는 단어가 이 문장에 가장 잘 맞는 표현인지, 하고 싶은 말을 가장 잘 표현한 것인지를 생각해보자. 비슷한 표현으로 '향상', '상승', '발전', '개선' 등 다양한 단어가 있다. 표현을 아예 바꿔서 '기존 제품보다 뛰어난 것으로 변경했다.'도 가능하다.

"스타트업은 자산을 관리하기도 힘들고 자산 변동에 따른 반복적인 문서 작업에도 애를 먹는다. 투자자도 마찬가지다. 투자 포트폴리오의 자산 내역을 일일이 확인하기도 힘들고 자산 변동에 따른 수익률도 보기 어렵다."

필자가 쓴 인터뷰 기사의 한 대목이다. 여기에 '힘들다', '애를 먹다', '어렵다'라는 단어가 등장한다. 단어의 의미가 조금씩 다르다. '힘들다'는 '1) 힘이 쓰이는 면이 있다 2) 어렵거나 곤란하다 3) 마음이 쓰이거나 수고가 되는 면이 있다'라는 의미를 갖는다. '애먹다'는 '속이 상할 정도로 어려움을 겪다(고생하다)'라는 의미가 있다. '어렵다'는 '1) 하기가 까다로워 힘에 겹다 2) 겪게 되는 곤란이나 시련이 많다 3) 말이나 글이 이해하기에 까다롭다'라는 의미를 가지고 있다. 위의 문장에 3개의 단어를 바꿔 쓸 수 있는지, 3개의 단어가 적확하게 들어가 있는지, 3개의 표현 말고 다른 표현이 있는지를 찾아보자.

'투자를 유치했다'도 다양하게 표현할 수 있다. 'A는 투자사로 참여했다.', '투자를 이끌어냈다.', '이번 투자는 A, B가 함께 진행했다.', '투자에 성공했다.', '투자 유치를 성공적으로 마무리했다.', '이번 라운드에 A가 후속 투자로 함께했고 B가 신규 투자로 참여했다.', 'A로부터 투자 유치했다.', '이번 투자는 A가 리드했으며 기존 투자자 B는 후속으로 참여했다.' 등 다양하게 표현이 가능하다. 가장 맞는 표현, 단어를 사용해서 문장을 만드는 훈련을 해야 한다.

인용 멘트도 여러 가지 표현이 있다. '말했다', '밝혔다', '설명했다', '강조했다' 등 다양한 표현으로 쓸 수 있다. '올랐다', '증가했다', '달성했다', '향상했다', '확대됐다'. '예정이다', '할 방침이다', '계획이다'도 유사한 단어들이다.

유의어 찾기는 다음과 같이 하면 된다.

① 자신이 쓴 글이나 칼럼 중에 하나의 문장을 선택한다

② 문장 중 표현이나 단어를 다른 표현이나 단어로 변경 가능한지 본다

③ 유의어의 정확한 뜻을 사전에서 찾는다

④ 가장 적확한 표현, 단어를 선정해 문장에 넣는다

많이 읽기

잘 쓰기 위해서는 많이 읽는 게 먼저다. 인풋 없이 아웃풋을 원하는 사람이 많다. 요기요 마케터 김소라는 동아일보에 기고한 〈독서 인구는 주는데, 신간은 느는 사회〉라는 칼럼에서 이 점을 지적하고 있다. 독서는 안 하는데 책은 내고 싶어 하는 사람이 많다. 김소라는 '책을 읽지 않는데 작가가 되고 싶어 한다는 건 듣지 않고 말하겠다는 것처럼 보인다.'고 말했다. 김소라의 지적처럼 듣지 않고 말할 수 없다. 인풋 과정을 뛰어넘으라고 유혹하는 사람이 많다. 그건 마치 알약 하나로 몸무게 10킬로그램을 줄일 수 있다는 말과 같다. 그런데 의외로 많은 사람들이 이런 말에 넘어간다. 하지만 이 세상에 인풋 없이 아웃풋을 얻을 수 있는 방법은 없다. 고통스러운 인풋 과정을 통해야 아웃풋을 기대할 수 있다. 그것도 기대했던 것보다 작게 말이다. 혼자 읽는 게 어렵다면 독서토론 모임 같은 곳에서 같이 읽어도 좋다. 이것도 힘

들면 챌린저 프로그램을 통해 강제로라도 읽어야 한다.

많이 써보기

글쓰기가 늘려면 글을 써보는 게 제일 빠르다. 하지만 의외로 글쓰기에 두려움을 느끼는 사람이 많다. 글쓰기로 누군가에게 상처를 줬거나 글쓰기로 상처를 받은 경험이 있는 경우 글쓰기가 더욱 두렵다. 누군가가 내 글을 보고 나를 비난하지 않을까 하는 생각이 든다. 사실 사람들은 의외로 다른 사람의 글을 자세히 읽지 않는다. 읽는다 해도 기억하지 못한다. 기사는 무려 수십만 명, 수백만 명의 사람들이 읽고 공유한다. 하지만 정작 작성자인 기자의 이름을 기억하는 사람은 없다. 글을 작성하는 입장에서는 혹시라도 잘 못 썼으면 어떻게 할까? 혹시 어색한 문장은 없을까? 더 좋은 글을 쓸 수 있었는데 하는 아쉬움이 든다. 그리고 누군가 나의 글을 보고 비판하지 않나 생각한다. 하지만 아무도 내 글에 대해 비판까지 할 만큼 한가한 사람은 없다. 그러니 눈치 보지 말고 쓰고 싶은 글을 써보자. 다음은 실천해볼 수 있는 글쓰기 훈련법이다.

① 소재나 주제가 막연하다면 칼럼이나 책을 읽고 칼럼과 책의 소재와 주제를 활용해서 써보기
② '세줄 일기'나 챌린저스를 활용해 일기 쓰기
③ 자신에 대해 써보기. 자기는 어떤 사람인지, 무엇을 좋아하고 싫어하는지를 써보기
④ 하나의 테마를 정해놓고 글쓰기 : 독서, 여행, 영화, 음악

⑤ 개인적 경험, 회사에서 발생하는 모든 일을 메모하고 이를 글로 만들어보기

⑥ 개인적인 경험, 생각, 회사의 일에 대해 육하원칙으로 정리해보기

⑦ 어떤 장면을 사진으로 찍고 이에 대해 짧은 글 써보기

〈미라클라이팅클럽의 실험〉

'미라클라이팅클럽'은 필자가 만든 글쓰기 훈련 코칭 프로그램이다. 앞서 소개한 방법론을 적용해 매일 과제를 부과하고 이를 기반으로 글쓰기 습관이 만들어지도록 했다.

▪ 커리큘럼

요일	월요일	화요일	수요일	목요일	금요일
과정1	칼럼 필사	칼럼 요약	책 읽기	유의어 찾기	글쓰기

• 칼럼 필사 : 손 필사, 컴 필사하면서 느낀 점 공유
• 칼럼 요약 : 필사한 칼럼의 문단별 키워드를 추출하고 한 줄 요약, 구조 분석, 좋았던 문장 선정
  * 정치사회 분야 제외, 스타트업, 경영, 혁신기술 등 글쓰기와 지식에 도움이 되는 칼럼으로 선정
• 책 읽기 : 꼭 읽어야 할 도서를 선정해 읽기, 핵심 내용 발췌, 요약 및 좋은 문장 필사
• 유의어 찾기 : 칼럼에서 한 문장을 선정하고 특정 단어의 유의어 찾기

• 글쓰기 : 필사, 요약한 칼럼의 소재, 주제를 토대로 자유롭게 글쓰기

미라클라이팅클럽은 2022년 12월에 시작해 1년간 실험을 진행했으며 글쓰기에 효과적이라는 것을 확인했다. 습관을 형성하는 데만 66일이 걸린다고 한다.(게리 켈러, 제이 파파산, 《원씽》) 최소 3개월 이상, 1년 정도 꾸준히 반복 훈련하면 글쓰기가 향상될 것이다.

5장

인터뷰·
기획 기사·칼럼

　스티브가 다시 한번 긴급회의를 소집했다. 투자 라운드가 끝난 지 얼마 되지 않았고 필요한 인재를 영입해서 부서 배치도 이제 막 끝나 특별한 이슈가 없는 상황이다. 얼마 전에 출시한 '스티브네 야채가게 2.0'도 고객 반응이 좋은 터라 긴급회의의 어젠다가 무엇일지 엠마는 궁금했다. 회의를 주선한 스티브가 말을 꺼내지 않자 성격 급한 엠마가 먼저 말을 꺼냈다.

엠마 : 스티브, 무슨 고민이라도 있어요?
(스티브가 가방에서 무언가 뒤적뒤적 찾더니 구겨진 신문을 테이블 위에 펼쳐 놓는다.)
스티브 : 이 기사 좀 읽어보세요.
엠마 : ○○경제에 '육즙팡팡' 인터뷰 기사가 1면에 크게 났네요.
스티브 : 제목 한번 읽어보세요.
엠마 : AI로 고기의 신선을 잡아 소비자의 마음을 사로잡다. 오~ 좋네요.
스티브 : 제 배치 프로그램 동기가 만든 회사잖아요. 이렇게 1면에 인터뷰 기사가 크게 났어요. 하필 오늘 배치 동기들 모임이 있는 날인데 '육즙팡팡' 인터뷰 기사 얘기만 하게 생겼습니다.
엠마 : 스티브. 지난번 투자 라운드 마감하고 나서 제가 인터뷰해보는 게 어떻겠냐고 말씀드렸잖아요. 그때는 "나는 '극 I'니까 인터뷰 같은 거 하지 맙시다." 하셨죠. 그때 제가 '극 I'든 '극 E'든 그건 상관없다. '스티브네 야채가게'를 위해서는 인터뷰를 해야 한다고 말씀드렸잖아요. 이번에 투자 라운드 마감한 거, 새로운 직원 채용해서 조직문화 세팅한 것, '스티브네 야채가게 2.0' 개발에 관한 거 등등 다양한 메시지를 전달하기에는 인

터뷰가 좋다고 말씀 드렸는데….

스티브 : 그랬죠.

엠마 : 근데요?

스티브 : '육즙팡팡' 대표 말이야. 나보다 더 '극 I'였거든. 그런데 그렇게 멋지게 인터뷰를 했네. 신문에 나간 대표 사진을 보니 잘 생겨 보이더라고.

엠마 : 당연하죠. 다들 언론과 인터뷰 하고 싶어서 난리인데.

스티브 : 인터뷰를 해야 우리도 이런저런 하고 싶은 이야기들을 말할 수 있을 거 같아요.

엠마 : 그럼 하서야죠. 다시 한번 추진해볼까요?

스티브 : 좋아요.

엠마 : 그럴 줄 알고 제가 ○○경제 ○○○ 기자에게 은근 슬쩍 얘기해뒀습니다. 인터뷰 일정 잡아볼게요. 이번에 지표도 잘 나왔고 메시지를 잘 정리해두겠습니다.

스티브 : 뭐 준비해야 하죠?

엠마 : 미디어에 대한 기본적인 이해가 필요해요. 이번에 《왜 내가 쓴 보도자료는 게재되지 않을까?》라는 PR의 바이블 같은 책이 나왔는데, 제가 꼭 알아야 할 내용 요약해둔게 있습니다. 그것만 보면 됩니다.

스티브 : 역시 우리 홍담(홍보 담당자) 최고야!

기사 좀 읽어봐! 제목도 한번 보고!
(어라 사진이…?)

오~ 좋네요!
인물도 좋고!!

'극I'라고 인터뷰 못하겠다고 하셨잖아요!!
제가 투자 라운드 마감한 거랑
직원 채용해서 조직문화 셋팅한 것
이것저것 메시지 전달하려면
인터뷰 해야한다고

퍽

다다다다……

내 동기 회사 인터뷰 기사가 1면에
겁나 크게 났는데… 동기 얼굴 사진이……

그리고
저 사진 뽀샵이야!

그런데요…

정확한 지적이야!

무관심

후비고
후비고~

내 동기가 나보다 더 더 극I였는데
인터뷰를 아주 멋지게 했단 말이야…?
사진도 잘 나오고… 못 생겼는데…(ㅆ)

으이그!!

인물은
내가…
더…

사기야!
이건 뽀샵이야!

인터뷰 해야겠어!!
우리도 이러러런 이야기도 하고
메스컴도 타보고!
결심했어~!

점심은 제육!

박력!

(엄마한테
자랑도 좀
하고)

다시 추진할까요?

근데~
어떻게 하지?
전혀 모르겠다…

차근차근
설명해봐

옷부터
살까?

빠직!

인터뷰하기

흐히 인터뷰를 언론홍보의 꽃이라고 부른다. 기업에게 있어 인터뷰는 기업의 장점을 상세하게 소개하고 기업의 핵심 메시지를 전달할 수 있는 좋은 기회다. 팩트 중심으로 간략하게 소개하는 보도자료와 다르게 인터뷰는 기업의 다양한 스토리와 메시지를 대중과 이해관계자에게 전달할 수 있다. 대중과 이해관계자는 인터뷰 기사를 통해 기업과 기업의 비즈니스를 더 잘 이해하게 되고 그만큼 기업의 인지도와 신뢰도는 상승하게 된다.

인터뷰는 기자에게도 의미가 있다. 관심 있는 기업의 관계자를 가까운 거리에서 만나 그동안 궁금했던 것을 한 번에 질문할 수 있고, 직접 보고 들은 내용을 독자에게 전달하기 때문에 다른 기사에 비해 관여도가 높다. 그래서 인터뷰 대상 기업을 선별할 때 신중하게 하고, 기업에 큰 영향을 끼칠 수 있기 때문에 내용도 신중하게 작성한다.

인터뷰를 하려는 기업은 두 가지를 고려해야 한다. 첫째, 우리 기업이 지금 인터뷰를 하기에 적정한 상황인지에 대한 판단이다. 지금 현재 어떤 성장의 모멘텀에 있으며 어떤 메시지를 대중에게 전달하려고 하는가를 분명히 해야 한다. 둘째, 보도자료, 기획 기사, 칼럼과는 달리 인터뷰는 기자와 대면해야 하고 기사도 기자가 작성한다. 기자가 인터뷰 기사를 작성하기 때문에 기업의 역할이 크지 않다고 생각할 수 있지만 기업이 작성하지 않기 때문에 더 힘들고 어렵다. 기업에서 원하는 메시지를 가장 잘 전달해줄 수 있는 기자가 필요한 이유가 여기에 있다. 평소 기자와의 관계를 잘 구축해뒀다면 인터뷰에서 빛을 발할 수 있다. 자사가 원하는 메시지를 대중에게 전달하기 위해서는 자사의 이야기를 열심히 소개하는 것도 중요하지만 가장 중요한 것은 기자의 마음을 얻는 것이다. 기자는 기업의 실적이나 훌륭한 비즈니스 모델보다는 대표의 가치관, 철학, 그리고 태도에 더 마음이 간다.

우리 기업을 잘 알고 관계가 좋은 기자라도 인터뷰는 한 번 이상 진행하기 힘들기 때문에 신중하게 요청해야 한다. 기업의 큰 변화가 있거나 이슈가 있지 않다면 인터뷰 기사 내용이 비슷하기 때문이다.

인터뷰 요청하기 및 인터뷰 대응하기 ——

인터뷰는 크게 두 가지가 있다. 기업이 요청해서 진행하는 인터뷰와 언론사가 기업에 요청해서 하는 인터뷰다.

인터뷰 요청하기

기업이 인터뷰를 요청하는 상황은 다음과 같다.

① 투자, 제품 및 서비스 출시, 글로벌 진출 등 기업의 성장 모멘텀
   이 있는 경우

② 라운드 마무리 후 사업 방향을 정리해 새로운 메시지를 만들거나
   전달해야 하는 경우

③ 시장 전반에 관한 이야기를 함으로써 시장에서 왜 우리 기업이
   필요한지 얘기하고 싶을 때

필자가 인터뷰를 'one chapter'에 비유한 것처럼 인터뷰는 보도자료에 비해서는 롱텀의 기간을 다룬다. 기업의 모든 기사가 기업 역사의 기록이라고 한다면, 인터뷰 기사는 기자와 함께 기업의 역사를 '만드는' 일에 가깝다. 중요한 순간을 기록하는 것이기 때문에, 기업으로서는 가급적 가장 신뢰할 수 있는 기자에게 기업의 역사 정리를 맡기는 것이 좋다.

인터뷰 대응하기

기자가 먼저 인터뷰를 요청할 때도 있다. 주로 다음과 같은 상황에서다.

① 투자, 제품 및 서비스 출시 등의 소식을 듣고 기업에 관심이 생겼
   을 경우

② 최근의 핫이슈, 트렌드에 부합하는 경우

③ 타 언론사의 인터뷰 기사를 보고 요청하는 경우

④ 꾸준히 보도자료, 기획 기사를 접한 기자가 해당 기업에 흥미가
　생기서 요청하는 경우
⑤ 언론사의 특정 목적이 있는 경우

인터뷰 요청을 받는다는 건 기업으로서는 행운이다. 좋은 인터뷰 기사가 나갈 수 있도록 준비하면 된다. 하지만 인터뷰 요청을 받았다면 신중할 필요도 있다. 부정적 이슈와 관련된 인터뷰는 아닌지를 담당 부서와 논의하여 확인해야 한다. 매체와 소속 부서를 확인하고 기자가 주로 취재했던 관심 분야와 기사의 논조 등도 확인할 필요가 있다. 단독 인터뷰인지, 기획 기사의 일부나 취재의 일부에 포함하기 위한 인터뷰인지도 확인해야 한다. 인터뷰 기사에 주제가 있다면 주제가 무엇인지도 확인하고 대응해야 한다. 만약 주제가 기업에서 할 수 없거나 기업에 도움이 되지 않는다면 신중하게 생각해야 한다. 리스크가 있다고 판단되면 사전 질문을 받는 것도 좋은 방법이다.

인터뷰 일정 조정하기

인터뷰를 요청할 때, 그리고 인터뷰 요청이 들어올 때 기사 게재 시점(빠르면 1주일 늦으면 2~3달 소요)을 고려해 인터뷰 일정을 잘 조정해야 한다. 인터뷰 일정이 겹치지 않아야 하는 두 가지 이유가 있다.

첫째, 메시지가 중복되기 쉽기 때문이다. 중복되는 만큼 기업으로서는 자원을 낭비하는 셈이다. 연속해서 인터뷰를 하게 되면 기업이 주목받고 있다는 인상을 줘 투자 유치와 같은 특정 목적을 달성하는 데 도움이 되기는 하지만 기자도 시간이 한정되어 있어서 관련 기사와

프레스킷을 참고하여 질문을 만들기 때문에 기자별로 질문에 큰 차이가 없으며, 기업의 답변도 비슷할 가능성이 있다. 기업의 비즈니스도 짧은 시간에 바뀔 가능성이 적기 때문에 인터뷰 기사는 유사해지게 마련이다. 중복을 막기 위해서는 비슷한 시기에 인터뷰를 여러 매체와 하지 않아야 하며 혹시 일정이 중복된다면 최대한 메시지를 다르게 해서 인터뷰에 응해 기업의 다양한 스토리가 대중에게 전달될 수 있도록 해야 한다. 종합지, 경제지, 전문지, 부서별, 기자별로 메시지를 조금씩 다르게 해서 인터뷰를 진행하는 수밖에 없다.

둘째, 기자 관계 때문이다. 기자에 따라서는 비슷한 시기에 여러 매체와 인터뷰를 진행한 것에 대해 기분 나쁘게 받아들이는 경우도 있다. 타 매체의 인터뷰 기사를 보고 기자가 먼저 인터뷰를 요청하는 경우를 제외하고는 자신이 기업 인터뷰의 유일한 창구가 아니라 여러 가지 대안 중 하나라는 생각이 들 수 있다. 또한 인터뷰 기사가 비교당하는 기분도 든다. 반대의 경우도 있다. 많은 매체가 인터뷰를 하는데 자신만 제외되는 경우다. 이럴 때는 인터뷰를 진행하고 싶어 한다.

어쩔 수 없이 인터뷰 일정이 중복되는 경우가 있다. 특히 여러 매체에서 인터뷰를 요청해올 때 그렇다. 이럴 때는 특정 매체와 인터뷰를 진행하고 다른 매체에 대해서는 기자와의 관계를 유지하면서 인터뷰를 미루거나 거절해야 한다. 첫 번째 방법은 완곡한 거절이다. 이번 인터뷰 주제와 매체 성격이 일치하지 않아 진행하기 어렵다고 완곡하게 설명하면 기자도 이해한다. 두 번째 방법은 기자에게 특정 매체와 인터뷰한 이유에 대해 자세하게 설명하고 이해를 구하는 방법이다. 세 번째는 이번 인터뷰의 주제와 다르니 다음번에 다른 주제로 함께 진행하고 싶다고 제안하는 방법이다.

인터뷰 절차 살펴보기 ──

① 인터뷰 목적 정하기 : 인터뷰의 목적과 방향을 명확히 해야 한다. 투자 유치를 위한 것인지, 프로덕트의 출시와 장점을 소개하기 위한 것인지, 기술을 설명하기 위한 것인지, 기업의 성장성이나 시장의 혁신성을 강조하기 위한 것인지를 분명히 정해야 한다.

② 인터뷰 대상 : 인터뷰이는 기본적으로 대표가 맡는 게 좋다. 그래야 기업의 전반적인 운영 방향과 성과, 비전 등 기업 전체에 대해 다룰 수 있다. 조직문화, 특정 프로덕트, 기술 등에 대한 이야기라면 C레벨 인터뷰도 괜찮다. C레벨에게 인터뷰를 맡김으로써 책임과 역할을 부여하게 된다.

③ 시간과 장소 정하기 : 시간과 장소는 기자와 기업이 상의해서 정한다. 매체사에서 진행할 때도 있지만 필자는 특별한 경우가 아니라면 기업의 조직문화, 분위기를 느낄 수 있는 기업 사무실에서 인터뷰를 진행한다.

④ 인터뷰 사전 준비 : 인터뷰 전후 기자와의 커뮤니케이션을 잘 진행하는 것이 인터뷰보다 더 중요하다. 인터뷰의 전체적인 방향과 인터뷰

에서 강조할 메시지를 인터뷰 전에 수시로 공유할 필요가 있다. 기업은 기자에게 인터뷰에 도움이 될 만한 프레스킷과 IR 피치덱을 공유하며, 기자는 이를 참고해 사전 질문지를 작성한다.

⑤ 인터뷰하기 : 준비된 질문에 따라 인터뷰를 진행한다. 인터뷰 진행 시 홍보 담당자 배석은 필수다. 인터뷰는 준비 과정이 특히 중요하며 어떠한 질문을 하고 어떠한 답변을 하느냐에 따라 기사의 질이 달라진다. 홍보 담당자는 기자의 질문과 대표의 답변을 조율하고 대표의 답변이 부족했거나 부적절한 표현이 있을 경우 인터뷰 자리에서 즉각 수정한다. 때에 따라서는 기자가 미처 질문하지 못한 내용을 상기시켜 주기도 한다.

⑥ 필요한 자료 제공 : 기자가 인터뷰 기사 작성 시 필요한 자료를 요청하는 경우가 있다. 이때 홍보 담당자는 기사가 게재될 때까지 필요한 자료를 준비해 제공한다.

⑦ 기사 송출과 확인 : 인터뷰 기사가 송출되면 마지막으로 팩트를 확인하고 혹시 잘못된 문장이 있는지 등을 확인한 다음에 기사 송출에 대해 감사 인사를 전달한다.

사전 질문지 작성과 답변 준비

기자의 관심에 따라 질문지는 다르다. 대부분 특정 이슈를 집중적으로 질문한다. 필자의 경우 인터뷰 질문은 IR 피칭에서 묻는 질문과 비숫하다. 다음은 필자의 질문지 예시 요소들이다.

① 회사 전반 : 어떤 문제를 해결하자고 하는가

② 제품과 서비스 소개, 이용 방법

③ 적용 기술

④ 고객 : 타깃 고객, 고객에게 주는 가치와 효용

⑤ 시장 전망, 타깃 시장 규모

⑥ 비즈니스 모델. 성과 지표

⑦ 경쟁자, 경쟁자 대비 우위점

⑧ 조직과 조직문화

⑨ 비전과 계획 : 앞으로의 계획과 궁극적으로 달성하고자 하는 목표

⑩ 대표의 경력과 창업 배경

사전 질문지 작성과 공유 방법에는 여러 경우가 있다.

첫째, 인터뷰 전에 사전 질문지를 공유하고 서면으로 답변을 받는 경우다. 답변을 미리 받기 때문에 인터뷰 시간과 기사 작성 시간을 절약할 수 있다. 하지만 현장에서 더 좋은 질문이 나올 수 있는 가능성을 막는 단점도 있다.

둘째, 사전 질문지를 공유하고 기업이 답변을 준비하지만 답변을 기자와 공유하지 않는 경우다. 준비된 질문과 답변을 나누면서도 자유롭게 새로운 질문과 답변을 나누기 때문에 인터뷰가 풍부해진다.

셋째, 사전 질문지를 만들지만 기업과 공유하지 않고 인터뷰를 진행하는 경우다. 훨씬 자연스러운 인터뷰가 진행되지만 그만큼 기자와 기

업 대표의 역량이 더욱 중요해진다.

넷째, 처음부터 사전 질문지를 만들지 않는 경우다. 자연스러운 대화를 통해 다양한 이야기가 나오게 하는 방법이다. 기자와 기업 대표의 역량이 가장 중요한 방식의 인터뷰다.

다섯째, 기업이 인터뷰하는 목적이 명확하다면 기업이 핵심 메시지를 미리 준비해 기자에게 제공하는 방식이다. 시간을 절약하면서도 기업의 메시지를 분명히 할 수 있다는 장점이 있다.

좋은 태도와 미디어에 대한 이해는 필수

인터뷰에서 하는 말 한마디, 특히 태도 하나하나가 기업의 이미지가 되고 메시지가 되어 대중에게 전달된다. 모든 대면 커뮤니케이션이 그렇듯이 성의 있게 임해야 한다. 기업의 안 좋은 일을 표정으로 그대로 드러내거나 바쁜 일정이 있어 쫓기듯이 인터뷰를 하는 것은 좋지 못하다. OOO 대표는 인터뷰를 시작하자마자 몇 시에 끝나느냐고 독촉부터 했다. 먼 곳까지 방문한 손님에게는 먼저 감사하다는 말부터 하는 게 상식이다. 기자가 자사에 대해 모른다고, 그리고 인터뷰 내용을 모른다고 가르치려 하거나 기분 나빠해서도 안 된다. 모든 언론홍보 활동에 있어 미디어에 대한 기본적인 이해가 필요한데, 특히 인터뷰는 대면 커뮤니케이션을 하기 때문에 미디어에 대한 이해가 중요하다. 인터뷰를 했다고 마치 인터뷰 기사가 당연한 듯이 생각하거나 언제 게재되느냐고 독촉하거나 '보여주고 올려주세요'라고 말하는 건 미디어에 대해 가장 기본적인 것도 모르는 것일 뿐만 아니라 상대를 가볍게 생각하는 태도이다. 필자의《왜 내가 쓴 보도자료는 게재되지 않을까?》가 미디어를 이해하는 데 도움이 될 것이다. 잘 모르겠다면 IR과 같다고 생각하면 된다. 미디어에 대해 잘 이해할 수 없다면 IR처럼 하면 된다. 그리고 최소한 다음과 같은 내용 정도는 알고 있어야 한다.

① 핵심 메시지를 먼저 말할 것
② 최대한 쉽게 설명할 것. 특히 해당 업종 약어는 자제할 것
③ 답변은 짧고 간단하게 할 것
④ 기사 사전 리뷰 또는 수정 요청하지 말 것
⑤ 경쟁사에 대한 평가는 언급하지 말 것
⑥ 부정적 사안은 피할 것
⑦ 대립이나 논쟁은 금물
⑧ 기사 게재 시기를 독촉하지 말 것
⑨ 인터뷰 기사 게재 후 빠르게 피드백하기

기자와 인터뷰 잘하는 실전 팁

대표와 기자의 합이 중요하다. 사람이 하는 일이라 A기자와 인터뷰를 잘 진행했어도 B기자와는 인터뷰가 잘 안 되는 경우도 많다. 인터뷰를 잘하기 위해서는 다음과 같은 사항이 필요하다.

① 질문에 대한 답을 잘 준비할 것
② 필요 시 예행연습도 할 것
③ 대표는 특히 '일관된 메시지'를 기자에게 말할 것
④ 당황해서 얼버무리지 말 것. 모르는 것은 억지로 설명하지 말고

모르면 모른다고 하고 나중에 확인해서 전달하겠다고 할 것

⑤ 솔직하게 답변할 것

⑥ 답변은 단답형으로 하지 말 것. 어떤 이야기라도 하면 기사의 텍스트로 활용되기 때문

⑦ 사진은 미리 또는 현장에서 또는 인터뷰 이후에 준비

인터뷰는 준비 과정도 복잡하고 언론사와 커뮤니케이션할 것도 많다. 하지만 보도자료 수십 건, 수백 건보다 영향력이 크고, 기업 성장의 모멘텀을 가져올 수 있는 좋은 계기로 만들 수 있다.

기획 기사
만들기

기획 기사*는 사건에 대한 심층 탐구에 주목하는 피처 기사 중 하나다. 피처 기사는 독자의 흥미를 유발하기 위해 어떤 중요한 문제에 대해 집중적이고 심층적으로 다룬 기사를 말한다. 트렌드, 기업 성과, 시즌별 특성, 제품과 서비스의 한 가지 특징을 주제로 한 기획 기사를 잘 활용한다면 트렌드를 선도하는 기업으로서의 입지를 만들어낼 수 있다.

---

* 정확히 얘기해서는 보도자료처럼 기획자료라고 표현해야 맞다. 현장에서는 기획 기사라는 표현을 일반적으로 사용하며 여기에서도 기획 기사라고 표현하겠다. 그리고 여기에서는 언론사가 자체 기획한 기사는 제외하고 기업이 피칭한 기획 기사에 한해 이야기하겠다.

기획 기사의 유형 ──

기획 기사는 크게 3가지 유형으로 구분할 수 있다.[*] 보도자료성 기획 기사와[**] 기업·트렌드·업종 분석 기획 기사, 언론사 공동 기획 기사로 나눌 수 있다.

유형		사례	자료
보도자료성 기획 기사 (데이터, 자료 중요)	이슈, 키워드 도출		사내, 글로벌 데이터
	특정 계층 의식 행태 조사		사내 데이터
	기업의 사용자 특성 분석		설문조사
기업·트렌드·업종 분석 기획 기사 (트렌드 선정 중요)	기업의 특장점 분석	타 업종 비교	기사
	트렌드 분석	타 업종 비교	기사
	업종 특성 분석	유사 업종 비교	기사
언론사 공동 기획 기사 (언론사와의 관계 중요)	정책 입법화, 브랜드 공동 연재, 사회공헌, 캠페인	캠페인에 동참하는 다양한 기업	

보도자료성 기획 기사는 자사 또는 글로벌 데이터나 자료를 활용해 이슈나 키워드를 도출하는 기획 기사, 사내 데이터를 활용해 특정 계층의 의식이나 행태를 조사한 기획 기사, 자사 고객 대상으로 한 설문 조사로 기업 고객의 특성을 분석한 기획 기사로 나눈다. 기업·트렌드·업종 분석 기획 기사는 타사 사례를 포함해 기업의 특장점을 강

---

[*] 이러한 구분은 필자가 자의적인 기준으로 나눈 것이며 네이밍 역시 필자가 만든 것임을 밝혀 둔다.

[**] 기획성 보도자료로 불리기도 한다. 여기서는 보도자료와 구분하기 위해 보도자료성 기획 기사라고 부르겠다.

조한 기획 기사, 기업이 포함된 업종의 트렌드를 강조한 기획 기사, 기업이 포함된 업종이나 서비스의 특성을 분석한 기획 기사가 있다. 언론사 공동 기획 기사는 기업, 기관, 정부, 브랜드 등에서 공공사업 혹은 서비스의 강점을 상세하게 설명하기 위해 언론사와 공동으로 기획 연재하는 것을 말한다.

여러 매체 동시 배포 vs. 단독 피칭

보도자료성 기획 기사와 기업·트렌드·업종 분석 기획 기사 간에는 큰 차이가 있다. 이름을 봐도 알 수 있듯이, 보도자료성 기획 기사는 보도자료의 성격을 띠고 있다. 객관적인 데이터와 자료를 근거로 작성했기 때문에 마치 보도자료처럼 여러 매체에 동시 배포가 가능하다. 반면 타사 사례가 포함된 기업·트렌드·업종 분석 기획 기사는 여러 매체에 동시 배포가 힘들다. 기업의 어떤 특징 하나를 강조해서 분석한 자료로 기자의 분석, 생각, 의견이 같을 수 없기 때문에 기업·트렌드·업종 분석 기획 기사는 하나의 매체를 선택해 피칭해야 한다.* 언론사 공동 기획 기사 역시 언론사와 함께 기획하기 때문에 한곳의 언론사와 단독으로만 진행 가능하다.

기획 기사 유형 1 : 이슈, 키워드 도출 기획 기사

이슈, 키워드 도출 기획 기사는 사내외 데이터와 글로벌 리포트를

---

* 기업·트렌드·업종 분석 기획 기사도 2개 이상의 매체에 동시에 게재되기도 한다. 하지만 메이저 매체에 게재되기는 힘들다.

참고해 특정 트렌드를 전망하고, 특정 산업에 대해 키워드를 도출하고, 지수를 산출하고, 한 해를 전망하는 등의 기사를 말한다. 이슈, 키워드를 도출하기 위해서는 데이터가 충분히 의미 있어야 한다는 점에 유의해야 한다. 따라서 이슈, 키워드 도출 기획 기사는 데이터를 충분히 확보할 수 있는 업계 선두 기업에서 자주 활용한다. 방대한 데이터를 분석하고 연구해야 하기 때문에 많은 노력과 시간을 요한다. 하지만 만들기 어려운 만큼 기업에게는 큰 효과가 있다. 이슈, 키워드 도출 기획 기사로 기업이 해당 이슈와 키워드를 선점할 수 있으며, 특정 트렌드 및 어젠다를 세팅하는 역할까지 할 수 있다. 데이터와 스토리가 결합된 콘텐츠는 언론사가 특히 좋아하는 주제다. 또한 데이터를 기반으로 한 것이기 때문에 이후에도 다양한 분석을 시도해볼 수 있어 후속 보도로도 이어지는 사례가 많다. 다음의 기업 사례를 통해 이슈, 키워드 도출 기획 기사가 무엇이 있고 어떻게 만들어지는지 살펴보자.

〈에이블리, '어텐션' 사례〉

에이블리가 'A.T.T.E.N.T.I.O.N(어텐션)'을 2023년의 트렌드로 선정했다.[*] 올해 복고상품을 새롭게 재해석한 것으로 '뉴트로(뉴+레트로)'

---

[*] 'A.T.T.E.N.T.I.O.N(어텐션)'은 ▲ 화려하고 경쾌한 에어리 스타일(Airy style) ▲ 불황기 속 나를 위한 소비(Treat yourself) ▲ 테크 액세서리도 패션의 일부(Tech Accessories) ▲ Y2K 트렌드의 진화(Evolution of Y2K) ▲ 젠더, 시즌 경계 없는 패션(Neutral Fashion) ▲ 패션, 뷰티 연계 구매 증가(TPO Makeup) ▲ 이너뷰티, 셀프 뷰티 트렌드(Inner &Self Beauty) ▲ 아웃도어 웨어의 일상화(Outdoor Fashion) ▲ 일상 속으로 뉴트로 열풍 확대(Newtro)를 의미한다.(출처 : 〈올해도 '뉴트로 열풍' 이어진다… MZ세대 쇼핑 트렌드는〉 매일경제 2023. 1. 12.)

열풍 속에 'Y2K(1990년대 말부터 2000년대 초 유행했던 패션)' 스타일이 진화할 것이라는 전망이다.

이슈, 키워드 도출 기획 기사를 만드는 방법은 에이블리의 '어텐션' 기획 기사 작성 프로세스를 통해 알 수 있다. 에이블리의 '어텐션' 기획 기사는 다음과 같은 프로세스로 제작됐다.

① 데이터 확인 및 키워드 추출

데이터를 통해 키워드를 추출한 다음, 한 해 최다 검색어, 급상승 검색어, 실시간 검색어와 패션/뷰티/라이프 각 분야별 최신 트렌드 기사를 참고해서 키워드 추출

② 데이터 그룹화

유사 데이터를 그룹화해 데이터 정리

③ 데이터 선별 및 추가 데이터 소싱

패션/뷰티/라이프의 현업 담당자와의 협업을 통해 최종 데이터를 선별하고 주제별로 필요한 데이터 수집 및 보완

④ 후보 키워드 선정 및 대표 키워드 선정

후보 : RABBIT, JUMP UP 등

해당 시점에서 인기 있는 단어를 고민하면서 당시 유행한 아이돌 음악을 키워드로 선정

⑤ 대표 키워드에 맞춰 순서 배열

attention에 없는 키워드 'Y2K'는 'Evolution of Y2K'로 조정해서 핵심 키워드를 유지하면서도 의미가 통하도록 단어 조정

⑥ 영어 단어 최종 점검

어색한 단어와 비문 체크

⑦ 키워드에 의미 부여

완연한 엔데믹에 접어들면서 소비자들이 패션/뷰티/라이프 카테고리에서 새롭게 '집중', '주목'하는 트렌드를 조명하고, 카테고리별 유저들의 새로운 '관심사'와 '흥미'를 빠르게 파악해 트렌드를 선도하는 플랫폼으로 나서겠다는 다짐을 담는 것으로 의미 부여

⑧ 보도자료 작성, 이미지 제작, 배포 및 RSVP 진행

에이블리의 '어텐션'은 상반기 기준 33건이 기사화되어 일반적인 보도자료보다 기사화가 많이 됐다. 에이블리가 '어텐션'을 통해 트렌드로 이야기한 'Y2K 스타일의 진화'라는 키워드가 업계의 핵심 화두로 자리 잡으면서 연계 기사로 자주 언급되기도 했다. 무엇보다 기획 기사의 목적인 트렌드세터로서의 에이블리를 포지셔닝했다는 점이 큰 성과라고 말할 수 있다.

(에이블리 홍보 담당자 인터뷰)

〈번개장터, 'MUSE' 사례〉

번개장터는 2023년 2월 중고거래 앱 최초로 〈미래 중고 패션 트렌드 분석〉에 관한 리포트를 발간*하고 2023년 중고 패션 트렌드 키워드로 MUSE를 선정했다.** 2월 27일 첫 보도 후 4월 말까지 온라인 기사, 지면 기사, 방송, 뉴스레터 등 52건이 보도되었다. 기획 기사를 통해 중고 패션과 연관된 내용으로 이슈화되면서 'MZ세대 소비 트렌드를 주도하는 중고 패션, 번개장터' 등으로 다수 기사화됐다.

(번개장터 홍보 담당자 인터뷰)

〈블라인드 지수 사례〉

직장인 소셜 플랫폼 블라인드는 매년 직장인 행복도 조사 '블라인드 지수'***를 발표하고 있다. 블라인드 지수BIE, Blind Index of Employees' Happiness는 블라인드의 운영사 팀블라인드가 2018년 한국노동연구원 자문위원과 공동 개발한 지표다. 직장인이 회사에서 느끼는 주관적 행복도를 일, 관계, 사내문화의 3가지 영역으로 나누어 측정한다. 해당 기업의 재직자만 조사에 참여할 수 있다.

---

* Bunjang_ESG_report_20230227.pdf
** △ Message(브랜드의 스토리를 통해 자신의 신념과 가치를 표현하는 가치소비), △ Used Fashion(중고 패션에 거부감이 없는 합리적 소비), △ Style(취향·개성을 바탕으로 스타일을 중시하는 가심비 소비), △ Eco-friendly(중고 패션의 친환경적인 가치) (출처: 〈번개장터, '미래 중고 패션 트렌드 분석' 리포트 발표, 2023년 중고 패션 트렌드 키워드 'M.U.S.E.' 선정〉 매일경제 2023. 2. 27.)
*** '블라인드 지수 2022'는 직장인 57,319명이 참여했으며, 재직자들에게 가장 높은 점수를 받은 기업은 △ 구글코리아 △ 우아한형제들 △ 비바리퍼블리카 △ SK텔레콤 △ SK이노베이션 △ 애플코리아 △ 한국남동발전 △ 아마존 △ 두나무 △ 넥슨 순으로 나타났다. (출처: 〈블라인드, 한국 직장인 57,319명 대상 행복도 조사 '블라인드 지수' 결과 발표〉 매일경제 2023. 1. 19.)

다음 기업의 기획 기사도 주목할 만하다.

- 스캘터랩스 : 2022년 대화형 AI 시장의 4가지 주요 이슈에 대한 분석과 2023년 전망을 발표(출처 : 〈대화형 AI 2022 트렌드 분석 및 2023 전망 발표〉 매일경제 2023. 1. 18.)
- 엔라이즈 : 자사 데이터를 활용해 2023 헬스 3대 트렌드 공개(출처 : 〈새해맞이 '갓생' 위한 2023 헬스 트렌드 공개〉 매일경제 2023. 1. 18.)
- 당근 : 이웃들의 다양한 이야기가 담긴 커뮤니티 '동네생활'에 올라온 게시 글 중 이웃들의 답변이 달린 게시 글의 주요 키워드 분석(출처 : 〈우리 동네 '진짜' 정보가 오가는 동네생활에서 이웃 간 가장 활발히 공유되는 키워드 TOP5 분석〉 매일경제 2023. 4. 25.)
- 버드뷰 : 모바일 뷰티 플랫폼 화해 사용자 데이터로 작성(출처 : 〈화해, '2023 뷰티 트렌드' 발표… 색조 중심으로 활기〉 매일경제 2023. 2. 9.)
- 케어닥 : 국내 노인 돌봄의 현황과 추세를 한눈에 보여주는 '노인 돌봄공백지수' 발표. 국내 노인 돌봄의 현황을 보다 정확히 파악하고, 향후 관련 환경 및 산업의 개선 도출 목적(출처 : 〈케어닥, 국내 노인 돌봄 현황 분석 '노인돌봄공백지수' 보고서 발표… "돌봄 비용 및 시설 공백 위험 노인 인구 725만 명 추산"〉 매일경제 2023. 9. 12.)

기획 기사 유형 2 : 특정 계층의 의식, 행태 조사

기업이 확보한 사용자 데이터를 통해 특정 계층의 의식 및 행태 등 다양한 주제로 설문조사를 실시한 기획 기사다. 언론에서는 객관적인 지표가 있는 자료를 선호한다. 다만 설문조사를 실시할 경우 이용자

수가 너무 작으면 모수를 추정하기 어렵기 때문에 어느 정도는 이용
자 수가 확보되어야 한다.

〈블루포인트 사례〉

블루포인트가 그동안 블루포인트의 포트폴리오사들로부터 지원 요
청을 받았던 사항들을 분석한 결과를 기획 기사(출처 : 〈초기 스타트업에
게 가장 필요한 건 다음을 위한 '후속투자 유치'〉, 매일경제. 2022. 7. 14.)로 다
뤘다. 블루포인트의 포트폴리오사들은 스타트업을 운영하며 가장 필
요로 한 지원 서비스로 '후속투자 유치(38.82%)'를 꼽았다. 이어서 사
업 추진에 필요한 '각종 파트너사 연계(14.47%)', 인재 채용과 조직 구
성과 같은 'HR 부문(13.16%)', 홍보 및 마케팅(9.87%) 순으로 지원을
요청했다. 블루포인트는 이러한 기획 기사를 통해 자사가 스타트업을
위해 다양한 노력을 하고 있다는 점을 부각시켰다. 실제 해당 기사는
포트폴리오사의 성장을 지원하기 위해 '포트폴리오그로스 팀' 신설과
'블루패밀리케어+' 서비스의 체계화에 대한 소식도 포함하고 있다.

〈리멤버 사례〉

리멤버가 연봉 1억 원 이상인 직장인을 위한 서비스 '리멤버 블랙'
을 출시하고 리멤버 블랙 이용자 대상으로 설문조사한 결과를 기획
기사(출처 : 〈리멤버, 억대 연봉 채용관 '리멤버 블랙' 회원 대상 설문조사 결과
발표… 억대 연봉자 94%, "이직 의향 있다."〉 매일경제 2023. 5. 11.)로 발표했
다. 리멤버 블랙은 본인 연봉을 인증한 회원들만 이용할 수 있는 인증
제 채용공고 서비스로, 연봉 1억 원 이상의 채용 공고들만 모은 것이

특징이다. 조사 내용에 따르면 억대 연봉자 94%는 이직 의향이 있는 것으로 나타났다. 억대 연봉자의 이직 의향에 대한 조사는 많은 독자의 관심을 끌 만한 주제였다.

이외에도 참고할 만한 특정 계층의 의식, 행태에 관한 기획 기사는 다음과 같다.

- 퍼블리 : 퍼블리가 운영하는 개발자 SNS '커리어리'가 개발자 대상으로 스타트업 및 개발자 업계 혹한기 전망 설문조사 진행(출처 : 〈개발자 83% "스타트업 혹한기 지속"… 51% "채용 어렵다"〉 뉴시스 2023. 1. 3.)
- 무하유 : 표절검사 서비스 'CK브릿지(카피킬러 브릿지)'를 도입한 대학들의 2022년 이용 통계를 분석한 결과 발표(출처 : 〈AI 기반 표절 검사 서비스 '카피킬러' 도입 대학 이용 통계… 지난해 대학 내 과제물 46.03% '표절 위험'〉 매일경제 2023. 4. 20.)

기획 기사 유형 3 : 기업의 사용자 특성 분석

자사의 고객 대상으로 설문조사를 실시해 자사의 제품과 서비스의 장점과 효용성을 부각하는 기획 기사다. 기업에게만 의미 있는 데이터이기 때문에 게재 확률이 낮다는 단점이 있다. 데이터의 규모가 작더라도 내용이 재미있고 의미가 있다면 언론사에서 관심을 가질 만한 주제다. 그렇지만 자사의 자랑이나 성과만 늘어놓게 되면 기사화되기 힘들다.

〈팀스파르타 사례〉

팀스파르타는 개발자 양성 코딩 부트캠프 '항해99'의 〈2022 주요 결산 데이터〉을 공개하면서 2022년 개발자 양성 코딩 부트캠프 '항해 99' 수강생 10명 중 8명이 3개월 내 취업에 성공한 사실을 기획 기사(출처 : 〈스타트업 혹한기에도… 팀스파르타 수강생 취업률 '눈길'〉 아주경제 2023. 1. 13.)로 발표했다.

〈두들린 사례〉

두들린의 채용관리 솔루션을 사용한 채용담당자 240명을 대상으로 설문조사를 진행해 솔루션 사용으로 채용이 더 잘 되고 채용에 소요되는 시간과 비용이 감소됐다는 사실을 기획 기사(출처 : 〈채용담당자 59.6%, "채용관리 솔루션(ATS) 사용 후 채용 더 잘돼"〉 매일경제 2023. 2. 22.)에 담았다.

이외에도 기업의 사용자 특성을 분석한 기획 기사는 다음과 같다.

- 엘리스 : 고객 602명을 대상으로 실시한 코딩 교육 인식에 대한 설문조사(출처 : 〈엘리스, 코딩 교육 인식 설문 결과 발표… 강사보다 실습, 커리큘럼 중요〉 매일경제 2022. 7. 1.)
- 딜라이트룸 : 창립 10주년을 맞아 알라미 이용 행태를 조사한 '2023 알라미 사용자 리포트' 공개(출처 : 〈'알라미' 10주년 사용자 리포트 공개… 앱 다운로드 7,500만 돌파〉 매일경제 2023. 5. 3.)

참고. 전문가 좌담회 개최

전문가와의 좌담회를 개최해 다양한 논의를 진행하고 이를 기획 기사로 대중에게 소개하는 방법이 있다. 관심 있는 주제를 정하고 참석자를 찾고 기자에게 기획 기사를 피칭하고 초대하는 등 좌담회 개최를 위해서는 시간과 노력이 많이 들지만, 좌담회를 통해 기업은 해당 분야에서 특정 어젠다를 세팅하고 여론을 기업에게 유리한 방향으로 조성할 수 있다. 포자랩스는 AI 음악 관련한 좌담회를 개최해 음악 관련 전문가들이 포자랩스의 음악 생성 인공지능AI '디오'가 만든 음악을 청취하고 평가한 것을 기획 기사(출처 : 〈클릭 한 번에 10분만 네 곡 뚝딱… "AI 음악 예술성, 대중이 판단할 것"〉 이데일리 2023. 1. 5.)로 발표했다.

기획 기사 유형 4 : 기업의 특장점 분석

기업의 성과나 장점을 잘 보여줄 수 있는 주제를 정하고 이에 맞는 타사 사례를 찾아 작성하는 기획 기사다. 타사 사례는 이미 보도된 내용으로 하며, 되도록 경쟁사는 피해야 한다.

기업 특장점 분석 기획 기사는 다음과 같이 작성한다.
1단계 : 자사가 현재 잘하고 있는 특징, 현황을 키워드로 추출
2단계 : 키워드 중 최근 유사한 타사의 사례를 검색해서 찾음
3단계 : 찾은 사례에서 기업의 특장점을 한 단계 더 뎁스 있게 찾아냄
4단계 : 언론에서 관심을 가질 만한 키워드 요소들을 포함하여 앵글 및 타이틀 결정

먼저 자사가 현재 잘하고 있는 특징, 현황을 키워드로 추출한다. 신규 사업을 최근에 런칭했거나, 조직 변화, 성과, 수상, 투자, 온라인에서 화제가 되는 것 등을 키워드로 선정한다. 예를 들어 지금 현재 기업의 중요한 트렌드를 '육아 스타트업', '시드 단계에도 불구 투자 유치', '글로벌 진출'로 정했다면 이 키워드 중 최근 유사한 업계 내 사례가 있는지를 검색해서 찾아본다. 많은 기업 사례가 검색된다면 한 단계 뎁스 있게 사례를 찾아 검색의 범위를 좁힌다. 예를 들어 해외 진출 기업 중에서도 앱 다운로드 상위, 판매량 상위, 입점 요청 등 현지 소비자들에게 인정받는 기업 사례를 찾아낸다. 여기에 언론에서 관심 가질 만한 키워드 요소들을 포함하여 앵글 및 타이틀을 정한다. 'MZ 아시안'/ 맘 저격한 'K-페어런팅' / '국내 벗어나 글로벌 날아오르는 K-육아 스타트업들'과 같은 제목을 정하고 사례에 포함된 기업과 자사를 상세하게 키워드 중심으로 소개한다.

기획 기사 유형 5 : 자사가 돋보이는 영역과 부합하는 트렌드 분석

특정 트렌드를 부각하고 이에 맞는 사례 기업을 찾아 작성하는 기획 기사다. 타사 사례는 이미 보도된 내용을 중심으로 하며, 되도록 경쟁사를 피하는 게 좋다. 자사가 돋보이는 영역과 부합하는 트렌드 분석 기획 기사는 다음과 같이 작성한다.

1단계 : 자사의 이슈와 관련한 업계 트렌드를 찾아보고 이를 업계 내 유사 사례와 묶어 본다. 예) 'X2E'
2단계 : 위 키워드 중 최근 유사한 업계 내 사례가 있는 경우 검색해서 찾는다.

- P2E : 게임을 통해 코인 채굴
- R2E : 리뷰 영상을 통해 포인트 보상
- M2E : 운동하면 보상을 주는 서비스
- T2E : 여행하면서 돈 벌기
- S2E : 교육 시장에 블록체인 기술을 접목, 공부하면 '토큰'으로 보상을 주는 서비스

3단계 : 미디어에서 관심을 가질 만한 키워드 요소들을 포함하여 앵글 및 타이틀을 결정한다

자사가 돋보이는 영역과 부합하는 트렌드 분석 기획 기사는 트렌드에 부합하는 기업으로서의 포지셔닝을 획득하는 데 도움이 된다. 트렌드는 투자자도 주목하는 포인트다.

기획 기사 유형 6 : 업종 특성 분석

하나의 업종을 주제로 선정해서 해당 업종이 각광받는 이유를 설명하는 기획 기사다. 같은 업종을 비교 분석하기 때문에 언론사에서 선호하는 주제다. 같은 업종을 사례로 다루기 때문에 경쟁 기업도 함께 브랜딩이 되는 단점이 있어 기업에서 작성하기에는 부담이 있다. 하지만 기업 사례에 함께 포함되는 것 자체가 기업의 브랜딩과 포지셔닝을 만드는 데 도움이 된다.

〈리멤버, 잡플래닛, 사람인, 원티드, 블라인드 사례〉

- 이직 시장 활황에… 채용 플랫폼 서비스 봇물(매일경제 2023. 1. 10.)

위 기획 기사는 '커리어 플랫폼' 전반을 비교한 기사다. 사람인, 원티드, 리멤버, 잡플래닛, 블라인드가 기존 DB에 AI를 접목해 다양한 신규 서비스를 출시한 사례에 주목했다.

〈SaaS 기업의 다양한 특징 강조〉

- 데이터로 승부하는 SaaS 기업들… 245兆 데이터 테크 시장 '정조준' (ZDNET Korea 2022. 10. 16.)
- SaaS 기업들, 시장 선점 위해 '크로스보더' 나선다(매일경제 2023. 1. 13.)
- 글로벌 SaaS 시장 노리는 국내 기업들(플래텀 2021. 2. 15.)

위 기사는 SaaS 산업을 다양한 측면에서 살펴본 기획 기사다. 〈데이터로 승부하는 SaaS 기업들… 245兆 데이터 테크 시장 '정조준'〉은 SaaS 기업의 데이터 활용을 강조한 기획 기사다. '구글', '세일즈포스', '엠플리튜드', '아이지에이웍스', '믹스패널'을 기업 사례로 다뤘다. 〈SaaS 기업들, 시장 선점 위해 '크로스보더' 나선다〉는 SaaS 기업에 크로스보더를 강조해서 만든 기획 기사다. 플링크(현 페이지콜)의 '페이지콜', 채널코퍼레이션의 '채널톡', 토스랩의 '잔디'를 기업 사례로 다뤘다. 〈글로벌 SaaS 시장 노리는 국내 기업들〉은 SaaS 기업의 글로벌 진출을 강조해서 만든 기획 기사다. '마크비전', '슈퍼브에이아이', '메가존', '네이버클라우드', '한글과컴퓨터'를 기업 사례로 다뤘다.

- **타사 사례가 포함된 기업 · 트렌드 · 업종 분석 기획 기사(매일경제)**

주제	기업
웰니스 시장 공략하는 스타트업 … 여성 건강부터 수면 건강까지	라엘(여성), 에이슬립(수면), 에이아이포펫(반려동물), 조인앤조인(비건)
2030 라이프에 스며든 똑똑한 AI 서비스	리턴제로, 팀스파르타, 블랙탠저린, 딥브레인AI
베트남 시장, K- 스타트업 활약 무대가 되다 !	커리어리 베트남(개발자 네트워킹), 콴다(학습 플랫폼), 오케이쎄(오토바이 중고거래 플랫폼), 마켓사이공(이커머스 플랫폼)
고객 중심 서비스 제공하는 스타트업	브리즘(퍼스널 컨설팅), 코니바이에린(고객 리뷰), 아파트멘터리(1대1 커뮤니케이션)
"미수금 없애라" … 식자재 외상 거래 피해 없애는 푸드테크 스타트업 각광	마켓보로(선결제), 미트박스(판매대금 즉시 정산), 오더히어로(즉각 정산)
불황에도 성장하는 SaaS 시장 속 내실 다지는 스타트업	플링크(온라인 커뮤니케이션), 모놀리(협업효율, 데이터 보안), 비즈니스캔버스(문서 협업 툴)
아동기 청각 자극의 교육적 순기능 알려지며 히어빌리티 콘텐츠 각광	코코지(키즈 오디오 테크), 네이버클로바 램프(책 읽어주는 스마트 조명), 에이아이프렌즈(그림책 읽기), 웅진씽크빅(어린이 오디오북 플랫폼)
매출과 투자로 성장 증명한 스타트업 '눈길'	에이럭스, 웨인힐스브라이언트A.I,네이처모빌리티
'발아 가능성' 높은 시드 스타트업 주목!	올디너리매직(발달 맞춤 놀잇감), 니콘내콘(기프티콘 거래플랫폼), 그린도트(친환경 모빌리티), 어베어(이커머스 사업관리솔루션), 탤런트리(채용지원 플랫폼)
'롱 코비드 '시대 , 병원 방문 고민 중이라면 의료 앱 먼저 이용해보세요	어디아파(AI문진), 아프지마(진료비 조회), 닥터나우(비대면진료, 약배송)
기업 특성 살린 스타트업 복지 대세로 자리 잡아	펫프렌즈, 자비스앤빌런즈, 닥터나우
비대면 진료가 뜬다	카트(웨어러블 모니터링 의료기기), 하이메디(외국인 비대면 진료), 굿닥(실시간 매칭형 비대면 진료서비스)
자차 대신 빌려 타는 공유 모빌리티, 탄소 배출 감축 방안으로 떠올라	카모아(탄소중립 모빌리티 코인 발행), 쏘카(전기차),카카오모빌리티(전기 택시)
SaaS 기업들, 시장 선점 위해 '크로스보더' 나선다	슬랙, 페이지콜, 채널톡

기획 기사 유형 7 : 언론사 공동 기획 기사

기업은 언론사와 공동 기획을 통해 우호적인 여론을 만들어 사업의 당위성과 명분을 구축하기도 한다. 기업의 서비스나 논쟁 이슈에 대해 대중의 이해를 증대시킬 뿐만 아니라 사회적 논의를 시작하는 효과를 기대할 수 있다. 공공 정책의 경우 거듭된 논의를 통해 법안 발의 등의 입법화를 유도하기도 한다.

사례 1 : 〈공공 정책 입법화 유도〉

글로벌 담배 제조기업 B사는 담뱃값 인상 정책을 입법화할 필요가 있었다. 이에 2013~2014년 정부의 담뱃세 인상과 관련해 '담뱃세 물가 연동제'를 발의할 수 있도록 언론사와의 공동 기획 기사를 통해 여론을 조성해 나갔다.

사례 2 : 〈브랜드 공동 연재〉

OO필름은 '추억 속 사진 한 장', '여름 여행의 추억'이라는 연재를 통해 OO제품 사진을 노출하는 연재물을 기획했다. OO필름은 언론사와의 공동 기획 기사를 통해 광고 효과를 거뒀다.

사례 3 : 〈기업의 사회 공헌 활동에 대한 공동기획〉

기업은 자사 신뢰도를 높이기 위한 방법의 일환으로 사회 공헌 활동을 언론을 통해 알리기도 한다. OOO은 창립 100주년을 기념해 주 타깃인 여성을 대상으로 한 공익성 캠페인을 실시했다. 경력 단절 여성들을 위한 무료 아카데미, 대중 커리어 특강 형태로 타깃 여성과 커뮤니케이션함으로써 여성 브랜드로서 입지를 다져 나갔다.

사례 4 : 〈캠페인〉

사회적으로 어떤 이슈에 대해 함께할 것을 언론을 통해 제안하는 방식의 기획 기사다. 예를 들어 '친환경 OO 문화 캠페인' 같은 캠페인을 언론사와 공동으로 기획함으로써 친환경 이슈를 대중에게 환기시키고 기업의 에너지 사용 절감 정책을 소개하는 식이다. 동시에 캠페인에 동참한 기업을 대중에게 알리는 계기로 기획 기사를 활용한다.

기획 기사의 구성과 기획하는 법 ──

기획 기사의 구성

보도자료형 기획 기사는 리스티클의 구성을 가지고 있다. 리스티클이란, 목록이라는 뜻의 리스트list와 기사라는 뜻의 아티클article을 합쳐 만든 신조어로 특정 주제에 관한 정보를 순서대로 나열하는 방식의 기사다.

배경
리스트 1
리스트 2
리스트 3
대표 멘트

이렇게 배경을 먼저 언급하고 트렌드나 결과를 차례대로 소개하면 된다.

타사 사례가 포함된 기업·트렌드·업종 분석 기획 기사 역시 리스티클과 구성이 비슷하다. 기업 사례를 차례로 소개하는데, 대개는 자사의 사례를 가장 맨 위나 가장 마지막에 배치하여 눈에 띄게 구성한다.

배경 : 보고서, 통계 활용

기업 사례 1 : 자사 사례, 자사 대표 인터뷰

기업 사례 2 : 타사 사례(기사 검색)

기업 사례 3 : 타사 사례(기사 검색)

기획하는 법

특정한 상황을 피처해서 스토리를 풀어 나가는 방식의 기획 기사는 취재력과 기획력이 중요하다. MBC 예능 프로그램 〈라디오스타〉에서 힌트를 얻을 수 있다. 라디오스타는 2023년 12월 6일에 844회를 방송했으며, 인기가 높은 프로그램이다. 4명의 게스트를 초대해 토크하는 프로그램인데 게스트의 사연, 에피소드, 기본적인 특징 등에서 공통점을 찾아내 이를 현재 유행하는 콘텐츠, 예를 들어 유행어, 노래 제목, 인기 많은 드라마 제목 등을 패러디해서 특집 제목을 만든다.* 작

---

* 〈라디오스타 "달라졌어요" "아침마당"… 섭외의 달인들이 말하는 후일담〉 경향신문 2016. 3. 16. 참고

은 인연이라도 엮어내는 방식이 독특하다. 기획 기사도 마찬가지다. 자사와의 공통점도 이런 방식으로 찾아낸다면 많은 기업 사례를 찾아낼 수 있다. 기획 기사를 작성하기 위해서는 자사 데이터와 타사의 사례를 계속해서 관심 있게 봐야 한다. 트렌드 파악을 위해 리포트, SNS 등을 꾸준히 확인하는 것도 필요하다. 평소에 잘 아는 기업과 공동으로 기획해보는 것도 방법 가운데 하나다.

EXERCISE : 기획 기사 작성하기

✔ 사내 데이터를 분석해 기획 기사를 작성해보자.

✔ 우리 기업의 장점을 키워드로 나열하고 이 키워드에 맞는 타사 사례를 찾아보자.

칼럼 기고

칼럼의 필요성 및 특징 ──

　칼럼은 자신의 의견을 말하거나 어떤 주제에 대해 주장하는 글로 독자에게 행동을 유도하는 글이다. 신문의 오피니언 면에 칼럼이 기고되며, 각 신문사마다 오피니언부(여론독자부)가 오피니언 면을 담당하고 있다. 기고는 연재와 1회 기고가 있다. 연재 기고의 외부 필진은 주로 연초에 정해지는데, 저명인사나 기관장, 전문직 등이 섭외된다. 칼럼이 딱딱하고 진지해서 읽기 힘들다는 지적이 있고 세대의 고민을 반영할 필요가 있다는 비판에 따라 최근 MZ세대 필진이 조금씩 늘고 있다. 1회 기고는 보통 몇 달씩 기다려야 한다. 바이라인은 칼럼 작성자의 이름으로 나가며 기고 형태이기 때문에 소정의 원고료를 받는다. 스타트업이 칼럼을 기고하는 비중은 낮지만, 산업계를 위한 여론을 만들고 기업이 여론 조성의 선두주자가 될 수 있는 기회이기 때문에 해볼 만하다. 칼럼을 기고하기 위해서는 우선 좋은 글을 쓸 줄 알아야 한다.

기업 칼럼의 특징

칼럼은 다양한 주제, 소재에 의해서 작성된다. 기업 칼럼만이 가지고 있는 특징이 있다. 이러한 특징을 알면 쉽게 접근해볼 만하다. 필자가 수백 편의 기업 칼럼을 분석해본 결과 기업 칼럼이 가지고 있는 몇 가지 특성을 발견했다.

① 목적 : 기업 칼럼은 보통 다음과 같은 목적에서 칼럼을 작성한다.
　　첫째, 특정 이슈에 대해 자신의 생각을 말하고 싶을 때
　　둘째, 새로운 법률 통과 혹은 유리한 여론 형성을 위한 대관 업무를 위해서
　　셋째, 시장 전반을 얘기하고 기업의 역할을 강조하고 싶어서

② 주제 : 목적이 뚜렷하기 때문에 주제도 어느 정도 정해져 있다. 칼럼 역시 언론홍보의 중요한 활동이기 때문에 당연히 기업의 인지도와 신뢰도를 높이는 데 기여해야 한다. 그렇게 볼 때 기업 칼럼의 주제는 다음 중 하나다.
　　첫째, 기업의 제품과 서비스의 장점, 효과 소개
　　둘째, 시장 전반의 흐름
　　셋째, 제도 개선의 필요성

③ 칼럼의 구성 : 칼럼은 주장이 명확한 글이다. 무언가를 주장하려면 문제 제기가 명확해야 한다. 왜 이러한 문제가 중요한지를 환기시키고 독자의 관심을 끌도록 해야 한다. 문제를 제기한 것에 대해 주장하고 주장의 근거를 제시해야 한다. 그리고 문제 제기에 따른 해결책도 제시할 수 있어야 한다. 어떤 주제를 정해놓고 자신도 모르겠다고 마무리 지어서는 안 된다. 그래서 칼럼은 문제 제기(서론), 주장과 근거(본론), 해결책(결론)이라는 구성을 가지고 있다.

서론 : 문제 제기 및 필요성

본론 : 기업이 하고 싶은 주제를 통계 등을 활용하여 근거 제시

결론 : 기업이 하고자 하는 일에 대해 방향 제시 및 활성화에 대한 기대 표명

기업 칼럼은 문제 제기, 주장과 근거, 해결책에 포함되어야 할 내용이 어느 정도 정해져 있다. 이것만 알면 기업 칼럼을 충분히 작성할 수가 있다. 결국 좋은 기업 칼럼은 본론에서 기업이 하고 싶은 이야기를 전달하기 위해 서론에서 그 문제를 어떻게 제기하고 필요성을 얼마나 잘 전달하느냐에 달려 있다.

칼럼의 구성 살펴보기 ──

칼럼의 분량은 3개 문단에서 8개 문단 내외 정도다. 200자 원고

10매 내외가 보통이다. 온라인 칼럼의 경우 분량 제한은 없지만 3개 문단에서 8개 문단 정도 작성하겠다는 생각을 가지면 좋다.

　서론에서는 현상에 대한 상황 설명을 하거나 문제를 제기한다. 글의 첫머리에서 강렬하게 끌어당기는 요소가 없다면 독자의 선택을 받을 수 없다. 본문에서는 도입부에서 제기한 문제에 대해 논리적인 근거로 답을 제시한다. 이 답은 사실 이미 정해져 있다. 기업이 언론을 통해 하고 싶은 말이다. 그리고 결론에서 해법이나 함의, 의미를 제시하거나 기대를 표명하는 정도로 글을 맺으면 된다.

● 칼럼의 구성

구성	정의	설명방식
서론(도입) 현상에 대한 상황 설명, 문제 제기	첫머리에서 강렬하게 끌어당기지 않으면 독자의 선택을 받을 수 없다	현상 설명 간접 경험 직접 경험 질문 정의
본문 진단, 근거, 주장	도입부에서 제기한 문제에 대한 답의 근거를 논리적으로 제시한다	인과관계 분류, 나열 효과, 시장, 자사 서비스 소개
결론(마무리) 해법 제시	해법, 함의, 의미, 기대	해법, 대안, 전망, 예상, 기대

도입부의 구성

　기업 칼럼에서 가장 중요한 요소가 도입부다. 이미 본론과 결론은 어느 정도 포함해야 할 내용이 정해져 있다. 그렇기 때문에 도입부는 본론, 결론과 자연스럽게 연결되도록 쓰는 게 중요하다. 기업 칼럼의 도입부는 크게 5가지 유형이 있다. 현상과 필요성, 또는 문제를 제기하고 그에 대한 필요성으로 시작하거나 작성자가 직접 보고 느낀 것들로 이야기를 풀어 나가는 방법이 있다. 자신이 하고자 하는 말에 대한 개념을 정의한 것으로 시작하기도 한다. 독자에게 질문을 던져 호기심을 자극할 수도 있다. 또한 작성자가 직접 보고 느낀 것이나 간접적으로 보고 느낀 것으로부터 시작하는 글도 많다. 에세이에서 가장 흔하게 볼 수 있는 유형이다. 현상과 필요성으로 시작하는 칼럼이 가장 많으며 질문과 정의하기로 시작하는 칼럼은 많지 않다.

	내용	예시 유형
현상(문제)과 필요성	현재 어떤 상황(문제)이다. 그래서 ~이 중요하고 필요해졌다.	콜드체인 관리, 기기가 아닌 '솔루션'이 필요하다(콜드체인 인사이트, 2022. 3. 23.) 정보 진실성, OTA 새 패러다임 연다(전자신문. 2023. 4. 3.) 클라우드 활성화를 위한 조건(서울경제 2023. 1. 28.) 혁신 신약 개발에 '투자 훈풍' 필요한 이유(전자신문. 2023. 1. 8.)
간접 경험	책, 영화에서 보고 들은 간접 체험, 유명한 사람의 말, 통계	한 스타트업 대표의 절박한 원격의료 꿈(매일경제 2023. 4. 5.) 해외서 배우는 디지털 혁신(서울경제 2022. 10. 8.)
직접 경험	개인이 경험한 것을 스토리텔링화하면서 독자에게 재미와 호기심 유발	밀키트 시장의 현재와 미래(아시아경제 2021. 2. 26.) 조직이 진흙과 같아야 하는 이유(한국경제 2023. 2. 18.)
질문	독자에게 질문을 던져 궁금증을 불러일으킴	아이언맨 '자비스' 누구나 만든다 …'1인 1 AI 비서 시대' 성큼(한국경제 2022. 9. 12.)
정의	~은 ~이다. 무엇은 무엇이 다르면서 개념 정의부터 내리고 시작	브랜딩, '만나고 싶은 고객'을 정의하는 것(아주경제 2022. 4. 29.)

① 현상(문제)과 필요성

〈콜드체인 관리, 기기가 아닌 '솔루션'이 필요하다〉의 도입부는 백신이 상온에 노출되어 전량 폐기 처분되는 상황에 대해 문제를 제기한 다음, 이러한 사건이 물류 이슈로 중요해졌으며 소비자의 건강과 안전에 위협을 주는 중요한 문제여서 정부의 규제가 강화되고 있다는 사실로 시작하고 있다. 이후 본문에서는 콜드체인 데이터 관리 솔루션의 중요성을 강조하며 기업의 솔루션을 소개하고 있다. 〈정보 진실성, OTA 새 패러다임 연다〉는 도입부에서 소비자가 온라인 여행 플랫폼OTA으로 숙박 시설의 상태와 가격을 확인할 수 있지만, 숙박업체가 일방적으로 제공한 정보가 실제와 다른 문제를 지적하고 있다. 본문에서는 차세대 OTA가 정보 비대칭 문제를 어떻게 풀어나갈지에 대해 소개하고 있다. 〈클라우드 활성화를 위한 조건〉은 클라우드 기반 소프트웨어SaaS가 중요하고 왜 필요한지를 설명하는 글로 시작하고 있다. 본문에서는 클라우드 보안인증 제도CSAP 개편에 대한 근거를 제시하며 우려를 표방하고 있다. 〈혁신 신약 개발에 '투자 훈풍' 필요한 이유〉는 도입부에서 제약·바이오의 저조한 기업공개IPO 성적표와 문턱이 높아진 기술특례 상장으로 미래 산업의 성장에 대한 문제를 제기하고 있다. 본문에서는 제약·바이오 분야가 국가 주요 사업이자 미래 먹거리로 떠오르고 있다는 사실을 근거로 제시하고 있다. 사례를 보겠다.*

* 칼럼 사례는 저작권 문제가 있어 인용하지 못했다. 사례로 든 칼럼을 찾아 구성을 분석하면서 읽어보기를 추천한다. 사례는 필자가 5~10년 전에 작성한 글이다. 칼럼은 아니지만 칼럼과 비슷한 구성으로 작성한 에세이다. 시의성이 다소 떨어지더라도 이해해주길 바란다. 전체 구성을 파악하는 데 도움을 주기 위해서 전체 글을 포함시켰다.

〈블라인드 얼마나 공정한가〉

　최근 모 의원이 분교 출신인 자신이 방송국 아나운서로 입사할 수 있었던 것은 공공기관의 블라인드 테스트 때문이라고 얘기하자 해당 학교의 졸업생과 재학생이 해당 학교는 분교가 아니라면서 왜 모교 비하 발언을 하느냐고 반박에 나섰다. 모 의원은 블라인드 채용 제도가 좋은 제도이지만 법제화가 되어 있지 않아서 제도가 후퇴하지 않도록 법제화(공공기관 공정채용법 제정안, 블라인드 채용법)를 발의하게 된 배경에서 자신의 출신 학교와 블라인드 제도의 필요성을 설명한 것인데 엉뚱하게 분교 논란이 일게 된 것이다.

　공공기관의 블라인드 채용 방식이 시작된 것은 2017년경부터다. 그해 몇몇 대기업도 동참했다. 블라인드 채용은 말 그대로 '스펙'이 아닌 '사람'을 보고 인재를 채용하는 방식이다. 학력, 출신지, 신체 조건, 외모, 가족 사항뿐만 아니라 어학 실력, 동호회 활동, 해외 연수 대신 능력과 열정을 보고 인재를 뽑겠다는 뜻이다. 한때 본적本籍이 중요했던 시절이 있었다. 출신지로 피해를 본 사람들이 본적을 바꾸자 원적原籍을 이력서에 기재하게 했다. 아버지 고향이 입사를 결정하던 시기다. 지금은 아버지 고향보다는 학력 또는 학벌, 어학 점수, 봉사 활동, 부모님 직업이 더 중요해졌다.　블라인드 채용 방식이 등장한 배경이 씁쓸한 이유는 그동안 스펙으로 인재를 뽑았다는 반증 때문일 것이다.

　'복면가왕'이 인기다. 오로지 노래로만 승부를 펼치는 게임 방식에 환호하는 이유는 이름에 가려 제대로 된 평가를 받을 수 없었던 가수를 재평가할 기회가 주어졌기 때문이다. 복면을 벗는 순간 청중들은 모두 놀랜다. 얼굴을 보고 노래를 듣는 것과 얼굴을 모르고 노래를 듣는 것이 얼마나 큰 차이가 있는지를 확인하는 순간이다. 복면을 씀으로써 청중 평가자나 가수나 오로지 노래에 집중할 수 있게 된다. 제품 비교 테스트에도 블라인드 방식이 사용된다. 가격이나 스펙 등의 평가에 좌우되지 않고 오로지 제품으로만 평가할 때 쓰인다. 한때 오디오나 와인 블라인드 테스트가 유행했던 적이 있다.

블라인드 방식은 일종의 '힘없는 자의 항변'과도 같은 것이다. 이름에 밀려 무대에 설 수조차 없는 가수나 좋은 제품이지만 브랜드에 밀려 소비자가 외면한 제품이 '계급장 떼고 제대로 붙어보자'라고 정면 승부를 거는 것이다. 하지만 반대로 생각해보면 그 이름값을 만들기 위해 얼마나 많은 노력이 들어갔는지도 봐야 한다. 학력 또는 학벌이 좋은 사람을 선호한 것은 그동안의 노력과 성실성을 평가한 것이다. 기왕이면 다홍치마라는 말이 있다. 공부를 잘하고 똑똑한 사람이라면 뭔가 다르지 않겠냐는 믿음이 생기게 마련이다. 그리고 단 한 번 면접을 잘 봤다고 그 사람이 꼭 좋은 사람인가에 대한 의구심도 있다. 시험 운이 유독 좋은 사람이 있고 반면 시험만 치르면 긴장해서 제대로 못 보는 사람도 있다. PT 한 번으로 평가할 때도 매우 위험하다. 아무런 정보 없이 PT만 보고 판단한다면 결국 PT 잘하는 사람에게 점수를 더 줄 수밖에 없다.

블라인드 테스트를 할 경우 싼 제품이 비싼 제품보다 더 좋은 평가를 받는 경우가 종종 있다. 만약 블라인드로 평가하지 않았다면 평가자들 대부분은 비싼 제품에 더 좋은 평가를 할 가능성이 크다. 왜냐하면 평가자 스스로가 평가에 대한 확신이 없기 때문이다. '비싼 제품이 싼 제품보다 더 좋을 것이다. 비싼 데는 이유가 있지'라는 생각을 하고 혹시 싼 제품이 비싼 제품보다 더 좋게 보인다면 이는 자신이 뭔가 잘못 판단했을 거라 생각한다. 평가자는 아무런 정보가 없을 때 오히려 더 당황한다. 그냥 제품만 보고 판단하기 어렵다. 소비자가 기업과 브랜드를 보고 제품을 고르는 이유다.

스펙으로 인재를 채용하는 것보다 블라인드 채용이 기회의 균등이라는 점, 그리고 회사에 필요한 인재를 뽑을 수 있다는 점에서 진일보한 제도임에는 틀림없다. 평가 시스템만 보완된다면 괜찮은 제도다. '공공기관 공정채용법 제정안, 블라인드 채용법'이 통과되기를 바란다.

이처럼 본문에서 어떤 것이 중요하다는 것을 주장하기 위해 도입부에서 현재의 상황과 이슈, 필요성을 언급하면서 시작하는 경우가 많다.

② 간접 체험

〈한 스타트업 대표의 절박한 원격의료 꿈〉은 정부가 2023년 5월 감염병 위기경보 단계를 '심각'에서 '경계'로 조정하면 원격의료가 바로 불법행위가 되는 것을 우려하는 칼럼이다. 도입부에 해당 기업과 관련 있는 다큐멘터리 영화 〈타다: 대한민국 스타트업의 초상〉의 감상으로 시작하고 있다. 이후 본문에서는 원격의료 플랫폼의 중요성에 대해 다루고 있다. 〈해외서 배우는 디지털 혁신〉은 전자정부발전지수 1위 국가인 덴마크의 높은 공공 디지털 서비스 이용률이라는 통계치를 제시하면서 글을 시작하고 있다. 이후 우리나라 공공기관에 AI와 클라우드 도입을 제안하면서 공공디지털 서비스 이용률을 높이기 위한 방안을 소개하고 있다.

〈윌슨이 필요해〉

〈캐스트 어웨이castaway〉의 톰 행크스가 4년 동안 무인도 생활을 하고 탈출에 성공할 수 있었던 것은 윌슨 덕분이다. 무인도이니 당연히 윌슨은 사람이 아니다. 윌슨은 한가운데에 윌슨이라는 회사 로고가 들어가 있는 배구공이다. 톰 행크스는 윌슨에 사람 얼굴을 그려 넣었고 머리도 만들어줬다. 그리고 윌슨과 함께 4년 동안 친구처럼 대화를 나누고 기쁨과 슬픔을 함께했다. 만약 톰 행크스에게 윌슨이 없었으면 어땠을까?

2018년 영국은 외로움을 담당하는 장관직을 신설했다. 체육 및 시민사회장관이 겸직하는 자리다. 2017년 발표된 보고서에 따르면 고독으로 인해 고통을 겪는 이들이 영국에서만 900만 명에 달하고, 75세 이상 인구 가운데 상당수가 심하면 일주일까지 사회적으로 아무런 교류 없이 지낸다고 한다. 이러고 보니 외로움을 전문적으로 달래줄 장관이 필요한 상황이 이해가 된다. 영국 정부는 외로움 담당 장관을 통해 이들에게 '윌슨'을 하나씩 나눠줄 모양인가 보다.

우리나라도 외로움이라면 뒤지지 않는다. 2015년 기준 1인 가구는 520만 가구로 전체 가구의 27%다. 네 집 중 한 집은 혼자 산다는 얘기다. 이런 세태를 반영해 혼자 사는 유명인들의 일상을 관찰 카메라 형태로 담은 〈나 혼자 산다〉라는 예능 프로그램까지 나왔다. 외로움이 만연한 시대에 그 외로움을 함께하고 나 혼자만이 외롭게 사는 게 아님을 보여줌으로써 외로움을 덜자는 게 방송의 취지인 듯 보인다. 혼자 산다고 외롭고, 같이 산다고 덜 외로운 것은 아니지만 그래도 친구가 있고 모임이 있으면 그 시간만큼은 외로움을 덜 느낄 수 있다.

최근 고독사孤獨死가 많다. 죽은 지 한참 된 시체가 발견됐다는 뉴스는 이제는 뉴스거리도 아니다. 고독사는 홀로 살다가 홀로 쓸쓸하게 맞이하는 죽음을 말한다. 과거 고독사는 독거노인에게 집중되었지만 최근엔 남녀노소를 가리지 않고 일어난다. 유명인의 고독사는 놀랍다. 한평생 스포트라이트를 받으며 산 그들의 삶과 고독사는 어울리지 않기 때문이다. 그들의 죽음을 보고 죽음조차도 혼자 한 망자에 대해 얼마나 외로웠으면 그렇게 죽었겠느냐는 동정 여론이 일지만 잠시뿐이다. 그들의 죽음은 금방 잊힌다.

고독사가 사회문제화되자 이 문제를 해결하겠다고 나선 지자체가 있다. 고독사 제로 프로젝트나 고독사 보안관을 둬서 1인 가구에 대해 안부 확인 전화, 방문, 우울증 검사, 자살 예방 상담, 친구 만들어주기 모임, 지역보호체계 강화, 고독사 고위험 가구 맞춤형 방문 복지 서비스 제공 등의 정책을 내놓고는 있지만 한 해에 1,000여 명 정도 되는 고독사를 막기에는 역부족이다.

외로움은 매일 담배 15개비 흡연하는 수준으로 건강을 위협한다고 한다. 외롭지 않은 것, 그게 바로 건강하게 사는 비결이다. 건강하게 살려면 국가가 '윌슨'을 나눠주기 전에 스스로 '윌슨'을 만들어놓는 게 좋다. 친한 친구를 붙들고 늘어지는 것도 좋고 새로운 모임에 기웃거리는 것도 하나의 방법이다. 돈만 있으면 비슷한 취미를 가진 사람을 쉽게 만날 수 있다. 그것도 여의치 않다면 〈캐스트 어웨이〉의 톰 행크스가 썼던 방법도 마지막 대안이 될 수 있다.

이처럼 책, 영화에서 보고 들은 것이나 유명한 사람의 말 등 독자에게 친숙한 사실과 통계로 글의 도입부를 시작하면 독자의 관심을 끌 수 있다.

③ 직접 경험

〈밀키트 시장의 현재와 미래〉는 2016년 밀키트를 처음 선보였을 때 업계 관계자들에게 밀키트의 장점을 소개하는 데 힘들었던 개인적 경험으로 글을 시작하고 있다. 이후 밀키트 산업의 성장과 중요성에 대해 기술하고 있다. 〈조직이 진흙과 같아야 하는 이유〉는 주간회의에서 경험했던 사실로부터 글을 시작하고 있다. 이후 친밀한 조직의 중요성과 방법에 대해 이야기하고 있다.

〈하나도 안 했어〉

그 회의는 우리 조직에 큰 변화를 가져올 중요한 건이었다. 반드시 성사시켜야 하는 일이었다. 우리는 회의를 앞두고 작전을 짰다. 하나도 준비 안 한 것처럼 대응하는 것이 우리의 작전이다. 하지만 우린 그 중요한 회의를 위해 며칠 전부터 철저하게 자료 준비를 했다.

　드디어 그날이 왔다. 그날 예상보다 많은 인원이 우리 사무실을 찾아왔다. 그들이 우리 상황을 면밀綿密하게 파악하려는 의도임을 알 수 있었다. 그에 맞서 우리도 물량 공세(머릿수)로 맞섰다. 처음엔 가벼운 인사부터 시작했고 본격적인 게임에 들어가기 전에 날씨와 같은 가벼운 소재의 몸풀기가 이어졌다. 그리고 중요한 타이밍에 우리는 준비한 대로 '따로 준비한 건 없지만 그전에 만들어 놓은 게 있는데 그거라도 보면서 얘기할까요?'라며 다소 어색하게 운을 뗀 뒤 '이럴 줄 알았으면 좀 준비라도 하는 거였는데 죄송합니다.'라며 더 어색하게 자료를 프린트하고 복사하는 등 부리나케 준비하는 모습을 연출했다. 그리고 철저하게 준비한, 준비되지 않아 보이는 발표를 했다. 발표는 잘 끝났고 그들도 '예기치 않은' 발표를 잘 들어주었다.

　학창 시절에 시험을 앞두고 친구들이 가장 많이 하는 말이 '어제 잠만 잤어.'이다. 그 말을 들은 몇몇 친구가 '난 어제 놀았어.'라고 화답한다. 여기서 한 술 더 떠 '어제 테레비(텔레비전)만 봤어.'라고 하는 친구도 있다. 그리고 궁금해하지도 않은 드라마 줄거리를 어젯밤 공부는 안 하고 테레비만 본 것을 증명이라도 하려는 듯이 친구들에게 쫙 펼쳐놓는다. 하지만 '잠만 잔' 친구의 성적은 매번 좋았다. 밴드에서도 마찬가지다. '연습 하나도 안 했어.', '나도 이번 주 바빠서 하나도 못했는데.'라고 말하지만 막상 합주를 하면 그렇지 않다. 연습을 하나도 안 했다고 할 수 없는 합주가 끝나고 나면 나머지 멤버들은 '그럼 연습하면 얼마나 잘하는 거야?'라고 맞받아준다. 바둑 대국에 앞서 꼭 하는 말이 있다. '컨디션이 별로네.'라든가 '공부 하나도 안 했는데.'라든가 하는 말이 그것이다. 하지만 대국 내용을 보면 열심히 준비했다는 걸 알 수 있다.

발표를 위해서, 합주와 대국을 위해서 열심히 준비했다는 사람은 여태까지 단 한 사람도 만나보지 못했다. 왜 사람들은 중요한 순간에 마치 하나도 준비 안 한 것처럼 행동할까? 준비를 안 했으면 그냥 혼자 알고 있지 왜 그걸 또 자랑삼아 말하는 걸까? 우선은 상대방에게 경계심을 풀어주려는 의도가 있다. 시험이나 대국은 상대와 경쟁하는 게임이다. 특히 대국이 그렇다. 먼저 대국 전에 준비가 안 된 것처럼 말함으로써 상대방의 전투력을 떨어뜨리려는 의도가 숨겨져 있다. 두 번째는 이러한 엄중한 상황에서도 대비를 하지 않는 대범함을 보여주고 싶은 것이다. '이런 것쯤이야.' 하는 허세이기도 하다. 기대치를 낮춰주는 데도 효과가 있다. 준비를 안 했으니 못해도 비난하지 말라는 사전 포석인 셈이다. 그러니 '하나도 안 했어.'라는 말을 곧이곧대로 믿으면 크게 낭패 보기 십상이다.

하지만 '하나도 안 했어.'라는 말은 곱씹어볼 만한 데가 있다. '하나도 안 했어.'라는 말은 남을 의식하는 말이다. 내가 준비를 했건 안 했건 그건 내 문제일 뿐이다. 상대방이 알아야 하는 건 아니다. 실패를 하면 퇴로가 필요한데 '하나도 안 했어.'는 좋은 핑곗거리이자 퇴로가 된다. 우리는 왜 열심히 준비한 것에 대해 이토록 부끄러워할까? 실패할 수도 있지만 열심히 준비한 과정 자체는 훌륭한 것 아닌가? '하나도 안 했어.'라는 말은 과정보다는 결과를 더 중요시 여기는 문화의 산물에서 나온 말인 듯싶다.

이처럼 개인이 경험한 것을 스토리텔링화하면서 자연스럽게 본문과 연결하도록 글을 시작하기도 한다. 이런 방식은 특히 독자에게 재미와 호기심을 유발한다.

④ 질문하기

〈아이언맨 '자비스' 누구나 만든다… '1인 1 AI 비서 시대' 성큼〉은 "이상형의 외모와 목소리를 가진 인공지능AI과 자유롭게 이야기를 나누는 서비스를 상상해본 경험이 있는가."라는 질문으로 시작한다. 이와 같이 질문으로 시작할 경우 독자에게 궁금증을 유발하면서 분위기를 환기시키는 효과가 있다.

〈라디오 없는 삶을 상상할 수 있을까?〉

라디오 없는 삶을 상상할 수 있을까? 중고등학생 때는 라디오를 거의 품고 살았었다. 눈을 뜨자마자 라디오를 켰고 라디오를 켜둔 채 잠을 잤다. 방학 때는 20시간씩 라디오를 듣기도 했다. 좋아하는 라디오 프로그램 시간에 맞추기 위해 놀다가도 집까지 뛰어갔었다. 한 곡이라도 좋은 곡을 놓치고 싶지 않아 88메가헤르츠에서 108메가헤르츠 사이를 다이얼을 돌려가며 들었었다.

말이 적고 좋은 음악이 많이 나오는 프로그램을 좋아했다. 특히 〈황인용의 영팝스〉와 〈전영혁의 음악세계〉를 좋아했다. 황인용 씨가 운영하는 카메라타를 가끔 찾아가는 이유는 그곳에서 좋은 음악을 들을 수있는 것도 있지만 무엇보다 중고등학교 시절 나의 우상인 황인용 씨의흔적을 볼 수 있기 때문이다. 〈전영혁의 음악세계〉 애청자 동호회 모임도 열심히 나갔었다. 가장 음악을 진지하게 들었던 사람들을 그곳에서만날 수 있었고 같은 걸 좋아하는 사람들끼리 모인다는 것 자체가 좋았었다.

무언가 손에 닿기만 하면 부숴버리고 마는 똥손이지만 라디오를 조립하는 기술 과목 실습 시간은 내 인생 최고로 진지했던 시간이었다. 세운상가에서 트랜지스터를 구해 조립해서 라디오를 만들었고 다이얼을 이리저리 옮기면서 방송 주파수를 내 손으로 잡아낼 때의 감흥은지금도 생생하다.

라디오를 어릴 때부터 자연스럽게 접한 건 나에게 행운이다. 새벽일찍 출근하시는 아버지는 TV 대신 라디오를 켜셨고 라디오에서 그날의 중요한 뉴스와 생활 정보를 들으면서 하루를 시작하셨다. 나는 아버지가 출근하실 때까지 라디오를 들어야 했다.

라디오는 음악의 보고이자 음악 스승이다. 음악을 찾아 들을 수 없었던 시절, 한 달 용돈으로는 서너 장 이상의 음반을 살 수 없었던 주머니 사정을 고려하면 라디오는 최고의 음악 보고였다. 또한 라디오는 음악의 스승이기도 하다. 최신 유행하는 음악부터 락의 고전이라고 할 수 있는 음악까지 음악 전문가가 소개해주는 라디오는 나에게는 '수학의 정석'이자 '성문 영어'였다.

라디오가 무엇보다 좋은 건 시간과 공간의 제약을 받지 않는다는 거다. 음질 좋은 홈 오디오로 듣는 것도 좋고, 차에서 듣는 것도 좋고, 출퇴근 시간에 버스에서 듣는 것도 좋지만 찌짓거리는 잡음이 섞인 낡은 트랜지스터로 음악을 들어도 좋다. 그건 라디오이기 때문에 가능한 것이다. 고급 오디오로 LP를 감상할 때 약간 잡음이 있다고 LP를 탓하지 않는 것과 같다.

라디오는 따뜻하다. 사람의 오감 중에 목소리가 가장 따뜻하기 때문에 그런 것 같다. 전파를 타고 날아온 목소리는 분명 많은 사람이 듣는 목소리일 텐데 마치 방 안에 혼자 듣는 나에게만 전달되는 느낌을 준다. 그래서 라디오는 외로움을 달래주는 친구처럼 느껴진다. 헤밍웨이는《노인과 바다》에서 바다 한가운데에서 듣는 라디오가 뱃사람에게 위안이 된다는 걸 잘 알고 있었다. 아마 낚시광이었던 헤밍웨이가 낚시할 때 필수품으로 라디오를 챙겼을 듯하다.

라디오 진행자들은 모두 착한 사람이다라고 생각했다. 정말 착한 사람들만이 라디오를 진행할지도 모른다. 그것은 목소리만이 가지고 있는 특성 때문이다. 글과 표정은 거짓을 보일 수 있지만 목소리는 그렇지 못한다는 게 나의 생각이다. SNS에서 화려하고 자기 과시적인 글을 얼마든지 찾을 수 있고 과장과 거짓이 넘치는 유튜브 채널도 많다. 하지만 목소리는 솔직하지 않으면 나오지 않는다. 라디오 DJ는 한 공간에서 혼자 말을 하는데 이는 마치 연극배우가 독백하는 환경과 비슷하다. 독백은 자기 고백과도 같다. 그렇기 때문에 진술해야 한다. 거의 결벽일 정도로 방송을 싫어하던 무라카미 하루키가 2018년 8월 도쿄 FM을 통해 라디오 DJ로 나섰던 것도 라디오의 이러한 진실함 때문일 거라 생각한다.

라디오는 느리다. 헤르츠가 전자기파를 발견한 게 1888년이다. 그리고 AM을 이용한 라디오 방송이 시작된 건 1906년부터다. 한 세기가 조금 넘었다. 우리나라 최초의 라디오는 금성사에서 1959년에 만든 금성 A-501이라는 제품으로 김해수(김진주 씨의 아버지)가 개발했다. 60년 남짓 됐다. TV이나 인터넷, 영화에 비해 라디오는 기술적으로나 방송 형태적으로도 크게 변하지 않은 유일한 미디어다. 최근 조금 변했다고 하면 보이는 라디오로 스튜디오를 생중계하는 것과 청취자의 사연과 리퀘스트를 앱으로 받는 것 정도다. 이런 사소한 부분을 제외하고는 라디오는 예나 지금이나 큰 변화가 없다.

나는 아직도 라디오를 좋아한다. 땡퇴에 맞춰 듣는 〈배철수의 음악캠프〉는 가슴을 뛰게 한다. 휴일 아침 93.1에서 흘러나오는 음악은 삶의 여유를 느끼게 해준다. 저녁 라디오에서 흘러나오는 재즈는 하루를 마무리하기에 좋다. 무슨 음악이 나올지 모르기 때문에 묘한 기대감을 가지게 하는 매력이 있다. 아는 음악이 나오면 반갑고 모르는 음악이

나오면 배울 수 있어 좋다.

아버지 세대나 내 세대나 그리고 그다음 세대에서도 라디오는 세상과 소통하는 매체로 계속해서 존재할 것이다. TV 없는 삶은 상상이 가지만 라디오 없는 삶은 상상이 가지 않는다.

⑤ 정의하기

〈브랜딩, '만나고 싶은 고객'을 정의하는 것〉은 "브랜딩의 본질은 '만나고 싶은 고객'을 정의하는 것이라고 생각한다."라면서 글을 시작하고 있다. 그러면서 자사의 브랜딩에 대해 이야기를 전개하고 있다.

〈일천 시간의 법칙〉

한때 유행했던 **1만 시간의 법칙**The 10,000 Hours Rule**은 어떤 분야의 전문가가 되기 위해서는 최소한 1만 시간 정도의 훈련이 필요하다는 것을 말한다.** 심리학자 앤더스 에릭슨Anders Ericsson이 1993년 그의 논문을 통해 처음 개념화시켰다. 세계적인 바이올린 연주자와 아마추어 연주자 간 실력 차이는 대부분 연주 시간에서 비롯된 것이며, 우수한 집단은 연습 시간이 1만 시간 이상이었다는 주장이다. 어떤 분야에서 뛰어난 기량을 보이는 전문가에 대해 우리는 그의 타고난 능력 때문이라고 생각한다. 그리고 우리는 최선을 다했지만 타고난 것이 부족해서 일정 수준에 오르지 못했다고 생각한다. 이러한 생각은 자기 자신을 합리화하는 방편이 되기도 했다.

1만 시간은 매일 3시간씩 투자할 경우 10년이 걸리며, 하루 10시간을 투자하면 3년, 하루 1시간씩 투자할 경우에는 30년이 걸린다. 생애에 걸쳐 어떤 분야에 1만 시간 이상 투자한 분야는 직업과 자신이 가장 좋아하는 취미뿐이다. 직업이라면 하루 평균 8시간 근무하고 휴일에 쉰다고 하면 5년 정도 걸리는 시간이다. 좋아하는 취미라면 하루 1시간씩 투자할 경우 10년이다. 5년 이상의 커리어와 10년 이상 투자한 취미가 있다면 이 분야의 전문가 소리를 들을 만하다. 1만 시간은 고사하고 1천 시간도 투자하지 않았음에도 전문가를 자처하는 사람을 미디어에서 많이 본다. 그들은 전문가라서 미디어에 등장하는 게 아니라 미디어에 등장하는 걸 전문가로 가는 과정으로 이용하는 것뿐이다.

나는 1만 시간의 법칙보다 1천 시간의 법칙을 주장하고 싶다. 1만 시간을 투자할 수 있는 분야는 자신의 직업과 가장 좋아하는 취미 한 가지 정도다. 그렇다면 최소한 입문 정도로 해서 즐길 수 있는 시간은 과연 얼마일까? 이를테면 악기 하나를 연주할 수 있고, 생활 회화가 가능할 정도의 외국어를 할 수 있고, 스포츠를 즐길 수 있는 시간은 몇 시간일까? 나는 그 시간을 1천 시간이라고 생각한다. 1천 시간은 매일 1시간씩 투자할 경우 3년이 걸린다. 일단 매일 하는 것을 전제로 해야 한다. 띄엄띄엄해서는 절대 입문에 다다를 수가 없다.

대부분의 사람들이 입문에 미치지 못하는 것은 1천 시간을 투자하기 전에 포기하기 때문이다. 악기를 연주할 수 있고 없고는 1천 시간을 투자했는지 안 했는지에 달려 있다. 예전에 색소폰을 배운 적이 있다.

학원을 1주일에 한 번씩 가서 레슨을 1년 동안 받았다. 색소폰 동호회에 가입해서 활동했고, 퇴근길에 변두리에 차를 세워두고 차 안에서 색소폰을 연습하곤 했다. 비싼 교재도 샀다. 하지만 지금 난 색소폰을 불지 못한다. 이유는 1천 시간을 투자하지 않았기 때문이다. 반면 드럼 연주가 가능한 것은 드럼 연주에 1천 시간 이상을 투자했기 때문이다.

무언가를 배우고 싶다면 최소한 매일 1시간씩 3년을 투자해야 한다. 이것 말고는 다른 방법은 없다.

이처럼 어떤 대상이나 현상에 대한 글을 쓰기 위해 대상과 현상에 대한 정의부터 시작한다면 독자는 글쓴이가 무엇을 이야기할 것인지를 명확히 이해하면서 글을 읽게 된다.

본문의 구성

	내용	예시 유형
인과관계	- 어떠한 사실, 상황에 대해 원인과 결과를 설명하는 방법 - 현상이 이러한데 이는 ~하기 때문이다	독서 인구는 주는데, 신간은 느는 사회 (동아일보 2022. 12. 6.)
분류와 나열	- 분류 : 연관성, 공통점에 따라 무리를 나누어 설명 - 나열 : 여러 가지 대상, 사실을 낱낱이 나열하여 설명	짝퉁 잡는 AI, 모르고 쓰면 독 된다(한국경제 2023. 2. 9.)
효과, 시장, 자사 서비스 소개	자사의 서비스를 소개하기 위해서는 해당 서비스가 얼마나 효과적인가부터 이야기하고 통계로 그 근거를 든 다음에 자사 서비스를 소개	DCT 와 DTx 컬래버 … "디지털 헬스케어 판도 바꾼다"(전자신문 2022. 11. 10.)

① 인과관계

〈독서 인구는 주는데, 신간은 느는 사회〉는 도입부 3개 문단, 본문 2개 문단, 마무리 1개 문단으로 구성된 칼럼이다. 도입부에서 개인적 경험과 통계를 제시하면서 책을 쓰겠다는 지인의 이야기와 책을 읽지 않는 사회에 대해 말한 뒤 책은 안 읽는데 출판은 느는 현상에 대해 문제를 제기하고 있다. 본문에서는 책을 읽지 않으면서 출판을 하는 이유에 대해 2가지로 분석했다. 첫 번째는 독서는 하지 않아도 출판을 했다는 이유만으로 전문성과 신뢰를 보장받을 수 있고, 두 번째는 출판이 저렴해 접근하기가 쉽기 때문이다. 이렇게 도입부에서 제기한 질문에 대해 본문에서 그 원인이 무엇이라고 현상을 설명하면서 근거를 제시하고 있다. 칼럼은 마지막으로 독서의 중요성을 강조하고 있다.

〈음악하는 사람은 좋은 사람이다〉

음악을 업으로 하거나 취미로 하는 사람은 좋은 사람일 확률이 높다. 그들은 대체로 머리가 좋고 착하고 동안이다. 그렇기 때문에 상대방에게 음악적인 부분을 어필하는 것은 좋은 전략이다.

드럼 연주하는 사람들이 머리가 좋고 드럼 연주가 치매 예방에도 좋다는 얘기를 들은 적이 있다. 드럼은 사지를 분리해서 리듬을 만든다. 리듬을 쪼개고 합치고 이를 각각의 북과 심벌로 나누어 연주해야 하는 것이 수학의 경우의 수와 같다. 경우의 수는 곧 상상력이며 드럼은 머릿속으로 상상한 것을 잘 표현해내야 하는 악기다. 그렇기 때문에 드럼은 머리가 좋아야 연주할 수 있고 드럼을 연주하면 머리가 좋아질 수 있다.

　밴더빌트 대학 연구팀이 클래식 음악 전공 학생 20명과 음악을 전공하지 않는 학생 20명을 대상으로 인지능력을 조사했는데 그 결과, 음악을 하는 사람들이 일반인들보다 양쪽 뇌를 더 자주 사용하는 것으로 나타났다. 악기를 연주하려면 왼손과 오른손을 동시에 자유자재로 사용할 줄 알아야 하기 때문이다. 또 음악가들은 여러 개의 정보를 동시다발적으로 받아들여 처리하는 능력도 뛰어난 것으로 나타났다. 연주자들은 하나의 음악 작품에서 여러 개의 멜로디 라인을 추출해내 전달해야 하기 때문이다. 그리고 음악적 기질이 있는 사람은 일반적인 사람들이 생각하는 것과 실제 다른 사고를 가지는 경우가 많은 것으로 나타났다. 연구팀은 실험에서 집에서 사용하는 여러 가지 물건을 보여준 다음 그 물건을 어떻게 다르게 쓸 수 있는지를 상상해서 적어보라고 했는데 음악 전공 학생들은 심리학과 학생들보다 물건의 쓰임새에 대한 상상력이 더 뛰어났다. 단어 연상 테스트에서도 음악 전공 학생들의 점수가 높았다. 연구팀은 음악가들이 외국어 습득 능력에서도 뛰어나고 말도 조리 있게 잘하는 것이 이 때문인 것 같다고 밝혔다. 연구팀은 "음악하는 사람들이 지능지수인 IQ가 더 높은 것으로 나타나 강도 높은 음악 훈련이 IQ을 높인다는 최근 연구 결과가 다시 한번 입증됐다."라고 밝혔다.

　음악을 좋아하는 사람, 음악을 업으로 하는 사람치고 착하지 않은 사람을 못 봤다. 음악이 사람을 착하게 만드는지, 착한 사람이 음악을 좋아하는지, 그 관계에 대해서는 잘 모르겠다. 음악에 관심을 갖고 좋아한다는 것은 상대적으로 돈 욕심이 적기 때문이다. 돈이나 권력을 좋아하는 사람은 사실 돈과 권력에 도움이 안 되는 음악을 좋아할 시간이 없다. 직장 생활을 하다 보면 어쩔 수 없이 어떻게 하면 생존할 수 있을까, 생존하기 위해 얼마나 치졸해질 수 있을까를 대부분 고민하는데 음악 좋아하는 사람들은 그런 고민할 시간에 음악을 듣는다. 음악을 좋아하는 사람이 착하다는 나의 경험을 뒷받침해주는 명언이 있다. 세르반테스는 《돈키호테》에서 "음악이 있는 곳에 악이 있을 수 없다 (Where there's music, there can be no evil)."라고 말했다.

음악하는 사람들은 동안이다. 어려 보이는 사람들이 주위에 많지만 음악계만큼 동안이 많은 곳은 없다. 수많은 직장인 밴드에서 많은 사람들을 만났는데 서로들 나이를 알고 깜짝 놀랐던 적이 한두 번이 아니다. 음악 동호회에서 만난 사람들도 마찬가지다. 한 구석에 앉아 아무 말 없이 음악을 듣는 모습을 보면 덕후처럼 보인다. 그러다 서로의 나이를 확인하는 순간 깜짝 놀란다. 음악과 얼굴이 상관관계에 있다고 나는 믿는다. 하지만 안타깝게도 이에 관한 연구 보고서는 없다. 다만 음악이라는 것이 사람을 착하게 만들고 마음과 마인드를 컨트롤하게 하고 정신적, 신체적 활동을 동시에 수행한 탓에 그럴 거라고 짐작만 할 뿐이다.

음악을 좋아하고 음악을 업으로 하는 사람들에게선 단점도 많다. 고집이 세고 자신의 열정이 지나쳐 상대를 힘들게 할 때도 있고 세상 물정을 잘 몰라 답답할 때도 많다. 하지만 이러한 단점에도 불구하고 그들에게는 훨씬 좋은 장점이 있다.

② 분류와 나열

〈짝퉁 잡는 AI, 모르고 쓰면 독 된다〉는 IP를 보호하는 데 있어 수동이 아닌 인공지능을 도입해야 하는 이유에 대해 언급하면서 첫째, 방대한 모니터링 영역을 커버하기 위해서, 둘째, 보다 디테일한 부분까지 판단하기 위해서, 셋째, 이커머스마다 다른 신고 프로세스에 유연하게 대응하기 위해서라고 3가지로 근거를 나열해 제시하고 있다.

〈신문지의 활용〉

미디어오늘은 '갓 나온 종이 신문, 곧장 계란판 되다'라는 기사에서 한 번도 읽지 않은 새 종이 신문이 종이 계란판의 주원료로 사용되고 있는 것을 다뤘다. 새 소식을 전하기 위해 태어났건만 더 이상 새로울 것 없는 정보를 담은 종이 신문이 그래도 어딘가에 쓰인다는 점에서 '웃프고' 싶다. 이 기사는 쇠락한 신문 산업을 보여주는 대표 기사가 되어 몇 차례 방송에서 인용되기도 했다.

종이 신문은 계란판으로의 재활용뿐만 아니라 여러 가지로 활용되고 있다. 노숙인들의 몸을 따뜻하게 해주는 데는 종이 신문만 한 게 없다. 출근길 지하도에서 만난 노숙인 대부분은 종이 신문 몇 장을 마치 보물처럼 덮고 있다. 이보다 가성비 뛰어난 난방 기구는 없을 것이다. 요즘 신문은 사회복지 시스템에도 한몫한다. 소득이 없는 노인 대부분이 신문지 수거로 근근이 먹고산다. 이들에게 신문은 주요 소득원이다. 그러니까 신문은 최하층에겐 생존품이다.

예전엔 신문지로 여러 가지를 만들었다. 신문지를 물로 으깨 바가지에 덕지덕지 붙인 다음에 마르기를 기다려 바가지를 떼내면 탈이 된다. 서예 수업에서 빠질 수 없는 게 벼루, 붓, 먹과 그리고 신문지다. 신문지가 문방사우文房四友에서 당당히 한 자리를 꿰고 있는 셈이다. 선생님이 정기적으로 폐휴지를 가져오라고 숙제를 내주면 우린 다른 고민하지 않고 집에 쌓여 있는 신문지를 가지고 갔다. 신문지는 교육현장에서 빠질 수 없는 학습 도구이다.

신문지는 산업 현장에서도 많이 활용되고 있다. 페인트 작업할 때 바닥에 신문지 까는 건 기본이다. 도배할 때도 마찬가지다. 포장이사에서 물건을 포장할 때도 신문지가 필수품이다. 물건이 깨지거나 다치지 않게 보호해주는 데 신문지만큼 가성비 좋은 재료는 없다. 시장에서 생선을 사면 주인장은 신문지로 둘둘 말아준다. 집에서 풀어보면 생선 등에 그날의 기사가 찍어 있을 때도 있다. 음식 배달 덮개용으로도 신문지는 그만이다. 그리고 음식을 다 먹고 나서 밖에 그릇을 내놓을 때 신문지 한 장으로 가려주는 건 예의로 통한다.

일상생활에서 신문지 활용은 그 예를 모두 들기도 힘들다. 예전엔 신문지를 화장지로 사용했었다. 화장실에 들고 간 신문을 읽다 뒤처리를 할 때는 손으로 몇 번 비벼 부드럽게 만들어 마지막을 해결했다. 살

갖에 닿을 때 고통스럽긴 해도 그때 당시에는 이만한 대안이 없었다. 갑자기 비라도 내리면 들고 있는 신문지는 우산이 된다. 손재주가 좋으면 모자로 만들어 쓸 수도 있다. 신문지는 임시 깔개로도 그만이다. 미처 깔판을 준비 못 했다면 신문지 한 장으로 바닥을 덮을 수 있다. 동물 키울 때도 신문지는 절대적이다. 지인 중 한 분은 신문을 못 끊겠다고 했다. 고양이 용변 처리에 신문지가 필요하기 때문이란다. 그리고 애완용 동물 집을 꾸며줄 때 신문지가 중요한 역할을 한다. 길게 쭉쭉 찢어 깔아주면 동물들에게는 훌륭한 이불이자 침대가 된다. 요즘엔 신문지를 찢어 응원하는 프로야구 팬들도 있다. 응원도구로서 이보다 값싸면서 효과 확실한 것도 없을 것이다.

신문 산업 종사자로서 신문지로 탈바가지를 만들고 고양이 똥 치우는 데만 쓰지 말고 공부에 활용하면 좋겠다고 말하고 싶지만 그럴 수 없는 현실이 안타깝다. 이렇게라도 써줘서 고맙다고 해야 할 판이다.

〈음악을 취미로 할 때의 좋은 점 10가지〉

취미는 삶의 일부다. 좋은 취미를 가진 삶과 그렇지 못한 삶은 다르다. 취미 생활도 점점 진화하여 그 종류만 해도 여러 가지가 있다. 아직까지 변변한 취미가 없거나 이번에 새로운 취미를 갖고 싶다면 음악이 좋은 대안이 될 듯하다. 음악을 취미로 할 때 얻을 수 있는 장점이 많기 때문이다.

1. 돈이 안 든다

돈이 없어도 음악을 들을 수 있다. 이 점은 상당히 매력적인 요소다. 취미 생활을 하기 위해서는 장비부터 구입해야 한다. 돈을 아끼려고 조금 싼 장비를 구입하면 금방 후회하기 마련이다. 비싼 게 역시 좋다. 그리고 여러 번 장비를 교체하게 되는데 그러면서 돈이 블랙홀처럼 끊임없이 들어간다. 계속 취미 생활을 유지한다면 그나마 다행이다. 여러 가지 사정으로 취미 활동을 포기할 경우 그 비싼 장비를 처분하는 것도 일이다.

물론 음악 활동에도 돈이 많이 들어간다. 수백, 수천만 원을 호가하는 오디오 세트도 있어야 하고, 끊임없이 쏟아지는 명반도 구입해야 한다. 수십만 원이 넘는 공연도 챙겨 봐야 한다. 하지만 돈 한 푼 들이지 않고도 제대로 음악을 들을 수 있다. 누구나 가지고 다니는 스마트폰에 무료 음악 앱을 설치하는 것으로도 충분히 음악을 감상할 수 있다. 큰돈을 들이지 않고 시작할 수 있다는 것은 다른 취미가 가질 수 없는 음악만의 장점이다.

2. 언제 어디서나 가능하다

음악을 듣는 데는 특별한 시간과 장소가 필요 없다. 지하철이나 버스에서도 들을 수 있고, 카페에서도 들을 수 있다. 공항, 집, 사무실, 길, 그 어떤 곳에서도 음악을 들을 수 있다. 시간 제약도 없다. 아침부터 저녁까지 깨어 있는 시간 모두가 음악을 들을 수 있는 시간이다. 마음 좋은 사장님과 함께 일한다면 사무실에서도 음악을 들을 수 있다. 사무실에서 음악 듣기를 권장하는 기업도 있다.

3. 다른 일과 함께 할 수 있다

음악은 다른 일을 하면서도 들을 수 있다. 공부나 일을 하면서도 들을 수 있고, 다른 취미 활동을 하면서도 음악을 들을 수 있다. 여러 취미 활동 중에서 동시에 두 개를 할 수 있는 게 있는가? 없다. 하지만 음악은 다른 취미 활동을 하면서도 함께할 수 있다. 그리고 일상생활을 하면서도 음악 감상이 가능하다. 뿐만 아니라 운동 같이 다른 일을 더 잘하도록 도와주기도 한다.

4. 특별한 지식이 필요 없다

음악은 사전 지식을 필요로 하지 않는다. 다른 취미처럼 사전 지식이 있어야만 할 수 있는 게 아니다. 아무런 지식이 없어도 충분히 즐길 수 있다. 하지만 몇몇 취미 생활은 상당한 공부를 요한다. 호기롭게 시작한 취미 생활이 공부만 하다가 나가떨어질 수도 있다. 음악은 즐기다 보면 지식이 생기고, 지식이 생기면 더 잘 들린다. 처음부터 알고 시작해야 하는 다른 취미에 비해 부담이 없다.

5. 혼자 해도 좋고 같이 해도 좋다

음악 듣기는 혼자 해도 좋고, 같이 해도 좋다. 하지만 다른 취미 활동은 반드시 혼자 해야만 하거나, 반드시 같이 해야만 한다. 대부분의 운동은 파트너를 구해야 하는 수고스러움이 필요하다. 반면 혼자 하는 취미 활동은 어색할 때가 많다. 그러다 보면 포기하기 쉽다. 하지만 음악을 취미로 한다면 혼자 즐겨도 어색하지 않고 같이 즐겨도 좋다.

6. 음악은 공유와 소통이다

음악은 개인의 취향을 반영한다. 그래서 음악을 통해 서로의 취향을 확인할 수 있다. 클래식을 좋아하는 사람, 락을 좋아하는 사람, 트로트를 좋아하는 사람 간에는 일정한 공통분모가 있다. 특정 아티스트나 작품 간에도 차별성과 유사성이 존재한다. 사람들은 자신의 취향을 공유하고 싶어 하고 알리고 싶어 한다. 취향을 알리고 공유하는 데 음악만 한 게 없다. 음악은 서로를 이해할 수 있는 매개체다. 음악이 곧 커뮤니케이션이다.

7. 활용 목적이 다양하다

음악을 듣는 이유는 여러 가지가 있다. 그만큼 목적이 다양하다는 의미다. 노동요는 노동생산성을 향상시키기 위한 음악이다. 춤을 추기 위한 음악도 있고 마음을 위로해주는 음악도 있다. 사랑을 고백할 때 음악은 필수적인 수단이다. 머리가 좋아지는 음악도 있고 구매력을 상승시켜주는 음악도 있다. 음악이 하나의 브랜드가 되기도 한다.

8. 짜투리 시간을 활용할 수 있다

취미 활동을 하려면 몇 시간, 또는 하루나 며칠의 시간이 필요하다. 하지만 음악은 3분이면 충분하다. 한 아티스트의 작품을 앨범 단위로 듣는다 해도 1시간 남짓만 투자하면 된다. 중간에 다른 일로 방해받아도 잠깐 중단하고 다시 시작할 수 있다. 일부러 시간을 내지 않아도 된다는 얘기다. 바쁜 생활 속에서 일부러 시간을 내서 취미 활동을 해야 하는 게 얼마나 어려운가?

9. 음악은 시간 여행자다

음악만큼 과거의 시간으로 돌아가게 해주는 것도 없다. 음악은 과거에 함께 음악을 들었던 사람을 떠올리게 하고, 그때의 시간, 그때의 장소로 돌아가게 한다. 어머니가 좋아했던 음악을 들으면 어머니가 생각나고, 연인과 함께 들었던 음악은 서로 사랑했던 그 시절로 돌아가게 한다. 친구와의 추억도 마찬가지다. 음악은 시간 여행자다.

10. 음악은 마음을 건강하게 한다

음악이 새로운 지식을 주거나 몸을 튼튼하게 해주진 않는다. 하지만 마음의 여유를 가져다주고, 마음을 편안하게 해준다. 열정을 느끼게 해주고, 자신감을 갖게 해주며, 삶에 자극을 준다. 음악은 슬플 땐 위로해주고 기쁠 땐 즐거움을 함께한다. 음악은 다른 감정으로 빠르게 전환시켜줄 수 있으며, 내 안의 감정을 자극해주어 나를 건강하게 만들어준다.

음악을 듣는다는 것은 나를 들여다보게 하고, 다른 사람을 생각하게 하며, 세상을 이해하게 하는 것이다. 세상엔 너무나 많은 좋은 음악이 있고, 이런 음악을 나눌 좋은 사람도 많다. 음악은 늘 우리 곁에 있다. 우리가 음악을 잠시 잊었을 뿐. 이제 다시 음악을 들어보자.

③ 효과, 시장, 자사 서비스 소개

〈DCT 와 DTx 컬래버 … "디지털 헬스케어 판도 바꾼다"〉는 8개 문단으로 구성된 칼럼이다. 도입부(1~3문단)에서 '분산형 임상시험D

CT; Decentralized Clinical Trials'과 '디지털 치료제DTx; Digital Therapeutics'가 제약 산업에서 주목받고 있다고 언급하고 본문에서 통계 자료와 효과에 대한 근거를 제시하면서 자사 서비스를 소개하고 있다.

〈걷기 예찬〉

나는 가끔 퇴근할 때 당산역에서 내려 한강을 따라 집까지 걸어간다. 4.5km의 코스이고 천천히 걸으면 1시간쯤 되는 거리인데 이것저것 생각하고 이것저것 보고 때론 먹고 마시기도 하다 보면 1시간을 넘기기가 일쑤다.

7, 8년 전쯤에 시작했다. 걷기 열풍이 조금 걷힐 무렵이었던 때다. 그때도 그랬지만 걷기가 살 빼는 데 도움이 된다고 해서 시작했다. 그렇게 2, 3년을 걷다가 헬스장에서 운동을 하고 코로나로 인해 중단했었다. 그러다 최근에 다시 시작하게 됐다.

이렇게 걷는 것이 좋은 이유는 여러 가지가 있다. 우선 운동이 된다는 점이다. 시간 내서 운동할 수 없을 때 걷기만큼 좋은 운동은 없다. 또 걷기는 대표적인 유산소 운동으로 특별한 도구가 필요하지 않다. 돈도 안 든다. 가성비 대비 최고의 운동이라고 말할 수 있다. 신체적 운동뿐만 아니라 정신적 스트레스 해소에도 도움이 된다.

두 번째, 일과 여가의 완충지다. 일과 여가의 시간이 붙어 있게 되면, 그러니까 퇴근 버스에서 내리자마자 집에 들어가면 자연 드러눕게 되고 그러다 보면 뻗어서 자게 되는 경우가 많다. 하지만 이렇게 완충지가 있으면 집에 들어가자마자 뻗지 않게 된다. 그래서 저녁 시간을 보다 여유 있게 보낼 수 있다.

세 번째, 내가 좋아하는 음악을 마음껏 들을 수 있다. 특히 퇴근 시간은 내가 가장 좋아하는 라디오 방송 〈배철수의 음악캠프〉 시간대랑 일치한다. 때론 야구 중계를 듣기도 한다. 좋은 풍경을 보고 걸으며 좋아하는 걸 듣는 것처럼 좋은 게 없다.

네 번째, 걷게 되면 자연스럽게 생각을 하게 된다. 걷게 되면 마법처럼 생각들이 떠오르게 되고 혼자 정리하고 결심하고 반성하게 된다. 군대에서 긴 행군을 할 때면 거의 소설 한 권을 쓸 수 있는 분량의 생각을 했었다. 생각 이외에는 할 게 없기 때문에 생각을 하게 되는 건지, 걷기에 생각하기라는 DNA가 새겨져 있는 건지는 모르겠다. 대개 하루의 반성이나 새로운 각오 또는 앞으로 어떻게 살까 하는 그런 따위 생각을 하게 되는데 마치 머릿속으로 에세이 한 편을 쓰는 것 같다.

다섯 번째, 좋은 걸 볼 수 있다. 좋은 걸 보면 마음이 편안해진다. 특히 퇴근 무렵은 석양이 지는 시간이고 석양이 지는 걸 바라보면서 걷게 되는데 해가 조금씩 사라질 때마다 풍경이 변하는 걸 보면 감탄하지 않을 수 없다. 석양은 매일 다르게 그려진다. 하늘은 어떻게 매번 다른 그림을 만들어낼까 궁금하다. 미술관이 따로 없다.

여섯 번째, 한강 공원에서 먹는 컵라면과 맥주가 맛있다. 운동을 위해 선택한 걷기지만 그것을 포기할 만큼 맛있다. 어쩜 앞서 얘기한 다섯 가지 이유는 이 마지막 이유의 핑계일 지도 모른다.

그래서 난 종종 당산역에 내려 걷는다. 그리고 나는 이 거리와 이 시간을 사랑한다.

마무리의 구성

마무리는 두 가지 중 하나다. 문제를 제기한 것에 대한 해법이나 대안을 제시하고 행동을 촉구하는 것, 그리고 문제를 제기한 것에 대한 해법이나 대안을 전망, 예상, 기대하는 것이다. 전자가 적극적으로 요구하는 것이라면 후자는 소극적으로 요구한다고 볼 수 있다.

	내용	예시 유형
해법 · 대안	어떤 문제에 대한 해결책, 대책, 대안 제시	클라우드 활성화를 위한 조건 (서울경제 2023. 1. 28.)
전망 · 예상 · 기대	어떤 문제 해결에 대한 전망, 예상, 기대	'DCT와 DTx 컬래버…"디지털 헬스케어 판도 바꾼다" (전자신문 2022. 11. 11.) '의약품 콜드체인의 디지털 전환'(전자신문 2022. 6. 24.) '밀키트 시장의 현재와 미래'(아시아경제 2021. 2. 26.) '폰트, 경쟁력 있는 K-콘텐츠에 날개 펼친다'(아주경제 2022. 10. 12.)

① 해법 · 대안

〈클라우드 활성화를 위한 조건〉에서는 CSAP 제도에서 SaaS 기업에 맞는 보안인증 도입이 필요하다고 강조하면서 마지막 결론에서는 CSAP 제도 개선을 제안하고 있다.

〈인간의 이기심〉

　　지난 한 주 북쪽에서는 핵무기 때문에, 남쪽에서는 여중생 폭행 때문에 전술핵을 배치해야 하느냐와 이참에 소년법을 폐지해야 하느냐로 시끄러웠다. 나라가 전쟁터가 되고 폭력 천지가 될지도 모르는 상황에서 무엇보다 내 관심을 끈 이슈는 당장 죽고 사는 문제는 아니지만 내가 사는 동네에서 벌어진 일이다. 먼 곳에서 일어난 심각한 문제보다 가까운 곳에 일어난 작은 일이 더 관심을 끄는 건 인지상정이다.

　　지난 5일 강서구(내가 사는 바로 옆 동네)에 특수학교 신설을 위한 2차 주민토론회가 열렸다. 특수학교를 설립하려는 곳은 원래 초등학교가 있던 자리로 학교 부지로만 쓸 수 있는 곳이다. 그럼에도 지역구 의원이 지난 선거에서 이곳에 한방병원을 설립하겠다는 공약을 내세우면서 문제가 불거졌다. 그래서 설립에 찬성하는 장애 아동 및 일반 학부모와 설립을 반대하는 주민 간의 토론(?)이 열린 것이다.

　　설립을 반대하는 주민들은 "강서구에 혐오 시설이 많은데 왜 또 혐오 시설을 짓느냐, 한방병원을 세워 지역 경제를 살리고 싶다."라고 주장했다. 하지만 그 속내는 뻔하다. 집값 때문이다. 설립에 찬성하는 학부모들의 주장은 아이들의 학습권을 보장해달라는 것이다. 서울 지역에는 장애 아동이 12,000명 있고 이들을 교육할 특수학교는 4,000여

명밖에 수용하지 못한다. 특히 강서구는 장애 아동의 수가 서울 25개 지자체 중에 가장 많은 데도 불구하고 특수학교가 1개뿐이어서 인근 지자체로 3시간씩 통학하는 불편을 감수하고 학교를 다녀야 한다.

한쪽은 집값이라는 경제적 이유를, 다른 한쪽은 헌법이 보장하는 학습권을 각각 주장하고 있다. 토론회니까 충분히 자기 입장을 얘기할 수 있다. 하지만 토론회 분위기는 그렇지 않았다. 설립 반대를 주장하는 주민들 앞에 장애 아동 부모들이 무릎 꿇고 호소하는 상황이 발생했는데, 주민들은 그들에게 쇼하지 말라고 막아섰다. 이 동영상을 본 많은 네티즌들은 분노했고 특수학교 설립을 위한 온라인 서명에 동참했다. 장애 아동을 둔 일이 죄도 아닐뿐더러, 특수학교가 혐오 시설이거나 그 때문에 집값이 떨어진 사례도 없다. 사람들은 왜 자기의 작은 이익에 그토록 집착하고 전체를 보지 못하는지 안타깝다.

한마을에 아이 하나를 교육하기 위해서는 마을 사람 모두가 참여해야 한다고 한다. 아이가 곧 공동체의 미래이기 때문에 아이들을 잘 교육하는 건 공동체 발전을 위한 것이다. 하지만 지금 우리는 공동체보다는 나의 작은 이익에 더 관심이 많다. 전체 공동체를 위한 것이라도 나에게 조금이라도 피해를 준다면 기를 쓰고 막는다. 한 사회의 발전 수준은 각 개인이 공동체를 위해서 얼마나 희생할 줄 아느냐에 달린 것이라 생각한다. 그런 면에서 우리 사회의 발전 수준은 결코 높지 않다.

내가 사는 아파트 10층에 자폐아 학생이 살고 있다. 가끔 그 자폐아 학생과 그의 부모를 좁은 엘리베이터 안에서 만난다. 불과 몇 초밖에 안 되는 시간이지만 괴성을 지르고 나한테 덤벼들 거 같은 생각에 빨리 벗어났으면 좋겠다는 생각만 했었다. 나는 자폐를 겪고 있는 그 학생이, 다행히 운이 좋아 강서구에 하나밖에 없는 특수학교에서 공부를 하는지 아니면 멀리까지 가서 공부하는지 관심조차 없었다. **그동안 이 문제에 관심 없었던 것을 반성하고 특수학교 설립을 위한 온라인 서명에 동참했다.**

② **전망·예상·기대**

스타트업 입장에서 어떤 것에 대한 결론을 내리는 것이 쉽지 않다. 조심스럽게 전망이나 예상, 기대한다는 정도만 밝혀도 좋다. 〈DCT와 DTx 컬래버… "디지털 헬스케어 판도 바꾼다"〉는 DCT, DTx가 기대된다라고 마지막 결론을 대신하고 있다. 〈의약품 콜드체인의 디지털 전환〉은 콜드체인의 디지털 전환으로 물류체계 구축을 기대한다고 하면서 글을 마치고 있다. 〈밀키트 시장의 현재와 미래〉는 밀키트 시대에 대한 기대로 결론을 내리고 있으며 〈폰트, 경쟁력 있는 K-콘텐츠에 날개 펼친다〉는 폰트의 성장을 기대한다고 마무리 지었다.

〈아날로그의 반격〉

을지로 3가 지하철역 상가에 오래된 음반 가게가 하나 있다. 가게 앞엔 '폐업 처분 염가 판매'라는 문구가 붙어 있는데 그 가게 앞을 8년째 지나다녔지만 누구 하나 음반을 사는 사람을 못 봤다. '폐업 처분 염가 판매'라는 게 망해서 싸게 판다는 뜻이 아니라 다 팔려야 가게를 정리하겠다는 뜻인 양 그 음반 가게는 아직 잘 버티고 있다.

음악 시장은 가장 극적으로 디지털 혁신을 경험한 산업이다. MP3가 등장해 불법으로 음원을 공유하기 시작하면서 음악 시장은 무너져 내리기 시작했고 아이팟과 아이튠즈가 등장하면서 합법 시장이 형성됐지만 몰락의 결정타를 맞이했다. 음악 시장이 디지털 혁신의 첫 희생자일 뿐 신문, 영화, 출판 등 거의 모든 콘텐츠 산업이 디지털 혁신을 피해 갈 수 없었다. 종이 신문 구독률은 10% 이하로 하락했고 수년 내로 종이 신문이 아예 사라질 거란 전망도 나오고 있다. 영화, 출판도 쇠락의 길을 걷긴 마찬가지다.

세상 모든 게 디지털화되어 가는 시대에 아날로그는 불편하고 왠지 앤티크antique한 척하기에 좋은 취미로 인식되어온 게 사실이다. 기업은 디지털화=혁신으로 받아들이면서 디지털화하지 않으면 망한다는 인식이 팽배해 있다. 디지털의 아날로그 점령은 시간문제로 보이던 차에 LP와 필름 카메라가 다시 등장했다. 속수무책束手無策으로 당하기만 했던 아날로그가 나름 반격을 시도한 것이다. 데이비스 색스는 《아날로그의 반격The Revenge of Analog》에서 아날로그만의 매력이 있고 디지털 네이티브에게는 아날로그가 디지털에서는 느낄 수 없는 새로운 가치를 만들어내기 때문에 이들이 새로운 소비 주체로 떠오를 것으로 봤다.

아이러니하게도 디지털의 시초를 제공한 빌 게이츠와 스티브 잡스는 일상생활에서 아날로그를 즐긴다고 한다. 빌 게이츠는 빈틈과 여백에 마음대로 메모할 수 있는 종이책을 좋아하며 스티브 잡스는 불편하고 비싸지만 집에서 LP로 음악 감상하는 것으로 유명하다. 최근 오프라인으로 회귀하는 몇몇 스타트업을 봤다. 오프라인에서만 맛볼 수 있는 사용자 경험을 주겠다는 게 그들의 비즈니스 모델이다.

디지털에서는 직접 만져보거나 나만이 소유하는 게 불가능하지만 아날로그는 직접 만져보고 그것을 소유할 수 있는 기쁨을 누릴 수 있다. 사람 간의 관계도 온라인에서 오래 알고 대화를 많이 나누고 이모티콘으로 감정을 표현하는 것보다 오프라인으로 만나고 기쁨과 슬픔을 직접 느껴보는 게 인간 본성과 더 가깝다. 사람들이 그 가치를 그리워하기 시작한 것 같다.

세상이 디지털화된다고 해도 디지털 대 아날로그가 100:0이 되지는 않을 것 같다. 95:5를 넘어 파레토Pareto 법칙을 적용해 80:20까지는 지켜내지 않을까? 그 정도는 아날로그의 가치로 지켜낼 수 있다는 희망을 가져본다. 종이 신문을 생산하는 아날로그 회사에서 생계를 해결하고 한때 열심히 LP를 모았던, 그리고 여전히 책장을 넘기는 맛으로 책을 보고 있는 나로서는 아날로그의 반격이 반갑다.

● 칼럼 쓰기에 도움되는 칼럼과 칼럼의 구성

제목	기업	구성	매체
"예쁜 아바타가 다는 아냐"… Z세대가 메타버스에 빠진 또 다른 이유	마인드로직 (Z세대 타깃 메타버스 서비스 '오픈타운')	도입 : 메타버스 산업의 실패, 이유는 주 이용자인 젠지세대 이해 부족	한경긱스 2022. 8. 19.
		본문 : Z세대가 메타버스를 사용하는 이유 3가지와 마인드로직의 서비스	
		결론 : 마인드로직이 Z세대가 원하는 것을 충족, 앞으로도 계속 충족해 나가겠다	

짝퉁 잡는 AI, 모르고 쓰면 독 된다	마크비전 (AI로 위조상품을 식별, 제거)	도입 1: 제품과 콘텐츠가 복제당하면 막대한 손해를 입는다. 체계적인 대응 시스템 구축은 필수 도입 2 : IP 침해 규모(통계), 서드파티 셀러로 인해 위조가 늘어나는 환경, 하지만 기업은 침해 현황 파악도 힘들어. 이를 해결하는 방법은?	한경긱스 2023. 2. 9.
		본문 1: AI로 위조 상품 찾아내는 방법 3가지 본문 2 : AI 도입을 위한 조건	
		결론 : AI 활용성 증명, 도입해야	
브랜딩, '만나고 싶은 고객'을 정의하는 것	바비톡 (성형 정보)	도입 : 브랜딩에 대한 정의	아주경제 2022. 4. 29.
		본문 1: 브랜딩 성공 요소 - 만나고 싶은 고객에 어필 본문 2 : 성형 플랫폼의 부정적인 인식을 깨기 위해 고객 탐구	
		결론 : 고객 정의, 요구 상황 파악, 고객 여정, 친절한 브랜드 경험 제안	
대화형 AI가 진짜 '친구'가 되려면… "기능성, 공감 능력 갖춰야"	스켈터랩스 (인공지능 챗봇 서비스)	도입 : 대화형 AI의 발전	한경긱스 2022. 12. 21.
		본문 1: AI 기업의 과제 - 데이터의 편향성(포브스 자료 인용), 소비자 이용 환경 본문 2 : 사람과 AI 사이의 신뢰 관계 정립 필요 - 과업 중심의 챗봇, 오픈 도메인 챗봇 도입 필요 본문 3 : 기업 서비스 소개	
		결론 : 대화형 AI의 존재 이유	
부모와의 '놀이'가 우리 아이의 건강한 'DQ' 발달 높인다	올디너리매직 (육아용 장난감 제조)	도입 1: 코로나로 사회 활동 제한, 이에 따른 육아 이슈 '미디어 과몰입' 발생(통계) 도입 2 : 영유아의 디지털 미디어 의존에 따른 문제 도입 3 : 주도적 미디어 활용 수행 능력 DQ 개념 등장	키즈맘 2022. 8. 26.
		본문 : 놀이 중요, 부모와의 상호작용 중요	
		결론 : 부모와 함께 지내는 시간으로 과몰입 우려 해소	

		도입 : 헬스케어의 DCT, DTx 주목	
DCT 와 DTx 컬래버 … "디지털 헬스케어 판도 바꾼다"	제이앤피메디 (의료 데이터 플랫폼)	본문 1 : 분산형 임상시험의 정의와 효과 본문 2 : 디지털 치료제 시장 규모(통계) 본문 3 : 제이앤피메디 사업 소개	전자신문 2022. 11. 11.
		결론 : DCT, DTx가 기대된다	
의약품 콜드체인의 디지털 전환	윌로그 (콜드체인 데이터 솔루션)	도입 1 : 코로나로 공급망 영향, 콜드체인에 대한 관심 높아짐 도입 2 : 생물학적 제재 등의 제조·판매관리 규칙 개정, 이후 모든 의약품으로 확대 도입 3 : 콜드체인 수송의 문제점(아날로그 방식)	전자신문 2022. 6. 24.
		본문 1 : 콜드체인의 디지털 전환 본문 2 : 기업의 도입 어려움과 해야 할 일 본문 3 : 전문 기업과의 협력 필요와 효과	
		결론 : 콜드체인 디지털 전환으로 물류체계 구축 기대	
클라우드 활성화를 위한 조건	베스핀글로벌 (클라우드 관리 서비스 제공 사업자)	도입 1 : 디지털의 중요성, 클라우드 산업 육성 필요 도입 2 : SaaS 인재 육성 투자	서울경제 2023. 1. 28.
		본문 1 : 클라우드 보안인증 제도(CSAP) 개편으로 SaaS 기업의 어려움 본문 2 : CSAP 개편 내용 본문 3 : SaaS 기업에 맞는 보안인증 도입	
		결론 : CSAP 제도 개선 제안	
밀키트 시장의 현재와 미래	프레시지 (HMR)	도입 1 : 밀키트 설명의 어려움, 성장 도입 2 : HMR 성장의 원인	아시아경제 2021. 2. 26.
		본문 : 프레시지의 대응 2가지	
		결론 : 밀키트 시대에 대한 기대	
폰트, 경쟁력 있는 K- 콘텐츠에 날개 펼친다	산돌 (폰트 제작)	도입 1 : K콘텐츠 위상, 한글에 대한 관심 도입 2 : 폰트 발전=콘텐츠 확장	아주경제 2022. 10. 12.
		본문 1 : 한글 폰트의 역사, 산돌의 역할 본문 2 : 폰트의 가치, 산돌의 미래 성장	
		결론 : 폰트의 성장 기대	

		도입 : OTA의 문제점	
정보 진실성, OTA 새 패러다 임 연다	와플스테이 (T2E 여행)	본문 1 : OTA 시장 규모 본문 2 : 차세대 OTA 시장 본문 3 : 여행 시 정보채널 이용 현황(통계) 본문 4 : 여행 트렌드의 변화-T2E	전자신문 2023. 4. 3.
		결론 : OTA의 경쟁력은 정보 진실성에서	

| 참고 | 자료 수집

　좋은 칼럼을 쓰기 위해서는 평소에 자료를 꾸준히 수집해야 한다.
자료를 수집하는 방법은 다음과 같다.

- 책, 정기간행물, 논문, 신문 : 좋은 사례, 인용구 정리

- 취재, 인터뷰

- 실험, 설문조사

- 현장 방문

- 검색

- 정보 찾기, 조언 구하기

- 관련 주제 스크랩

- 좋은 표현 문장 수집

기자 간담회

기자 간담회의 정의, 목적, 기대효과 ──

기자를 특정 장소에 초청하여 기업과 브랜드의 특정 소식을 명확하고 구체적으로 설명한 다음 기사화라는 최종 결과를 얻기 위해 마련한 행사를 기자 간담회라고 한다. 출입 기자나 해당 분야 취재 기자를 대상으로 다소 자유로운 분위기에서 기업의 뉴스거리를 발표하는 미디어 이벤트의 한 유형이다. 단순한 보도자료 배포 이상으로 미디어의 관심을 촉발하고 기사의 질적, 양적 노출량을 만들기 위해서 실시하며 한 번에 많은 기자를 만날 수 있기 때문에 기자 네트워크를 강화할 수 있다. 단순히 프레스킷으로 설명하는 것과는 달리 실물을 직접 보고 실연해보기 때문에 기업과 프로덕트에 대한 이해도를 증대시키는 효과가 있다. 예산과 여건을 고려해 기자 간담회를 개최해야 하며, 타깃 매체, 메시지, 자료 준비 등을 사전에 철저하게 준비해야 한다.

사전 준비 요소 체크하기 ──

① 특정 이슈에 대한 분명한 메시지 기획

IPO, 신제품 또는 서비스 출시, 기업 상호CI 변경 및 향후 계획, 기업 인수·합병, 신사업 진출 등의 사업 규모 및 방향의 전환점 등에 대한 메시지를 기획한다.

② 보도자료 준비

특정 소식, 이슈에 대해 보도자료를 작성해 당일 기자 간담회에 참석하는 기자에게 전달하고 참석하지 못한 기자에게도 배포한다.

③ 행사장 예약

행사장은 본사에서도 가능하며 주로 언론사가 많이 위치한 곳의 유명 호텔 행사장을 활용한다. 대략적인 초대 인원을 파악하여 호텔을 사전에 예약하고 동선 등을 점검한다.

④ 기자 초청 컨택

초청 기자를 리스트업하고 연락처를 통해 메일을 전송한다. 핵심 메시지와 장소, 일정을 메일로 설명하고 참여할 경우 어떤 내용의 기사가 나오게 될지 구체적인 기사 결과물을 기대할 수 있도록 메일 내용을 기록한다.

⑤ RSVP(회신 요청)

구글 폼 같은 공유 노트를 활용하여 참여 의사를 1차로 확인하고 이후 2차, 3차 참여 의사 회신 요청RSVP을 통해 최종 참여 기자 인원수를 파악한다.

⑥ 사진 행사 기획 (필요시 언론사 사진부 초대)

신제품 등 사진 앵글이 필요한 경우 간담회 시작 1시간 전에 사진 행사를 실시한다. 사전에 사진 앵글과 메시지를 기획하고 언론사 사진부를 방문해서 신제품에 대해 설명을 진행한다.

⑦ 현장 당일 행사

- 시간 스케줄

  • 오전 10시 30분 혹은 11시에 기자 간담회 시작

  • 기자 간담회 시간은 대량 40분에서 1시간 이내

  • 질의응답은 10분 혹은 15분 내에서 종료(질문이 많은 이슈성 사안일 경우, 질문 숫자를 미리 정해놓고 시간 내 완료)

  • 점심 식사 후 종료(대부분 11:30 혹은 12:00 점심 식사)

- 진행 순서

  ① 사회자 인사말

  ② CEO 인사말

  ③ 회사 소개 영상

  ④ 이슈가 되는 신제품, 서비스 혹은 특정 이슈에 대한 설명 혹은 소개(PT/영상/브로슈어/프레스킷 등)

  ⑤ 질의응답

  ⑥ 종료 후 식사 시간

메시지
설정하기

메시지의 중요성 ——

기업이 언론홍보를 하는 이유 중 하나는 기업이 중요하게 생각하는 메시지를 대중에게 전달하기 위해서다. 기업이 잘 만든 메시지는 대중에게 기업을 이해하고 신뢰하게 만든다. 언론홍보를 진행하겠다고 하면 기업은 지금 시점에서 중요하게 생각하는 메시지를 정하고 보도자료, 인터뷰, 기획 기사, 칼럼을 통해 적극적으로 알려야 한다.

보도자료는 소총부대와 같이 가랑비에 옷 젖듯이 계속해서 메시지를 반복적으로 노출해 대중의 기억 속에 하나의 브랜딩이 되도록 한다. 반면 인터뷰는 대포와도 같다. 단 한 번으로 시장에 큰 영향을 준다. 기획 기사는 기업이 트렌드 리더로서의 역할을 보여주는 데 좋은 홍보 수단이다. 정해진 원칙이나 시기, 방법은 없지만 기업의 목표를 확실히 정하고 이를 빠르게 달성한다는 점에서 게릴라전과 같다. 업계에 필요한 제도와 규제 등에 대해 목소리를 내는 칼럼은 오피니언 리더로서의 자격을 얻게 한다. 칼럼 기고는 업계의 선두에 서서 돌격 명령을 내리는 부대장과 같다.

메시지는 다양하다. 기업이 해결하고자 하는 문제가 무엇이고, 그러한 문제를 어떤 방식으로 해결할 것인지, 그리고 문제를 해결하기 위해 고객에게 어떤 효용 가치를 주며, 경쟁사와의 차별점은 무엇인지, 그리고 시장의 크기는 얼마이며 그 시장을 어떻게 견인해 갈 것인지, 이러한 것을 해결하는 것이 왜 자신이어야만 하는지 등이 모두 메시지다. 이러한 메시지는 IR 피치를 통해서 한꺼번에 전달한다. 하지만 PR은 다르다. 특정 시점에 맞는 한 가지 메시지만 중점적으로 전달해야 대중이 기억한다. 대중은 기업의 메시지에 따라 기업과 기업의 행위 전체를 해석하고 이해하는데, 그렇다면 PR은 그러한 메시지를 담은 그릇이라고 볼 수 있다.

특정 시장에서 3위 안에 포함되고 싶다면 기준(매출, 수익, 사용자 수 등)과 시기(월, 분기, 반기, 연)를 조정하고 특정 카테고리를 만들어 3위 안에 포함되게 만들 수 있다. 그렇게 해서 특정 카테고리에서 '업계 3위'라는 메시지를 반복해서 보도함으로써 기업의 포지셔닝으로 자리 잡게 한다.

같은 메시지라도 어떻게 만들고 구성하느냐에 따라 전혀 다른 이야기가 되기도 한다. 예를 들어 기업이 인력을 감축했다면 이를 구조 조정으로 볼 것이냐 인력 재배치에 따른 신규 사업이나 신시장 진출의 문제로 볼 것이냐는 전혀 다른 문제다. 기업이 성장하면서 타사와 비즈니스가 겹치는 경우가 있다. 이때 신시장 진출에 대해 기존 사업의 확장으로 볼 것인가, 완전히 새로운 시장에 진출하는 것으로 볼 것인가는 또 다르다. 시장 상황에 따라 기업 규모를 강조해야 할 때가 있는 반면 규모보다는 내실을 강조해야 할 때도 있다. 기업의 상황, 비즈니스 상황에 따라 메시지를 선택해야 한다.

메시지를 설정하는 문제는 복잡하고 상당히 전문적인 영역의 일이다. 이 책 전반이 사실 메시지를 어떻게 설정하느냐에 관한 내용이다. 여기서는 보도자료 중심으로 기업이 어떻게 메시지를 담았는지 사례를 살펴보는 수준에서 알아보겠다.

메시지 유형 ──

① 기업의 정체성 강조하기

앞서 기업을 수식하는 태그라인에 대해 설명했었다. 태그라인은 우리 기업이 어떤 기업인지를 대중에게 반복적으로 각인시키는 효과가 있다. 어떤 기업이 되기를 원하고 대중이 어떻게 인식해주기를 원하는지가 담긴 문구다. 이 때문에 가장 강력한 메시지이다. 초기 기업의 경우 태그라인을 설정하지 않거나 못하는 경우가 많다. 하지만 오히려 대중에게 존재를 각인시키기 위해서는 초기 기업에 더 필요한 것이 태그라인이다. 태그라인 설정에 대해서는 3장의 '기업의 아이덴티티 각인시키기'를 참고하기 바란다.

② 리더십 강조하기

초기 기업에게 대표의 리더십은 중요하다. 2021년 창업한 유리프트는 기존 PC 기반의 국내 코딩 교육 시장에서 벗어나 시공간 제약 없이 모바일에서 학습과 실습을 할 수 있는 모바일 코딩 교육 서비스 '코딩밸리'를 개발했다. 창업한 지 얼마 되지 않았고 이제 막 프로덕트가 출시된 시점에서 유리프트가 시장에 안착하기 위해서 언론을 통해 전달하고 싶은 메시지는 두 가지였다. 첫 번째는 '교육 전문가가 설립한 기업'이다. 유비호 대표는 B2C 교육 전문가다. 2000년에 이투스 그룹을 공동 창업해 이투스 온라인 동영상 강의를 기획하고 런칭했으며 2008년에 스터디맥스를 창업해 2019년 위버스마인드에 피인수되기도 했다. 2번이나 성공한 교육전문가라는 메시지는 3번째 창업한 유리프트에 대해 신뢰를 주고도 남는 메시지다. 두 번째는 '쉽고 재밌다'는 점이다. 코딩이라고 하는 어려운 교육 과정을 드라마로 제작해 접근성을 높였을 뿐만 아니라 모바일로 언제 어디서나 코딩을 직접 실습할 수 있도록 했다. 유리프트는 이 두 가지 메시지를 기반으로 보도자료를 배포하고 인터뷰를 진행했다.*

IoT 기반 키즈 오디오 플랫폼 기업 코코지가 초기에 강조한 것도 대표의 경력이다. 코코지의 박지희 대표는 요기요 공동창업자로서 5년간 요기요의 마케팅 수장으로 있었으며 요기요의 모든 광고 제작에 관여했었다. 코코지는 박지희 대표의 이와 같은 경력을 보도자료의 부가정보에 반복해서 포함시킴으로써 시장에 신뢰를 쌓아 나가고 있다.

---

* 〈모바일과 드라마를 결합한 코딩 교육으로 코딩 교육 혁신에 도전하는 '코딩밸리'〉, 매일경제 2023. 8. 7.

③ 기업 성장 원인 설명하기

기업의 성장 지표는 보도자료의 좋은 소재다. 이때 단순히 팩트만 전달하는 게 아니라 성장한 이유를 설명하는 것이 중요하다. 이해관계자와 대중은 성장했다라는 단순한 사실보다는 어떻게 왜 성장했는지를 알고 싶어 한다. 그러니까 성장할 만하고 그래서 계속 성장하겠다는 믿음을 심어주어야 한다.

에이블리는 2023년 상반기에 연간거래액GMV 1조를 넘어서면서 흑자 전환에 성공했다. 이와 같은 성공 이유에 대해 에이블리는 'AI 기술', '카테고리 확장', '타깃 고객'인 점을 계속해서 강조했다.* 패션 기업을 뛰어넘어 뷰티, 푸드 등 라이프스타일 전반을 아우르는 '종합 스타일 커머스' 기업으로 확장됐다는 사실은 이해관계자, 특히 투자자에게 긍정적 메시지로 작용한다. 여기에 에이블리는 'MZ세대, 특히 잘파세대'라는 확실한 타깃 고객을 보유하고 있다는 것을 강조했다. 이는 카테고리 확장이 충분히 가능하다는 것을 메시지로 보여준 것이다. AI는 2023년에 가장 핫한 키워드로 많은 사람들의 주목을 끈 키워드다. 스타트업을 AI 기업이냐 AI 기업이 아니냐로 구분할 정도다. 에이블리는 성장의 이유가 AI 추천 기술임을 강조함으로써 AI 전문 기업으로의 입지도 다지게 됐다.

---

* 〈에이블리, 상반기 흑자 전환 성공… '영업이익 매월 2배씩 성장'〉 매일경제 2023. 7. 19., 〈에이블리, 3월 거래액 200% 성장… 뷰티 구매 '10건 중 8건은 1020' 잘파세대 공략〉 매일경제 2023. 4. 27., 〈에이블리, 3개월 연속 흑자 행진… '회원 수 1,100만 명 효과'〉, 매일경제 2023. 6. 14.

④ 포지셔닝하기

어떤 기업과 비교하는 순간 그 기업과 같은 수준이 된다. 앞서 설명한 대로 에이블리는 연간 거래액이 조 단위를 넘자 연간 거래액이 조 단위가 넘는 기업은 무신사와 에이블리로 유이하다는 점을 강조했다.[*] 이러한 전략은 무신사와 에이블리를 같은 카테고리로 묶고 나머지 기업을 카테고리 밖에 있게 함으로써 대중들이 에이블리와 무신사를 'TOP 2'로 인식하도록 한다.

⑤ 기업과 제품의 차별화

"시장을 주도하는 혁신적인 기업으로 살아남으려면 약점 보완보다는 강점을 극대화시키는 데 집중해 남들과 더욱 차별화된 모습을 갖춰야 한다. 자신의 강점을 극대화하여 차별화된 모습을 만드는 것, 이것이 곧 브랜딩 과정이다."(문영미,《디퍼런스》)

이처럼 기업이 시장에서 살아남으려면 자신의 강점을 극대화하여 차별화된 모습을 보여줘야 하고, 이를 언론을 통해 대중에게 인식시켜 브랜딩화해야 한다. 하지만 차별화의 키워드는 너무 많으면 안 된다. 한두 가지의 차별화가 브랜딩이 될 때까지 계속해서 대중에게 알리는 것이 중요하다. OOO 하면 해당 기업이 떠오를 정도로 말이다. 기업의 강점, 또는 차별화 포인트를 찾는 방법은 다음과 같다.

---

[*] 〈에이블리, 3월 거래액 200% 성장… 뷰티 구매 '10건 중 8건은 1020' 잘파세대 공략〉 매일경제 2023. 4. 27.

2×2 매트릭스로 경쟁사 대비 자사의 경쟁 우위를 설명하는 경우가 많다. X축 값과 Y축 값이 높은 2사분면에 자사를 위치시키며 둘 다 못하는 기업은 왼쪽 아래에 배치하고 둘 중 하나만 잘하는 기업은 좌측 위나, 우측 아래에 배치한다. 어느 기업이든 2×2 매트릭스의 우측 상단에 자사를 배치하도록 한다. 기업이 잘하는 것을 X와 Y로 임의로 정하기 때문이다. 보통 X축과 Y축은 기술, 가격, 품질, 편의성, 신속성 등과 같은 요인으로 정하는데, 이렇게 기업은 자신이 시장에서 잘하는 두 가지 요소를 선정해 시장에서 매력적인 위치에 있다는 것을 보여준다.

IR에서는 2×2매트릭스를 그대로 보여주지만 이를 PR을 통해 메시지를 만들려면 한 가지를 강조해야 한다. 둘 다 잘한다는 메시지는 힘이 없으며 대중이 의심한다. 하지만 한 가지를 잘한다고 하면 전문성이 있다고 생각한다. 두 가지 강점을 메시지로 만들 때 두 가지 방법이 있다. 첫 번째는 두 가지 이상의 강점을 다른 어떤 것의 원인으로 해석하는 방식이다. 두 가지를 잘해서 지표가 좋다라고 해석하는 방법이다. 두 번째 방식은 두 가지 강점 중 하나를 원인, 다른 하나를 결과로 해석하는 것이다. Y를 위해 X를 했다거나 X 때문에 Y가 가능하다는 스토리는 대중이 기억하기가 훨씬 쉽다.

자신의 장점이 뭔지도 모르는 기업이 많다. 필자는 인터뷰할 때 경쟁사 대비 잘하는 게 무엇인지를 묻는다. 한참을 생각하다가 대부분 이것도 잘하고 저것도 잘한다는 식으로 얘기한다. 나열하면 10가지가 넘는다. 그중에서 특히 잘 하는 걸 얘기해달라고 해야 겨우 두세 가지로 압축한다. AI 기반 대형폐기물 배출 서비스 기업 ㈜같다의 경우에는 편의성과 합리적인 가격 모두 중요하게 생각했다. 개별 시공이 가능한 인테리어 업체와 플랫폼을 구축해 인테리어의 전 과정을 디지털화한 하우스텝도 합리적인 가격과 기술 모두를 강조하고 싶어 했다. ㈜같다의 서비스 이름이 '빼기'인 것에 착안해 편의성을 강조했고, 이러한 간편한 서비스로 인해 가격이 저렴하다는 사실을 설명했다.* 하우스텝은 인테리어 업계 최초로 견적, 계약, 자재 선택, 결제에 이르는 전 과정을 IT화했기 때문에 개별 시공이 가능하다. 기술을 강조하면서 기술로 인해 합리적인 가격이 가능한 이유를 밝혔다.** 이렇게 두 변수를 원인과 결과로 해석하는 메시지는 힘이 있다. 실적을 강조하고 싶을 때 이 두 가지 변수(편의성과 가격, 기술과 가격)는 실적을 가능하게 한 원인 변수로 설명 가능하다. 대중은 기업의 이와 같은 장점 덕분에 실적이 개선됐다고 믿게 된다.

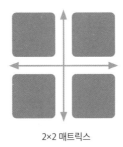

2×2 매트릭스

---

* 〈복잡한 폐기물 처리… 사진 한 장이면 충분〉 매일경제 2019. 11. 26.
** 〈인테리어 스타트업 하우스텝, 강남 240평 대형쇼룸 오픈〉 매일경제 2022. 3. 16 .

기업 성장 단계에 따른 메시지와 빌드업 ——

단계별 메시지 유형

"비즈니스 스토리의 유형은 기업이 라이프사이클의 어느 단계인지에 따라 크게 달라진다. 초기 단계 기업은 큰 시장 스토리를 말하고, 거인들이 지배하는 시장에 뛰어들어 그들을 무찌르는 젊은 스타트업의 파괴 스토리를 말해야 한다. 기업의 사업 모델이 어느 정도 완숙해지면 달성 가능한 실적 수준에 맞춰서 스토리의 원대함도 줄어들어야 한다. 매출 성장이 더디고 이익이 나기까지 힘든 고비를 많이 겪어야 한다면 방대한 성장과 높은 순이익률을 말하는 스토리는 지속가능성이 크게 떨어질 수밖에 없다. 성숙 단계에 접어든 기업의 스토리는 현재 상태(그리고 이익)를 유지하거나 아니면 재발명과 새로운 성장 가능성 발견(인수나 새로운 시장 진입)을 말해야 한다. 쇠락 단계에서 과거의 영광에 대한 향수를 풍기는 것은 상관없지만 기업이 처한 상황을 현실적으로 바라보는 태도를 잊어서도 안 된다."(애스워드 다모다란,《내러티브 앤 넘버스》p.390)

기업 성장 단계마다 필요한 스토리 유형이 있다. 특히 투자와 관련해서는 메시지를 정교하게 만들 필요가 있는 것은 기업 성장 단계별로 투자 유치 자본이 다르기 때문이다. 각 성장 단계별로 투자 유치 자본이 다르다는 말은 각 성장 단계마다의 핵심 타깃이 다르고 핵심 타깃에 소구할 수 있는 메시지를 다르게 해야 한다는 의미다. 초기에는 사업의 아이디어와 시장성을 강조하는 게 투자자에게 매력적으로 보인다. 정책자금을 유치하기 위해서는 기술을 강조할 필요가 있다. 제

● 기업 성장 단계별 메시지

단계	특징	타깃 자본	메시지	SI, FI
창업 [시드단계]	아이디어와 팀을 바탕으로 창업 시작	크라우드펀딩, 액셀러레이터, 엔젤투자	아이디어(창업 배경), 대표	초기엔 SI, 후기엔 FI 강조
시제품 출시 [시드~시리즈 A]	시장 피드백을 반영해 제품, 서비스 개선	AC, 정책자금	기술, 기술을 통한 제품과 서비스 구현	
변화와 전환 [프리 A~시리즈 A]	고객 및 시장의 피드백에 따라 제품 및 BM 수정	AC, VC	제품과 서비스의 차별화	
비즈니스 최적화 [시리즈 A~B]	최적화된 BM으로 시장 진입 사업화, 마케팅, 유통채널 구축으로 투자금 조달	VC	PMF, BM	
스케일업 [시리즈 C~D]	본격적인 성장 가속화 및 사업 확장	해지펀드, 자금운용사, PE	시장성	
수익 창출 [시리즈 D~EXIT]	규모화, 조직화, BM 안착 등으로 실질적인 수익 창출	M&A, IPO	수익 강조	

품과 서비스가 출시되면 제품과 서비스의 차별화를 강조하며, 이후 자금 유치 규모가 커지면 비즈니스 모델, 시장성, 수익성, 턴어라운드의 가능성을 강조하는 메시지가 좋다.

메시지 빌드업

메시지를 서서히 빌드업시켜야 할 때가 있고 단 한 번에 임팩트 있게 전달해야 할 때가 있다. 기업의 여러 가지 상황을 고려해 전략적으로 선택해야 한다. 예를 들어 현재 금융 정보업을 운영하고 있는 기업이 은행업, 또는 증권업으로 진출하고자 한다면 이때 천천히 메시지를 빌드업시키는 것이 유리할지, 진출이 확정됐을 때 한 번에 메시지를 노출하는 게 유리할지를 선택해야 한다. 기업이 신규 사업에 진출할 때 여론의 도움이 필요하다면 메시지를 천천히 빌드업시키는 전략이 좋지만, 반대로 규제 리스크가 있고 경쟁이 치열하다면 특정 시점에서 메시지를 한 번에 전달하는 전략이 좋다. 어느 날 갑자기 기업에서 어떤 메시지를 내놓게 되면 시장뿐만 아니라 언론사도 당황하게 된다. 아무런 정보도 없기 때문에 어떤 방향으로 해석할지 갈피를 잡지 못한다. 신규 시장 진출에 많은 경제 주체가 의문을 가질 수밖에 없는데, 이럴 때 언론을 통해 조금씩 설명하고 설득해 나간다면 시장 주체를 우리 편으로 만들 수 있다. 기반이 잘 마련되어 있고 최근의 추세나 동향도 그러한 흐름으로 움직이고 있으며 고객의 편의성을 위해서도 필요하다는 메시지를 사전에 강조한다면, 해당 서비스가 출시되어도 대중과 이해관계자가 이해하고 받아들이는 게 수월해진다.

메시지를 빌드업시키는 과정에서 시장의 반응을 체크하면서 전략을 수정하거나 보완하는 기회도 얻을 수 있다. 애초에 시장 진출이 힘든 상황이라면 여론을 등에 업는 전략도 생각해볼 수 있다. 하지만 반대로 메시지를 이렇게 빌드업시킬 경우 문제가 발생할 수도 있다. 특히 규제 기관인 정부와 경쟁사가 문제다. 신규 사업이 규제 관련된 사업이라면 출시 전에 규제 이슈가 생길 수 있으며 경쟁사의 견제도 받게 된다. 물론 기업 입장에서는 규제 리스크를 체크하고 경쟁사의 움직임도 체크해보는 전략으로 사전에 메시지를 노출하는 전략을 선택하기도 한다.

EXERCISE : 메시지 설정하기

✓ 지금 현재 우리 기업이 가장 중요하게 생각하는 메시지가 무엇인지를 생각해보자.

6장

브랜딩·
조직·위기관리

할 이야기가 있다면서 한번 만났으면 좋겠다는 스티브의 메일이 왔다. 스티브는 최근 주목받고 있는 스타트업의 대표로 나오는 대학교 동창이다. 스티브가 대표로 있는 '스티브네 야채가게'가 올해 매출 1,000억 원을 달성했고 처음으로 흑자를 기록하면서 많은 주목을 받았다. 최근에 시리즈 B를 마치고 시리즈 C를 준비 중이다.

스티브 : 오랜만이다, 친구.

나 : 오랜만이야, 창식아.

스티브 : 영어 이름으로 불러줘.

나 : 아, 그래. 스티브. 그런데 갑자기 무슨 일로 보자는 거야. 요즘 꽤 바쁜 걸로 알고 있는데.

스티브 : 스타트업 하는 게 만만치 않네. 그래도 네가 언론사에 있으니 도움 좀 받아보려고.

나 : 무슨 도움?

스티브 : 홍보팀을 어떻게 하면 좋을지 고민돼서. 그동안 마케터였던 엠마라는 친구가 언론홍보 업무를 겸직하면서 그런대로 해왔거든. 그 친구가 언론홍보 일까지 같이 하느라 고생이 많았지. 이제는 뭔가 제대로 해야겠다는 생각이 들어서 말이야.

나 : 너네 회사 규모 정도면 늦었네. 곧 상장도 할 거 아니야. 기업 가치 높이려면 언론홍보 해야 돼. 그게 쉬운 일이 아니거든. 전문팀이 붙어서 제대로 해야 돼.

스티브 : 나도 알고 있지. 하지만 스타트업이 늘 그렇지만 여력이 되지 않잖아. 최대한 효율적으로 할 방법을 고민하고 있어. 최근에 엠마가 사수

좀 뽑아달라고 하더라고. 너가 좀 도와주는 건 어때?

나 : 내가?

스티브 : 얼마 전에 기자 그만두고 싶다고 그랬잖아. 남의 글 쓰는 거 이젠 지겹다고.

나 : 그렇기는 하지. 하긴 요즘 너네 회사 보니까 성장 가능성도 꽤 커 보이고 홍보만 잘 하면 성장에 가속도를 붙일 수 있겠더라. 근데 얼마 줄래?

스티브 : 그러니까 와서 도와줘. 기자만큼 좋은 인재도 없잖아.

나 : 엠마는 어쩌고. 그동안 언론홍보 업무 잘해왔다며.

스티브 : 잘하더라고. 얼마 전엔 OO과 인터뷰도 조율했었고. 또 마케터에서 PR로 전직하는 걸 진지하게 고민하는 거 같더라고. 너가 우리 회사 온다면 엠마랑 해서 홍보팀을 만들까 생각중이야. 홍보팀을 둔다면 어느 조직에 두는 게 좋을까?

나 : 그거야 홍보팀이 주로 어떤 일을 맡느냐에 따라 다르지. 기업 PR을 중점적으로 하거나 대관 업무와 연관이 있다면 기획실, 대표 직속이 좋고, 제품 PR 위주로 한다면 마케팅팀에 둬도 되고, 아예 커뮤니케이션팀으로 독립적인 팀을 만들어도 괜찮아.

스티브 : 그렇구나. 하여간 생각해보고 연락줘.

나 : 생각해볼게. 창식아.

스티브 : 스티브라니까.

나 : 네, 스티브 대표님.

어이~ 친구 안녕!

안녕 창식

꾸욱

영어 이름으로!!!

아~ 그래그래 영어~ English
Very Busy한 놈이 무슨 Business로?

스리붕?

스브스?

홍보팀을 어떻게 하면 좋을지···
친구 도움 좀 받자!
그동안 문과 나온 직원이
어떻게 어떻게 해왔는데 말이야···
이제 제대로 한번 해보려고!!

진지

고민   고민

주저리
주저리

좀 늦은 것 같은데···
기업 가치를 높이려면
언론홍보 제대로 해야 돼!
그게 기술이지!
나 같은 전문 팀이 붙어야 돼!

(나는 좀 비싸지~)
나 프로니까!

거만

누가 모르냐?!
회사 형편이···
최대한 효율적으로
말이야··· 쯧!

그럼···
홍보팀을 둔다면
어느 조직에 두냐?

기업 PR이나 대관업무면 기획실!
아예 커뮤니케이션팀으로 독립적으로!

(이런 고급정보를···)

오늘 점심 제육 사!

얼마 전 엠마 덕분에 인터뷰도 했는데···
혹시 봤어? 사진이 영···

(뽀샵 좀 해주지···)

혹시 너 우리 회사 온다면
엠마랑 홍보팀을 만들까 생각중이야···
깊이 생각해보고 연락줘···

생각해볼게··· 창식아~

그래···

(안 가야겠다···)

그래··· 음
스테파니?

스티브!
스! 티! 브!

PR과
브랜딩

지금까지 다룬 내용과 사례는 실제 필자가 경험한 것을 바탕으로 설명했다. 지금부터 다룰 브랜딩, 조직, 위기관리, 해외 홍보는 스타트업에 근무해보지 않고서는 알기 힘든 내용이다. 각각의 분야를 책 한 권으로 따로 쓸 정도로 전문적인 분야다. 직접 경험한 일도 아니고 전공도 하지 않은 분야라 조심스럽지만 강의와 멘토링에서 많은 요청이 있어 설익은 내용이라도 포함시키기로 했다. 관련 서적과 각각의 전문가의 머리를 빌렸다. 전문적인 수준에는 미치지 못하나 기본적인 개념을 이해하는 데는 큰 무리가 없을 것으로 생각한다.

언론을 통한 브랜딩 전략 ——

 브랜딩 설정은 이 책의 주제가 아니다. 여기서 다룰 주제는 기업이 만든 브랜딩이 언론에 잘 전달되는가, 잘 전달되기 위해서는 어떻게 해야 하는가이다. 기업이 설정한 메시지, 브랜딩은 언론홍보를 통해 제대로 전달될까? 기업은 기업이 설정한 메시지, 브랜딩을 아래 그림처럼 언론이 그대로 전달해주기를 기대한다. 하지만 이는 이상적인 모습일 뿐이다.

● 기업이 의도한 브랜딩

기업
= 언론
= 고객

언론에 의한 브랜딩 필터링, 생성

 "매체는 그 자체로 메시지가 될 수는 없지만, 메시지에 막대한 영향을 미친다. 이는 매체가 전달 체계 역할뿐만 아니라 일종의 필터 역할을 하기 때문이다. 따라서 본래의 내용 중에서 극히 일부만이 수신자의 마인드에 도달하게 되는 것이다."

– 잭 트라우트,《포지셔닝》중에서

 언론은 기업이 바라는 대로의 모습을 반영해주지 않는다. 시의성 등을 고려해 사회적으로 의미가 있는지 판단하면서 사건을 재해석하고 자신이 이해한 내용을 바탕으로 기업이 설정한 메시지의 일부만 이해관계자와 대중에게 전달한다.

● 언론에 의한 기업 브랜딩 필터링

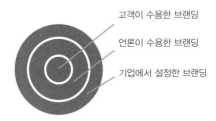

언론이 기업의 브랜딩을 만들기도 한다. 특히 메시지를 만들지 못하고 브랜딩을 제대로 잡지 못한 초기 기업의 경우는 언론이 기업의 브랜딩을 만드는 데 많은 영향을 미친다. 그렇기 때문에 기업은 자신의 메시지, 브랜딩이 기업이 생각한 방향대로 최대한 정확하게 언론에 전달되도록 설명하고 이해시키고 설득해야 한다. 기자와의 관계가 중요한 이유가 여기에 있다. 언론홍보는 기자가 생각하는 기업의 모습, 이미지를 뛰어넘을 수 없기 때문이다.

● 언론에 의한 기업 브랜딩 생성

언론에 의해 원치 않는 브랜딩이 만들어진 사례

① 사회 vs. 기술 : 언론은 사회를 좋아해

W는 시각장애인의 쇼핑을 위한 인공지능 기반의 모바일 쇼핑앱을 만드는 기업이다. 영재고등학교와 카이스트 출신이 모여 팀을 만들었다. 광학문자인식OCR 기술로 텍스트의 의미 단위를 분석해 블록화하고 이를 기반으로 중요도를 판별하는 머신러닝 엔진 기술을 보유하고 있다. 상품 이미지에서 불필요한 텍스트를 제거해 상품과 관련된 설명만을 선별해 음성으로 바꿔 시각장애인에게 제공해 많은 호응을 얻어 냈다. 사업 초기에는 팀의 이러한 성과가 언론에 알려질 기회가 많았다. 초기 기업에게는 쉽지 않은 기회였고 W는 이에 적극 대응했다. 언론은 W가 시각장애인에게 필요한 기업이라며 적극 소개했다. 하지만 W의 바람과는 다르게 기술보다는 시각장애인을 돕는 사회적 기업, 착한 기업으로 소개됐다.* 이렇게 사회적 기업으로 브랜딩이 되면서 W는 임팩트 투자까지 유치할 수 있었다. 사회적 기업과 기술 기업 사이에 정체성 혼란을 느낀 W는 팀 워크숍을 통해 기업의 정체성을 논의했고, 처음부터 팀이 가지고 있었던 기술 기업으로 전환하기로 의견을 모았다. 그런데 이미 기업의 브랜딩이 사회적 기업으로 고착되고 난 후였다. W는 기업이 원래 가지고 있던 정체성과 브랜딩을 되찾을 방법에 대해 고민했고 관련해서 필자에게 멘토링을 의뢰해왔었다.

W의 경우처럼 언론을 통해 기업이 의도한 것과는 다른 브랜딩이

---

* 〈디지털 소외계층에 기술 혜택 드리고 싶었어요〉, 디지털타임즈 2020. 4. 21.
〈이미지 정보를 음성 변환시켜 시각장애인 온라인쇼핑 쉽게〉 세계일보 2020. 10. 13.
〈정보 소외 없도록… 시각장애인 쇼핑 앱 개발〉 조선일보 2021. 6. 15.

만들어지기도 한다. 언론에 소개되는 것보다 중요한 것은 어떻게 소개되는가이다. 한번 브랜드 이미지가 만들어지면 이를 바꾸기가 매우 어렵다.

의도하지 않은 브랜딩을 만들게 된 W가 제일 먼저 할 일은 미디어 리스트부터 바꾸는 것이다. W가 주로 접촉한 사회부 대신 테크부, IT부, 스타트업 중심으로 미디어 리스트를 변경하고 소속 기자에게 W의 기술을 소개해 관심을 갖도록 했다. 당시 W는 팁스에 선정됐었다. 시간이 조금 지났지만 팁스 선정에 관한 보도자료를 배포해 기술 기업임을 적극적으로 알렸다. 그리고 '사회적 기업'이 아닌 '음성 대화형 인터페이스 개발사'로 태그라인을 변경해 기술 기업으로서의 브랜딩을 강화하도록 했다.

② 비즈니스 vs. 역경 스토리 : 언론은 역경을 좋아해

언론은 역경 스토리를 좋아한다. 주인공이 역경을 헤치고 최후의 승리자가 됐을 때 독자들은 열광한다. 기업에 이러한 역경 스토리가 있다면 이를 적극적으로 알리는 것이 좋을까 아니면 기업의 본질적인 내용을 소개하는 게 좋을까?

E는 만성 콩팥병 환자가 맛있게 먹을 수 있는 저염식 식사 브랜드 'OOOO'을 만들어 밀키트, 도시락, 레토르트로 출시한 스타트업이다. 데이터 기반으로 질환별 상태별 맞춤 케어식단을 제공하고 있는 메디푸드(환자식) 전문기업이다.

E 대표가 콩팥병을 앓고 있는 건 언론이 가장 좋아하는 역경 스토리다.[*] 자신의 문제를 직접 해결하고 나선 스토리는 기업에도 나쁘지 않

은 소재다. 하지만 이렇게 역경 스토리가 자주 언론에 노출되면 대중은 그 역경 스토리만 기억하게 된다는 문제가 있다.《크래프톤 웨이》,《유난한 도전》 같은 책이 재미있게 읽히는 이유는 성공한 크래프톤, 토스의 실패와 좌절을 다뤘기 때문이다. 숱한 실패와 좌절이 있었기 때문에 그들의 성공이 더 가치 있어 보이고 공감하고 응원하게 된다.

그래서 초기에는 인지도를 높이는 게 중요하기 때문에 역경 스토리를 브랜딩으로 활용하기도 한다. 하지만 기업이 성장하게 되면 이는 오히려 발목을 잡힐 수 있다. 우리는 신데렐라의 역경에 대해서는 잘 기억하고 있지만 그녀가 가지고 있는 장점은 모른다. 역경 스토리로 기업에게 중요한 서비스와 기술이 묻혀서는 안 된다. 이 두 가지를 밸런스 있게 홍보해야 한다.**

③ 기업 vs. 사람 : 언론은 사람을 좋아해

스타트업에서 대표는 가장 중요하다. 대표에 의해서 스타트업의 운명이 결정된다고 해도 과언이 아니다. 초기 기업의 경우 특히 더 그렇다. 불안정한 서비스와 제품을 어떻게 발전시켜 시장에 침투시킬지, 최초 개발한 서비스와 제품이 시장과 맞지 않을 경우 어떻게 기민하

* 〈콩팥 질환 있지만 혼자서 저염식 어려워 직접 맞춤식 개발했죠〉 이코노미조선. 2022. 12. 26.
** 〈콩팥병 환자에 맛있는 저염식단 정기구독 서비스〉(매일경제 2020. 6. 9.)는 역경 스토리 대신 데이터 기반 질환별 상태별 맞춤 케어식단 서비스를 제공하는 E의 비즈니스와 고객 건강 상태별 맞춤 식단을 추천, 개발하는 E의 IT 기술과 데이터 활용 방법을 자세히 소개한 기사다.

게 피봇할지는 전적으로 대표에게 달렸다. 초기 기업은 거의 대표를 보고 투자한다. 언론홍보에서도 대표는 중요하다. 하지만 그것이 과도할 때는 문제가 된다.

언론은 기본적으로 사람을 좋아한다. 기업의 대표, 중요 인물에 대해서는 시시콜콜한 부분까지 취재해서 다룬다. 독자들도 복잡한 기업 이야기보다는 인물 이야기를 쉽고 재밌어 한다. 애플의 비즈니스와 기술보다는 스티브 잡스의 이야기가 더 재밌다. 그렇기 때문에 초기에는 기업 브랜드보다 대표의 브랜드가 더 알려져 있다면, 대표의 명성을 활용하는 전략도 괜찮다. 문제는 대표에 너무 의존할 경우 정작 기업이 보이지 않는다는 것이다. 장기적으로는 오히려 대표의 브랜드가 기업 브랜딩에 문제가 될 수 있다. 따라서 기업의 이야기와 대표의 이야기를 균형 있게 소개해야 한다.

대표의 브랜드가 기업 브랜드를 압도하고 있다면 기술 관련 기자와의 관계를 넓히고 이들에게 기업의 기술과 비즈니스에 대해 설명함으로써 기업 이야기가 조금 더 많이 소개될 수 있도록 해야 한다. 사소한 것이지만 언론홍보 시 대표의 사진보다는 기업 로고나 기업의 제품과 서비스 이미지, 또는 팀 사진을 쓰는 것도 기업 브랜딩에 도움이 된다.

기업·제품의 브랜딩과 PR ——

브랜딩은 크게 두 가지다. 기업 브랜딩, 제품 브랜딩. 기업 브랜딩은 제품을 만드는 회사(조직), 창업자의 철학, 조직문화, 회사의 성장 가치

	기업 활동	PR과 브랜딩	내용	타깃 대상
투자	투자 유치 인재 채용 C 레벨 영입 기술 개발	CPR 기업 브랜딩	CPR 기업과 대중 간의 다양한 관계를 통해 대중의 이해, 협조, 호의를 얻기 위한 일련의 커뮤니케이션 활동	투자자, 일반 독자, 기업, 정부, 국회 등
경영	선정 수상 수주 MOU 기부 사회적 활동 조직문화		기업 브랜딩 제품을 만드는 회사(조직), 창업자의 철학, 조직문화, 회사의 성장 가치에 대해 조직의 정체성과 성과를 알리며 이미지를 구축하는 과정	
생산	제품, 서비스 출시 실적			
생산	제품, 서비스 판매 이용 이벤트, 프로모션 행사	MPR 제품 브랜딩	MPR 특정 브랜드나 제품을 통해 소비자의 구매와 만족을 높이는 활동	소비자와 잠재 소비자
			제품 브랜딩 특정 제품이나 서비스를 널리 알리는 마케팅	

에 대해 조직의 정체성과 성과를 알리며 이미지를 구축하는 과정이며, 제품 브랜딩은 특정 제품이나 서비스를 널리 알리는 마케팅을 말한다. PR도 크게 나누면 두 가지다. 기업 PR과 제품 PR. 기업의 가치를 높이기 위한 PR을 기업 PR(CPR)이라고 부른다. CPR은 기업과 대중 간의 다양한 관계를 통해 대중의 이해, 협조, 호의를 얻기 위한 일련의 커뮤니케이션 활동을 말한다. 기업이 생산한 제품을 알리기 위한 PR을 제품 PR(MPR)이라 한다. MPR은 특정 브랜드나 제품을 통해 소비자의

구매와 만족을 높이는 언론홍보 활동을 말한다. 그렇기 때문에 CPR과 기업 브랜딩, MPR과 제품 브랜딩은 유사한 개념이라 말할 수 있다.

기업 PR에 집중해야 하는 이유

보통, 기업에서 이해하는 PR은 CPR보다는 MPR에 가깝다. 기업의 가치를 올리는 CPR보다는 제품을 알리는 MPR이 더 급하고, 앞서 설명한 것처럼 PR을 마케팅 수단으로 인식하고 있기 때문이다. 기업은 CPR과 MPR의 개념을 명확하게 세우고 기업 가치를 알려야 할 때와 제품의 가치를 알려야 할 때를 구분할 줄 알아야 한다.

기업이 생산한 제품보다 기업이 더 큰 개념이라고 본다면, 기업은 MPR보다는 CPR에 더 집중하는 것이 맞다. 기업의 브랜드, 메시지가 어느 정도 자리가 잡히기 전까지는 기업의 가치를 높이기 위한 CPR에 집중해야 한다는 의미다. 스타트업의 경우에는 여러 업종, 기술이 복잡하게 결합되는 경우가 많고, 비즈니스도 복잡하다. 그래서 CPR을 통해 우리 기업이 무슨 일을 하고 있고 어떤 목표를 가지고 있으며, 왜 존재하는가를 정립하고 이를 전방위적으로 알려야 한다. CPR을 통한 기업 가치 상승은 IPO로 이어지며 이슈 대응이나 위기 관리에서도 유리해진다. CPR은 투자자 등 이해관계자와 소비자에게 긍정적인 인식을 심어줘 결국 투자 유치와 기업 제품 구입으로 이어진다. 현실적인 문제도 있다. 언론사는 MPR, 즉 제품에 관한 이벤트나 프로모션에 관한 이야기보다 CPR처럼 기업의 성장이나 가치에 관한 이야기를 선호한다. 그래서 이벤트나 프로모션은 단신으로 처리하는 경우가 많다. 이럴 경우 MPR을 CPR에 포함하여 진행하기도 한다.

제품 PR의 방법

　물론 제품(브랜드) PR도 중요하다. 결국 기업은 제품으로 기업의 존재 이유를 증명해야 하기 때문이다. 제품 PR이 잘될 경우 CPR에도 영향을 주며, 브랜드가 더 잘 알려질 경우 기업명을 브랜드명으로 바꾸기도 한다. MPR을 진행할 때는 CPR과 분리해서 진행할지, 함께 진행할 것인지를 고려해야 한다. CPR과 함께 진행하게 되면 제품 브랜딩을 약화시키는 문제가 발생하며 분리해서 진행하면 향후 브랜드 통합에 어려움을 겪는다.

　제품별로 구분해서 MPR을 진행하면 검색에 유리하다. CPR과 함께 MPR을 진행하면 '기업'이 함께 검색되면서 다른 제품까지 동시에 검색되는 문제가 있다. 이럴 경우 각 브랜드가 내세우는 메시지의 전달력이 떨어진다. 해당 브랜드뿐만 아니라 기업과 기업의 다른 브랜드까지 노출되면서 소비자는 혼란을 느낀다. 반면 CPR을 분리해서 해당 브랜드별로 MPR을 진행할 경우에는 타깃 소비자에게 명확하게 메시지가 전달되는 장점이 있다.

　팀스파르타는 '창', '스파르타코딩클럽', '항해99'라는 브랜드를 가지고 있고 각각의 브랜드에 대해 CPR과 구분해서 MPR을 진행하고 있다. '창'은 '직장인 창업', '항해99'는 '개발자 취업', '스파르타코딩클럽'은 '코딩 교육'이라는 메시지로 각각 MPR을 진행하면서 팀스파르타라는 기업에 대해서는 '누구나 큰일 낼 수 있어'라는 메시지로 CPR을 구분해서 진행하고 있다.(팀스파르타 홍보 담당자 인터뷰)

　각각의 브랜드별로 MPR을 진행한다고 해도 기업 전체의 브랜딩과 동떨어지지 않도록 유의해야 한다. 각 브랜드마다 독자적인 브랜딩을 가지게 되면 브랜드 가치나 인지도가 기업의 가치나 인지도를 뛰어넘으면서 마치 독립된 유기체처럼 독자적인 영역을 구축해 간다. 여러 개의 브랜드를 가지고 있는 기업, CIC가 있는 기업이라면 이 점을 유념해야 한다. 각각의 브랜드와 CIC는 잘 알려졌지만 각 브랜드와 CIC가 마치 따로 존재하는 것처럼 보이고 이것이 CPR에 도움을 주지 못한다면 문제가 있다. 대기업이 아니라면 스타트업의 각 브랜드의 가치의 합은 기업 가치가 되어야 한다.

| 참고 | 브랜딩, PR, 마케팅, 광고와의 관계에 대한 생각

PR과 함께 브랜딩, 마케팅, 광고에 대한 이야기를 언급하다 보니 4가지 개념에 대한 생각을 정리하는 게 좋겠다는 생각이 들었다. 몇 가지 생각들을 여기에 소개하고자 한다. 필자의 전문 영역이 아니기 때문에 4가지 개념을 정리하는 데 참고만 하기를 바란다.

① 순차적 개념 : 4가지는 업무상 순차적인 관계를 가진다. 기업에서 먼저 브랜딩을 설정한 다음에 이를 마케팅과 광고를 통해 소비자에게 전달하고 브랜딩이 확립된 다음 PR를 통해 공식화할 수 있다는 개념이다.

② 동일 개념 : 마케팅과 광고를, 그리고 브랜딩과 PR을 같은 개념으로 볼 수 있다.

③ 관계적 개념 : 브랜딩, PR은 기업 위주이고 장기적 계획으로 추진된다면, 마케팅과 광고는 상품 위주이며 단기적 계획으로 추진된다. 그리고 브랜딩, 마케팅, 광고는 고객Customer을 타깃으로 하고

있고 PR은 대중Public을 타깃으로 하고 있다.

④ 상호보완적 개념 : 브랜딩, 마케팅, 광고, PR 모두 각자의 고유한 영역이 있으면서 서로 상호보완적 관계이기도 하다. 4개의 영역이 한 군데 모여 있는 교집합 영역도 있고, 2개의 영역, 3개의 영역만 교집합으로 묶여 있는 영역도 있다. 그러면서도 각자 독립적으로 존재하는 영역도 있다.

⑤ 포괄적 개념 : 어느 하나의 개념이 상위에 있고 나머지는 그 개념을 달성하기 위한 수단으로 보는 시각이다. 브랜딩을 가장 상위 개념으로 놓고 보면 기업의 브랜딩 구축을 위해 마케팅, 광고, PR을 하는 것으로 이해할 수 있다. 기업에서 가장 중요한 것은 마켓이고 마켓을 확보하는 게 마케팅 광고라면, 마케팅 광고를 원활하게 하는 수단으로 브랜딩, PR이 있는 것으로 볼 수 있다. PR은 기업 '존재'에 필수적인 요소로 보는 반면 브랜딩, 마케팅, 광고는 기업 '성장'에 필요한 요소다. PR의 타깃은 Public이고 브랜딩, 마케팅, 광고의 타깃은 Customer이기 때문에 기업 존재에 필수 요소인 Public이 Customer를 포괄하기 때문에 PR이 브랜딩, 마케팅, 광고를 커버하는 개념으로 생각할 수 있다.

최종적인 필자의 생각은, 다음의 그림처럼 기업 브랜딩이라는 집을 만들기 위해서 마케팅과 광고라는 기둥이 필요하고, PR이 마케팅, 광고의 토대가 되는 모습이다. 기업이 브랜딩을 구축하고 이를 PR로 전달하며, 또 PR에 의해 기업의 브랜딩이 강화되고 변화, 생성되기도 한다.

홍보팀과
성과분석

기업으로부터 가장 많이 받는 질문 가운데 하나가 언론홍보를 시작하는 시점과 홍보팀 구축에 관한 것이다. 설립하자마자 전문 홍보팀을 두고 언론홍보를 시작하는 기업도 있지만, 상장할 때까지 언론홍보를 하지 않는 기업도 있다. 언론홍보 시작 시점과 홍보팀 세팅은 전적으로 기업이 언론홍보의 필요성을 얼마나 느끼는지에 달려 있다.

자원이 부족한 스타트업의 경우 최대한 조직을 효율적으로 운영해야 한다고 보면 언론홍보가 영업과 마케팅에 도움이 되는 시점인 프로덕트 출시 전후가 좋다. 기업의 존재와 가치를 올리는 CPR도 중요하지만, 현실적으로 프로덕트 없이 기술력과 잠재력만으로 대중에 소개하기에는 한계가 있다. B2G 기업이라면 바로 시작하라고 조언한다. 모든 노력에 비해 정부기관을 움직이는 데에는 언론만한 것이 없기 때문이다. 언론홍보를 시작한다면 조직을 어떻게 세팅할지도 고민된다. 이번 장에서는 홍보 담당자에게 요구되는 역량이 무엇인지부터 살펴보고 기업 성장단계별 언론홍보 업무와 그에 맞는 조직에 대해 살펴보겠다.

홍보팀에게 필요한 역량 ──

홍보팀은 전문적인 역량이 필요한 직군이다. 기업 내부와 외부를 연결하는 역할을 맡고 있는 홍보팀에게 가장 필요한 능력은 커뮤니케이션 능력이다. 그리고 기업의 상황을 명확히 설명하고 설득할 줄 아는 글쓰기 능력도 중요하다. 기업에서 벌어지는 상황을 빠르게 이해하고 정확하게 판단할 줄 알며 상황에 맞게 대응하는 능력도 필요하다. 사실 3가지 능력을 모두 갖춘 홍보 담당자를 찾기란 매우 힘든 일이다. 3가지 능력 중 1가지 능력이라도 갖추고 있다면 훌륭한 인재라고 할 수 있다.

커뮤니케이션 능력

지치지 않고 기자와 세상을 우리 편으로 만드는 커뮤니케이션 능력이야말로 홍보 담당자에게 가장 필요한 능력 중 하나다. 홍보는 사람으로부터 시작해서 사람으로 끝난다고 해도 과언이 아니다. 일과 관련된 사람이라면 누구든지 만나서 우리 기업을 우호적으로 인식하도록 만들어 나가야 한다.

"경영진에서 내부 사정 때문에 당분간 대외 활동을 홀딩하라는 지시 사항이 내려와 해당 일에 뵙기 힘들 것 같아 연락드려요. ㅠ"

미팅을 앞두고 이렇게 취소 문자를 보내오는 곳이 많다. 언론홍보 활동에서 가장 중요한 게 기자와의 커뮤니케이션인데 기업에서는 이를 대부분 '노는 업무'라고 생각하는 경향이 있다. 보도자료를 작성하고 배포하는 것만으로는 아무것도 할 수 없다. 언론홍보를 하기 위해서는 기자와의 커뮤니케이션이 필수다. 기자 입장에서 기업과 커뮤니케이션을 할 수 없다면 기업에 관해 보도할 수도 없을 뿐만 아니라 보도할 이유도 없다. 홍보 담당자는 기자와의 커뮤니케이션을 통해 기자에게 자사를 보도할 이유를 찾아주는 일을 하는 것이다.

대외적인 커뮤니케이션뿐만 아니라 대내적인 커뮤니케이션도 홍보 담당자의 중요한 업무다. 기업 이슈를 발굴하고 이를 언론에 홍보하기 위해서는 내부 팀과 끊임없이 소통하면서 메시지를 조정해 나가는 일은 필수다.

글쓰기 능력을 넘어선 통합적 사고가 필요

가장 중요한 것은 글쓰기 역량이다. 오로지 글로써 대중에게 자사에 대해 설명하고 자사가 하려는 일을 설득해야 하기 때문에 그만큼 어렵다. 기본적으로 해당 산업과 기업 전반에 대한 이해가 바탕이 되어야 하고 기업이 하는 일에 대한 의미를 찾고 이 의미를 대중에게 쉽게 전달하기 위해서 핵심과 군더더기를 가려낼 줄 알아야 한다. 많은 사람들이 글쓰기를 쉽게 생각하지만 핵심과 군더더기를 가려낼 수 있는 역량은 상당히 오랜 시간이 걸리는 일이다. 그렇지 못하면 자신도 이해하지 못하는 이야기를 장황하게 늘려놓기만 한다.

전략적 사고

잠깐의 커뮤니케이션으로도 부정적 기사가 게재될 수 있기 때문에 전략적 사고는 필수다. 전략적 사고를 위해서 언론의 관심, 업계 동향, 경쟁사의 움직임, 사회적 트렌드 등을 꾸준하게 보고 분석할 줄 알아야 한다. 어떤 내용은 보도하고 어떤 내용은 보도하지 말아야 하며 어떤 내용은 빠르게 보도할 필요가 있고 어떤 내용은 서두를 필요가 없는 것도 있다. 이렇게 전략적 판단이 내려졌다면 언론홍보를 어떻게 진행할지 내부와 외부를 설득하면서 적극적으로 실행해 나가야 한다. 특히 부정적 여론이 형성될 조짐이 있다면 신속하게 상황을 판단하고 기민하게 대처할 줄 알아야 한다.

홍보팀 세팅하기 ──

기업이 언론홍보 조직을 세팅할 때 다음과 같은 사항을 고민한다.

첫째, 언제 세팅할 것인가?(시드, 시리즈 A, B, C⋯)

둘째, 어떻게 세팅할 것인가?(내부, 외부)

셋째, 조직 구조는 어떻게 할 것인가?(마케팅 조직, 전략기획, 대관, 대외 협력, 총무, 대표 직속)

기업의 성장단계에 따라 홍보팀의 세팅 시기도 다르다. 내부화의 장점도 있고 아웃소싱의 장점도 있다. 기업의 언론홍보 전략에 따라 조직 구조도 다르다. 업종, 비즈니스 형태(B2C, B2B, B2G)와 시장 상황, 시장 침투 전략, 투자 유치, 성장 속도 등에 따라 언론홍보 전략이 다르며 이에 따라 기업에 맞는 조직을 구축해야 한다.

단계별 홍보팀 세팅

제품과 서비스가 출시되기 전인 시드 단계라면 MPR을 본격적으로 하기 힘들다. 기술 개발 등 제한된 소재 내에서 언론홍보를 진행해야 하는 어려움이 있다. 시드 단계에는 언론홍보를 본격적으로 할 때를 대비해서 미디어 리스트를 만들고 기자와의 관계를 조금씩 확보해둬야 한다. 홍보팀을 둘 여력도 없고 보도할 소재도 많지 않기 때문에 대표가 직접 언론홍보를 해야 한다. 욕심을 내서 전문 홍보팀을 두는 것은 좋지 않다. 언론홍보에 대한 이해도가 낮기 때문에 긴 호흡으로 일하는 홍보팀과 갈등을 겪기 쉽기 때문이다. 어차피 특별한 경우가 아니고서는 언론사에서 먼저 연락하는 일도 드물고, 리스크가 발생한다고 해도 이를 취재할 언론사는 거의 없다. 물론 수백 가지 일을 해야 하는 대표가 언론홍보 업무까지 맡기는 힘들지만 초기에는 어쩔 수 없는 상황이다.

시리즈 A부터는 지인 중심의 투자와 채용에서 벗어나기 시작한다. 그렇기 때문에 우수한 인재를 채용하고 기관 투자를 유치하기 위해 언론홍보가 필수다. B2B, B2G 협력뿐만 아니라 경쟁 기업과의 차별성을 보여주기 위해서도 언론홍보가 중요하다. 또한 프로덕트 출시와 함께 마케팅을 본격적으로 진행하는 시기라서 효율적인 마케팅 집행을 위해 언론홍보를 해야 한다. 이 시기부터 기획 기사를 통해 자사가 다뤄지기 시작하는데, 특히 경쟁 기업과 비교해서 기사가 다뤄지기 때문에 뉴스 모니터링도 시작해야 한다. 이와 같은 업무를 대표가 모두 맡기는 불가능하다. 그렇다고 홍보 담당자를 두거나 전문 홍보팀을 꾸리는 것도 부담스러운 시기다. 시리즈 A 단계에서 많은 기업이 기존에 다른 업무를 맡고 있는 직원에게 언론홍보 업무를 겸직하게 하거나 홍보 담당자를 채용해 다른 업무를 겸직하게 하는 방법을 활용하고 있다. 하지만 앞서 이야기한 것처럼 언론홍보는 독립적이고 전문화된 업무이기 때문에 여러 업무를 겸직하더라도 유관 업무를 겸직케 하는 게 바람직하다. 비용을 고려해서 홍보 대행사를 활용하는 방법도 좋다. 비용이 많이 들지만 필요한 시기에 언론홍보를 집중적으로 맡길 수 있어 효율적이다.

시리즈 B 단계에서는 기업의 비전과 미션을 명확하게 제시하고 기업의 가치를 올리기 위한 기업 PR을 본격적으로 진행하는 시점이다. 그래야 FI를 중심으로 대규모 투자를 유치하고 대규모의 우수한 인재를 영입할 수 있다. 또한 제품을 시장에 안착시키기 위해서는 제품의 효용성과 차별성을 계속해서 알리는 제품 PR도 꾸준히 해야 한다. 조직 규모가 커지면서 조직 구성원과 이해관계자의 생각도 달라지는 시기인데, 이들에게 통일된 메시지를 공유하게 하는데도 언론홍보가 큰 역할을 한다. 이 시기는 적극적인 언론 대응을 해야 하는 때다. 언론사에서 자사를 어떻게 인식하고 있는지를 체크하고 언론사와 적극적으로 커뮤니케이션을 진행해야 하며, 특히 사업을 확장하면서 다양한 리스크가 나타날 수 있으니 리스크에도 대비해야 하는 시점이다. 사업이 많고 복잡할수록 이에 비례해서 언론홍보 일도 많아지고 난이도도 높아진다. 이에 따라 이를 담당할 전문팀이 필요하다. 기존에 언론홍보를 겸직한 직원을 언론홍보 전문팀에 배치하거나 홍보 대행사, 미디어 출신을 영입해 전문 홍보팀을 꾸리는 것도 좋은 방법이다. 이들은 기본적으로 글을 작성할 수 있는 능력이 있으며 미디어와의 네트워크 또한 넓다.

시리즈 C 단계에서는 PMF를 찾아 본격적으로 스케일업을 시도해 상장을 준비하는 시기다. 따라서 기업 가치가 무엇보다 중요하다. 기업 가치를 제고하기 위한 PR 활동을 위해서는 파이낸스에 대한 이해가 있어야 하고, 파이낸싱하는 데 유리한 스토리를 발굴해낼 줄 알아야 한다. 이 시점에서는 다양한 위기들이 나타나고, 조직이 비대해지면서 내부 커뮤니케이션의 혼선도 자주 발생하는데 이를 조정하는 역할도 홍보팀의 중요한 업무다. 우회적으로 자사를 비판하는 기사 등 부정적 기사가 나오기 시작하는 시기라서 리스크 관리 차원에서 언론사와의 관계를 만들기 위한 노력이 더욱 필요하다. 위기관리, 대내외 커뮤니케이션, 메시지를 총괄하는 전문 언론홍보팀이 세팅되어야 하는 이유다.

기업의 사업 종류, 경쟁 기업과의 관계, 시장 환경에 따라 홍보팀 세팅을 유연하게 할 필요가 있다. 특히 기업의 로드맵에 따라 언론홍보를 전략적으로 실행하는 것이 중요한데, 이를 위해서는 PR 전문가를 통해 조직 세팅과 홍보 전략에 대한 컨설팅을 받기를 추천한다.

● **단계별 언론홍보 조직과 업무**

단계	담당조직	업무
시드	대표	대표가 언론홍보 업무 수행 의욕을 가지고 담당자를 두거나 전문팀을 꾸리는 경우 실패 가능성이 있음
시리즈 A	겸직 담당자	투자 유치, 인재 영입 위해 본격적으로 회사를 알려야 하는 시점, 경쟁 회사 출현 기존 직원 가운데 PR 담당 겸직
시리즈 B	홍보 전문가 홍보 대행사	본격적으로 기업 브랜딩을 쌓아야 하는 시점이고 이를 위해 홍보 VC 투자 유치(FI), 대규모 인재 영입과 내부 직원 HR 필요 전문팀(기자 출신,홍보 대행사 출신)
시리즈 C 이상	전문팀 (CCO)	상장 준비 전문 홍보팀 세팅(대내외 커뮤니케이션, 메시지 총괄, 위기 관리)

내부화와 아웃소싱

① 내부화 – 전문적인 업무로서 권한과 책임 부여

홍보 담당자에게 언론홍보를 맡겼다면 권한과 책임, 자율성을 부여해 언론홍보 업무에 집중할 수 있도록 지원해야 한다. 특히 언론홍보의 소재를 판단하는 일은 전적으로 홍보 담당자 몫이다. 기사화 여부를 정확히 판단할 수 있는 담당자는 기자와 직접 커뮤니케이션하는 홍보 담당자다. 보도자료 작성 또한 글쓰기 전문가인 홍보 담당자가 최종적인 책임을 지고 작성토록 해야 한다. 기자 미팅은 홍보 담당자에게 가장 중요한 일이다. 홍보 담당자가 기자를 만나는 것은 기업의 사운을 걸고 가장 최전선에서 싸우는 일이다. 세일즈 담당자가 고객사 세일즈 팀을 만나고 고객 담당자가 고객을 만나고, CFO가 투자자를 만나는 일과 같다. 언론홍보가 전사적인 차원에서 이루어지려면 대표와 직원 모두가 언론홍보에 대한 기본적인 이해를 갖추고 있어야 한다.

② 아웃소싱 - 홍보 대행사 활용

홍보 대행사를 활용할 때는 기업 상황과 PR 목적에 맞는 홍보 대행사를 선택하는 게 중요하다. 우선 언론홍보의 목적을 명확히 해야 한다. 기업 성장 단계와 기업이 처한 상황과 PR의 목적(투자, 브랜딩, 채용, 제품과 서비스 판매, 경쟁 관계, 해외 진출 등)을 명확히 하고 이러한 목표를 가장 효율적으로 달성해줄 대행사와 함께 언론홍보를 진행하는 게 필요하다.

〈대행사 선택 시 고려사항〉

① 규모별 : 1티어(100명 이상), 2티어(20~80명), 3티어(10인 내외), 1인 기업 / 외국계

② 비용별 : 7,800만 원/월 ~ 400만 원/월

③ 전문성 : 업종 특화(자동차, 소비재, IT 테크, 스타트업 등)

④ 강점 : IMCIntegrated Marketing Communication(통합 마케팅 커뮤니케이션), 투자, 대관, PR 컨설팅, 기획 기사, 해외 진출, 이벤트 등

● 주요 홍보 대행사 매출 및 인원

기업명	매출액(천원)	총인원(명)
프레인글로벌	62,266,488	266
레오버넷	57,575,610	254
KPR(케이피알앤드어소시에이츠)	30,539,578	177
피알원	26,264,006	184
미디컴	22,495,537	180
커뮤니크	22,475,183	비공개
코콤포터노벨리	15,615,099	42
마콜컨설팅그룹	14,102,321	64
엔자임헬스	12,064,961	59
피알게이트	10,261,473	61
웰컴어소씨에이츠	8,755,397	37
함샤우트	8,055,312	70
플레시먼힐러드코리아	7,634,310	50
플랜얼라이언스	4,027,093	30
에이엠피알(amPR)	3,501,613	29
밍글스푼	3,225,336	11
호프만에이전시코리아	2,865,964	23
NPR(엔피알인터커뮤니케이션)	2,861,143	21

〈국내 홍보 대행사 현황〉

국내 광고/홍보 관련 서비스 사업체는 2022년 기준 총 6,627곳이 있으며 이 중 광고 대행업이 약 23%로 가장 많은 비중을 차지하고 있다. 홍보 대행은 사업자등록 시 별도의 서비스 업종이 없어, 대부분 광고 대행업으로 등록한다. 2022년 기준으로 광고 대행업 1,600개 기업 가운데 20%에 해당하는 240여 곳이 홍보 대행사로 추정된다.* 대행사의 매출은 국세청 자료로 기업 전체 매출로 홍보뿐만 아니라 해당 대행사의 부가 사업의 매출까지도 포함하고 있다. 인원은 국민연금 기반의 데이터이나 실제 인원과 다를 수 있다.

스타트업 전문 홍보 대행사

최근 스타트업이 적극적으로 언론홍보를 시작하면서 스타트업 전문 홍보 대행사가 설립되기 시작했다. 2015년 '선을만나다'가 처음으로 스타트업 전문 홍보 대행사를 표방하면서 시장에 등장했다. '선을만나다'는 2015년부터 스파크랩, TBT, 캡스톤파트너스 등의 AC, VC와 그들의 포트폴리오의 홍보를 맡아왔었다. 스타트업에 대한 이해도가 높고 스타트업 홍보의 전문성을 갖춘 기업으로 특히 네트워크를 바탕으로 하는 대관 업무에 강점을 지니고 있다.

피알브릿지는 설립 당시에는 스타트업 전문 홍보 대행사로 시작하지 않았지만 스타트업 시장 규모가 커지면서 스타트업 전문 홍보 대행사로 성장해 나가기 시작한 곳이다. 뮤직카우, 무신사, 당근 등 굵직한 기업의 성장을 도왔으며, 특히 시장의 트렌드와 이슈를 바탕으로 한 다양한 기획을 시도하는 능력이 뛰어나다.

프루브는 김경범 대표가 2022년 설립한 스타트업 전문 홍보 대행

---

* 해당 수치는 검색 및 자료를 바탕으로 한 추산치다.

사다. 김경범 대표는 2005년부터 홍보 업무를 시작해 2009년 블루홀을 거쳐 본엔젤스벤처파트너스와 알토스벤처스에서 포트폴리오사를 지원하면서 다양한 홍보 경험을 쌓았다. 프루브는 스타트업에 대한 이해와 넓은 네트워크가 강점이다.

팀쿠키는 노컷에서 기자 생활을 경험하고 디밀에서 스타트업 홍보 경험을 쌓은 류태준 대표가 설립한 스타트업 전문 홍보 대행사다. 2023년 설립되어 채 1년도 안 됐지만 언론사와의 관계와 스타트업에 대한 이해를 무기로 포트폴리오사를 넓혀 나가고 있다.

2015년에 설립한 플랜얼라이언스는 언론홍보에 대한 깊은 이해를 바탕으로 BTL 캠페인, 언론홍보, 광고 영상, 바이럴 마케팅, 이벤트, SNS 채널을 활용한 통합 커뮤니케이션 전략을 실행해 소비자의 자발적 참여를 유도하는 전문 홍보 대행사다.

자산운용 전문가 김태성 대표가 창립한 업사이드포텐셜앤컴퍼니(업앤컴)는 2019년 프레인글로벌의 자회사로 운영되다 2022년에 독립했다. 파이낸스 커뮤니케이션이라는 새로운 PR 분야를 개척하고 있으며, 스타트업 대상 'PR Booster 프로그램'도 운영하는 등 스타트업 홍보에 관심이 높은 곳이다.

바다와하늘처럼은 어린이뉴스, 문화뉴스, 엑스포츠뉴스를 운영한 이우람 대표가 2023년 설립한 홍보 대행사다. 행사, 이벤트, 문화 영역에 강점이 있다.

오픈피알은 보안 회사(잉카엔트웍스)를 운영하고 웹툰 플랫폼 사업을 경험한 구태형 대표가 2009년에 설립했다. IT 분야에 강점이 있는 곳이다.

● 스타트업 전문 홍보 대행사

홍보 대행사	대표	주요 포트폴리오	인원 언론홍보 (디지털 홍보)
피알브릿지 (2011)	이지민 (미디컴)	뮤직카우, 캐치테이블, 무신사, 당근, 아이지에이웍스, 스토어링크, 클래스 101, 지냄, 케어닥, 팀스파르타, 스켈터랩스, 마크비전, 인덴트코퍼레이션, 바비톡, 자비스앤빌런즈	20(10)
프루브 (2022)	김경범 (블루홀, 본엔젤스, 알토스)	런드리고, 마이리얼트립, 백패커, 생활연구소, 의식주컴퍼니, 크몽, 스파크랩, 슬링, 옴니어스, 채널코퍼레이션	4
팀쿠키 (2023)	류태준 (노컷, 디밀)	뤼튼, 라이너, 설탭, 페이지콜, 빅크, 윙잇, 포옹	4
선을만나다 (2015)	태윤정 (KBS 작가)	TBT, 스파크랩, 캡스톤, 브리즘, 스펙터, 고위드	8
플랜얼라이언스 (2015)	문경호 (미디컴)	밀리의서재, 스픽, 시옷, 코코지, 데이원컴퍼니	15(15)
업앤컴 (2019→2022)	김태성 (프레인)	메타캠프, 아이씨, 문리버, 스코넥엔터테인먼트, 파로스아이바이오	17
바다와하늘처럼(2023)	이우람 (어린이뉴스, 경기도청, 문화뉴스, 엑스포츠뉴스)	비즈니스캔버스, 온오프믹스	2
오픈피알 (2009)	구태형 (잉카엔트웍스, 웹툰 플랫폼 사업)	베스핀글로벌, 두들린, 아임웹, 구하다, 올거나이즈, 무하유, 링크플로우	6
나무PR (2019)	유태양 (매일경제)	닥터다이어리, 알고케어, 하이픈, 블래스트, 에이치로보틱스, 케어링, DSC인베스트먼트, 미라파트너스	8
NPR (2015)	운영준 (미디컴)	머스트잇, 말해보카, 언더독스, 센스톤	27
팀어바웃컴퍼니 (2021)	이현경 (마켓컬리, 데일리호텔, 패스트트랙아시아, 미래콘텐츠재단, 위메이드)	필라이즈, 무무즈	4

* 출처 : 각사 홈페이지 및 인터뷰

나무PR은 매일경제 출신인 유태양 대표가 2019년 설립한 홍보 대행사다. VC, 테크, 바이오에 강점이 있다.

NPR은 대학내일의 관계사로 시작했지만 2023년부터는 각자 운영하는 형태로 전환되었다. 미디어플랫폼 운용과 PR을 함께하는 컨버전스형 커뮤니케이션을 지향하는 곳이다.

팀어바웃컴퍼니는 마켓컬리, 데일리호텔, 패스트트랙아시아, 미래콘텐츠재단, 위메이드 등에서 언론홍보 업무를 담당했던 이현경 대표가 2021년 설립했으며 법인등록은 2023년에 했다. B2C, 유통 전문가로 브랜드 컨설팅에 강점이 있다.

홍보팀 조직구조의 방향성

기업 PR을 중시할 것인가, 제품 PR을 중시할 것인가에 따라 조직 구도가 다르다. 기업 PR을 중요하게 생각한다면 전략팀이나 대표 직속, 대관 업무와 함께 두는 게 좋고, 제품 PR을 중요시한다면 마케팅팀과 함께 두는 게 좋다. 사내에 있는 다양한 메시지를 정제하고 통일하며 직원과의 소통 업무를 중요하게 생각한다면, 아예 별도의 커뮤니케이션팀으로 두는 것도 좋다. 대표와 수시로 의견을 조율하고 나누기 위해서는 대표 직속 체제도 괜찮다. 각 기업의 상황에 맞게 조직을 구성하는 게 무엇보다 중요하다.

홍보팀은 통역사나 번역가라고 생각한다. 내부의 복잡한 이야기를 외부인이 알아듣도록 설명하는 역할을 하기 때문이다. 잘 번역하고 통역하기 위해서는 내부 커뮤니케이션과 외부 커뮤니케이션의 중심에 위치해 있어야 한다. 특히 사내에서는 기업의 모든 활동을 한눈에 볼

수 있는 위치에 있어야 하며 외부로 나가는 메시지 모두를 총괄하는
위치에 있어야 한다. 반대로 외부에서 기업에 관한 사항을 알기 위해
서는 홍보팀을 통하도록 조직 체계를 구성해야 한다.

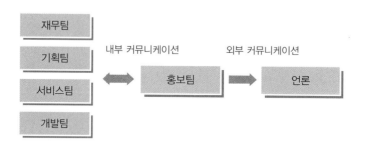

TIP 보도자료 요청서 작성하기

조직 규모가 어느 정도 커지게 되면 홍보 담당자가 사내 자료를 수집해
서 보도자료를 작성하는 데 한계가 있다. 홍보팀은 CPR 위주로 홍보를
진행하고 부문별 업무에 대해서는 해당 부서에서 직접 보도자료 초안
을 작성하도록 하는 것도 좋은 방법이다.

● 보도자료 요청서 샘플

제목			
작성일자			
작성자	예) ○○○팀 ○○○ 과장	연락처	010-0000-0000
배포 요청일	2023년 12월 20일 오전 10시		

[보도자료 작성 시에는 하기와 같은 정보가 필요합니다. 참고하셔서 작성 부탁드립니다.]
- 기본 정보 : 일시, 장소, 행사명, 참석자 등 육하원칙에 해당하는 정보
- 주요 내용 : 해당 이벤트 관련한 주요 내용
- 부연 설명 : 회사 기술/기대효과/발전 방향 등
- 코멘트 : 대중에게 전하고 싶은 말이 있다면 직책, 이름과 함께 내용을 적어주세요.

[보도 내용 예시 1]
- 서론 : 개요(일시, 장소, 행사명 등 육하원칙에 입각해 작성)
- 본론 1 : 전반적 내용 설명
- 본론 2 : 중요 내용 강조(특이사항 등)
- 결론 : 향후 방향 제시(기대효과, 발전 방향, 관계자 코멘트 등)

[보도 내용 예시 2]
- 헤드라인
- 부제
- 리드문 : 홍보자료로 전하고자 하는 바 핵심 요약 내용 서술
- 본문 작성 : 육하원칙에 근거하여 리드문을 보완하는 내용 서술
※ 계획서, 팜플렛, 고화질 사진 등 참고자료 있는 경우 원본으로 별도 첨부 부탁드립니다.

특이사항	

* 출처 : 파블로항공 홍보 담당자 인터뷰

홍보팀의 성과 측정 ──

조직 구성원의 성과 관리로 최근 OKR과 KPI가 많이 사용되고 있다. OKRObjective Key Result이란 인텔의 전설적 경영자인 앤디 글로브가 도입한 경영기법으로서 목표Objective와 핵심성과Key Result를 합친 말이다. 쉽

게 말해 구성원들이 모두 이해하는 기업의 큰 목표를 정하고 이를 측정 가능한 지표로 객관화해서 수차례 점검해 나가자는 것이다. 목표를 설정하고, 그 목표에 얼마만큼 근접한 성과를 냈는지를 누구나 객관적으로 인정할 수 있는 수치로 표현하기 때문에 '목표' 그 자체에만 구성원들을 집중시키는 효과가 있다. 목표 추진에 더 중점을 둔 성과관리 방식이며 과정이 중요하기 때문에 협업툴이 필요하다.

〈OKR로 홍보팀의 성과 측정 예시〉

기업의 미션 : 매출 2배 성장

홍보팀(원) Objective : 우리 기업을 소개할 때 우리 기업이 뭐하는 회사인지 묻지 않게 하기

홍보팀(원) Key Results 1 : 미디어에서 우리 기업에 더 많은 관심을 갖게 하고 우호적 태도를 갖게 만들기

홍보팀(원) Key Results 2 : AI 기업 하면 제일 먼저 떠오르는 기업 만들기

홍보팀(원) Key Results 3 : 우리 기업에 대해 믿음을 가지게 하기

KPIKey Perfomance Indicators란 성과를 정량적으로 측정하기 위한 지표다. 팀이 전체 목표에 집중할 수 있고 우선순위를 향할 수 있다는 장점이 있다. KPI는 시간 경과에 따라 성과를 측정하기 좋다. 하지만 목표가 우선시되어 진정한 성과는 외면하는 문제가 있다.

〈KPI로 언론 홍보팀의 성과 측정 예시〉

목표 : 보도자료 게재 한 달에 2건 이상, 인터뷰 1건 이상, 기획 기사 1건

이상 게재하기

언론홍보 업무의 성과를 측정하기 어려운 이유

기업이 언론홍보를 하는 이유는 기업의 인지도와 신뢰도를 높이기 위해서다. 하지만 이와 같은 인지도와 신뢰도를 측정하기 어렵다. 보이지도 않고 긴 시간을 거쳐 쌓여야 하기 때문이다. 보도자료 1건이 기사화됐다면 기업의 인지도와 신뢰도는 얼마나 상승했을까? 타깃 고객에게 매번 설문조사를 실시해 알아낼 수 있지만 이는 배보다 배꼽이 커질 위험이 있다. 투자자, 국회, 정부 등 이해관계자에 대해서는 조사 자체가 불가능하다. 성과는 대부분 간접적으로 나타난다. 언론홍보를 실시함으로써 투자 유치에 도움을 줬다고 하면 투자 유치에 어느정도 도움을 주고 기여했는지를 투자자에게 일일이 확인해 측정하기가 어렵다. 마케팅과 광고의 목적인 호감도와 관여도가 인지도와 신뢰도 때문에 상승됐다면 마케팅과 광고 효과 즉 제품 판매에서 언론홍보가 기여한 부분이 있다. 하지만 어느 정도 기여했는지는 알기 어렵다. 더구나 오래전에 인터뷰한 기사로 인해 투자 제안이 들어오고 제품 판매가 늘었다면 이에 대한 성과 측정은 거의 힘들다.

이렇게 언론홍보의 효과는 간접적으로 나타나고 또 효과가 나타나더라도 미래에 불특정한 시점에서 나타나기 때문에 성과 측정이 힘들다. 이 책의 시작에서 언론홍보의 필요성에 대해 언급했다. 언론홍보가 영업과 마케팅, 투자 유치, 우수한 인재 영입과 HR, 브랜딩, 대관對官 업무에 도움을 준다고 말했다. 필요에 의해서 했는데 얼마나 기여했는지를 측정해야 하는 것은 논리적인 모순이다.

한때 정량적으로 언론홍보의 성과를 측정했던 적이 있다. 매체, 기사의 위치, 기사의 양, 지면 기사와 온라인 기사 등에 따라 언론홍보의 난이도가 다른데, 이 난이도를 적용해 성과를 측정했었다. 이는 눈에 보이는 것만 측정하는 오류를 범하고 있는 것이다. 보도자료가 한 건도 배포되지 않았다고 기업의 언론홍보 성과가 전혀 없는 것은 아니다. 지속적으로 보도자료를 배포하고 기자에게 피칭함으로써 기업의 가치를 설명하고 설득해서 우리 기업에 대해 우호적인 태도를 갖게 했다면 이는 성공한 언론홍보다. 또한 언론홍보에서 중요한 위기 대응에 대해서는 측정 자체가 불가능하다. 리스크를 막지 못해서 기업이 위험에 처한 상황과 리스크를 막아서 기업이 위험을 회피한 상황에 대해 A/B 테스트로 비교해야 하는데, 기업의 사활을 놓고 테스트한다는 것 자체가 불가능하다.

측정의 부작용이 더 크다. 예를 들어 기자와의 관계가 중요해서 기자와의 미팅을 추진하는데 이를 시간과 노력 대비 기사량으로 측정할 경우 이는 가장 비효율적인 업무가 되기 때문에 기자 미팅은 할 수 없다.

이렇게 성과를 측정한다면 과정보다는 단기적인 결과에 집중하게 되고 그렇게 되면 숫자는 좋게 나올지 모르지만 목표는 달성하지 못하는 결과를 초래할 수 있다. 성과 측정으로 얻는 것보다는 잃는 게 더 많아 성과 측정을 시도했지만 중단했다는 기업 사례가 많다.

그래도 시도해볼 만한 성과 측정

PR은 수치로 보여줄 수가 없다. 하지만 측정할 수 없다면 관리·개선할 수 없다는 말을 교과서처럼 믿고 있는 기업 입장에서는 그래도 홍보팀의 성과를 측정하고 싶어 한다. 그래도 홍보팀의 성과를 측정하고 싶다면 다음과 같은 방법을 시도해볼 만하다.

1. 영업 성사율 : 계약으로 성사되기까지의 기간, 비용, 성사율. 영업 담당자가 회사를 소개할 때 피부로 느끼는 것
2. 브랜드 인지도 : 타깃 집단(고객, 투자자, 경쟁 기업, 수요 기업, 국회와 정부) 대상 설문조사를 통해 기업의 인지도 상승율, 기업의 메시지를 기억하는지를 조사
3. 기업 인지도 : 조직 구성원 대상 조사, 예전에 비해 기업을 설명하기가 쉬워진 정도
4. 기업 신뢰도 : 우리 기업을 경쟁사 대비 얼마나 더 믿는가의 정도
5. 협업 가능성 : 투자사, 기업 협업 제안 연락
6. 광고 마케팅비 집행 A/B 테스트
   - PR을 하지 않고 광고 마케팅에 1억을 써서 신규 고객 1만 명 유치했을 경우 손익계산
   - PR을 먼저 하고 광고 마케팅을 통해 신규 고객을 유치했을 경우 1만 명 유치하는 데 필요한 광고 마케팅비 계산, 또는 1억을 써서 신규 고객이 얻어지는 숫자
7. 방문객 증가율 : 기사 게재 직후 홈페이지 방문, 웹사이트 유입량, 전환율, 소셜 인게이지먼트 변화

위기관리와
모니터링

OO에 큰 위기가 닥친 것은 2021년 3월이다. 공정거래위원회가 온라인 커머스 소비자의 피해를 막기 위해 플랫폼에 책임을 묻는 입법을 추진하게 된 것이다. 공정거래위원회는 '전자상거래 등에서의 소비자보호에 관한 법률(이하 전자상거래법) 전부 개정안을 마련하여 2021년 3월 5일부터 4월 14일까지(40일간) 입법 예고를 한다며 홈페이지에 법률 전부 개정안과 보도자료를 게시했다. 전부 개정안에는 C2C 거래에서 연락 두절, 환불 거부 등으로 인한 소비자 피해가 증가함에 따라, 플랫폼 사업자가 분쟁 발생 시 개인 판매자의 이름, 주소, 전화번호 등 신원정보를 확인·제공하는 것을 의무화하도록 했다. 개인정보를 구매자에 의무 제공토록 하는 내용이 논란이 됐다. OO의 경우 소액 거래, 무료 나눔 등 하이퍼 로컬 커뮤니티 성격이 강한 서비스인데, 개인정보를 수집할 경우 이용자가 부담을 느껴 플랫폼을 이탈할 가능성이 높았기 때문이다. 초기 여론은 단순 사실을 보도했거나 보도 자료에 기초한 공정위 입장을 대변했다.*

이후 코리아스타트업포럼에서 정부 개정안을 비판하는 입장문을 발표하자 언론에서도 공정위의 행보에 의구심을 갖는 기사를 내놓기 시작했다. 공정위를 비판하는 논조의 기사도 나오고 언론이 직접 공정위에 취재를 하는 등 압박이 이뤄졌다.**

언론의 집중포화가 지속되자 국회에서도 반응하기 시작했다. 공정위 법안이 발의된 지 약 한 달 만에 국회에서 공정위의 독소 조항을 제거한 법안을 입법했고 이후 공정위는 주소를 빼더라도 이름은 넣어야 한다는 등 한동안 법안 관련 줄다리기가 지속됐다. 이 시기에 다양한 관점의 언론 보도가 이어졌다.***

국회와 언론의 합작으로 결국 공정위는 6월 과도한 개인정보 수집을 포기한다고 밝혔다. 이름, 주소, 전화번호에서 전화번호만 수집하는 것으로 했다. 공정위의 분위기가 바뀔 수 있었던 것은 OO에 유리한 여론을 만든 몇몇 기사 때문이다.

---

* 〈검색광고에 속고 플랫폼 무책임에 울고… 소비자 피해 방지법 마련〉(연합뉴스 2021. 3. 7.)
  〈"입금하니 연락 안 돼"… 중개업체는 나 몰라라〉(SBS 2021. 3. 26.)
** 〈OO에 내 이름·주소 공개?… 공정위 규제에 IT업계 발칵〉(중앙일보 2021. 3. 7.)
  〈[단독] 공정위 "OO 만나자"… 뒤늦게 부랴부랴 설명〉(머니투데이 2021. 3. 9.)
  〈[광화문] "OO 지켜 달라"는 아내의 부탁〉(머니투데이 2021. 3. 12.)
*** 〈'개인정보 제공' 뺀 전자상거래법 수정안 발의〉(서울신문 2021. 4. 1.)
  〈OO '주소' 빠지니… 이번엔 '이름' 수집하겠다는 공정위〉(머니투데이 2021. 4. 29.)
  〈전상법 화두 '이름' 뺀 법안 발의… OO 살길 보인다〉(EBN 2021. 6. 11.)
  〈OO, 이름·주소 안 받는다… 대신 "피해구제 어려워"〉(머니투데이 2021. 6. 21.)

기업의 위기와 관리 ——

　스타트업은 매일 생존을 걱정할 만큼 리스크가 도처에 존재한다. 시장 상황이 좋지 않거나 기업 경영을 잘못해서 기업에 위기가 발생하는 것은 어쩔 수 없다. 하지만 사람의 실수나 비즈니스 과정에서 생긴 문제, 경쟁 기업과의 관계에서 생기는 문제가 언론에서 어떻게 다뤄지느냐에 따라 기업의 생존이 결정되기도 한다. 초기 기업은 실수가 있더라도 언론이 이를 문제 삼지 않지만, 기업 규모가 커지기 시작하면 언론의 문제 제기를 피할 수 없다. 언론에 보도되느냐 마느냐, 그리고 어떻게 보도되느냐에 따라 큰 리스크도 묻힐 수 있고 작은 리스크가 큰 위기가 될 수도 있다.

　　"안녕하세요, 기자님. 좋은 기사 많이 써주셔서, 기사 보고 제보 드립니다. 꼭 취재 다뤄주셨으면 좋겠습니다. 저희 회사에서 OO 사건이 일어났습니다. 저희가 어제…."

　　"제보 – OO 불법 거래의 온상 / 고객센터 가이드라인 부재 (증거자료 첨부)"

　기자들은 이러한 제보를 매일 받는다. 이러한 제보를 받았다면 제일 먼저 이 사건을 다룰지 말지를 결정하고 해당 기업의 홍보 담당자를 통해 사실관계부터 확인한다. 이때 홍보팀의 대처에 따라 이슈가 확대되기도 하고 축소되기도 한다. 스타트업에 흔히 나타나는 기업 위기는 다음과 같다.

● 위기의 종류

유형	내용
인적 리스크	폭언 폭행 학력 위조 배임 횡령
비즈니스(제품, 서비스) 리스크	제품과 서비스에서 뜻하지 않은 결함 발생 서비스 과정에서 문제 발생, 소비자 불만 플랫폼 기업의 경우 공급자, 수요자 간의 불화
외부(법제도, 플랫폼, 경쟁사) 리스크	규제 리스크(처음부터 규제 혁신 비즈니스로 사업한 경우, 사업 도중 규제에 걸리는 경우)
	이익 단체(택시 사업자, 공인중개사 단체, 약사 단체, 세무사 단체, 의사 단체, 변호사 단체)와 플랫폼 갈등
	대기업과 카피 논쟁
	경쟁사와의 특허 소송

인적 리스크 발생과 위기 대응

OO은 2019년, 대표의 학력 위조 사실이 공개되면서 내부 신뢰가 무너지고 그 후 경영권 다툼으로 이어졌다. 이후 언론은 OO의 사업, 투자 유치 실패를 학력 논란으로 시작한 리더십 문제로 보도하기 시작했다. 2022년, OO의 대표가 술자리에서 직원을 폭행한 사건이 발생했다. 그 후 1~2주 동안 이 사건이 언론에 집중 보도됐고 기업은 순식간에 위기에 빠졌다.

2022년, OO의 임직원이 성매매와 업무상 배임 횡령을 했다라는 의혹이 불거졌다. 대주주인 OOO이 법적 조치 등 강경 대응을 하는 등

OO은 혼란에 빠졌다.

　인적 리스크가 발생하면 우선 홍보팀을 중심으로 위기 대응팀을 구성해서 위기에 적극 대응해야 한다. 사실관계 확인을 위해 기자가 홍보팀에 연락하는데, 이때 적극적으로 커뮤니케이션을 해서 팩트를 전달하는 게 중요하다. 커뮤니케이션을 하지 못하거나 거짓말을 할 경우 의혹이 더 부풀려지곤 한다. 사실관계를 충분히 설명해서 원래 발생했던 일보다 더 크게 보도되지 않도록 해야 한다. 사건이 보도되고 나서는 기사 모니터링을 통해 사실관계가 와전되지 않는지를 확인하고 와전되어 보도될 경우 해당 기자에게 적극 해명해서 더 이상 와전되거나 확대되지 않도록 해야 한다. 홍보팀 이외의 직원에게도 연락이 오기 때문에 회사에서는 통일된 메시지를 정하고 전 직원이 이를 공유하고 있어야 한다. 가장 최악은 기사를 막기 위해 금전적 보상을 시도하는 경우다.

　인적 리스크가 발생하면 이미 보도를 피할 방법이 없다. 그렇기 때문에 최대한 인적 리스크가 일어나지 않도록 평상시에 직원을 교육하고 내부 규정을 살펴야 한다. 처음부터 대표의 프로필을 관리해서 학력 위조 등의 시비에 걸리지 않도록 해야 하며 직원들이 SNS에 회사에 관한 글을 올릴 때나 회사 내부 사진을 촬영할 때의 가이드도 마련해두는 것이 좋다.

비즈니스 리스크와 위기 대응
　① OO은 20대 여대생을 캐릭터로 한 대화형 AI 챗봇인 OOO를 런

칭한 후 성희롱 발언, 소수자에 대한 차별 및 혐오 발언, 개인정보 침해 문제 등으로 출시 20일 만에 서비스를 중단하게 되었고, 개인정보보호위원회로부터 과징금을 부과받게 되었다. OO은 FAQ를 만들어 언론 대응했지만 한번 악화된 여론은 줄어들지 않았다. 그 이후에도 언론에서는 '제2의 OOO 사태'로, 'OOO'를 부정적인 사례로 연관해서 보도해왔다. OO은 2년 가까운 연구개발 끝에 'OOO 2.0'을 출시했다. AI가 욕설, 비하 등 민감한 단어를 학습하는 것을 방지하기 위해 패널티 시스템을 강화하고 부적절한 사용이 발생했을 경우 사용자가 실시간으로 대응할 수 있는 신고 기능도 추가했다.

② OO이 유튜브 방송 'OOO'에 출연, 추가 할인 쿠폰을 발행하는 이벤트를 실시했다. 하지만 소비자들은 OO이 쿠폰 발행 전에 미리 상품 가격을 인상해 할인 효과가 없게 만든 것 아니냐는 비판을 제기했고, 이에 OO은 서버 오류라고 해명하였다. 이 사건에 대해 한 언론사는 OO이 위기에 제대로 대응하지 못한 것이라면서 취재 중에 '돌아오지 않는 메아리'를 경험했다며 '광고'만 신경 쓰고 '홍보'는 외면하는 회사라고 지적했다.* OO은 그 이후

---

* 류은혁 기자는 〈김혜수 나오고 수억 쏟으면 뭐하나… 홍보는 모르는 회사들〉한경 2022. 5. 29.을 통해 스타트업이 상장까지 가기 위해 대규모 광고를 집행하지만 정작 홍보에는 투자하지 않는 경우가 많다고 하면서 광고를 통해 회사 인지도가 올라갔음에도 회사의 내용을 설명할 수 있는 홍보나 IR 담당자를 접촉하기 어려운 현실을 꼬집었다. 특히 악재성 이슈나 투자 정보라도 투명하게 공개하고 적극적으로 대응하는 게 소비자와 투자자들의 신뢰를 높이는 지름길이라고 하면서 홍보나 IR이 손해가 아닌 기회라는 인식 전환이 필요하다고 밝혔다.

위기관리 전문가를 영입하면서 리스크를 관리하기 시작했지만 그 후 다시 한번 '꼼수 할인' 문제가 불거져 논란이 됐다.*

③ OO는 '후불 교육비 미지급 논란'**과 관련해서 한 수료생과 소송전에 휘말렸다. OO 정규 개발자 강의를 수료한 수강생 L이 불만족스러운 교육에 문제를 제기하면서 과도한 수강료를 문제 삼고 수강료의 1/10인 150만 원만 내겠다는 입장을 고수한 것이다. L은 유사한 피해자 모임을 만들어 언론에 적극적으로 대응하면서 단체 채팅방을 통해 집단소송도 논의하는 등 적극적으로 문제를 제기했다.

비즈니스 리스크는 사전에 충분히 막을 수 있지만 위기에 제대로 대응하지 못해 일이 커지는 경우가 많다. 위기가 확산되는 경우를 살펴보면, 미디어에 대응할 홍보팀이 부재하거나 홍보팀이 초기에 전략적으로 대처하지 못한 경우가 많다. 비즈니스 리스크가 발생하면 우선 사실관계 파악이 먼저다. 누구의 실수고 잘못인지를 판단하고 자사의 실수나 잘못으로 드러날 경우 이에 대한 적절한 보상이나 사과를 하는 것이 좋다. 법적 이슈는 최대한 보수적으로 대응해야 한다. 홍보팀은 법적인 책임이 없는 선에서 사과 메시지를 전달하고 이후 법무팀,

---

* 〈"루이비통 90% 세일" OO, 값 올려놓고 '꼼수 할인'〉, 파이낸셜 뉴스 2022. 12. 21.
** 교육비 후불 지급 계약은 당장 돈이 없어도 강의를 듣고 취업하면 수업료를 내는 제도다. 6개월 수업을 돈을 내지 않고 듣는 대신 취업할 경우 2년간 월 소득의 17%를 내야 한다. 취업을 못했거나 소득이 250만 원 이하이면 돈을 지불하지 않아도 되는 제도다.

로펌(로펌을 만나는 것 자체가 기사화되니 조심스럽게 접근해야 한다)과 함께 상황에 대응해야 한다. 비즈니스 리스크가 언론에 확대되고 와전되는 것을 막기 위해 홍보팀을 중심으로 메시지를 준비하고 커뮤니케이션해야 한다. 리스크가 발생할 때를 대비해 미리 시나리오를 작성하고 대응해두는 것이 좋다. 위기 발생 시 빠르고 통일된 메시지, 종합적인 대외 소통 체계, 행동 지침을 담은 위기관리 매뉴얼이 있다면 리스크 발생 시 우왕좌왕하지 않고 위기에 대응할 수 있다.

윤리가이드 제정, 고객 보상 체계 마련, 투자자 보호 강화, 이용자 보호 가이드라인 등을 만들었다면 이와 같은 사실을 언론에 배포함으로써 선제적으로 대응하는 것도 좋은 방법이다.*

규제 리스크와 직능단체와의 플랫폼 갈등

① 규제와 갈등

스타트업은 사회 문제를 해결하기 위해 기존에 없는 시장을 만들어나가는 경우가 많다. 그렇기 때문에 합법과 불법의 아슬아슬한 경계선에 놓이게 될 수밖에 없다. 또한 기존 시장 참여자 등 이해관계자와도 갈등을 겪게 된다. 제도와 기존 이해관계자를 둘러싼 문제이기 때문에 문제 해결 과정도 상당히 복잡하다.

---

* 〈OOO,. AI 윤리가이드 제정 앞장선다… 국제인공지능&윤리협회 등과 'AI 윤리에 관한 MOU' 체결〉, 매일경제 2023. 2. 13.
〈OO, '마켓' 서비스 종료에 따른 고객 보상안 제공… "이용자 불편 최소화"〉, 매일경제 2023. 2. 7.
〈OOO, 기업윤리 준법정신 강화 위한 윤리강령 선포〉, 매일경제 2023. 1. 16.
〈OOO, '공시 관리체계' 강화… 투자자 보호에 최우선〉, 매일경제 2022. 12. 1.
〈OO, 매칭 시 '안전 채팅 가이드' 도입… 600만 이용자 보호 나서〉, 매일경제 2023. 6. 21.

초기 기업의 경우에는 규제에 관대하더라도 기업이 성장하면 엄격한 규제의 잣대를 적용하는 경우가 많다. 뮤직카우가 대표적이다. 뮤직카우가 투자자에게 분할매각한 '저작권료 참여청구권'이 증권 거래와 유사한 발행, 유통 구조를 지니고 있는 증권에 해당하는 것이라면서 금융위원회 산하 증권선물위원회가 2022년 4월 뮤직카우를 자본시장법 규제 대상에 포함시켰다. 당시 뮤직카우는 회원 수 100만 명을 넘겼고 누적 거래액 3,400억 원이었던 상황이었으며 예비 유니콘으로 선정돼 조각투자 업계의 선두주자로 불리던 때다. 이후 뮤직카우는 금융위원회에서 부여받은 이행 조건을 충족해야만 했다. 뮤직카우는 '음악 저작권료 참여 청구권' 형태로 발행되던 상품을 '음악 수익증권'으로 전환해 1년 반 만에 서비스를 재개했다. 다수의 조각투자 업체가 뮤직카우와 동일한 길을 걷고 있다.

많은 플랫폼 기업이 직능단체와 갈등을 겪고 있다. '타다'가 대표적이다. 2019년 10월 택시업계가 타다를 '불법 콜택시'라며 반발했고 검찰이 두 대표를 기소했다. 4년 후 2023년 6월 1일, 여객자동차운수사업법 위반 혐의로 기소된 쏘카 이재웅 전 대표와 타다 운영사 VCNC 박재욱 전 대표에 대해 무죄를 선고한 원심을 확정했고, 쏘카와 VCNC 법인도 무죄를 확정받게 됐다. 법원은 타다를 '불법 콜택시'가 아니라 '운전기사가 딸린 렌터카 서비스'로 본 것이다. 하지만 타다는 이미 4년간 직능단체와의 갈등으로 제대로 사업을 운영해보지도 못한 채 '제2의 타다'라는 수사修辭만 남기게 됐다.

로톡과 대한변호사협회(이하 변협)와의 갈등은 오래됐다. 변협이 로

톡의 서비스가 변호사법에서 금지하는 특정 변호사를 소개하거나 알선 유인하는 행위라고 주장하면서 소속 변호사에게 로톡 서비스 이용 금지와 탈퇴를 요구했고, 로톡은 알선이 아닌 단순 광고형 플랫폼에 불과하다고 반박했다. 변협은 로톡을 3차례나 고발했으나 경찰, 검찰은 모두 무혐의 처분을 내렸다. 변협은 변호사 징계를 위한 별도의 내부 규정을 만들었으나 헌법재판소는 그 규정에 대해 위헌 결정을 내렸다. 이에 공정거래위원회는 변호사 징계 시도를 불법이라 보고 변협에 과징금을 부과했지만 그럼에도 변협은 로톡에 가입한 변호사 약 100명에게 무더기 징계를 했다. 이에 변호사들은 법무부에 이의신청을 했고 법무부는 로톡 가입 변호사에 대한 변협의 징계가 부당해 취소해야 한다고 결정했다. 법적 분쟁 8년 만의 일이다. 하지만 로톡은 변협과의 갈등으로 소속 변호사가 크게 줄고 극심한 경영난을 겪게 됐다.

닥터나우는 국내 최초로 비대면 진료 및 처방약 배송 서비스를 시작한 스타트업이다. 약사 단체와 약사법 위반 여부를 두고 오랫동안 법정 다툼을 진행해왔다. 코로나19 유행 때 한시적으로 허용된 비대면 진료가 2023년 9월부터 축소(재진 환자, 섬과 산간벽지 환자 대상)된 데 따라 닥터나우는 사업에 난항을 겪게 됐고 결국 구조조정을 피할 수 없게 됐다.

성형 정보 플랫폼 '강남언니(힐링페이퍼)'는 대한의사협회와 의료법 위반 여부를 두고 갈등 중이다. 강남언니가 성형외과 수술 종류별 가격을 공개하자 이에 의협이 해당 기능 삭제를 요구한 것이다.

종합소득세 신고를 하지 않는 프리랜서나 N잡러들을 대상으로 세금 환급 서비스를 제공하는 '삼쩜삼(자비스앤빌런즈)'은 세무사 단체와 갈등 중이다. 삼쩜삼이 세무사가 아닌데도 타인의 홈택스에 접근, 신고행위를 직접하는 등 세무사법을 위반했다는 주장이다.

② 규제와 직능단체와의 갈등 리스크 대응 방법

규제 리스크와 직능단체와의 갈등 리스크를 해결하기 위해서는 관계자와의 지속적인 협의와 대화가 선행되어야 한다. 이외에도 대관 업무와 언론홍보를 통해 여론을 만들어 나갈 필요가 있다. 특히 언론을 통해 플랫폼의 성과와 이용자의 편익을 적극적으로 홍보함으로써 여론을 플랫폼 기업에 우호적이게 만들어 나가는 것이 중요하다. 이용자 수, 플랫폼 사용으로 얻어지는 효능, 플랫폼 사용으로 인한 공급자·수요자 양측 시장 확대, 그동안 접근이 어려웠던 수요 계층의 접근성 증가, 정보 불균형 해소뿐만 아니라 플랫폼 이용이 세계적 트렌드이며 미래에도 가치 있는 일이라는 점을 인터뷰와 기획 기사, 칼럼 기고를 통해 지속적으로 증명해야 한다. 그렇다고 언론홍보를 지나치게 많이 하는 것도 좋은 것은 아니다. 대중에게 피로감을 줄 수 있기 때문에 필요한 시점에 집중적으로 하는 전략이 유효하다. 정부와 수많은 이익단체 등과 대화와 설득을 하기 위해서는 개별 기업이 대응하기에는 한계가 있다. 현재 많은 기업들이 산업별 협의회나 코리아스타트업포럼*과 같은 스타트업 단체와 공동 대응해 움직이고 있다.

① 규제 샌드박스 이용 : 현재 불법이지만 예외를 인정받아 사업을 시작할 수 있는 방법이 있다. 규제 샌드박스는 사업자가 신기술을 활용한 새로운 제품과 서비스를 일정 조건하에서 시장에 우선 출시해 시험·검증할 수 있도록 현행 규제의 전부나 일부를 적용하지 않는 것을 말하며, 그 과정에서 수집된 데이터를 토대로 합리적으로 규제를 개선하는 제도이다. 행정규제기본법에 근거하여 2019년 시행되었으며 신기술을 활용한 사업을 하기 위한 허가 등의 근거 법령에 기준요건 등이 없거나 그대로 적용하는 것이 맞지 않거나 또는 다른 법령에 의해 허가 등의 신청이 불가능한 경우 일정 조건하에서 시장에서 실증 테스트를 허용하는 '실증특례', 기업의 편의성을 높이기 위해 즉시 시장에 출시할 수 있는 '임시허가', 규제 유무를 부처가 확인하여 기업에게 알려주는 '신속확인'이 있다. ICT융합, 산업융합, 규제자유특구, 혁신금융, 스마트도시, 연구개발특구 등 6개 분야로 운영하고 있으며, 2023년 7월 기준 1,010건이 규제 샌드박스를 통해 승인받았다.**

② 대관 활동 : 기업 단독, 또는 협의회 등을 통해 정부에 정책 관련해

---

* 코리아스타트업포럼은 스타트업의 생태계 발전을 지원하고 공동의 이익을 대변하기 위해 2016년 출범, 2018년 사단법인을 설립했다. 현재 2,129여 스타트업 및 혁신기업이 회원으로 있으며 스타트업의 비즈니스 환경 개선과 규제 혁신, 성장 지원을 위한 다양한 프로그램을 운영하고 있다. 특히 스타트업 규제 현안에 대한 의제를 발굴하고 토론회와 설문 등을 통해 의견을 수렴하며, 정책 연구 및 국회 협력을 도모하고 있다. 코리아스타트업포럼은 세부 산업별 스타트업 이슈를 발굴하고 관련 스타트업 간 비즈니스 협업 등을 지원하고자 6개의 O2O산업협의회, 프롭테크산업협의회, 모빌리티산업협의회, 제조산업협의회, 리걸테크산업협의회, 원격의료산업협의회 등 협의회를 운영하면서 이슈에 공동으로 대응하고 있다.

** https://www.sandbox.go.kr

서 적극적으로 의견을 제출하는 방법도 있다. 코리아스타트업포럼은 스타트업 회원사의 규제 현안을 상시 파악하고, 주요 이슈에 대한 성명서 및 입장 발표, 의견서 등을 제출하며 정책 대응 활동을 하고 있다. 2022년에 규제 현안 의제 발굴 8회, 정책 토론회 5회, 성명서/의견서 14건을 제출했다.

③ 피봇 : 피봇도 하나의 방법이다. 벨루가브루어리는 수제 맥주를 큐레이션해주는 주류통신판매 사업으로 시작했다. 하지만 음식점의 반대로 사업 모델이 위협받자 도매상과 소매상을 연결하는 주류 유통업으로 사업 모델을 변경했다.*

대기업과의 카피 논쟁

대기업과의 카피 논쟁으로 갈등을 겪고 있는 스타트업이 많다. 2023년 초에 스타트업 A와 대기업 B 간에 영양제 디스펜서 기술에 대한 카피 논쟁이 있었다. 같은 시기 에듀테크 스타트업 C와 교육전문기업 D 간에도 문제풀이 화면 분할과 분할 화면 크기를 조율하는 2분할 동적 디자인에 관한 표절 공방이 있었다.

표절 논쟁이 불거지면 대기업과 스타트업은 자신의 논리를 성명서로 발표하고 언론을 통해 자사에 유리하게 여론을 만들어 나가며 소송까지 가기도 한다. 이러한 상황을 미연에 방지하기 위해서는 계약

* 〈주류 도매 유통의 새로운 꿈을 꾸는 벨루가브루어리〉 매일경제 2021. 4. 7.

진행 과정에서 오가는 얘기들을 비밀로 약속하는 NDA(기밀, 비밀유지 계약서, non disclosure agreement)를 작성해 사전에 예방하는 게 필요하다. NDA는 법적 분쟁 시 도움이 된다. 하지만 투자를 받아야 하는 스타트업 입장에서는 쉽지 않은 일이기도 하다.

소송전으로 이어진다면 언론을 통해 여론을 유리하게 조성하고 대기업을 압박하는 것도 좋은 방법이다. 하지만 언론을 통한 여론전이 반드시 좋은 것만은 아니다. 많은 이해관계자와 대중의 주목도가 높아지면서 기업의 제품과 서비스보다는 소송으로 이미지가 정립되는 문제가 있기 때문이다. 그렇기 때문에 언론홍보를 자제하는 것도 하나의 전략이다.

대기업이 아이디어를 카피했다며 필자를 찾아와 하소연하는 경우가 종종 있다. 증거 자료와 함께 상황을 설명하고 기사화를 부탁한다. 심정적으로 안타깝지만 스타트업을 전적으로 도와주는 것엔 한계가 있다. 우선 언론은 팩트를 기반으로 해야 하기 때문에 분쟁과 같은 사건에 선뜻 나서기가 힘들다. 그리고 대기업과의 소송 같은 사회적 이슈는 IT, 스타트업, 산업부가 아닌 사회부가 담당한다. 해당 대기업과의 관계도 고려해야 하는 문제가 있다.

언론 홍보를 활용한 특허 침해 소송전

두 기업 간 특허 침해 소송에서도 언론을 적극 활용하기도 한다. 특히 특허 침해 소송은 법률이 상당히 복잡해서 전문가가 아니면 이해하기 어려운 분야다. 소송 당사자들은 승소 여부와 관계없이 언론을 통해 자사의 입장을 적극적으로 알림으로써 이해관계자와 대중에게 자사의 상황을 긍정적으로 해석하도록 유도하는 경우가 많다. 인테리어 스타트업 A와 H 간의 '2차원 도면에 기반한 3차원 자동 입체모델링 방법 및 프로그램'에 대한 특허소송과 여론전이 대표적이다.

> **TIP** 언론사에 의한 리스크
>
> 언론사의 중요한 기능이 감시와 견제다. 기업 입장에서는 언론사와의 우호적인 관계를 만들어내지 못하면 언론사가 리스크가 될 수도 있다. 시장에서 반응을 얻고 시장을 넓혀 나가기 시작하는 시리즈 B, C 단계부터 부정적인 기사가 게재되기 시작한다. 메이저 언론사의 경우에는 상장사나 경쟁사를 취재하는 과정에서 자사의 부정적인 정보를 듣고 기사를 작성하곤 한다. 이때 적극적으로 해명하고 설명해서 더 이상 부정적인 기사가 게재되지 않도록 해야 한다. 일부 군소 온라인 언론사는 특별한 목적을 가지고 계속해서 부정적 이슈를 다루는 경우가 있다. 부정적 이슈를 차단하기 위해 해당 언론사의 특별한 목적을 들어주는 것은 좋은 방법이 아니다. 한번 들어주기 시작하면 소위 말해서 곳간을 열게 되기 때문이다. 부정적 이슈가 보도되지 않도록 하기 위해서는 원론적인 이야기지만 기업 경영을 올바르게 해야 한다. 부정적 이슈가 계속해서 보도된다면 긍정적 이슈로 커버하는 것도 하나의 방법이다. 이 역시 기업이 제대로 경영할 때만이 가능한 일이다.

뉴스 모니터링하는 법 ——

우리 기업에 대해 언론이 어떻게 다루고 있는지를 계속해서 파악하고 있어야 한다. 경쟁 기업에 대해서도 마찬가지다. 우리 기업이 속한 산업계 동향이나 중요한 이슈에 대해서도 언론을 통해서 관찰하고 파악해야 한다. 이렇게 파악한 동향은 전사적으로 공유해 대응할 필요가 있다.

뉴스 모니터링은 키워드를 통해 기사를 검색하는 방법으로 진행한다. 과거에는 산업 분류가 명확해서 관련 기사를 쉽게 찾을 수 있었다. 하지만 최근 스타트업의 경우 다양한 사업 영역과 겹쳐 있어 검색 키워드량도 방대하고 어떤 키워드로 검색해야 할지도 애매한 경우가 많다.

키워드 검색 범위를 어디까지 하느냐에 따라 뉴스 모니터링 업무량이 좌우된다. 우선 자사의 뉴스를 검색하는 것은 기본이다. 보도자료, 인터뷰 기사 등 기업이 인지하고 있는 기사에 대해서 언론이 어떻게 다뤘는지 꼼꼼히 확인해야 한다. 만약 인공지능 기업으로 챗봇 서비스를 하고 있다면 인공지능으로 챗봇 서비스하는 기업뿐만 아니라 인공지능이나 챗봇 서비스를 하는 기업까지도 확인해야 한다. 관련 업종을 어디까지 보느냐는 기업의 역량과 투입 자원에 달려 있다. 특정 시기에 업계에서 주목하는 이슈에 대해서도 확인해야 한다. 최근 출판업에서 '도서정가제', '동네서점'이 이슈가 되고 있다면 이러한 이슈에 대해서도 모두 뉴스 모니터링해야 한다. 구독모델로 서비스를 하고 있다면 구글과 애플의 동향도 살펴봐야 한다. 인앱 결제에 영향을 주기 때문이다. 만약 모기업, 자회사, 관계사가 있다면 이들도 모두 포함해야 한다.

뉴스 모니터링을 전문적으로 대행해주는 곳도 있다. 대행사의 모니터링 업무는 보통 키워드 개수에 따라 과금되는 구조다. 키워드량이 많을수록 서비스 비용이 늘어나기 때문에 예산을 고려해서 키워드량을 정해야 한다. 특정 이슈에 즉각적으로 대응하기 위해서는 자사에서 직접 수행하는 게 좋다.

뉴스 모니터링은 기업 사정에 따라 회수를 정하면 된다. 모니터링 업무가 중요하고 검색량이 많다면 매일 진행하며, 일주일에 1, 2회 하기도 한다. 기사 요약과 함께 인사이트를 덧붙여 해당 담당자에게 해시태그를 붙여 공유한다.

● **뉴스 모니터링 예시**

자사 주요 뉴스				
No.	기사	매체	기자	온라인, 지면
자사 언급 뉴스				
No.	기사	매체	기자	온라인, 지면
그룹사 뉴스				
No.	기사	매체	기자	온라인, 지면
경쟁사 뉴스				
No.	기사	매체	기자	온라인, 지면
업종 1 뉴스				
No.	기사	매체	기자	온라인, 지면
업종 2 뉴스				
No.	기사	매체	기자	온라인, 지면
수요자 뉴스				
No.	기사	매체	기자	온라인, 지면

* 출처 : 밀리의서재 홍보 담당자 자료 제공 및 인터뷰

● 전사 공유 뉴스 모니터링 예시

[오늘의 뉴스 Pick]

ㅣ 문해력 중요성 Up! 교육업계 준비(해당 기사 링크)
교육업계가 학생들의 문해력 증진을 위해 독서 흥미를 키우고 습관을 잡을 수 있는 교육 콘텐츠 출시에 서두르고 있습니다. A는 'OOO'를 런칭하고, B는 독해력 향상을 위한 'OOO'을 선보였습니다. C는 'OOO'을 대규모 업데이트해 문해력 특강이 포함된 교육 콘텐츠를 출시했습니다.

ㅣ 만화진흥법 개정안 통과(해당 기사 링크)
지난 27일, '만화진흥에 관한 법률(만화진흥법)' 개정안이 국회 본회의를 통과했습니다. 이번 개정안은 만화의 정의를 '하나 이상의 구획된 공간에 실물 또는 상상의 세계를 가공해 그림 또는 문자를 통해 표현한 저작물로서 유무형의 매체(디지털 매체 포함)에 그려진 것'으로 바꿔 웹툰을 만화에 포함했습니다.

[주요 기사 Summary]

ㅣ 자사
자사 구독자들이 선택한 인기 도서 순위 차트가 기사로 게재되었습니다. OO 등 주요 매체에서 다뤄졌고, 2월에는 《OOO》이 1위에 올랐네요. 이미지 작업에 도움을 준 @Wonc 감사합니다!
소비문화를 주도하는 MZ세대가 여가를 중요하게 생각하며, 이에 맞춤형 라이프스타일이 떠오른다고 OO 등에 기사가 나왔습니다. 독서 플랫폼으로는 자사가 대표로 꼽혔네요.

ㅣ 관련 업종 뉴스
- OO 출판사가 '제3회 OO 작가상 공모'를 다음 달 31일까지 실시하며, 5편의 수상작을 선정하고 총 5천만 원의 상금을 수여합니다. @duck
- OOO이 오디오북 콘텐츠 생산 독려를 위해 '2023년 제1차 오디오북 제작 지원 사업' 신청서 접수를 시작합니다. @콘텐츠사업본부
- OO가 전자책 《OOOO》를 출간했습니다. 이번 도서는 OOO의 첫 번째 콘텐츠로 2018년 OOO를 모니브로 한 범죄 스릴러 소설입니다. @hyun

---

* 출처 : 밀리의서재 홍보 담당자 자료 제공 및 인터뷰

해외 홍보

스타트업의 해외 진출은 선택이 아닌 필수다. 많은 전문가들이 스타트업이 성장하기 위해서는 글로벌에 집중해야 한다고 조언한다. 좁은 내부 시장에서 벗어나 글로벌 확장을 통해 매출과 수익을 창출할 경우 안정적인 재무 성과를 달성할 수 있으며 우수한 인재를 유치할 수 있다는 점에서도 좋다. 전 세계적으로 비즈니스가 상호 연결되고 있기 때문에 글로벌 인재는 경쟁 우위를 확보하는 데 도움이 된다. 무엇보다 글로벌 투자를 유치하는 데도 유리하다.

더 큰 기회를 찾기 위해 해외 시장에 도전하는 기업이 늘고 있다. 글로벌 시장에 진출하는 기업이라면 해외 홍보는 어떻게 해야 하는 것일까? 그리고 국내 홍보와는 무엇이 다를까?

글로벌 PR은 국내 PR보다 훨씬 어렵다 ──

해외 PR과 국내 PR은 다르지 않다. 국내 PR이 어려운 것처럼 해외 PR도 어렵다. 오히려 몇 개의 기업이 몇 개의 언론사에 피칭하는 국내 시장에 비해 수백, 수천 개의 많은 기업이 피칭하고 전 세계 이슈를 다루는 글로벌 PR이 몇 배 더 어렵다. 특히 한국의 경우 북한 이슈가 많아서 정부나 사회 이슈가 많이 다뤄지는 반면, 기업이나 비즈니스 이슈는 크게 다뤄지지 않아 글로벌 PR을 하기에 불리한 조건이다.

좋은 아이템이 있어야 해외 홍보가 가능하다는 건 국내 PR과 동일하다. 단순히 해외 사업을 런칭했다는 정도로 해외 언론에 소개되기는 힘들다. 특히 외신 기자는 정확한 팩트를 선호한다. 스타트업이 의미 있는 일을 한다고 해도 그들에게는 그저 '소설'로 받아들일 가능성이 높다. 그렇기 때문에 비즈니스 모멘텀에 대해서도 숫자로 증명할 수 있는 아이템을 준비해야 한다. 해외 진출을 하더라도 해외에 있는 유명한 기업과 파트너십을 맺거나 대규모 투자를 유치했거나 해외에서도 어느 정도 인지도가 있는 기업이어야 관심을 가진다.

철저하게 준비해야 한다

어렵지만 기회를 노리면서 차분하게 준비하는 게 중요하다. 우선은 한국의 영자지를 중심으로 조금씩 기사를 노출하는 게 필요하다. 해외에서 검색했을 때 나올 만한 아이템으로 하는 게 좋다. 영문 프레스킷도 미리 준비하는 게 좋다. 국내 PR처럼 영문 미디어 리스트도 작성해야 한다. 키워드를 검색해서 우리 기업에 관심이 있을 것 같은 기자를 리스트업해야 한다. 특히 해외에는 프리랜서 기자가 많다. 프리랜서 기자는 전문적인 영역을 다루는 전문 기자가 많다. 이러한 전문 기자를 평소에 리스트업한 다음 언론사와 기자 동향을 계속해서 파악해두었다가 기회가 오면 바로 피칭할 수 있도록 준비해야 한다. 꾸준히 보도자료를 영문으로 기사화해서 링크드인 등 해외 기자가 많이 사용하는 SNS에 노출하는 방법도 괜찮다. 링크드인은 언론인만 타깃해서 노출하는 기능이 있다.

우리나라의 경우 종합지, 경제지, 전문지에 따라 스타트업에 대한 관심이 다르다. 이는 해외도 마찬가지다. 일반지, 경제지보다는 테크지가 국내 스타트업에 대한 관심이 조금 높다. 단순히 서비스 출시 정도로는 테크지의 관심을 끌지 못한다. 하나의 기술적 트렌드를 만들 정도로 큰 이슈여야 하며, 대규모 투자, 유의미한 비즈니스, 해외 언론사도 알 만한 파트너와의 협업 정도가 다뤄질 만한 소재다. 그리고 국가별로 문화가 다른 점에 유의해야 한다. 미국은 숫자와 자료를 선호하는 편이다. 다시 말해 숫자와 자료 등의 팩트가 없다면 다루지 않을 가능성이 높다. 일본의 경우에는 기사 작성에 상당한 디테일을 요구한다. 기자가 이해되지 않으면 기사를 작성하지 않고 집요하게 묻는 편이다. 금전적 대가를 원하는 국가도 있다.

해외 홍보 방법은 크게 다섯 가지 방법으로 나눌 수 있다.

첫째, 홍보 대행사를 활용하거나 기업이 직접 미디어를 컨택하는 방법이다. 이는 국내 PR 방식과 같다.

둘째, 와이어 서비스를 활용하는 방법이다. 이는 보도자료 배포 전문 서비스를 활용하는 것과 비슷하다.

셋째, 한국의 언론사(영자 신문) 또는 영문 페이지를 이용하는 방법이다.

넷째, 정부의 해외 지원 프로그램을 이용하는 경우다.

다섯째, 해외 컨퍼런스에 참가하거나 해외 기업과 MOU를 체결하면서 이를 해외 홍보의 기회로 활용하는 경우다.

해외 홍보 방법 ──

해외 언론사 컨택 및 홍보 대행사 활용

언론사를 직접 컨택하는 방법이다. 기업의 홍보 담당자가 미디어 리스트를 만들고 해당 기자에게 콜드메일이나 콜드콜로 연락해 기업의 소식을 전하는 방식은 국내 PR과 같다. 미디어 리스트 만드는 방법도 같다. 구글에서 검색해 우리 기업에 관심이 있을 것 같은 기자를 찾아내면 된다. 해외 기자의 경우 트위터나 링크드인을 많이 활용하기 때문에 관심 있는 기자를 미리 팔로우해두는 방법도 좋다. 국내에서도 마찬가지지만 글로벌 언론사에 콜드메일이나 콜드콜 하기는 더욱 힘들다. 어떤 기업인지도 모르는데 기사화할 수는 없다. 특히 잘 알지도 못하는 한국 기업이 콜드메일을 보냈다고 해서 관심 가질 해외 기자는 많지 않다. 국내 언론사라면 미팅을 추진해볼 수 있지만 글로벌 언론사와의 미팅을 진행하기는 힘들다. 기업이 해외 언론사를 직접 컨택하는 방법은 비용 대비 효율이 높지 않은 방법이다. 상당한 노력과 인내가 필요한 작업이다.

기업이 직접 글로벌 PR을 수행하기 힘들다면 홍보 대행사를 활용하는 방법이 있다. 글로벌 지사가 있는 홍보 대행사나 글로벌 지사는 없지만 해외 홍보 대행사와 파트너십을 맺고 있는 홍보 대행사를 통해 글로벌 PR을 진행할 수 있다. 홍보 대행사를 활용하면 언론사와 홍보 대행사와의 관계가 있기 때문에 어느 정도 보도가 이루어진다. 필자의 경우에도 외국 회사가 직접 보도자료를 배포하는 경우 거의 보지 않지만 외국계 홍보 대행사를 통해 배포된 보도자료는 유심히 살펴본다. 외국계 홍보 대행사와의 관계가 있기 때문이다. 하지만 외국 기업의 보도자료에 대해서는 외국 기업의 국내 진출이 우리나라에 무슨 의미가 있는지를 고민하면서 본다. 이는 해외 언론사도 마찬가지다. 한국의 스타트업이 자국으로 진출한다고 하는 보도자료를 해외 언론사가 보게 된다면 그 역시 한국 스타트업이 자국에 진출하는 것이 무슨 의미인지를 고민하면서 볼 것이다.

"해외 홍보는 무척 정교한 작업으로 반드시 전문 홍보 대행사를 통해 작업해야 한다. 특히 해외 언론은 왜 우리나라에 진출하려고 하는지, 우리나라에 어떤 기여를 하는지, 법인은 어디 있는지 등에 대한 답을 요구하는 경우가 많기 때문에 이에 대해 충분한 준비가 되어 있지 않으면 해외 홍보를 할 수가 없다."(국내 외국계 홍보 대행사 임원 인터뷰)

글로벌 PR 전문 대행사의 한 임직원의 말이다. 대충하지 말고 제대로 해야 글로벌 PR을 할 수 있다는 충고다. 하지만 금액이 문제다. 홍보 대행사의 계약 조건은 국내보다 2~3배 정도 높다. 한 달에 2만 불부터 시작한다고 생각하면 된다. 글로벌 홍보 대행사는 해외 홍보에 필요한 PR 컨설팅부터 메시지 설정까지 포함해서 진행하는 경우가 많다. 메시지 설정하는 작업이 보통 몇 달씩 소요된다고 한다. 거기에 보도자료 게재 건수를 개런티하지 않는 조건으로 계약하는 것도 부담이다.

와이어 서비스 이용하기

사실 웬만한 기업이 아니고서는 글로벌 홍보 대행사를 활용하거나 기업 자체에서 직접 글로벌 홍보를 하는 것은 힘들다. 와이어 서비스를 활용하는 게 최선은 아니지만 해외 미디어 리스트가 없거나 부족한 기업인 경우 차선으로 고려해볼 수 있다. 와이어 서비스는 각국의 통신사나 언론사와 계약을 맺고 일정 기간 특정 페이지에 보도자료를 노출해주는 서비스다.

〈WIRE 서비스 지원 기업〉

해외 뉴스와이어 서비스 제공 기업으로는 Business Wire(1961년 설립된 워런 버핏의 버크셔 해서웨이 회사), PR Newswire, PRweb, EIN Presswire, 24-7pressrelease.com 등이 있다. 그중 Business Wire와 PR Newswire가 선두기업으로 경쟁하고 있다.

① '뉴스와이어'의 커버리지 및 비용

- 커버리지 범위 : 162개 국가, 100개 국 언어, 10만여 개 해외 언론
- 요금 : 아시아 지역 50~60만 원대부터 북미 130~200만 원, 전 세계 780~1,330만 원대까지 선택 지역 및 범위별로 다양
- 배포 범위 : 북미, 유럽, 아시아 등 지역별로 배포 시 테크, 에너 지, 바이오, 스포츠 등 관련 미디어 범위를 선택해서 배포 가능
- 배포 후 지역별 통신사의 자체 클리핑 보고서+구글, 야후, 빙 등 검색 통한 추가 게재 매체 클리핑 보고서를 합산해 받아볼 수 있음

② PR Newswire(옥외 미디어 광고 등 다양한 광고 서비스 제공) 한국 지사 활용

- 커버리지 범위: 170개 국가, 40개 언어, 30만 개 해외 언론
- 요금과 배포 결과 등이 Business Wire와 크게 차이나지 않음. 제휴 미디어 등은 조금씩 다름. 비용은 Business Wire가 미국 기준 더 저렴한 편
- 결과 보고서가 조금 더 정교한 편으로 각 게재 매체에 대한 설 명 포함

〈해외 배포 서비스 이용 방법〉

예산에 맞게 배포할 국가 및 지역을 선택하고, 해외 배포 서비스에 대한 설명을 충분히 듣고 우리 회사의 니즈에 맞는 서비스인지를 확 인해야 한다. 영문 400단어(띄어쓰기 불포함)까지만 기본요금이 적용되

며 400단어 초과 시 100단어마다 추가 요금이 붙는다. 여러 국가로 배포 시 번역 요금이 추가되며 CI, 이미지 추가에 따라 요금이 추가된다. 번역이 필요하면 번역에 대한 비용도 추가된다. 그렇기 때문에 자료 작성 시 근거가 불충분한 정보가 포함돼 있지 않은지, 지역별 특성을 고려한 자료인지 생각하며 작성해야 한다. 국내 대행사를 활용하면 배포 과정을 대신 진행해준다. 그렇지 않은 경우에는 직접 해외 배포 서비스 사이트에 가입 후, 카드 등록, 기업 인증 등을 마쳐야 가능하다.

〈해외 배포 서비스 이용 시 주의할 점〉

상장사의 경우, 보도자료 내에 상장코드를 함께 넣어주면 더욱 많은 매체에 게재될 확률이 높아진다. 여러 국가로 배포 시 번역에 최대 주말 포함 4일까지도 소요될 수 있기 때문에 자료를 최대한 미리 준비하고, 배포 소요 기간도 넉넉히 잡아야 한다. 여러 언어로 번역을 진행할 시, 오역이 다수 발생할 수 있다. 현지 언어를 검수할 수 있는 인원이 회사 내부에 있다면 배포 전 검수를 진행하면 좋다. 그렇지 않더라도 구글 번역기 등을 통해 검수를 해보는 것도 좋다. 배포는 현지 국가의 시차를 고려해서 배포해야 한다. 해외 배포사의 경우, 삭제나 기사 수정이 매우 복잡하다. 배포한 자료의 단어 수만큼 삭제·수정 비용을 지급해야 하며 대부분의 매체가 삭제·수정을 반영해주지 않는다. 수정 요청이 되더라도 기사 제목과 내용에 'Correction' 등 수정 요청한 내용에 관한 문구가 따라붙게 된다. 따라서 해외 배포 시에는 틀린 내용이 없는지, 삭제·수정 요청 시에 발생하는 비용을 예산 내에서 처리 가능한지 미리 고려해보는 것이 좋다. 와이어 서비스를 이용하면 기사에 'paid contents'가 표시되는 점도 유의해야 한다. 이는 우리나라의 '기사형 광고'라고 표시하는 것과 비슷하다.

한국의 언론사(영자신문) 또는 영문 페이지 이용하기

국내 영자신문을 통해 해외에 소개하는 것도 방법이다. 매일경제에서 운영하는 pulse는 2015년 국내 언론사로는 처음으로 IT, 산업 중심의 경제전문 영문 뉴스로 출범했다. 2018년 기준으로 펄스 국가별 방문자는 한국 30.45%, 미국 19.85%, 싱가포르 4.8%, 영국 4.49%, 홍콩 3.95%이며, 펄스 유입은 구글이 50%, 펄스 23.2%, 네이버 8.3%, 매경닷컴이 6%이다. 이 외에도 Seoulz, Pickool, 코리아헤럴드 등의 영문 뉴스가 있다.

비석세스는 자체적으로 코리아테크데스크(스타트업), 코리아테크투데이, 코리아게임데스크, 코리아프로덕포스트(뷰티), 트레블(여행), 케이팝 등 영문 매체를 운영하고 있는 곳으로 스타트업의 해외 PR을 지원하고 있다. 해당 매체에 검색엔진 최적화로 기사를 게재하고 구글 뉴스에서 해당 분야의 기사를 작성한 매체를 검색해서 기자에게 콜드메일을 발송한 다음에 회신이 올 경우 기사를 제공하는 식으로 해외 홍보를 진행하고 있다. 비석세스는 아시아 스타트업 매체와의 네트워킹에 강점이 있다.(비석세스 정현욱 대표 인터뷰)

정부 해외 지원 프로그램 이용하기

정부에서 해외 진출을 돕는 프로그램이 많다. 혁신기술 스타트업 육성 업무를 전문적으로 수행하는 글로벌디지털혁신네트워크(구, 본투글로벌센터)는 1년에 100여 개 사를 선정해 법률, 회계, 특허, 마케팅 등 해외 진출을 지원하고 있다. 그중에서 PR 관련한 지원은 다음과 같다.

PR 컨설팅 지원 내용
- PR 전략 수립 및 관리, 미디어 응대 등 미디어 트레이닝
- 글로벌 미디어 피칭 컨설팅
- 오디언스 분석 및 주요 Communication Channel 분석, Key 메시지 등 콘텐츠 개발
- 국내외 미디어의 기업 취재 및 CEO 인터뷰 연계
- 글로벌 IR용 미디어 킷Media Kit 제작 지원

PR 보도자료 배포 서비스
- 국내외 수상, 투자 유치, 계약 체결(상품 판매 계약, PoC 진행, B2B 계약 등), 업무협약(국내외 기관·기업과의 MOU, NDA 등), 제품 및 서비스 런칭, 글로벌 전시회 참가(CES, MWC, 기타 해외 전시회 참가 등)
- 유사기관 지원 사업 선정, 공모전 수상, 참가비가 요구되는 홍보성 수상, 국내 전시회 참가, 기업 내 인사 및 채용, 기업 내 행사, 단순 홍보, 이미 기사화된 내용, 신청일 기준 1개월이 지난 내용 등은 지원하지 않는다. 또한 동일국가 기준, 월 배포 횟수 2회 이내, 배포 간격 2주 이상으로 제한하고 있으며 최근 3개년도 멤버사에 한하여 지원하고 있다
* 글로벌디지털혁신네트워크 자료 제공

초기에 시장에서 이름을 알려야 하는 국내 스타트업들에게는 좋은 서비스로 보인다. 특히 구글링했을 때 '영어'로 된 정보가 나오기 때문에 영어를 사용하는 국가를 타깃으로 하는 기업에 큰 도움을 받을 수 있다.

해외 컨퍼런스 참가 및 해외 기업과 MOU 체결 시 해외 언론 컨택

해외 박람회 참여는 해외 잠재 바이어를 만나 제품을 소개하는 것뿐만 아니라 해외 언론에 회사와 제품을 소개할 수 있는 좋은 기회다. 컨퍼런스, 박람회에 참여할 때 홍보 마케팅 스폰 패키지를 구입하게 되면 주최 측에서 해외 기자를 매칭해주기도 한다. CES의 경우 언베일드Unveiled라는 미디어 이벤트를 개최하는데, 전 세계 1,500여 명의 기자가 참석하는 행사다. CES에 참여하는 기자 리스트를 부스 참여자에게 공개하며 콜드메일을 보내 미팅 스케줄을 잡을 수 있다.

해외 기업과 MOU를 체결할 때 양사가 양국에 홍보를 지원하는 것을 약속하는 것도 글로벌 PR을 할 수 있는 방법이다. 국내와 마찬가지로 투자자를 활용하는 방법도 있다. 투자자는 피투자 기업의 가치를 높이기 위해 다양한 활동을 하는데, 그중 하나가 언론홍보다. 해외로부터 투자를 유치했다면 글로벌 홍보 지원을 투자자로부터 요청할 수 있다.

결론적으로 해외 홍보는 크게 홍보 대행사와 자사가 직접 하는 방법과 와이어 서비스를 이용하는 방법 두 가지로 나뉜다. 자사 홍보팀이나 홍보 대행사를 통해 PR 컨설팅부터 시작해 메시지 설정까지 하면서 해외 홍보를 실행하기에는 부담이 크다. 두 번째 방법인 와이어 서비스는 미디어 리스트가 없어도 되고 기자와의 관계를 만들지 않아도 되지만 게재율이 낮고 'paid contents'라는 표시가 붙는 문제가 있다. 홍보 대행사를 활용해 '제대로' 해외 홍보를 하는 방법과 와이어 서비스를 활용해 보도자료만 단순 배포하는 서비스 모두 부담이 되거나 효과가 낮다는 문제가 있다. 최근 해외에 부티크 에이전시가 생겨나고 있고 이런 곳과 네트워크 또는 협력 관계를 맺고 있는 국내 부티크 에이전시가 생기기 시작했다. 이런 에이전시를 활용한다면 낮은 비용으로 '제대로' 된 해외 홍보를 할 수 있을 것으로 기대된다.

스타트업 투자와 취재 경험을 바탕으로 한 언론홍보의 바이블

왜 내가 쓴 보도자료는 게재되지 않을까?

1판 1쇄 발행 2023년 12월 20일

지은이 조광현
발행인 김성룡

기획 및 진행 INSANE CREATIVE
삽화 김완진
본문디자인 허선희

펴낸곳 가연
주소 서울시 마포구 월드컵북로 4길 77, 3층(동교동 ANT빌딩)
도서 문의 및 출간 제안 2001nov@naver.com
전화 02-858-2217 **팩스** 02-858-2219
출판신고 제 2014-000017호

ISBN 978-89-6897-126-6 (03320)